리스타트
한국사 도감

지도로 읽는다
리스타트 한국사 도감

초판 1쇄 인쇄 2020년 12월 2일
초판 1쇄 발행 2020년 12월 4일

지은이 | 유성운
펴낸이 | 황보태수
기획 | 박금희
지도 제작 | 박해리
마케팅 | 유인철
디자인 | 김민정
인쇄 | 한영문화사
제본 | 한영제책

펴낸곳 | 이다미디어
주소 | 경기도 고양시 일산동구 정발산로 24 웨스턴타워1차 906-2호
전화 | 02-3142-9612
팩스 | 0505-115-1890
이메일 | idamedia77@hanmail.net
블로그 | https://blog.naver.com/idamediaaa
네이버 포스트 | http://post.naver.com/idamediaaa
페이스북 | http://www.facebook.com/idamedia
인스타그램 | www.instagram.com/ida_media

ISBN 979-11-6394-036-4(04910)
　　　 979-11-6394-035-7(세트)

이 책은 저작권법에 따라 보호받는 저작물이므로 무단전재와 무단복제를 금지하며,
이 책 내용의 전부 또는 일부를 이용하려면 반드시 저작권자와 이다미디어의 서면 동의를 받아야 합니다.

리스타트
한국사 도감

유성운 지음

머리말

조선은 임진왜란 이후
왜 망하지 않았을까?

양반들은 임진왜란 이후 향촌의 지배 질서를 더욱 강화

한국 역사의 비극 중 하나는 임진왜란을 겪고도 조선이 망하지 않은 것이라고 한다.

이때 조선이 무너졌어야 성리학적 세계관이 깨지고 근대 국가로 발돋움했을 텐데 조선 왕조가 계속 유지되는 바람에 '우물 안 개구리'가 되고 말았다는 이야기다.

일견 맞는 말이다. 따지고 보면 중국의 명(明)과 일본의 도요토미 히데요시 정권도 임진왜란의 후유증에 허덕이다가 결국은 무너졌다. 그런데 정작 전쟁에서 가장 무능한 모습을 보였던 조선의 지배층은 살아남아 성리학을 틀어쥔 채 20세기까지 체제를 이어갔다. 주변 국가들이 이전과 다른 모습으로 변화를 꾀하던 17세기에 조선만 홀로 구체제를 유지하며 '기회'를 날린 셈이다.

그렇다면 망해야 마땅했을 조선이라는 나라는 왜 존속한 것일까.

이는 왕을 비롯한 양반들의 '반동적' 행태 때문이었다고 한다. 지배 계급이라며 온갖 잘난 척은 다 했는데, 정작 '왜놈'이 쳐들어오자 한 달도 못 버티고 수도 한양을 버리고 국경까지 달아났다. 전쟁이 끝나자 양반들은 그동안 드러난 무능함 때문에 지배 질서가 흔들릴까 두려워했고, 이전보다 '예'를 더 강화하면서 조선은 퇴행의 길을 걷게 됐다는 것이다.

앞뒤가 맞아떨어지는 설명이다. 그런데 사실일까.

다시 임진왜란 당시로 시계추를 돌려보자. 조선이 전쟁에서 버틸 수 있었던 요인을 꼽으라면 무엇이 있을까. 이순신 수군의 활약, 명나라의 참전 등 여러 가지를 들 수 있겠지만, 그 자리에 의병의 활약을 추가해도 무리한 주장은 아닐 것이다. 그런데 임진왜란 당시 전선에서 활약한 의병장, 그러니까 지금 머릿속에 떠오를 곽재우, 조헌, 고경명, 김덕령 등은 모두 양반이다. 전쟁 초기 조선 조정이 무기력하게 무너지긴 했지만, 혼란한 민심을 다시 안정시키고 군대를 조직해 일본군에 맞선 것 역시 '재지사족(在地士族)'이라 불리는 지역의 유력 양반들이었다. 여기엔 자신들이 지역에서 누리던 특수한 기득권이 침범되는 데 대한 불안감도 작용했다.

어쨌든 이런 전적이 있었기 때문에 양반은 임진왜란 이후 향촌의 지배 질서를 더욱 강화할 수 있었다. 그게 아니었다면 막강한 일본군에 맞서 들불처럼 일어났던 의병들이 왜 무능한 양반을 상대로

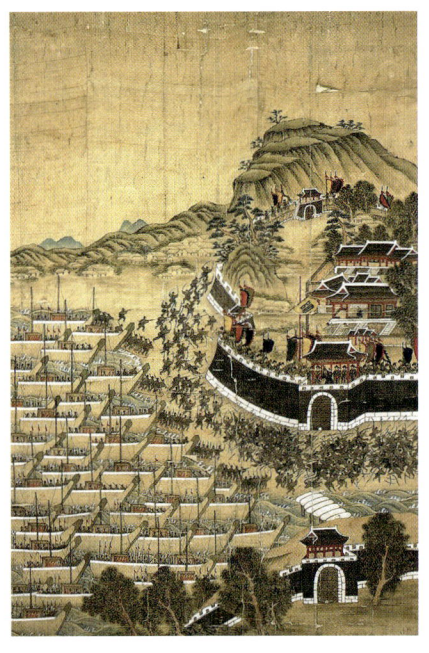

▶ 「부산진 순절도」
1760년, 변박, 대한민국 보물 제391호, 육군박물관 소장. 임진왜란 때인 1592년 조선군이 부산진에서 왜군과 싸운 전투를 그린 것이다.

는 저항하지 않았을까. 사료를 뒤져봐도 임진왜란 후 체제를 전복하자며 반란이 일어났다거나 모의됐다는 기록은 어디서도 보지 못했다.

　다시 말해 임진왜란에서 숨죽이며 무능하기 이를 데 없었던 양반이 오로지 '예'를 강조한 덕분에 지배권을 다시 손에 쥐었다는 것은 요즘 말로 '뇌피셜'일 뿐이다. 그럴듯하지만 사실과는 거리가 멀다. 이런 역사 인식은 분노 게이지를 끌어올려 건강을 해칠 뿐, 역사를 제대로 이해하는 데는 그다지 도움이 되지 않는다.

1,000년 전 고려든 지금의 대한민국이든 문제의 본질은 같다

아무리 기술이 발전하고, 인간을 둘러싼 환경이 바뀌더라도 인간이 살아가는 방식 자체가 크게 달라지지는 않는다. 각 시대가 처한 고민도 마찬가지다.

예컨대 연개소문이 안시성을 구하기 위해 벌인 외교전이나, 일본과 신라가 국익에 따라 적과 동지의 관계를 바꿔나가는 과정은 미·중·일·북한을 상대로 존립해야 하는 한국의 처지와 선택을 생각해보게 한다.

40년 가까이 강화도에서 세계 최강 몽골을 상대로 결사항전을 벌이던 고려의 모습은 현재 미국과 긴장 관계를 이어가는 북한과 크게 다르지 않다. 기로에 선 순간 고려 지도부의 고민과 선택은 비록 현재 김정은의 처지와 똑같지는 않지만 시사점을 안겨줄 수 있다고 본다.

불공정한 토지 문제를 바로잡는다며 급진 개혁을 추진하고는 정작 자신들은 수십만 평의 토지를 챙긴 조선 초기 공신들, 또 재산 증식과 '인 서울'에 여념이 없던 사대부들은 어떤가. 최근 한국 사회의 새로운 기득권이 된 586 세력과 깜짝 놀랄 정도로 닮아 있다.

임진왜란 후 관계 복원을 놓고 줄다리기를 벌이던 조선과 에도 막부의 협상 과정은 1965년 한일협정 후 최악의 한일 관계라는 양국 정부의 숙제를 푸는 데 하나의 실마리가 될 수도 있다.

또한 서라벌에 어렵사리 정착하는 처용과, '외지인'이라는 한계를 딛고 왕실로 입성하는 석탈해 일가의 도전을 따라가다 보면 다문화 사회에 진입한 우리 사회의 고민이 오버랩된다. 대규모 전염병이 돌면서 경제가 파탄 났던 17세기 조선의 상황은 코로나19로 신음하는 현재 상황을 돌아보게 할 것이다.

1,000년 전 고려든 21세기의 대한민국이든 사회가 안고 있는 고민을 깊숙이 들여다보면 본질은 크게 벗어나지 않는다.

〈중앙일보〉에 연재한 '유성운의 역사정치'를 대폭 보강

이 책은 2017년부터 〈중앙일보〉 지면과 온라인에 게재한 '유성운의 역사정치'를 보강한 것이다. 정치부에서 국회 출입을 하면서 대학 이후 제대로 들여다보지 않았던 역사를 다시 공부하게 되었다. 정치가 사회의 각종 고민이 모여들고 이해가 충돌하는 영역이라서 그랬을까. 정작 대학 때는 아무리 사료를 읽어도 떠오르지 않았던 질문이 쌓여갔고, 다시 공부하면서 고개가 끄덕여졌다.

그런 점에서 이 책에 담은 원고는 한국사를 전공한 정치부 출신 기자의 '공부 노트'이다. 따라서 이 책에는 새로운 연구나 파격적인 주장은 없다. 내가 한 것은 대중에게 상대적으로 덜 알려진 역사 분야의 최근 연구 성과를 추려내고, 국회를 출입하면서 지켜봤던 정치 현실이나 각종 사회적 이슈와 연결하면서 생각할 지점들을 정리해본 것이다.

그런 과정에서 소위 '국뽕'도 한 사발 정도는 건져냈다고 생각한다. 한국사에서 자랑스럽게 여기는 인물이나 사건에 대해 '양념'을 덜어내고 있는 그대로 담백하게 보려고 노력했다. 이유는 중국의 역사학자 마오하이젠의 저서 《아편전쟁》의 서문을 빌려 대신한다.

"승리는 사람을 흥분시키지만 실패는 사람을 깊이 생각하게 한다. 심사숙고하는 민족은 종종 흥분 속에 있는 민족보다 더 큰 역량을 가지게 된다. 본래 역사학은 당연히 이런 역량을 제공해야 한다."

아울러 지도와 도표를 통해 최근의 연구 결과와 유용한 정보를 되도록 많이 반영하려고 내심 공을 들였는데, 욕심이 과하다 보니 편집 과정의 고생을 배로 늘렸다. 송구할 따름이다. 하나라도 건질 것이 있었다고 한다면 출판사에 그나마 덜 미안할 것 같다.

마지막으로 〈중앙일보〉 DB에 묻혀 있었을 원고인데 이를 다시 건져 올려주신 이다미디어 박금희 이사님과 황보태수 대표님, 그리고 늘 곁에서 에너지를 샘솟게 해주는 가족에게 깊은 감사를 전한다.

2020년 11월 유성운

차례

머리말 조선은 임진왜란 이후 왜 망하지 않았을까?　　　　　004

1장 삼국 시대의 역사정치

신라 4대 왕 석탈해의 다파나국은 어디인가?　　　　016
백제의 시조는 온조인가, 비류인가?　　　　030
고대 한반도 남부와 왜를 둘러싼 미스터리　　　　041
고구려 안시성을 지킨 양만춘과 연개소문의 진실　　　　053
7세기 동아시아 외교전과 왜의 백강 전투 참전　　　　066
신라에 나타난 처용은 페르시아 왕자인가?　　　　080
김춘추와 금춘추, 왜 김씨 발음이 변했나?　　　　090

2장 고려 시대의 역사정치

고려는 발해의 멸망을 왜 두고만 봤을까?　　　　100
왕건이 호남 차별을 정말 유훈으로 남겼나?　　　　111
서희는 거란과 담판만으로 강동 6주를 챙겼을까?　　　　124

고려의 수차례 국교 요청, 일본이 거절한 이유는?	138
난세에 외교의 정석을 보여준 고려 태자 왕전	150
여·몽 연합군의 규슈 침공, 고려와 일본의 관계 파탄	164

3장 조선 국왕의 역사정치

이성계의 수도 천도와 경복궁 풍수의 드라마	176
토지개혁 외친 건국 공신, 경기도 땅 20% 챙겼다	187
명에 지극한 사대 외교로 국익을 챙긴 세종	200
조선 노비가 만든 연은법이 일본을 살찌웠다	212
영조는 왜 10여 년이나 금주령에 집착했을까?	223

4장 조선 사림의 역사정치

중종의 총아 조광조는 왜 붕당 수괴로 처형됐나?   238
여당에서 한순간에 몰락, 소수파 북인의 흥망성쇠   249
성리학의 거두 이황은 수십만 평 땅부자였다!   262
병자호란의 충신과 간신, 최명길과 김상헌의 대립   275
호락논쟁, 노론을 두 동강 내다!   287
조선은 정조 사후 왜 100년 만에 망했나?   298
조선 과거제와 신분제, 오성·한음은 금수저였다!   311

5장 임진왜란의 역사정치

임진왜란 때 관군이 일본군에 연전연패한 이유   328
호남을 지켜낸 경상우도의 북인 의병장들   341
조선, 임진왜란 와중에 하이테크에 눈을 뜨다   354
선조는 임진왜란 승전의 주인공이 되려 했다!   369
임진왜란 이후에도 조선이 망하지 않은 이유   380

조선과의 국교 위한 쓰시마섬의 위험한 도박	391
일본에 끌려간 포로들은 조선 귀환을 거부했다	403
일본 도자기를 꽃피운 조선 도공의 파란만장한 삶	416

6장 조선 사회의 역사정치

중종의 지진 정치가 조광조 운명을 갈랐다!	430
한반도 덮친 우역으로 조선 경제는 만신창이	440
17세기 소빙기 한파로 100만 명 죽은 경신대기근	452
백성 위한 호랑이 사냥이 결국 백성만 잡았다	463
딸의 부동산 투기에는 영조도 눈을 감았다	474
강진에 귀양 간 정약용, 자녀에게 '인 서울' 당부	484
조선통신사는 왜 19세기에 막을 내렸나?	493

참고문헌	507

THE
HISTORY
OF
KOREA

1장

삼국 시대의 역사정치

신라 4대 왕 석탈해의 다파나국은 어디인가?

신라 건국 영웅 석탈해는 일본에서 건너왔다?

"석탈해(昔脫解)는 왜국(倭國) 동북쪽 1,000리 떨어진 다파나국(多婆那國)에서 태어났다. 왕의 아내가 임신한 지 7년 만에 큰 알을 낳았다. 왕은 상서롭지 못하다 하여 버리게 했다. 왕비는 비단에 알을 싸서 보물과 함께 궤짝 속에 넣어 바다에 띄웠다. 처음에 금관가야 해변에 이르렀는데 금관인들이 괴이 여겨 취하지 않았고, 다시 진한(辰韓) 아진포구(阿珍浦口)에 닿았다. … 해변에 노파가 줄로 당겨 해안에 매어놓고 궤짝을 열어보니 작은 아이가 있어 거두어 길렀다."

《삼국사기》〈신라본기〉 탈해이사금조(脫解尼師今條)

석탈해에 대한 기록은 일찍부터 학자들의 관심을 끌었다. 고대 국가의 건국 영웅을 다룬 다른 설화에 비해 두드러진 특징이 있어서다. 일단 어디서 왔는지가 구체적으로 드러난다.

예를 들어 신라의 건국 시조인 박혁거세(朴赫居世)는 흰말이 울고 있어 가보니 우물 옆에 붉은 알이 있었는데 거기서 동자가 나왔다고 기록되어 있다. 특별한 출생이긴 하지만 어디서 어떤 과정을 거쳐 온 것인지는 알 수가 없다. 김알지도 마찬가지다. 서라벌의 시림(始林, 계림)에서 닭 우는 소리가 들려 가보니 금으로 만들어진 궤짝 안에 아기가 들어 있었다는 정도다.

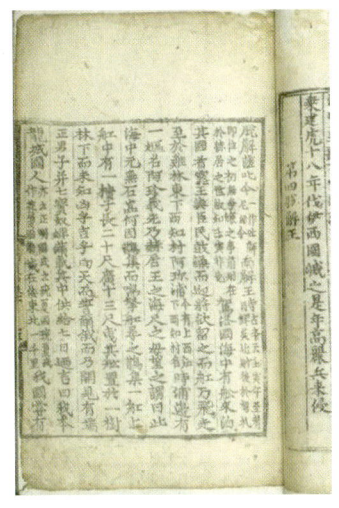

▶ 《삼국사기》에 나오는 석탈해 관련 내용

그에 비해 석탈해는 왜국 동북쪽 1,000리 떨어진 다파나국에서 왔다는 정보가 구체적으로 제시되고 있다. 다만 다파나국이 어디인지를 두고는 학자들의 의견이 갈렸다.

학자들 사이에서 오랫동안 지지를 받았던 것은 일본이다. 석탈해가 배를 타고 바다로 들어왔다는 점이나, 신라가 이른 시기부터 왜와 접촉이 잦았다는 점에서다. 당시 항해 능력을 감안해봐도 동해 맞은편인 일본 외에 다른 곳에서 왔을 것이라곤 상상하기 어려운 것도 사실이었다.

▶ 경주 표암재 옆의 석탈해 왕릉

석탈해의 시베리아 캄차카반도 전래설이 최근에 부상

그런데 2000년대 접어들어 의외의 곳이 주목받기 시작했다. 바로 시베리아 캄차카반도다. 그 이유로 몇 가지 근거가 제시됐는데, 가장 이목을 끈 것은 이곳에 거주하는 코랴크(Koryak)족에 전승된 까치 아이의 설화였다. 까마귀 남자와 결혼한 여인이 까치 알을 낳자 이 알에서 태어난 아이들을 멀리 보내버렸다는 내용이다.

비록 왕은 아니지만 여인이 알을 낳았고 이를 바다에 띄워 멀리 보내버렸다는 설화의 틀이 비슷한 데다 까치가 등장한다는 점도 중요한 대목이다. 《삼국사기》와 《삼국유사》에 따르면 석탈해와 까치가 매우 중요한 관련이 있기 때문이다.

> "어떤 이가 말했다. '이 아이의 성씨를 알 수 없는데 처음에 함이 도착했을 때 까치가 날아 울면서 이를 따랐으니, 마땅히 작(鵲)에서 줄여 석(昔)으로 씨(氏)를 삼아야 한다. 그리고 둘러싼 함을 열고 나왔으니 탈해(脫解)로 이름을 지어야 한다." 《삼국사기》-〈신라본기〉 탈해이사금

> "배를 끌어당겨 찾아보니 까치가 배 위에 모여들고 배 안에 궤 하나가 있었다. 궤를 열어보니 단정한 남자아이와 칠보(七寶), 노비(奴婢)가 함께 그 안에 가득하였다." 《삼국유사》-〈기이(紀異)〉 탈해왕

그래도 의문은 남는다. 기록에 따르면 다파나국은 왜국에서 1,000리 떨어진 곳이다. 그런데 캄차카반도는 일본에서 1만 리가량 떨어져 있다. 그냥 넘어가기엔 거리 차이가 너무 크다. 이에 대해 캄차카반도설을 지지하는 측의 주장은 이렇다. '1,000리'는 실제 물리적 거리를 의미하는 것이 아니라 고대인의 관념상 아주 먼 거리를 의미한다는 것이다.

까치 아이 설화 외에도 시베리아 쪽과 연관된 단서는 또 하나 있다. '철(鐵)'이다. 뒤에서도 나오겠지만 석탈해는 경주에서 자신을 알릴 때 '야장(冶匠)의 후예'라고 주장했다. 흔히 대장장이라 불리는 야장은 철을 다루는 사람이다. 그런데 퉁구스족의 언어에서 야장이나 야장무(冶匠巫)를 의미하는 단어는 'tarxad' 혹은 'tarquan'이라고

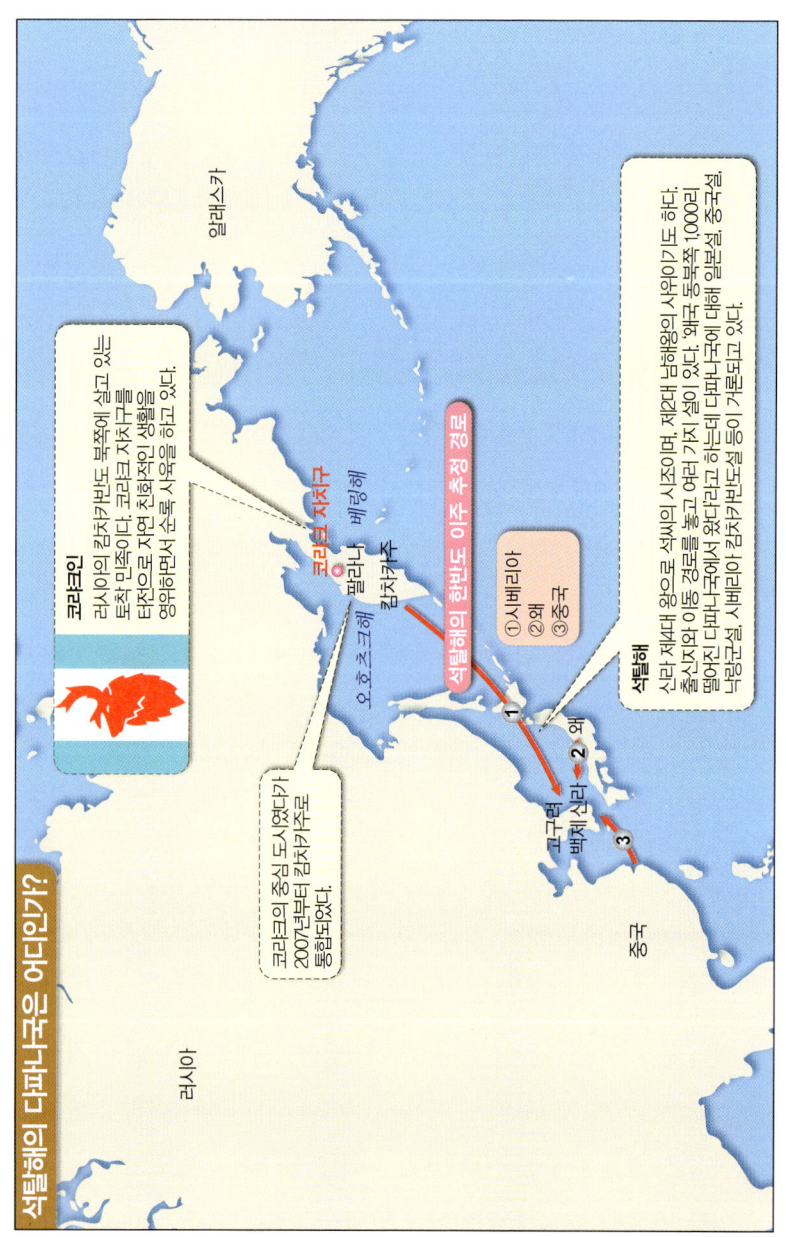

한다. 어감상 '탈해'라는 발음과 흡사한 면이 있다. 퉁구스족의 거주지는 '까치 아이' 설화를 가진 코랴크족의 거주지와 맞닿아 있다. 이런 점에서 석탈해의 시베리아 캄차카반도 전래설은 근래 힘을 받게 됐다.

사서에서 석탈해의 특이한 외모를 강조하는 부분도 단순히 영웅성을 드러내기 위해서라기보다는 외모가 고대 신라인과 확실히 달랐기 때문이라는 생각이 들게 한다.

> "이름을 탈해라 하였는데 바다로부터 가락(駕洛)에 오니 신장이 3척이요 머리 둘레가 1척이었다." 《삼국유사》

> "어미가 말했다. '너는 범상한 사람이 아니고 골상(骨相)이 특이하니 배움에 정진해 공명을 세워라.'" 《삼국사기》

그런데 이와 관련해 최근 흥미로운 연구가 발표된 적이 있다. 2020년 1월 22일, SBS의 「이동욱은 토크가 하고 싶어서」라는 예능 프로그램에서 MC를 맡은 배우 이동욱의 DNA 조사 결과를 밝혔는데, 모친 쪽이 시베리아 코랴크족과 연관된 것으로 나온 것이다. 이 프로그램에 출연한 법의학자 유성호 서울대 교수는 "대한민국에서 1%도 나오지 않는 유전자"라며 매우 신기해했는데, 어쩌면 이동욱의 모계 집안은 석탈해 세력의 후손인지도 모르겠다.

신라에서는 3개 성씨가 번갈아 왕위를 이어받았다

대륙 세력과 해양 세력이 교차하는 지정학적 위치 때문에 고대 한반도에는 다양한 무리가 끊임없이 유입됐다. 신라에서 3개 성씨가 번갈아 왕위를 이어받았다는 것이 이를 방증한다. 한반도의 토착민은 외부에서 들어온 세력과 함께 협력해 국가를 건설해나갔다. 물론 외부 세력이 들어올 때 두 팔 벌려 환영만 한 것은 아니다. "(궤짝이) 처음에 금관가야(가락국) 바닷가에 이르렀으나 사람들이 괴이하게 여겨 거두지 않았다"라는 《삼국사기》의 내용은 석탈해 세력이 처음엔 김해 지역에 정착하려 했지만 먼저 터를 잡고 있던 김수로 세력과 충돌했음을 보여준다. 《삼국유사》-〈가락국기〉는 이 과정을 보다 생생하게 보여준다.

> "(탈해가) 흔연히 대궐에 들어가서 (수로)왕에게 말하기를 내가 왕위를 뺏으려고 왔다 하였다. … 삽시간에 탈해가 화하여 매가 되니 왕은 화하여 독수리가 되었고 탈해가 또 화하여 참새가 되니 왕은 새매로 화하였는데 그 사이에 촌음의 간극도 없었다. … 탈해가 이에 항복해 말하기를 "내가 죽음을 면한 것은 대개 성인이 죽이기를 싫어하는 인덕의 소치라 내가 왕과 더불어 다툼이 실로 어렵다" 하고 곧 절을 하고 나갔다. (수로)왕은 그가 체류하여 난을 꾸밀까 염려하여 급히 배 500척으로 쫓으니 탈해가 계림으로 달아나므로 돌아왔다."

결국 천신만고 끝에 석탈해는 아진포에 도착해 노파의 도움을 받아 정착에는 성공했지만, 신라의 중심인 경주(서라벌)로 편입되는 과정에서 또 한 번 충돌을 겪는다.

석탈해가 토함산에 올라 7일 동안 머물면서 성안에 살 만한 곳이 있는지 살피고는 꾀를 써서 신라 초기의 귀족인 호공(瓠公)의 집을 손에 넣었다는 《삼국유사》의 기록은 석탈해와 경주 토착 세력 간에 적잖은 갈등이 있었음을 시사한다.

박씨 왕실이 앞선 철기 문화 세력인 석탈해와 제휴

그런데 호공의 집을 빼앗는 과정에서 눈여겨볼 대목이 있다.

> "(탈해는) 꾀를 써서 숫돌과 숯을 몰래 그 곁에 묻고 '나는 본래 야장이었는데, 잠시 이웃 마을에 나가 있는 동안 다른 사람이 빼앗아 살고 있으니, 땅을 파서 조사해봅시다'라고 하였다. (관에서) 땅을 파보니 과연 숫돌과 숯이 나왔으므로 그 집을 빼앗아 살게 되었다." 《삼국유사》

야장은 무기나 농기구의 재료인 철을 다루는 기술자다. 고대 사회에서 철은 금과 은 못지않게 중요한 자원이었고, 그래서 제철은 국가의 주요 산업으로 인정받았다.

학자들은 석탈해가 경주의 선주민보다 앞선 철기 문화를 보유하고 있었을 것으로 추정한다. 석탈해의 주장이 받아들여져 호공의 집을 빼앗았다는 점에서다.

이 사건은 이제 막 왕조를 건국한 박씨 왕실과 새로 유입된 철기 문화 세력과의 제휴를 보여준다는 것이다. 신라 2대 왕인 남해이사금(남해왕)이 석탈해를 사위로 삼은 것도 이런 이유다.

훗날 석탈해는 남해왕의 아들 유리(儒理)와 왕위를 놓고 경쟁을 벌일 정도로 빠른 정치적 성장을 이루었다. 이는 훗날 김알지에게서는 볼 수 없는 면모다. 비록 설화에서 보듯이 치아가 더 많은 유리가 왕이 됐지만, 이후 석씨 세력은 박씨 세력과 함께 신라 왕위를 놓고 엎치락뒤치락 경쟁을 벌이게 된다.

다만 석탈해는 이주한 입장에서 기존 박씨 왕실을 넘어서는 데는 시간이 더 필요했다. 석탈해는 유리이사금에 이어 4대 왕에 등극했지만, 다음 왕위는 박씨인 파사이사금에게 넘어가 8대 아달라이사

▶ 박혁거세의 탄강 전설이 깃들어 있는 경주의 우물

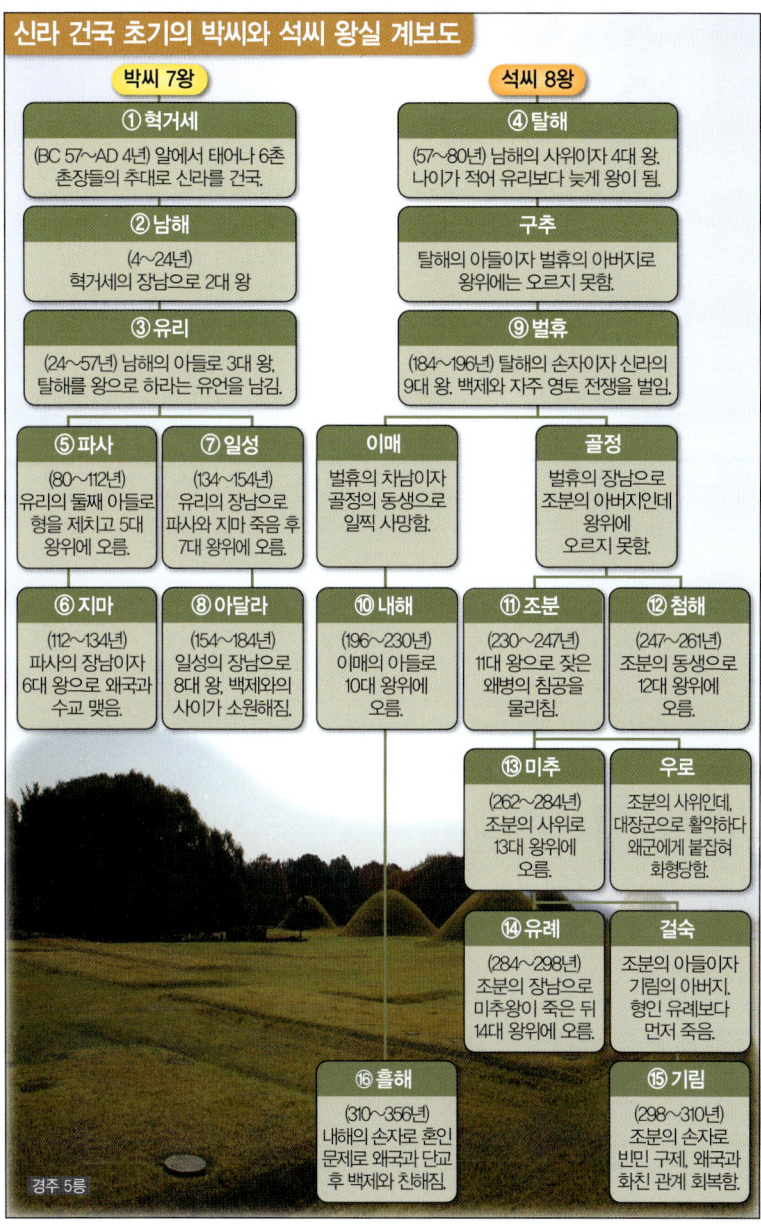

금까지 이어졌다. 왕위가 다시 석탈해 세력에게 온 것은 석탈해의 손자이자 9대 왕인 벌휴이사금 때다.

석탈해가 죽은 건 AD 80년, 벌휴이사금이 왕위에 오른 건 AD 184년이다. 석씨 세력이 '이주민'이라는 꼬리표를 떼어내고 서라벌에 완전히 기반을 굳히기까지 약 1세기가 필요했던 셈이다. 이때부터 16대 흘해이사금(AD 310~356년)까지 170여 년간 석씨 왕의 시대가 이어진다.

덧붙이자면 훗날 김알지 세력이 왕위를 잡을 때도 비슷한 양상이 벌어졌다. 석씨 왕 시대의 중간에 13대 왕으로 김알지의 5세손 미추이사금이 왕위에 오른 뒤, 다시 석씨 왕 3명이 집권하고 난 후에야 비로소 김씨들이 왕위를 잡았다.

유이민과 정착민이 함께 만든 한반도의 고대사

석탈해 설화는 고대 한반도에 어떻게 이주 세력이 들어왔고 이들이 어떤 과정을 거치면서 정착해갔는지를 상징적으로 보여준다. 이를 통해 우리는 한반도의 고대 국가가 단일 민족에 의해 건설된 것이 아니라, 이곳에 들어온 다양한 세력이 힘을 합쳐 갈등과 협력을 통해 만들어갔다는 사실을 알 수 있다.

석탈해에게 억울하게 집을 빼앗긴 경주의 유력 세력 호공만 해도 '왜인 출신'이라고 기록되어 있다. 김해 지역에서 금관가야를 지배한 김수로 역시 인도에서 건너온 허황옥과의 결합을 통해 나라를

건국했다.

심지어 신라의 모체가 된 진한의 기록은 한반도 유이민의 역사를 더 거슬러 올라가게 한다. 중국 진(晉)나라 때 진수가 쓴 역사서 《삼국지(三國志)》-〈한전(韓專)〉에는 "진한의 노인들이 대대로 전하며 말하기를 '우리는 옛날의 망명인으로 진(秦)나라의 고역(苦役)을 피하여 한국(韓國)으로 왔다. 마한(馬韓)이 그들의 동쪽 지역을 분할해 우리에게 주었다'라고 했다"라는 내용이 기록되어 있다.

진시황 시절 혹독했던 만리장성 공사에서 도망친 사람들이 지금의 경상도 지역에 정착했다는 것이다. 《삼국지》에서 이어지는 내용이다.

"진한의 말은 마한과 달라서 나라(國)를 방(邦)이라 하고, 활(弓)을 호(弧)라 하고, 도적(賊)을 구(寇)라고 한다. 서로 부르는 것을 모두 도(徒)라 하여 진(秦)나라 사람들과 흡사하니 … 지금도 (辰韓을) 진한(秦韓)이라고 부르는 사람들이 있다."

우리 측 기록에도 비슷한 내용이 담긴 것으로 보아 이 구전은 사실일 가능성이 높다.

"중국 사람 중 진나라의 난리를 견디지 못하고 동쪽으로 온 자가 많았는데, 마한의 동쪽에 많이 살면서 진한과 섞여 살았다."

《삼국사기》-〈신라본기〉

학자들에 따르면 토착 세력이 건국한 경우는 건국 영웅이 나타나는 과정도 조금 다르다. 예를 들어 토박이 사상이 강했던 고대 그리스 아테네의 전설적인 왕 에레크테우스는 대장장이의 신 헤파이스토스의 정액이 떨어져 땅에서 태어난 아이로 기록되어 있다는 것이다. 아테네에서는 기원전 5세기부터 '토박이(autochthon)'라는 단어가 쓰였는데, '땅에서 솟아났다'라는 의미를 갖고 있다.

우리는 흔히 단군의 자손이라고 말하지만, 삼국의 건국 시조 중 누구도 자신을 단군과 연결 지은 적이 없다. 왜 그럴까. 누구도 그런 의식이 없었기 때문이 아닐까.

한반도가 단일 세력이 아니라 토착민들이 석탈해처럼 외지에서 한반도에 들어온 여러 구성원과 함께 나라를 세우고 만들어갔기 때문이다. 한반도의 역사는 그런 다양성과 역동성 위에서 기초를 쌓아 올리면서 닻을 올렸다.

백제의 시조는
온조인가, 비류인가?

백제의 시조는 누구일까. 너무나 뻔한 질문 같지만 꼭 그렇지만은 않다. 흔히 우리가 알고 있는 건 온조 설화다. 《삼국사기》에서 〈백제본기〉는 백제의 건국을 이렇게 전하고 있다.

"백제의 시조 온조(溫祚)는 고구려의 시조 주몽(朱蒙)의 셋째 아들이다. 주몽의 전처 예씨(禮氏)의 소생인 유리가 고구려의 태자가 되자 형 비류(沸流)와 함께 남하했다. 비류는 미추홀(彌鄒忽)에서 기반을 잡았지만 신하들은 바닷가라는 이유로 만류했다. 온조는 신하들의 말을 들어 위례성(慰禮城)에 도읍을 정하여 국호를 십제(十濟)라 했다. 얼마 뒤 비류가 죽고 백성이 위례성에 모여들어 국호를 백제(百濟)로 고쳤다."

그런데 온조 설화를 한참 소개하던 《삼국사기》는 느닷없이 또 다른 건국 설화를 불쑥 들이민다. 온조의 형 비류가 주인공으로 나오

▶ 몽촌토성과 몽촌토성 유물

는 새로운 버전이다.

"(백제의 시조에 대해서) 또는 다음과 같이 말한다. 백제 시조 비류왕의 아버지는 우태(優台)로 북부여 왕 해부루(解夫婁)의 서손이고, 어머니는 소서노(召西奴)로 졸본 사람 연타발(延陀勃)의 딸이다. 소서노는 우태에게 시집가서 아들 둘을 낳았는데 큰아들은 비류라 하였고, 둘째는 온조라 하였다. 우태가 죽자 졸본에서 과부로 지냈다. 주몽이 부여에서 남쪽으로 도망해 졸본에 도읍을 세우고 소서노를 맞아들여 왕비로 삼았다. 주몽은 그녀가 나라를 창업하는 데 잘 도와주었기 때문에 총애하고 대접하는 것이 후하였고, 비류 등을 자기 자식처럼 대하였다. (그러나) 주몽이 부여에 있을 때 낳은 아들 유류가 오자 그를 태자로 삼았고 왕위를 잇게 했다. 이에 비류가 아우와 함께 무리를 이끌고 패수(浿水)와 대수(帶水)를 건너 미추홀에 와서 살았다."

온조와 비류, 누가 진짜 백제의 건국자인가?

고대 국가에서 건국 설화가 갖는 의미는 아무리 강조해도 지나치지 않는다. 왕실의 정통성과 신성함을 확보해주는 한편 백성과 왕실을 정서적으로 이어주는 매개체이기 때문에 사실상의 종교적 기능도 겸하고 있다. 그래서 고대 국가로 성장한 나라들은 확고부동한 시조 설화를 갖고 있기 마련이다. 고구려는 주몽, 신라는 박혁거세, 가야는 김수로 등을 내세워 자신들의 건국 정당성을 설파했다. 신라의 경우엔 김씨 세력이 수백 년간 왕위를 독점하던 시기에도 건국 시조로서 박혁거세의 정통성만큼은 건드리지 못했다.

그런 만큼 백제는 무척 특이한 사례다. 심지어 《삼국사기》가 쓰인 건 백제가 멸망하고 500년가량 지난 때였다. 그런데 그때까지 비류 설화가 생존했다는 것은 분명 비류 시조설의 흔적이 꽤 깊숙하게 남아 있었다는 뜻이다. 일단 온조 설화가 정통이라고 손을 들어준 《삼국사기》의 편찬자들도 고민이 컸던 모양이다. 이들은 백제의 건국 설화를 나열하고는 "어느 것이 옳은지 모르겠다(未知孰是)"라는 평가를 남겼다.

그런데 비류 설화를 보면 고민이 이해가 된다. 야사(野史)라고 치부하기엔 내용이 매우 구체적이기 때문이다. 특히 백제 건국 세력의 내력이 온조 설화보다 더 상세하게 소개되어 있다. 비록 혼란스럽긴 하지만 두 가지 버전의 설화를 엮어보면 백제 건국 과정의 몇 가지 큰 줄기는 다음과 같이 정리할 수 있다.

① 주몽의 고구려 건국에 협조한 졸본의 토착 세력이 남하했다.
② 이들은 '유류'라는, 부여에서 온 유이민 집단과의 경쟁에서 밀려났다.
③ 비류가 형, 온조는 동생의 관계였다.
④ 이들이 처음에 자리 잡은 곳은 미추홀이다.
⑤ 미추홀과 위례성으로 갈라진 두 세력은 비류가 죽고 재결합했다.

그렇다면 온조와 비류 설화 중 어느 것이 먼저 만들어진 것일까. ③번과 ④번을 살펴보면 온조 설화보다 비류 설화가 더 오래됐음을 알 수 있다. 만약 온조 설화가 먼저 만들어졌다면 비류가 형으로 남았을 리가 없기 때문이다. 또 온조 설화에서조차 미추홀에 나라가 먼저 만들어졌다고 기록한 점만 봐도 그렇다.

또 하나, 온조와 비류가 진짜 친형제일 가능성은 낮다. 두 버전에서 부모가 각기 다른 인물로 표기된 것만 봐도 그렇다. 온조 설화에선 주몽과 졸본부여 왕의 둘째 딸, 비류 설화에서는 우태와 소서노가 부모로 등장한다. 그럼에도 형제로 묘사된다는 것은 이들이 힘이 엇비슷한 졸본의 토착 세력이었기 때문이다.

고구려 초기 왕위 계승에 패배한 온조와 비류가 남하

"비류가 동생 온조에게 말하였다. '처음 대왕께서 이곳으로 도망하여 왔을 때 우리 어머니(소서노)가 가산을 내주어 나라의 기초를 세우는 위업

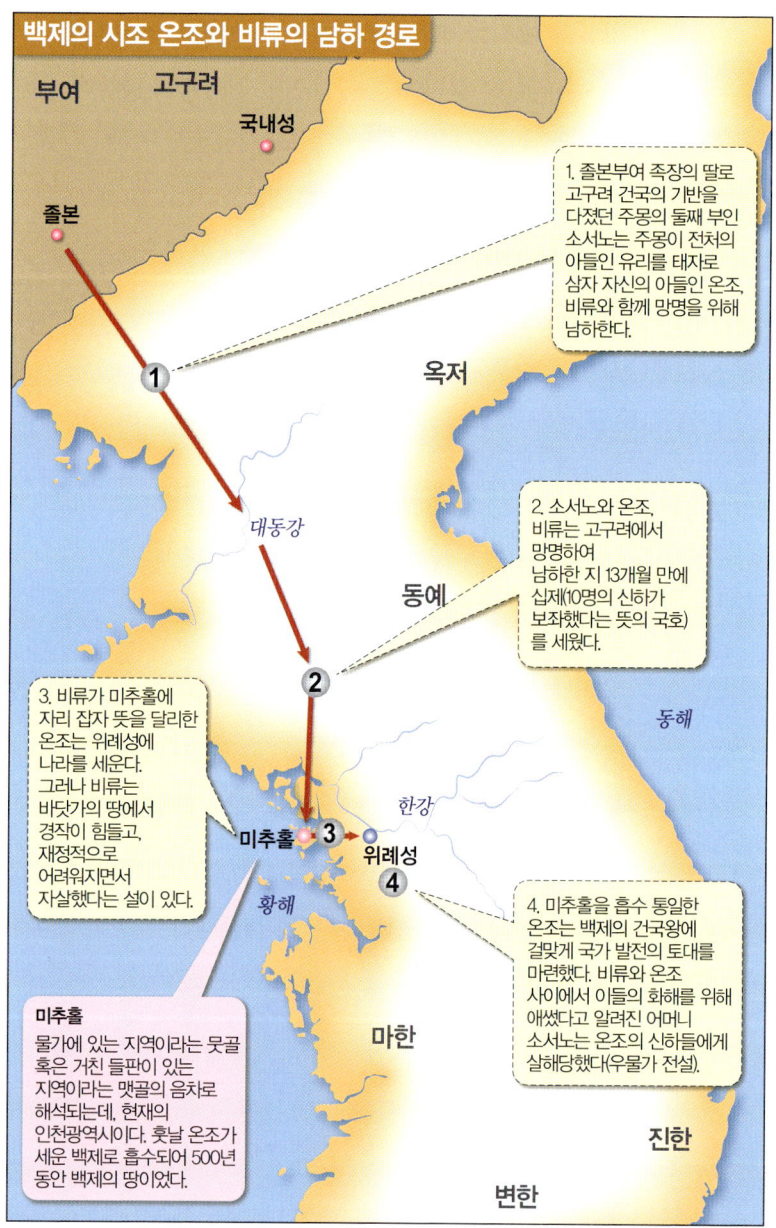

을 도와주었으니 어머니의 조력과 공로가 많았다. 그러나 대왕께서 돌아가시자 나라가 유류에게 돌아갔다. 우리가 공연히 여기에 있으면서 쓸모없는 사람같이 답답하고 우울하게 지내는 것보다는 차라리 어머님을 모시고 남쪽으로 가서 살 곳을 선택하여 별도로 도읍을 세우는 것이 좋겠다라고 말하고 ……." 《삼국사기》〈백제본기〉 시조 온조왕

고구려 건국을 주도하고도 이들이 남하를 결정한 건 유류(儒留, 유리)와의 권력 투쟁에서 패배했기 때문이다. 《삼국사기》는 이를 완곡하게 묘사했지만, 왕권 이양 과정에서 신생 국가의 기틀을 흔들 만한 다툼과 숙청 작업이 있었던 것 같다. 주몽에게 많은 자본을 댔던 소서노 같은 세력도 이동했을 뿐 아니라, 북부여부터 주몽과 생사고락을 함께했던 개국 공신들까지 남하를 결정했다는 점에서 그렇다.

온조가 남하할 때 따라나선 건 오이(烏伊)와 마리(摩離)라는 인물인데, 공교롭게도 주몽이 북부여에서 도망칠 때 함께했던 3인 중 오간(烏干), 마려(馬黎)과 이름이 비슷하다. 동일 인물이라는 해석이 나오는 이유다. 또 나머지 한 사람인 협보(陜父) 역시 왕에게 정치에 힘쓸 것을 건의하다가 유리왕의 분노를 사서 한직으로 밀려나자 남쪽으로 달아났다는 《삼국사기》의 기록이 있다.

주몽에 이어 왕위에 오른 유류를 정점으로 하는 신(新)주류가 떠오르면서 소서노를 비롯해 선대의 건국을 도운 구(舊)주류가 다 축출된 셈이다. 이것은 조선 건국 직후 왕자의 난이 벌어져 정도전을

비롯한 건국 공신들이 숙청된 사건을 연상케 하는 면도 있다.

초고계와 고이계가 정권 교체하듯 왕위를 번갈아 계승

백제의 건국 과정에서도 형제를 중심으로 뭉친 두 세력의 알력은 피할 수 없는 숙명과도 같았다.

비류계의 주도로 미추홀에 자리 잡았지만 어떤 이유로 온조계가 이탈해 위례성으로 이동했다는 것은 고구려에서 권력 투쟁의 쓴맛을 본 온조와 비류 사이에서도 비슷한 일이 벌어졌다는 것을 보여준다. 아마도 위례성으로 옮겨 간 온조계가 권력 투쟁에서 패배했다고 보는 편이 합리적일 것이다.

하지만 당시 한반도 남부의 상황은 녹록하지 않았다. 《삼국사기》-〈백제본기〉를 보면 초기에 이들은 북쪽과 동쪽에서 낙랑군과 말갈의 침입에 수시로 시달렸음을 알 수 있다. 이런 외부적 환경은 미추홀 세력과 위례성 세력이 다시 힘을 합치게 했으며, 《삼국사기》는 이때 국호를 '십제'에서 '백제'로 바꿨다고 전한다. 그런데 통합 시점이 '비류 사망'이라는 점에서 유추해보면 이때는 온조계의 힘이 더 강했던 것 같다.

두 세력의 화학적 결합은 쉽지 않았다. 통합 이후에도 이들의 내부 갈등은 좀처럼 사그라들지 않았다. 백제 초기 왕위 계보는 그런 이면을 보여준다.

백제는 개루왕(蓋婁王, 재위 128~166년) 이후 초고왕(肖古王, 재위 166~214

년)계와 고이왕(古爾王, 재위 234~286년)계로 나뉘어 마치 여야가 정권 교체를 하듯이 왕위를 번갈아 맡았다. 물론 이면에는 왕위를 둘러싼 격렬한 권력 투쟁이 자리 잡고 있었다. 그것은 초고계 사반왕(沙伴王)이 1년 만에 물러나고 고이왕이 즉위한 점이나, 고이계의 마지막 왕인 계왕(契王)이 2년 만에 근초고왕(近肖古王)으로 바뀐 데서도 알 수 있다.

그래서 백제사 연구자들 중에는 비류와 온조의 건국 설화가 각각 남게 된 배경을 '주몽-온조-초고계'와 '우태-비류-고이계'의 대립 관계로 설명하기도 한다.

결국 초고계 출신 근초고왕이 왕위에 오르면서 양측의 싸움은 마무리됐다. 그는 재위 말년에 박사 고흥(高興)을 시켜 백제 최초의 역사서 《서기(書記)》를 편찬하게 했는데, 국가 공인 역사서를 편찬할 수 있었다는 것은 둘 중 하나다. 한쪽의 세력이 다른 한쪽을 압도했든가, 아니면 양쪽이 정치적으로 타협한 것이다. 온조 설화가 백제의 공식적인 건국 신화로 자리 잡은 것도 이때였을 것이다.

부여의 건국 영웅 동명왕을 숭배하며 백제를 통합

일반적으로 이런 분열기에는 국력이 쇠퇴하기 마련이지만 특이하게도 백제는 눈부신 발전을 거듭했다. 활발한 정복 활동으로 주변 소국들을 통합한 백제는 평양성을 포위해 고구려 고국원왕(故國原王)을 전사시키는 전과를 올리기도 했다.

백제의 왕실 계보도(온조왕~근초고왕)

① 온조왕 (BC 18~AD 28년) 고구려 동명성왕인 주몽의 아들로 백제의 초대 왕이다.

② 다루왕 (28~77년) 온조왕의 장남으로 2대 국왕에 올랐다.

③ 기루왕 (77~128년) 다루왕의 장남으로 천재지변, 가뭄 등 재앙에 대한 기록이 많다.

④ 개루왕 (128~166년) 기루왕의 아들로 온화한 성격이었다.

초고계와 고이계
초고계는 백제의 5대 왕 초고왕이 다루왕, 기루왕, 개루왕 등 루 자 돌림의 왕계에서 전혀 다른 이름으로 즉위하면서 시작되었다. 그래서 온조 집단이 비류 집단을 밀어내고 왕위 계승권을 장악하게 된 시기, 초고계가 이때 시작되었다고 추정한다.
한편 고이왕의 계통은 우태, 비류, 고이로 이어지는 비류 집단이라는 설과, 초고왕계의 방계 왕족이라는 설이 있다. 사반왕을 1년 만에 폐위하고 정변으로 왕위에 올랐다는 점에서 초고왕계와는 다른 계통으로 추정한다. 이후 백제의 왕가는 두 왕계의 분쟁으로 점철된다.

⑤ 초고왕 (166~214년) 초고계의 시조로 꼽히는 개루왕의 장남이다.

⑧ 고이왕 (234~286년) 고이계의 시조로 개루왕의 아들설이 있고, 사반왕의 폐위 후 즉위했다.

⑥ 구수왕 (214~234년) 초고왕의 아들로 재위 말에는 혹심한 가뭄과 재난에 시달렸다.

⑨ 책계왕 (286~298년) 고이왕의 아들로 체격이 크고 사나웠다.

⑦ 사반왕 (234~234년) 구수왕의 아들로 살해설이 있으며, 재위 1년 만에 폐위됐다.

⑪ 비류왕 (304~344년) 구수왕의 둘째 아들이자 사반왕의 동생으로 평민으로 살았다는 설도 있다.

⑩ 분서왕 (298~304년) 책계왕의 장남으로 외모가 준수했다.

⑬ 근초고왕 (346~375년) 비류왕의 아들로 백제의 전성기를 이루었다.

⑫ 계왕 (344~346년) 고이계의 마지막 왕으로 분서왕의 장남이며 즉위 2년 만에 사망했다.

무령왕릉

백제는 왕위를 둘러싼 갈등 속에서도 이를 봉합하는 매개체가 있었는데, 그것은 동명(東明)에 대한 신앙이다. 여기서 동명은 고구려의 시조 주몽과는 다른 부여(扶餘)의 건국 영웅이다.《속일본기(續日本紀)》에도 백제의 먼 시조로 도모 대왕(都慕大王)이 등장하는데, 여기서 도모는 동명을 가리킨다는 게 학계의 설명이다. 백제는 사비성으로 천도한 뒤 국명을 남부여(南扶餘)로 바꾸는가 하면, 왕가의 성(姓)도 부여씨라고 정했을 정도로 부여에 대한 계승 의지가 강했다.

백제는 권력의 아귀다툼 속에서도 초고계와 고이계 어느 쪽이 왕위를 잡든 동명에 대한 제례는 빼놓지 않았다. 온조왕 1년에 동명왕묘(東明王廟)가 만들어진 이래 책계왕, 분서왕(고이계), 아신왕, 전지왕(초고계) 등이 이곳을 방문해 국가 의식을 치렀다. 이런 의식은 폭발 직전까지 치닫는 백제 지도층의 분열을 막는 기제로 작용했을 것이다.

국정을 주도했던 온조계와 비류계가 공통으로 정통성 유지를 위해 존중할 수 있는 대상이 있다는 것은 백제의 큰 행운이자 축복이었다. 또 어느 쪽이 권력을 잡든 이를 지속해서 존중하면서 국가의 극단적 분열을 막아낸 백제 지도층의 지혜가 엿보이는 부분이기도 하다. 이러한 지혜는 건국 설화에도 엿보인다. 역사의 승자인 온조계가 '형'이라는 타이틀을 비류계에 양보한 부분이다.

백제의 초기 역사는 한국 사회에도 주는 시사점이 있다. 앞서 말한 대로 초고계와 고이계의 교대 집권은 우리의 정권 교체를 연상케 한다.

다만 다른 점이 있다면 건국에 대한 논란이 되레 격화하고 있다는 점일 것이다. 건국 시점을 놓고, 초대 대통령 이승만을 놓고, 사회주의 계열 인사에 대한 예우 문제를 놓고 대립하면서 급기야는 상대의 뿌리와 존재 자체를 부정하는 극단적인 대립 양상으로 치닫고 있기 때문이다. 과거 국론을 통합했던 원로의 존재는 사라진 지 오래고, 사회 통합의 기제도 좀처럼 찾기 어려운 상황이다.

상대에 대한 존중, 뿌리에 대한 존경, 승자의 아량 등이야말로 백제사가 우리에게 던지는 메시지가 아닐까.

고대 한반도 남부와
왜를 둘러싼 미스터리

"서울(경주) 사람들이 '왜병이 크게 쳐들어온다'라고 말을 잘못 퍼뜨리고는 다투어 산골짜기로 도망하여 숨었다. 왕이 이찬(伊湌) 익종 등에게 명하여 타일러 말렸다."

《삼국사기》-〈신라본기〉 지마이사금 11년(122년) 4월

"왜인이 와서 금성을 에워싸고 5일 동안 풀지 않았다. 장수와 병사들이 모두 나가 싸우기를 청하였지만, 왕이 '지금 적들은 배를 버리고 (육지) 깊숙이 들어와 사지에 있으니 그 칼날을 당할 수 없다'라고 말하고 성문을 닫았다." 《삼국사기》-〈신라본기〉 내물이사금 38년(393년) 5월

"왜병들이 금성을 열흘 동안 에워싸고 있다가 식량이 다 떨어져 돌아갔다." 《삼국사기》-〈신라본기〉 눌지마립간 28년(444년) 4월

▶ 경주 월성(月城) 유적. 101년 파사왕(婆娑王)이 처음 쌓았다고 전해지는 신라 왕궁으로, 신라의 국보였던 '만파식적(萬波息笛)'이 보관되어 있었다고 한다.

대학교에서 《삼국사기》에 기록된 초기 신라사를 처음 읽었을 때 당황스러웠던 기억이 있다. 왜(倭)가 우리가 알던 것보다 강력한 존재로 등장해서다. 신라가 왜에 변방을 침공당하는 건 그렇다 치더라도 수도가 포위당한 일이 한두 번이 아니라는 것을 보고 많이 놀랐다. 삼국으로부터 문물을 전수받은 백제의 속국 정도로 여겼던 '상식'과는 간극이 느껴졌다.

물론 신라는 삼국 중에서 발전이 가장 늦었던 나라다. 396년, 400년에도 왜군의 침입을 받고 고구려의 구원군에 기대어 겨우 위기를 모면했다. 광개토대왕비에도 그런 시대적 정황이 잘 드러난다. 그런데 왜는 5세기 중반인 눌지마립간 때도 신라 수도를 열흘

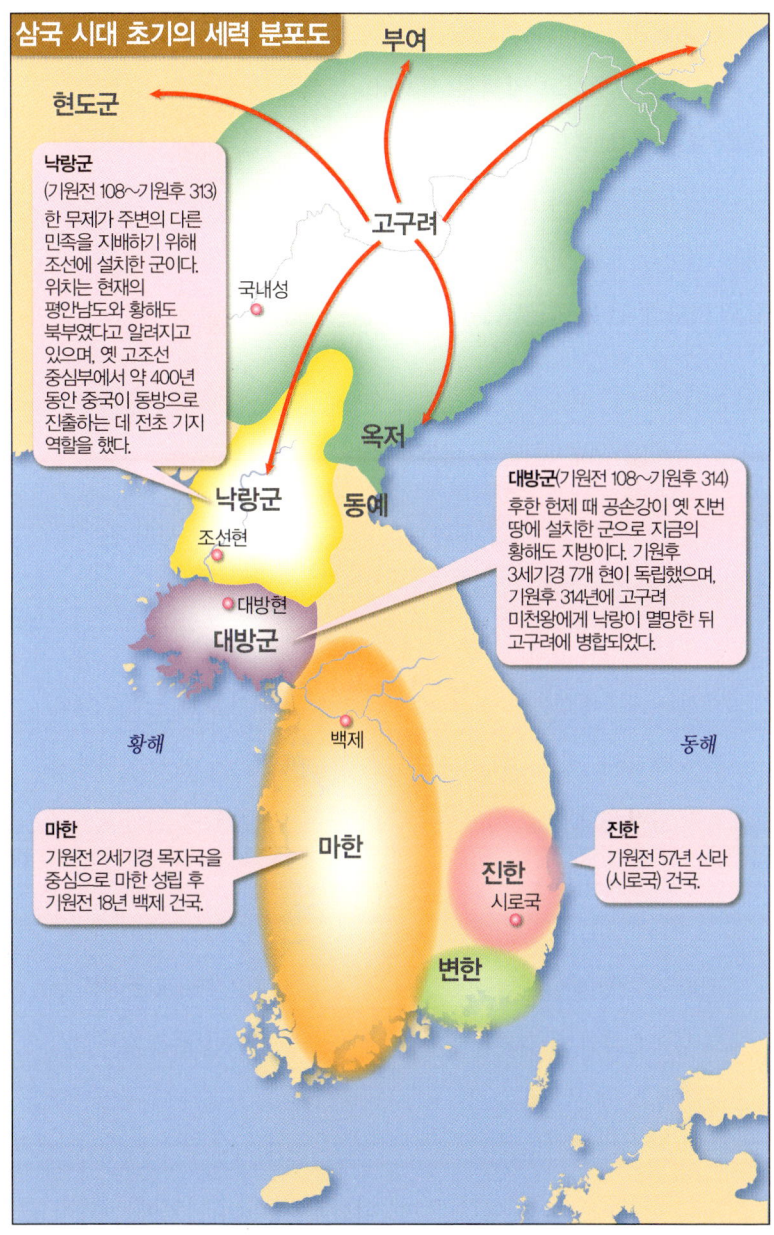

동안 에워쌌다. 이때는 삼국이 어느 정도 중앙집권의 기틀을 갖춘 국가로 발돋움했다고 알려진 시기다. 실제로 신라는 자립에 자신감을 보이며 '보호국' 고구려의 울타리를 벗어났다. 433년엔 백제와 나제 동맹을 맺어 대고구려 연합 전선을 폈을 정도다. 그렇다면 왜는 우리가 알던 것보다 강력한 국력을 가진 국가였던 것일까. 그것도 바다를 건너 대규모 원정군을 파견할 정도로?

과연 왜는 한반도 남부에 세워진 국가였을까?

그런데 고개를 갸웃거리게 만드는 건 또 있다. 중국 사서에 기록된 왜의 위치다.

> "마한은 서쪽에 있는데, 54국이 있으며, 북쪽은 낙랑(樂浪), 남쪽은 왜와 접(接)해 있다. 진한은 동쪽에 있는데, 12국이 있으며, 북쪽은 예맥(濊貊)과 접해 있다. 변진(弁辰, 변한)은 진한의 남쪽에 있는데, 역시 12국이 있으며, 남쪽은 왜와 접해 있다." 《후한서(後漢書)》

> "한(韓)은 대방(帶方)의 남쪽에 있는데, 동쪽과 서쪽은 바다로 한계를 삼고, 남쪽은 왜와 접경하니 … 그(변한) 중에서 독로국(瀆盧國)은 왜와 경계를 접하고 있다." 《삼국지》

한반도 남부에는 삼한이 있으며, 마한과 변한의 남쪽에는 왜가 있다는 이야기다. 여기서 '접(接)'이라는 한자가 미묘하다. 바다 건너에 있는 대상을 두고 '접했다'라는 표현을 썼을까 하는 점 때문이다. 실제로 이 표현은 지금까지도 학자들 간에 논란이 되고 있다. 요컨대 왜가 현재의 일본 열도를 가리킨다면 "한(韓)은 동쪽과 서쪽과 남쪽 모두 바다를 한계로 삼고…"라고 쓰지 않았겠느냐는 것이다.

그렇다면 왜는 한반도 남부에 세워진 국가였을까. 그 역시 애매하다. 《삼국지》에서 왜와 경계를 접했다는 독로국의 위치 때문이다. 독로국은 거제도설(정약용)과 부산 동래설(이병도)이 양립하고 있다. 어느 쪽이 맞든 거제도나 부산 남쪽에 국가가 들어설 만한 공간이 있다고 보긴 어렵다.

여기서 잠깐. 과거 《삼국지》에 수록된 한반도 관련 기사를 강하게 불신하던 때가 있었다. 3세기에 편찬된 이 사서가 백제나 신라가 아닌 삼한을 다룬다는 점 때문이다. 쉽게 말해 한반도에 대한 업데이트가 안 됐다는 것이다. 그러나 고대사 연구가 축적되면서 3세기에도 백제·신라와 삼한이 공존했다는 것이 확인되면서 이같은 불신은 대체로 사라졌다.

게다가 4세기까지 존속한 낙랑군은 변한 지역에서 철을 구입하는 등 한반도 남부와 밀접한 경제 관계를 맺었다. 그러니 이때 중국에 한반도의 정치적 변동에 대한 정보가 수백 년이나 지체될 수는 없었다. 또 동아시아 국가에서 황제가 보는 사서를 편찬한다는 것은 대단히 중요한 사업이었다. 아무리 주변국에 대한 내용이라고 해도 수백 년 전 자료만 보고 썼다고 보기는 어렵다.

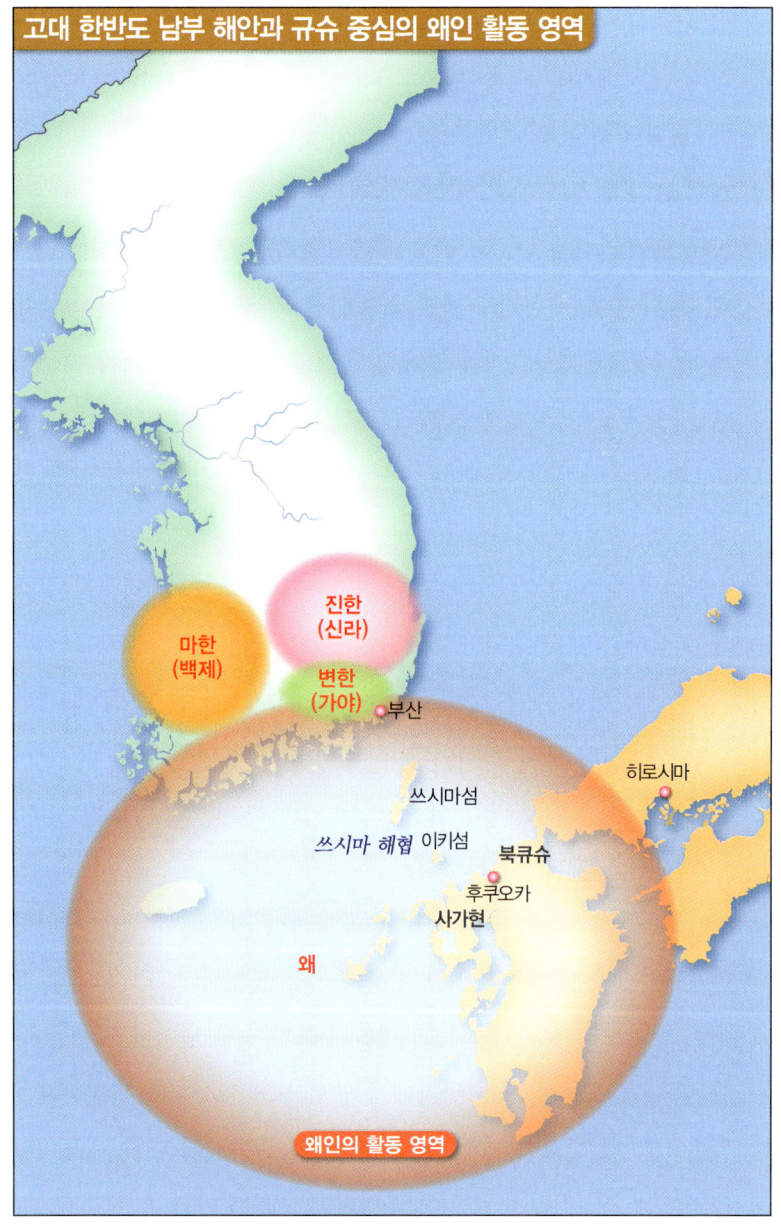

고대 한반도 남부는 여러 지역에서 소국들이 난립

그런데 중국에서 《삼국지》가 편찬될 무렵 한반도 남부에서 백제·신라(사로국) 등과 삼한이 공존했다면, 왜는 어땠을까.

이에 대해 일본 역사학자 이노우에 히데오(井上秀雄)는 흥미로운 가설을 제기했다. 《한서(漢書)》, 《후한서》, 《삼국지》, 《삼국사기》 등의 기록을 검토한 그는 왜는 지금의 일본 열도가 아니라 중국 해안가와 한반도 남부 및 규슈 등에 흩어진 군소 세력을 일컫는 것이라고 봤다. 그러면서 한반도에선 변한 지역의 소국 등을 가리키는 별칭 정도였을 것이라고 했다. 기노시타 레진(木下禮仁)도 비슷한 의견을 냈다.

> "왜인에 대해 고찰할 때 늘 주의해야 할 점은 왜국=일본국, 곧 왜=일본이라는 기존의 개념에 사로잡혀 어느 틈엔가 현재의 국가 영역 관념에까지 많은 영향을 미친다는 점이다. 고대사 관계 조선 사서에 보이는 '왜인'의 경우에도 그것이 한반도 남부의 가라(가야) 지방에 있던 종족인지, 현재의 규슈 또는 그것을 포함하는 일본 열도에 있었던 종족을 가리키는 것인지 확연히 구별되지 않는 경우가 결코 적지 않다."

사실 이런 개념이 아주 낯선 것은 아니다. 중국 역시 고구려·백제·신라를 '동이(東夷)'라고 통칭했다. 중국 사서에 한반도 정치 세력이 고구려, 백제, 신라라는 국호로 뚜렷하게 등장한 건 5세기 이후다. 또 지금의 동해안에 걸쳐 있던 동예와 옥저가 무너진 뒤, 이곳 세력은 동만주와 묶여 말갈로 불리기도 했다.

한반도 남부가 고대 동아시아 무역 지대였다는 점도 실마리가 될 수 있다. 상업 발달 수준이 낮은 고대에는 중립 지대의 교역항에서 거래하는 것이 보편적 무역 방식이었다. 안전과 공정성을 담보하기 위해서였다. 만일 그 지역에 특산품이 있다면 더할 나위 없었다. 한반도 남부의 변한-가야가 딱 그랬다. 이곳은 철이 많이 났는데 삼한뿐 아니라 낙랑과 왜에서도 철을 구입했고, 철이 화폐처럼 통용되는 등 국제 무역 지대였다.

다시 말해 한반도 남부는 특정 국가 세력의 통제력을 벗어난, 고만고만한 소국들이 난립한 지역이었다. 이곳 어딘가에 왜인들이 무리 지어 거주한다고 해서 이상할 일은 아니다.

"왜인(倭人)은 대방(帶方)의 동남(東南) 대해(大海) 가운데에 산도(山島)에 의지해 국읍을 이루고 있다. … 대방군에서 왜(倭)로 갈 때 해안을 둘러서 바닷길로 간다. 한(韓)의 나라(國)들을 지나 남쪽으로 갔다가 다시 동쪽으로 가면 (왜의) 북안(北岸)인 구야한국(狗邪韓國)에 이르는데, 모두 7,000여 리"라는 《삼국지》의 기록도 같은 관점에서 볼 수 있다. 《삼국지》는 왜를 설명할 때 구야한국을 시작으로 대마국(對馬國), 이도국(伊都國), 호고도국(好古都國) 등 100여 개에 달하는 왜의 소국들을 소개했다. 구야한국은 현재의 김해를 가리키는데, '왜의 북안'이라고 표현될 정도로 왜의 활동권에 포함됐던 것으로 보인다.

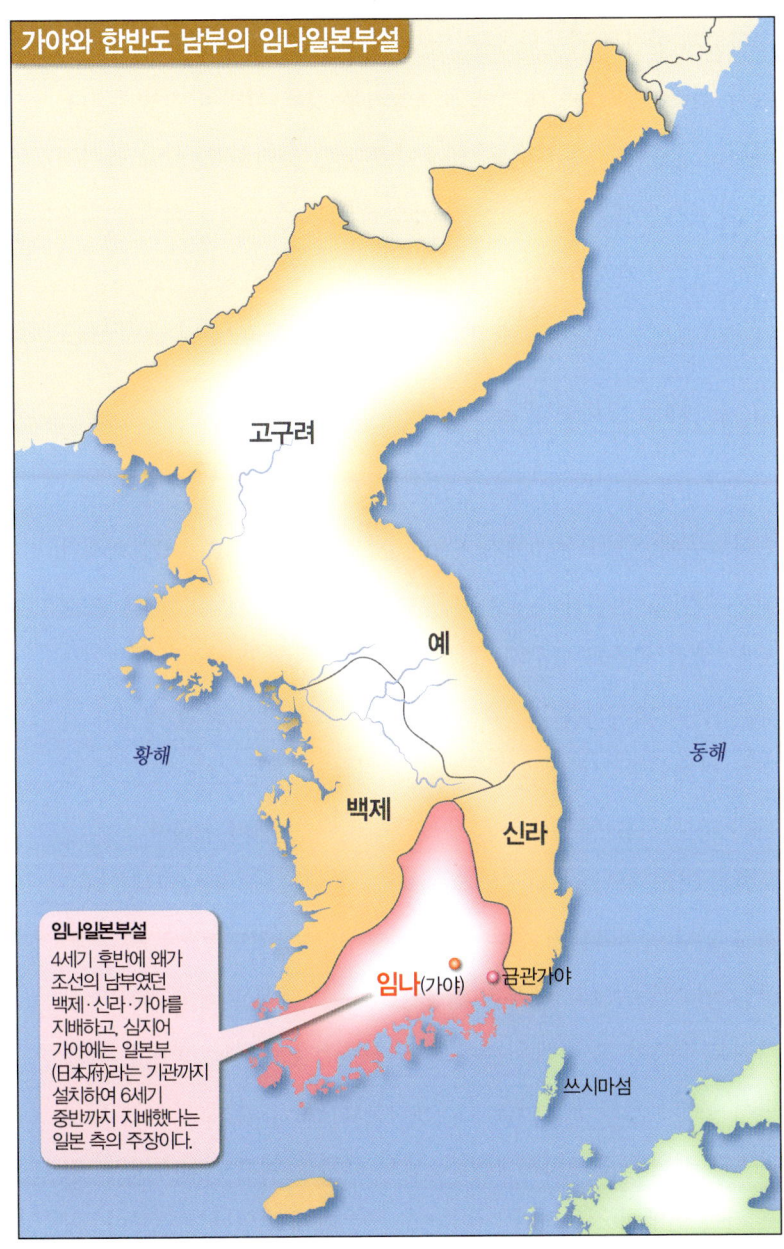

이렇게 한반도 남부와 일본 일부 지역에 난립한 세력으로 본다면 왜가 신라에 그토록 빈번하게 쳐들어온 것도 설명이 가능해진다. 특히 이곳은 일찍부터 철기 문명이 발달한 곳이었다. 삼국 초기에는 경주를 중심으로 한 신라(사로국)를 위협할 정도의 군사력을 갖춘 세력도 적지 않았을 것이다.

왜는 언제부터 일본 열도를 가리키게 된 것일까?

그렇다면 왜(倭)는 언제부터 일본 열도를 가리키게 된 것일까.

이노우에 히데오는 6세기 후반 대외 압박을 강하게 느낀 백제가 일본 야마토 정권과의 군사 외교를 강화하면서 가야 지역을 통칭하던 '왜'를 일본과 강하게 연결했다고 주장했다. 이 시기 《백제기(百濟記)》 등의 역사서를 편찬하면서 마치 고대부터 일본과 백제가 가까운 관계였던 것처럼 묘사했다는 것이다. 이것은 삼국 멸망 후 편찬된 《일본서기》에 '임나일본부설'이 등장하는 계기가 됐다.

한편 《삼국사기》에 나오는 왜와 가야의 등장 시기에 주목한 연구들도 있다. 〈신라본기〉 초기에는 왜의 기사가 압도적으로 많은데, 6세기인 지증왕(500~514)부터 진흥왕(540~576) 대에는 왜의 기사가 사라지고 가야가 그 공백을 채우고 있다는 점을 주목한 것이다. 왜가 다시 본격적으로 등장하는 건 7세기부터다. 즉, 신라 초기엔 금관가야를 제외하고 나머지 한반도 남부 세력을 왜라고 불렀지만, 이후 가야 연맹이 성장하자 '가야'라고 구분하게 되었다는 것이다. 이

때부터 '왜'는 일본 열도로 한정된 셈이다.

한일 고대사에서 왜의 위치는 민감한 문제다. 자칫 임나일본부로 이어지는 뇌관이 될 수도 있기 때문이다. 이것이 한국이나 일본 양쪽 모두 '진실'을 찾기보다는 '국익'에 맞춰 사료를 취사선택하게끔 만들었다. 하지만 당시 사람들은 신라와 왜, 혹은 가야를 수시로 이동했다.

▶ 가야의 철기 유물인 창과 갑옷, 국립중앙박물관 소장.

> "호공을 마한에 보내 예방(禮訪)하였다. … 호공이라는 사람은 그 종족과 성은 자세히 알 수 없지만 본래는 왜인이었다. 처음에 박을 허리에 매고서 바다를 건너왔기 때문에 호공이라고 불렀다."
>
> 《삼국사기》-〈신라본기〉 혁거세거서간 38년(BC 20년) 2월

호공은 박혁거세가 마한에 보내는 외교 사절로 보낼 정도로 신임을 받았다. 박혁거세 때 마한은 신라(사로국)보다 강국이었기 때문에 마한에 보내는 사신은 신라에 매우 중요한 존재였다. 그렇지만 호공이 왜인 출신이라는 점은 제약이 되지 않았다. 호공은 석탈해 신화에서도 중요한 조연으로 등장한다.

"(탈해는) 양산(楊山) 아래 호공의 집을 바라보고 길지라고 여겨 속임수를 내어 차지하고 이곳에 살았다."

《삼국사기》-〈신라본기〉 탈해이사금 1년(57년) 11월

이때 국가의 경계는 모호했고 백제와 신라의 통치 영역도 지금의 군(郡) 정도에 불과했다. 어느 곳에도 포함되지 않는 권력의 공백 지역도 많았고, 호공이 보여주듯 출신지는 큰 의미가 없던 시대였다. 교통 면에서도 육로보다 해로가 발달해 한반도 남부에서는 한강 이북보다 일본(규슈)과의 교류가 활발했다. 우리에게도 익숙한 '연오랑과 세오녀'의 설화는 이 같은 당시 상황을 반영해주고 있다.

따라서 이 시기에 왜가 한반도에 존재했느냐, 존재하지 않았느냐를 놓고 공방을 벌이는 것은 소모적인 일이다. 삼국 시대 초기 왜가 한반도 남부 어딘가에 있었다고 추정해도 이상할 것이 없기 때문이다. 이것을 일본에선 한반도 남부를 식민통치한 임나일본부설로 왜곡하기도 하지만 왜가 한반도 남부에 있었든, 한반도 남부에 있다가 일본 열도로 이동했든 그 사실이 한국사를 축소하거나 폄훼할 수는 없다. 한때 로마군이 브리튼섬 남부에 주둔했다고 해서, 혹은 북유럽 바이킹이 아메리카 대륙에 거주했다고 해서 영국사나 미국사가 초라해지지 않는 것처럼 말이다.

고구려 안시성을 지킨
양만춘과 연개소문의 진실

당 태종의 10만 대군과 맞서 안시성을 지킨 주인공은?

540만 명의 관객을 불러들인 영화 「안시성」은 이렇게 시작한다. 안시성 출신으로 주필산 전투에 참여했다가 패잔병이 된 사물은 고구려 최고 권력자 연개소문으로부터 반역자 양만춘을 암살하라는 밀명을 받고 안시성에 잠입한다. 안시성은 당 태종이 이끄는 대군의 침공을 앞둔 상황이었다. "안시성은 어떻게 됩니까?"라는 사물의 질문에 "안시성은 포기하고 모든 병력은 평양성을 지킬 것"이라는 연개소문의 차가운 답변이 돌아온다.

중앙 권력으로부터 버림받은 자들, 고립무원의 처지에 빠진 병사들, 연개소문의 양만춘 암살 지령 등은 영화 「안시성」의 줄거리를 구성하는 주요 얼개다.

연개소문과 양만춘은 실제로 그런 관계였을까. 적의 침공을 앞두고 자객까지 보낼 만큼 적대했을까. 게다가 연개소문은 안시성을 포기한 채 평양성 사수에 '올인' 했을까.

여기서 가벼운 퀴즈를 하나 풀고 가자. 안시성을 지킨 성주 이름은 무엇일까? 만약 자신 있게 '양만춘'이라고 대답한다면 결과는 '땡!'이다.

안시성 전투는 국사 시간에 빠지지 않고 배우는 역사적 사건이지만, 이를 둘러싼 주요 '팩트'들은 여전히 베일에 가려져 있다. 그렇다면 당 태종이 이끈 10만 대군과 맞서 90일 동안 안시성을 지킨 주인공은 누구였을까?

> "황제(당 태종)가 백암성에서 이기고 이세적에게 말하기를 '내가 들으니 안시성은 성이 험하고 병력이 정예이며, 그 성주가 재능과 용기가 있어 막리지(연개소문)의 난에도 성을 지키고 항복하지 않았다. 막리지가 이를 공격하였으나 함락할 수 없어 (안시성을) 그에게 주었다'. … 안시성주가 성에 올라 절을 하고 작별 인사를 하였다. 황제는 그가 성을 고수한 것을 가상하게 여겨 비단 100필을 주고 격려하였다."
>
> 《삼국사기》-〈고구려본기〉 보장왕 4년

《삼국사기》가 전하는 안시성주에 대한 기록은 이것이 전부다. '안시성주'라고만 나올 뿐, 이름은 물론 출생지와 생몰 연도를 비롯해 그가 누구인지 추정할 수 있는 어떤 구체적인 단서도 기록되지 않았다.

그렇다고 김부식을 탓할 수는 없다. 김부식이 《삼국사기》를 편찬한 1145년은 고구려가 멸망(668년)하고도 무려 500년 가까이 지난 때였다. 고구려에 대한 기록과 흔적은 거의 남아 있지 않았다. 김부식도 안타까웠는지 이렇게 덧붙였다.

"당 태종은 좀처럼 세상에 나타나기 드문 임금이다. 병력을 운용함에 이르러서는 기묘한 계책을 냄이 끝이 없고 향하는 곳마다 대적할 자가 없었다. 동방을 정벌하는 일에서는 안시성에서 패하였으니, 그 성주는 가히 호걸로 보통 사람이 아니라고 말할 수 있다. 그러나 역사에 그 성명이 전하지 않으니 매우 애석하다."

《삼국사기》 외에 안시성주에 대한 기록은 《신당서(新唐書)》에 남겨진 당 태종의 언급뿐이다. 이것도 "내가 들으니 안시성은 지세가 험하고 무리들이 사나워 막리지(연개소문)가 공격하였지만 능히 이기지 못하였다고 한다. 그러므로 안시성은 그대로 두자"라는 정도의 기록만 전한다.

다만 이런 기록을 통해 안시성주를 떠올려보면 ① 연개소문의 쿠데타에 동참하지 않아 군사 충돌까지 벌일 정도로 갈등 관계였으며, ② 당 태종이 전투를 피하려고 했을 정도로 군사적 재능을 인정받았고, ③ 사나운 무리들을 통솔할 수 있는 리더십을 갖추고 있었다는 점을 유추해볼 수는 있다.

그러면 어떻게 우리는 안시성주를 양만춘으로 알고 있을까.

역사에 '양만춘'이라는 석 자가 처음 등장한 건 조선 선조 때다. 윤근수가 쓴 《월정만필》을 보면 그가 임진왜란 때 만난 명나라 장수의 말을 빌려 《당서연의》라는 책에 안시성주가 '양만춘(梁萬春)'으로 기록되어 있다고 전했다. 이후 송준길, 박지원 등 학자들이 이를 받아쓰면서 '안시성주=양만춘'으로 굳어졌다. 그런데 《당서연의》는 명나라 시대 출간된 소설이다. 그래서 학계에선 양만춘은 작가가 지어낸 가공의 이름일 가능성이 높다고 본다. 실제로 양(梁) 씨 성은 중국계 성이다. 사서에 나오는 고구려 인물 중에 이를 사용한 사람은 없다. 이후 조선 후기 들어 김창흡은 양만춘의 성씨가 梁(양)이 아니라 楊(양)이라 기록해 楊萬春(양만춘)이라는 이름으로 알려지기도 했다. 하지만 楊(양) 또한 고구려 역사에서 등장하지 않는 성씨이긴 마찬가지다.

고구려 장군 고연수와 고혜진은 당 태종에게 항복

645년 3월 말, 당나라는 고구려 국경에 진입하고 불과 한 달 반 만에 개모성, 백암성, 요동성 등 고구려의 주요 거점을 차례로 함락했다.

그러자 연개소문은 6월 21일 북부 욕살(고구려의 지방장관) 고연수와 고혜진에게 15만 군사를 맡겨 안시성 구원에 나서게 했다. 안시성이 무너지면 평양성까지는 오골성 정도만 남는데, 이곳은 방어하기가 더 어려웠다. 연개소문으로선 얄궂게도 정적인 안시성 세

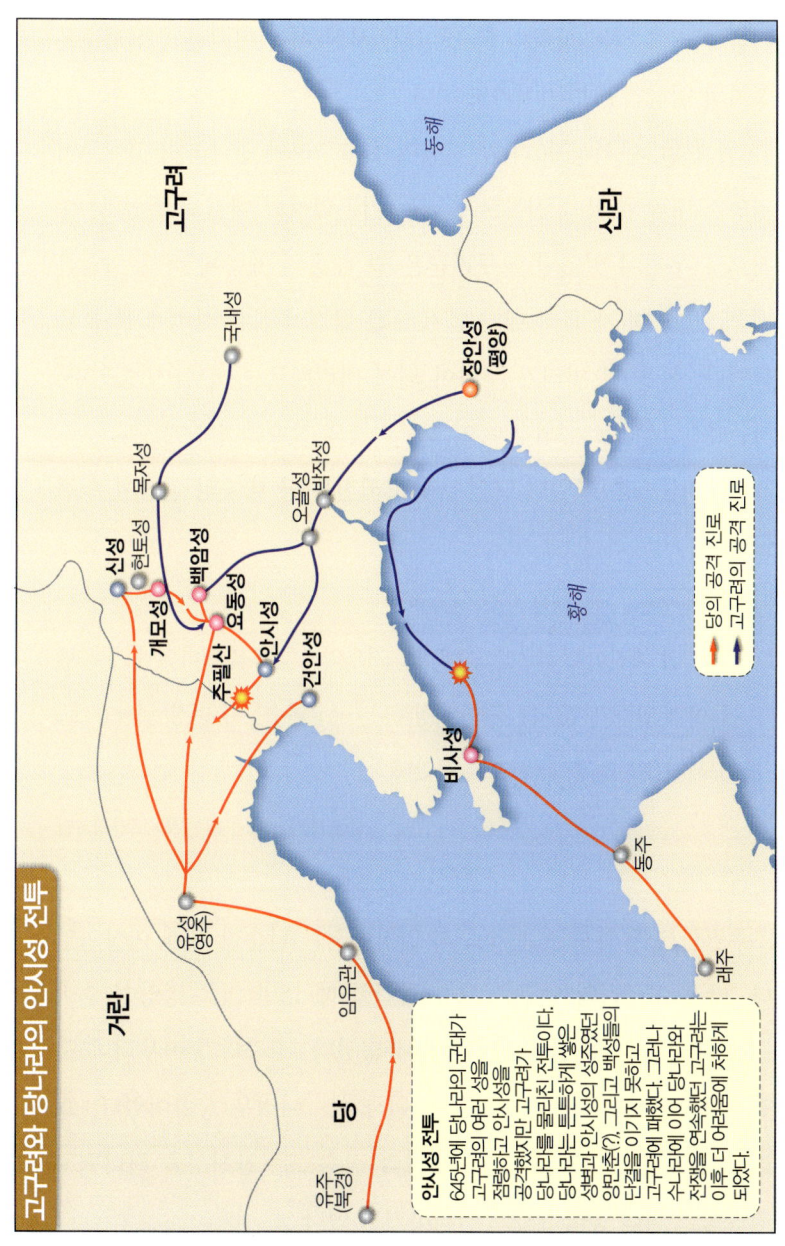

고구려와 당나라의 안시성 전투

안시성 전투

645년에 당나라의 군대가 고구려의 여러 성을 점령하고 안시성을 공격했지만 고구려가 당나라를 물리친 전투이다. 당나라는 튼튼하게 쌓은 성벽과 안시성의 성주였던 양만춘(?), 그리고 백성들이 단결을 이기지 못하고 고구려에 패했다. 그러나 수나라에 이어 당나라와 전쟁을 연속했던 고구려는 이후 더 어려움에 처하게 되었다.

1장 삼국 시대의 역사정치

057

력을 지켜야 하는 상황이 온 것이다. 사실 이런 이해관계의 모순은 정치의 일상적인 단면이기도 하다.

6월 23일, 안시성 40리 앞 지점에서 고구려와 당나라의 정예군이 뒤엉켜 훗날 주필산 전투로 불리는 건곤일척의 대결을 벌였다. 수적으로 우위에 있었던 고구려군은 당 태종의 계략에 빠져 처참하게 패했다. "피가 흘러 내가 넘쳐 푸른 물결이 잠깐 사이에 붉게 물들었다. 목을 친 머리가 무덤이 되어 머리뼈로 큰 산을 만들었다"라는 《전당문(全唐文)》의 기록이 고구려군의 참패를 전한다.

고구려군을 이끌었던 고연수와 고혜진은 당 태종의 길잡이로 전락했다.

> "연수와 혜진이 무리 3만 6,800명을 거느리고 항복을 청하였다. 군문에 들어가 절하고 엎드려 목숨을 청하니 … 고연수를 홍려경(鴻臚卿)으로, 고혜진을 사농경(司農卿)으로 삼았다."
>
> 《삼국사기》-〈고구려본기〉 보장왕 4년

주필산 전투의 패배는 고구려 입장에서는 단순한 패배 이상이었다. 당시 고구려의 인구 규모를 감안할 때 15만 명은 평양성 수비군을 제외한 거의 전 병력이나 다름없었다. 고구려가 아무리 군사 강국이라도 더 이상의 군사를 동원하기는 어려운 상황이었다. 그래서 주필산 전투 이후 일부 당나라 장수들은 안시성을 건너뛰고 평양성을 직접 공격하자고 건의하기도 했다.

당 태종조차 주필산 전투 직후 "고구려가 나라를 들어 존망을 걸고 왔으나 (내가) 한 번 깃발 들어 패배하니 천우가 나에게 있다"라고 기뻐하며 하늘에 제사를 지냈을 정도였다. 누가 봐도 고구려의 운명은 풍전등화였고, 안시성은 말 그대로 고립무원에 빠져 절체절명의 위기였다.

그런데 이때 뜻밖의 일이 벌어졌다. 6월 말경, 안시성 앞에 진주한 당나라 군대가 8월 초순까지 40여 일간 공격을 멈춘 것이다. 당시의 불가사의한 상황이 역사가들의 호기심을 자극했기 때문에 양군의 대치 상태를 두고 다양한 추측이 나왔다. 그런데 《삼국사기》에는 없지만, 송나라 때 사마광이 집필한 역사서 《자치통감》에는 주필산 전투 직후 고구려 측 움직임 하나가 기록되어 있다.

"당 태종이 주필진에서 고구려 중앙군을 대파했다. 이에 막리지(연개소문)는 말갈인 사절을 설연타에 몰래 파견했다."

이것은 안시성 전투의 향방을 가른 결정적 한 수가 됐다.

연개소문이 몽골고원의 설연타 세력에게 지원을 요청

동아시아 역사를 이해할 때 염두에 둬야 할 것은 북방 유목 민족이라는 존재다. 중국의 중원-북방 유목 민족-한반도의 삼각관계는 고대부터 청나라 때까지 유기적으로 맞물리며 동아시아 역사의 수레바퀴를 돌렸다.

　예를 들어 고구려의 전성기는 5세기인데, 북방 민족이 황하 이북을 장악한 5호 16국 시대와 맞물려 있다. 중원의 한족과 북방 민족이 샅바 싸움을 벌이는 동안 고구려는 만주 일대로 힘을 키울 수가 있었다. 반대로 한나라가 흉노를 물리쳤을 때는 침략의 창끝을 한반도로 돌려 고조선이 멸망했다.

　북방의 유목 세력도 마찬가지다. 중원 왕조와 고구려가 충돌하면서 힘겨루기를 하는 동안 이득을 챙겼다. 흔히 고구려 하면 군사 강국의 이미지를 떠올리지만, 실은 고구려의 흥망은 돌궐, 거란, 철륵 같은 북방 세력을 다루는 외교술에 좌우되었다고 해도 과언이 아니다.

　당 태종이 고구려 침공을 위해 요동으로 향했을 무렵, 몽골고원에는 설연타(薛延陀)라는 세력이 자리 잡고 있었다. 비록 강대국은 아니지만 당나라 변방을 괴롭힐 정도의 힘은 갖춘 세력이었다. 이 무렵 설연타의 지도자는 진주가한(眞珠可汗)이었는데 당 태종과 껄끄러운 관계였다. 당 태종이 그를 포섭하려고 공주를 시집보내기로 약속했다가 지키지 않은 탓이다.

　진주가한은 폐물 명목으로 말 5만 마리, 소와 낙타 1만 마리, 양 10만 마리를 당 태종에게 보냈는데, 각 부족에게서 거둬들인 대규모 공물이었다. 그런데 일방적인 혼인 취소로 그는 큰 경제적 손실을 봤을 뿐 아니라 리더십에도 타격을 입었다. 멸망의 위기에 처한 고구려의 연개소문은 이 틈을 파고들었다.

> "연개소문이 보낸 말갈 사절은 거대한 이익(厚利)을 조건으로 진주가한에게 당나라를 공격하라고 제안했다." 《자치통감》

당시 상황을 토대로 추측해보건대 '당나라의 주요 병력은 안시성에 집중되어 있으니 지금 당나라 본토를 치면 승리를 거둘 수 있다. 지난번 입은 손해도 우리가 갚아주겠다'라는 식으로 꼬드긴 것이 아닐까.

물론 연개소문이 보낸 사절이 진주가한을 설득하는 일이 쉽진 않았다. 당 태종도 설연타의 기습에 대비해 고구려 원정을 떠나면서 국경 일대에 병력을 배치한 데다 진주가한은 와병 중이었다.

그런데 연개소문이 보낸 말갈인 사신의 수완이 꽤 좋았던 것 같다. 와병 중이던 진주가한이 마지막 기력을 다해 움직였는지, 아니면 그의 두 아들이 왕위 계승전에 필요한 자금을 노렸는지는 명확하지 않다. 어쨌건 설연타 측은 7월 중순 수만 명의 병력을 움직여 당나라 북쪽 국경을 침공했던 것이다.

설연타의 당나라 침공으로 안시성을 포기하고 철군

이제 다급해진 건 당 태종이었다. 졸지에 당나라 군대가 두 개의 전선 사이에 놓였기 때문이다. 당 태종은 황급히 군사를 보내 설연타의 군대를 막게 했다. 그가 안시성 침공을 눈앞에 두고도 40여 일간 움직이지 않은, 아니 움직이지 못한 이유다.

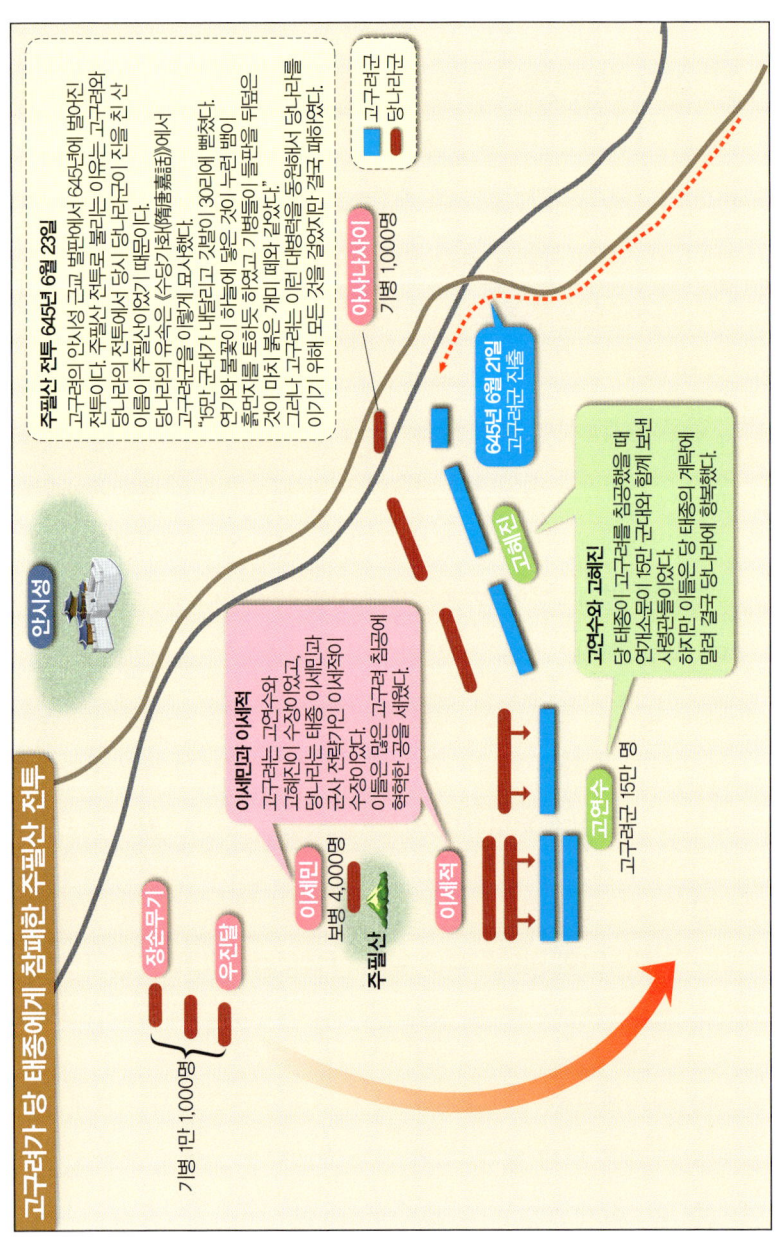

두 나라 군대의 긴박했던 645년 여름의 흐름을 정리해보면 다음과 같다.

연개소문이 15만 명의 안시성 구원군 파견(6월 21일) → 주필산 전투 패배(6월 23일) → 연개소문이 설연타에 사신 파견(6월 23일 직후) → 설연타의 당나라 공격(7월) → 당 태종의 안시성 공격 개시(8월 10일)

고립무원에 빠졌던 안시성은 설연타 덕분에 40여 일이라는 소중한 시간을 벌었다. 안시성주는 이 시간을 헛되이 보내지 않았다. 당 태종은 대군을 이끌고 총공세를 펼쳤지만 안시성주와 병사들의 필사적인 방어에 막혔다. 안시성 성벽보다 높은 토성(土城)을 만들어 시도한 공격마저 무위로 돌아가자 당 태종은 결국 말머리를 돌렸다.

당 태종이 철군을 결심한 때는 9월 18일, 양력으로는 10월 말이다. 만주는 이미 초겨울에 접어들 시기다. 공성전을 벌이는 포위군에게는 극히 불리한 상황이 되어버렸다. 당 태종으로선 7월 동안 안시성 공략에 성공하지 못한 아쉬움에 속이 쓰렸을 것이다.

여기에 설연타에서 다시 불길한 소식이 당나라 진영으로 전해졌다. 진주가한이 죽자마자 형을 제거하고 왕위에 오른 둘째 아들 발작(拔灼)은 용맹하고 호전적인 인물이었다. 발작은 내부 혼란을 빠르게 수습한 뒤 재차 당나라를 공격했다. 연개소문 측은 이를 계산하고 발작의 왕위 계승을 돕는 '베팅'을 했던 것이 아닐까.

안시성에서 철수한 당 태종도 장안으로 돌아가지 않고 이듬해 2월까지 설연타 토벌에 집중한다. 당나라 배후에 있는 설연타 세력을 뿌리 뽑아야 고구려 정벌이 가능하다고 판단했던 것이다. 실제로 당나라는 646년 설연타 세력을 제거한 뒤 647년과 648년에 고구려를 재차 침공했다.

어떤 학자들은 설연타의 첫 공격 시기가 7월이 아닌 9월, 그러니까 안시성 철수 직전이라고 보기도 한다. 어느 쪽이든 당나라의 주요 전선이 안시성에서 몽골로 옮겨졌으니 연개소문의 외교 공작이 성공을 거뒀다는 점은 바뀌지 않는다.

당나라 군대와 안시성 전투에서 승리한 주인공들

안시성을 지킨 주인공은 누구였을까.

이름을 남기지 못한 안시성주, 그리고 그와 함께 성을 지킨 수많은 병사들을 가장 먼저 꼽을 수 있다. 정적이 지배하는 안시성을 구하기 위해 15만 명의 군대를 기꺼이 보내고, 군사력이 바닥나자 기민한 외교술로 대처한 연개소문도 주인공의 한 자리를 차지해야 마땅하다. 그는 안시성주와 안시성을 버린 적이 없었다.

또 빼놓을 수 없는 인물을 꼽자면 사서에 그저 '말갈인'으로만 표기된 연개소문의 사신이다. 말갈인은 당시 고구려 사회에서 2등 국민 같은 신분이었다. 하지만 연개소문은 촌각을 다투는 급박한 상황에서 말갈인에게 고구려의 운명을 맡겼다. 나라의 명운을 맡길 정도로 외교관으로서의 자질을 신뢰했거나, 그가 설연타의 사정에 매우 정통했기 때문일 것이다.

그는 연개소문의 기대에 완벽하게 부응했다. 녹록지 않은 상황에서 설연타가 당나라와 전쟁을 하도록 이끌어내는 데 성공했다. 안시성주처럼 이름을 남기지 않은 그는 안시성 전투의 숨은 영웅이다.

한때 칼을 겨눈 정적이었지만 미증유의 위기 앞에서 기꺼이 손잡은 정치가들, 주력군이 붕괴된 상황 속에서도 지도층을 믿고 분란 없이 성을 사수한 군사와 백성, 어려운 여건에서도 주어진 임무를 완수한 외교관 등 모두가 승리의 주역이다. 당나라 군대와 대치한 안시성의 90일은 고구려라는 사회가 어떻게 위기에 대처하고 극복해나갔는지를 압축적으로 보여준 무대였다.

이것이야말로 중국 중원을 지배한 강대국의 갖은 위협 속에서도 700년간 만주에서 존속한 고구려의 저력이다. 우리가 고구려를 그리워한다면 그 시선은 만주 땅이 아니라 바로 이런 모습에 맞춰져야 하지 않을까.

7세기 동아시아 외교전과
왜의 백강 전투 참전

백강 전투는 7세기 동아시아의 국제 질서를 재편성

"백(白)강 어귀에서 왜국 군사를 만나 네 번 싸워서 모두 이기고 그들의 배 4백 척을 불사르니, 연기와 불꽃이 하늘로 오르고 바닷물도 붉은빛을 띠었다."

《삼국사기》-〈백제본기〉 662년 7월

백제 부흥군-일본군 vs 신라군-당나라군의 4개국 군대가 662년 7월 금강 하류에서 벌인 백강 전투는 7세기 동아시아의 국제 질서를 재편성한 사건이었다. 이로 인해 백제는 700년 만에 역사의 무대에서 퇴장했고, 동아시아 5국(고구려-백제-신라-당-일본)의 운명도 바뀌었다. 왕자 부여풍을 비롯한 백제계 세력들은 당나라, 고구려, 일본으로 뿔뿔이 흩어졌다. 그리고 삼국과 밀접한 관계를 맺어온 일본도 한반도에서 분리됐다. 일본은 이후 약 1,000년 동안 한반도에 넘어올 생각을 하지 못했다.

그런데 이 전투가 후세의 흥미를 자극한 것은 따로 있다. 일본이 무려 2만 7,000명의 원군을 보냈다는 점이다. 당시 일본의 국력을 감안하면 이것은 사실상 전력을 다한 규모였다. 이 전투에 패한 일본은 얼마 후 내란에 휘말렸고, 결국 천황이 교체될 정도로 지독한 후유증을 앓았다. 그뿐만 아니라 당나라와 신라의 보복 공격을 우려한 일본은 쓰시마섬과 북규슈 일대에 대규모 방어 시설을 축조해야만 했다.

일본이 전력을 다해 백제를 도왔다는 사실은 한일 양측이 서로의 입맛에 맞게 요리하기 딱 좋은 소재가 됐다. 한국에선 백제계 출신인 일본 천황가가 조국을 돕기 위해 전력을 다했다고 본다. 반면 일본에선 한반도에서의 기득권을 지키기 위해 중요한 보호국인 백제를 도운 것이라고 본다.

흔히 삼국 시대의 일본은 백제와 특수 관계였다고 연결한다. 백제가 일본에 문물을 전수했고, 많은 백제인들이 일본 지배층의 근간을 이뤘다는 것이다. '일본 천황가의 기원은 백제계'라는 공격적인 주장까지 나오는 이유다. 그런 시각으로만 보면 7세기 중반 일본이 백제를 도운 것은 당연할 수 있다. 하지만 국가 관계라는 것은 감성으로 움직이지 않는다. 이 무렵 동아시아 5국을 둘러싼 정세는 우리가 생각하는 것보다 훨씬 복잡한 고차 방정식으로 돌아가고 있었다.

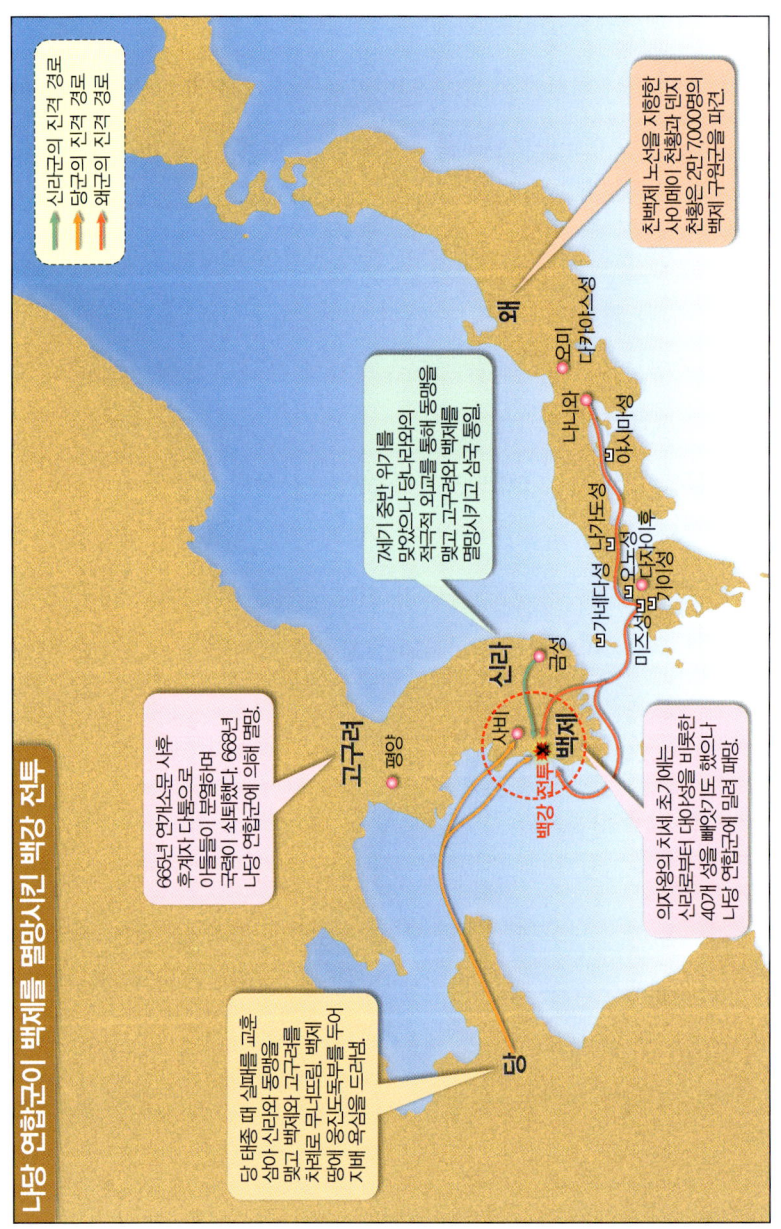

신라의 실력자 김춘추는 왜 일본에 갔을까?

"신라가 상신(上臣) 대아찬(大阿湌) 김춘추 등을 보내고 박사(博士) 소덕(小德) 고향흑마려(高向黑麻呂)와 소산중(小山中) 중신연압웅(中臣連押熊)을 보내 와서 공작 1쌍과 앵무새 1쌍을 바쳤다. 그리고 춘추를 인질로 삼았다. 춘추는 용모가 아름답고 담소(談笑)를 잘하였다."

《일본서기》 고토쿠 천황(孝德天皇) 3년(647년)

신라의 실력자 김춘추가 일본을 방문한 것은 647년이다. 정확한 날짜는 기록되지 않았다. 공교롭게도 이 방문은 《삼국사기》와 《삼국유사》엔 등장하지 않는다.

하지만 학계에선 647년 김춘추의 방일이 사실이었을 거라고 보는 견해가 많다. 김춘추는 일본에 갈 만한 충분한 이유가 있었기 때문이다.

7세기 중반 신라는 유례없는 위기에 처해 있었다. 백제는 고구려와 손잡고 신라의 한강 유역을 압박했고, 642년엔 서쪽 변경 40여 성과 군사적 요충지 대야성이 함락됐다.

이전까지 고구려와 손잡거나 백제와 손잡았던 신라로서는 처음 맛보는 고립이었다. 내부 사정도 좋지 않았다. 647년 1월, 상대등(上大等) 비담(毗曇)이 일으킨 난은 서라벌을 쑥대밭으로 만들었다. 선덕여왕도 이 난리 통에 죽었다.

자력으로 이 난관을 타개할 힘이 없었던 신라는 김춘추를 고구려로 보냈다. 하지만 오히려 죽령 이북의 영토를 반환하라는 역제안을 받고 담판은 깨졌다. 김춘추는 결국 당나라로 넘어가 나당 동맹이 체결된다. 여기까지는 잘 알려진 이야기다.

김춘추가 일본에 간 647년은 고구려와의 담판이 실패한 642년과 당나라로 넘어간 648년의 사이에 있다. 물론 일본이 신라의 유력 정치가인 김춘추를 인질로 잡았다는 내용은 신뢰하기 어렵다. 게다가 김춘추는 이듬해 당나라에 갔으니 일본의 인질이었을 가능성은 극히 낮다.

다만 당시 신라의 분위기를 감안하면 김춘추가 일본에 가서 도움을 요청하거나 연대를 제안했을 가능성은 매우 높다. 많은 학자들이 《일본서기》에 나온 김춘추의 방일을 사실로 보는 이유다. 고구려-백제의 압박만으로도 힘든 상황에서 일본까지 3국 연대가 본격화되면 신라는 그야말로 3면에서 샌드위치 신세가 된다. 이것은 얼마든지 가능한 이야기였다.

또 《일본서기》는 김춘추에 대해 "용모가 아름답고 담소를 잘하였다"라고 기록했는데, 외국인에 대한 보기 드문 극찬이다. 방문도 하지 않은 김춘추를 그렇게 구체적으로 묘사하며 띄워줄 이유는 없다.

그렇다면 친백제 국가로 알려진 일본에서 김춘추의 외교가 통할 공간이 있었을까. 우리 역사에서 손에 꼽을 만한 외교관으로 알려진 김춘추는 무턱대고 일본으로 갔을까.

친백제 노선을 이끌던 소가씨 정권 축출 후 다이카 개신

일본도 이 무렵 정치적 격변이 있었다. 김춘추가 일본을 방문하기 2년 전인 645년 6월, 일본 정계의 실력자인 소가씨(蘇我氏) 세력이 축출됐다. 소가씨 가문은 쇼토쿠 태자(聖德太子)가 죽은 뒤 일본 정치를 좌지우지한 가문이다. 백제계라는 설도 있지만 실제로 백제 출신인지는 명확하지 않다. 다만 이들이 일본 정계에서 친백제 노선을 주도했던 것만은 분명하다.

이에 따라 소가씨의 지지를 받았던 고교쿠(皇極) 천황이 물러나고 고토쿠(孝德) 천황이 즉위했다. 신주류로 떠오른 나카노오에 황자(中大兄皇子)와 나카토미노 가마타리(中臣鎌足)는 당나라 제도를 대폭 도입하고 중앙집권화를 강화하는 다이카(大和) 개신(改新)을 추진했다.

김춘추가 일본을 방문한 것은 이 무렵이었다. 친백제계 소가씨 세력을 축출한 개신 정권으로선 친신라-당으로 외교 노선을 바꿀 여지가 있었다. 이때 일본과 김춘추 사이에서 어떤 논

▶ 아스카 문화의 중심인물이었던 쇼토쿠 태자, 8세기경, 목판 복제, 쇼토쿠 태자(가운데)와 동생(왼쪽 에구리 황자), 장남(오른쪽 야마시로 황손).

일본 천황가와 혼맥을 맺은 소가씨의 가계도

소가씨 가문
6~7세기에 고대 일본에서 4대에 걸쳐 번영한 호족이다. 아스카 시대의 권력 가문으로 백제에서 건너간 도래계 씨족이라는 설도 있는데, 일본 황실과도 외척 관계를 맺어 엄청난 권세를 자랑했다.

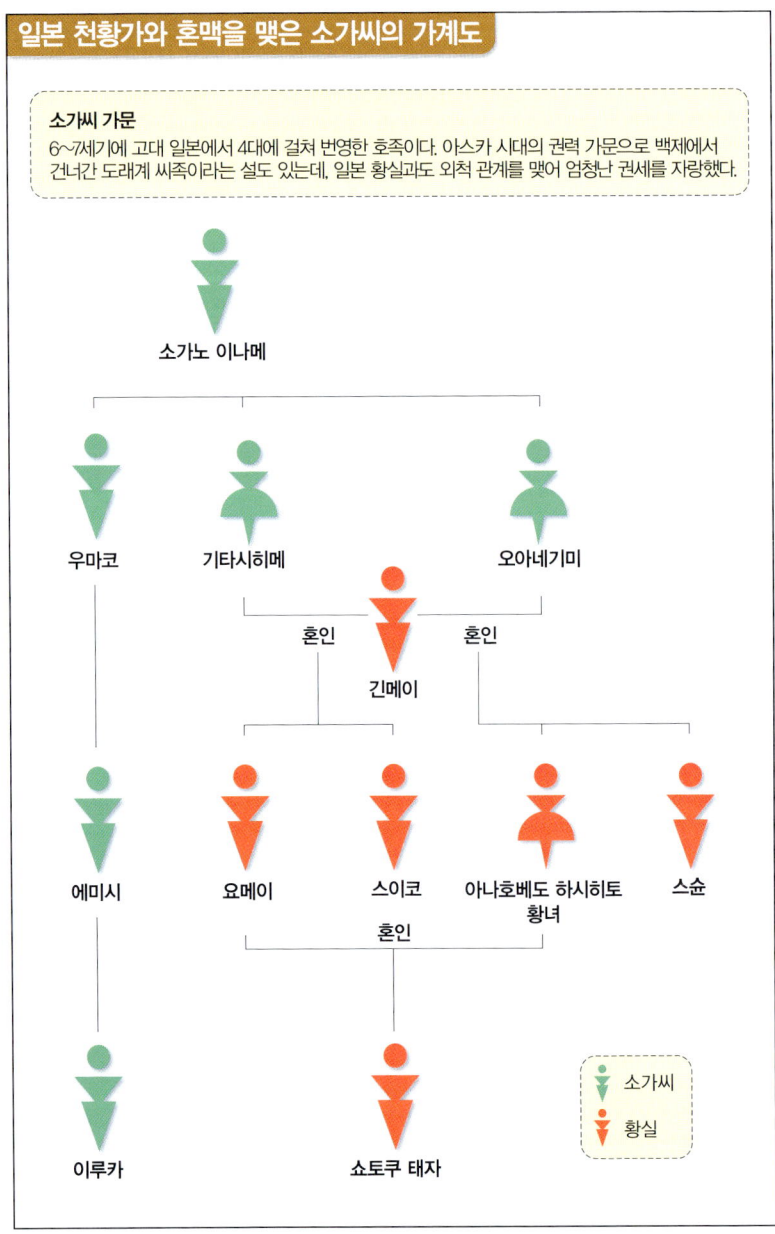

의가 오갔는지는 알 수 없다. 다만 김춘추에 대한 호의적 기록으로 미루어 볼 때 회담은 성공적이었던 것 같다.

7년 뒤인 654년 2월,《일본서기》엔 "신라도(新羅道)를 통해 내주(萊州, 현 산둥성 라이저우)에 이르렀다. 드디어 장안(長安)에 이르러 천자(天子)를 뵈었다"라고 기록이 등장하는데, 이 무렵 일본은 신라를 거쳐 당과 접촉했던 것으로 보인다. 김춘추는 신라의 안전을 담보하기 위해 당-신라-일본이라는 축을 만들고 싶었을 것이다.

사이메이 천황의 복귀와 백제 구원군 파견 결정

당시 동아시아는 격동기였다. 중국 대륙에서 400년 가까이 이어진 위진남북조 시대가 종식되고 수와 당 왕조가 들어서면서 기존의 다극 체제가 무너지고 일극 체제로 변화하고 있었다. 특히 주변국을 조공 체제로 편입하려는 당나라는 대외 확장에 적극적이었다. 다이카 개신은 이런 배경 아래서 일어났다. 당나라 유학을 다녀온 친당 지식인층과 소가씨 가문의 장기 집권에 염증을 느낀 지배층이 중심이 되어 벌인 사건이었다.

새로운 질서를 수립하려는 당나라와 이 질서를 수용한 신라가 한 축에 있다면, 신라를 놓고 당과 갈등을 겪는 고구려-백제가 다른 한 축을 만들고 있었다. 지금껏 경험하지 못한 새로운 움직임에 일본은 고민스러울 수밖에 없었다.

하지만 기존의 외교 관계가 단번에 180도 바뀌긴 어렵다. 특히

《삼국사기》와 《일본서기》를 보면 백제는 왕족을 일본에 장기간 파견하는 관례가 있었다. 이렇게 쌓아 올린 관계가 쉽게 흔들리진 않았을 것이다.

게다가 655년 일본에서 다시 한번 정치적 풍향이 바뀌는 사건이 벌어졌다. 고토쿠 천황이 죽고, 다이카 개신으로 물러난 고교쿠 천황이 복귀한 것이다. 연호는 사이메이(齊明) 천황으로 바뀌었지만, 고교쿠와 사이메이 천황은 동일 인물인 다카라(寶) 황녀다. 매우 이례적인 일이었다. 어쨌든 소가씨의 축출과 함께 퇴위한 천황이 돌아왔으니 대외 관계도 친백제 노선이 다시금 힘을 받는 계기가 됐다. 그것은 다음과 같은 기록에서도 엿볼 수 있다.

> "15일 역마(驛馬)를 타고 장안에 들어갔다. 29일 달려가 동경(낙양)에 이르렀는데, 천자가 동경에 있었기 때문이었다. … 일을 마친 후 칙지(勅旨)로 '국가(당나라)가 내년에 반드시 해동(海東)을 정벌하는 일이 있을 것이다. 너희들 왜(倭)의 사신들은 동쪽으로 돌아갈 수 없다'라고 하였다. '드디어 서경(장안)에 숨겨 특별한 곳에 가두어두었다 … 고통을 겪은 지 해가 지났다'라고 하였다."
>
> 《일본서기》 사이메이 천황 5년(659년) 7월 3일

659년은 당이 백제를 치기 1년 전이다. 그런데 당 태종은 일본 사신에게 이 계획을 밝히고는 억류해버렸다. 일본을 친백제 세력으로 분류했기에 벌어진 일이라고 해석할 수 있다. 실제로 사이메

이 천황은 의자왕이 항복하고 석 달이 지난 660년 10월, 백제 부흥군을 이끌던 복신(福信, 의자왕 사촌 동생)의 원군 요청을 받아들였다. 그녀는 예순이 넘은 노구를 이끌고 쓰쿠시(筑紫, 지금의 북규슈)로 가서 직접 구원군 편성을 챙겼다.

> "천황이 나니와궁(難波宮)에 행차하였다. 천황은 복신이 청한 뜻에 따라 은혜롭게 쓰쿠시에 행차하여 구원군을 보낼 것을 생각하고, 처음 이곳에 와서 여러 군기(軍器)를 갖추었다."
>
> 《일본서기》 사이메이 천황 6년(660년) 12월 24일

하지만 무리하게 서두르며 건강이 악화됐을까. 사이메이 천황은 백제 구원병 출발을 앞두고 661년 7월에 급사했다. 구원병 편성 작업은 몇 달간 중단됐다. 뒤를 이은 나카노오에 황자는 덴지 천황(天智天皇)으로 즉위해 구원군을 한반도로 급파했다. 그리고 663년 7월, 백강 전투가 벌어졌다.

사이메이 천황의 뒤를 이은 덴지 천황은 다이카 개신의 주역이었다. 개신의 분위기를 감안하면 친신라-당 노선을 추구했어야 하는 것으로 보이지만, 그는

▶ 사이메이 천황은 이전에 고교쿠 천황으로 불렸으며, 일본 역사상 두 번째 여자 천황이다.

사이메이 천황의 친백제 노선을 이어갔다. 사실 신라-당 노선이든 백제-고구려 노선이든 그것은 대외 관계를 보는 시각 차이였을 뿐이다.

다시 말해 고토쿠 천황 시기의 개신 세력은 당-신라와 연대해야 일본의 안전을 보장받을 수 있다고 본 반면, 사이메이 천황 세력은 당나라가 백제-고구려를 점령하면 일본까지 넘볼 것으로 내다봤다. 그리고 덴지 천황이 즉위할 무렵, 그러니까 나당 연합군이 백제를 멸망시켰을 무렵 분위기는 사이메이 천황의 정세관에 힘을 실어주고 있었다. 훗날 당나라가 백제와 고구려를 멸망시킨 뒤 동맹국인 신라까지 넘봤으니 틀린 분석은 아니었다.

그런 측면에서 볼 때 일본이 막대한 국력을 쏟아부으면서까지 2만 7,000명의 병력을 한반도로 파견한 것은 당연했다. 한반도가 당나라에 넘어가면 다음 타깃은 일본이다. 그렇다면 백제-고구려가 완전히 무너지기 전에 이들과 손잡고 한반도에서 당나라와 일전을 벌이는 것이 나았다. 그러지 않으면 다음 전쟁터는 일본 본토가 될 처지였다.

평양성 공격을 앞두고 일본을 찾아간 신라의 김동엄

"신라가 사록부(沙喙部) 급찬(汲湌) 김동엄(金東嚴) 등을 보내 조(調, 특산물)를 바쳤다."

《일본서기》 덴지 천황 7년(668년) 9월 12일

> "소산하(小山下) 미치모리노아손 마로(道守臣麻呂)·기시 오시비(吉士小鮪)를 신라에 보냈다. 이날 김동엄 등이 사행을 마치고 돌아갔다."
>
> 《일본서기》 덴지 천황 7년(668년) 11월 5일

668년 9월 12일, 신라의 김동엄이 일본을 방문했다. 나당 연합군이 평양성을 공격해 고구려 패망의 결정타를 가하기 열흘 전이었다. 백강 전투 이래 양국 관계는 최악이었다. 일본은 한때 신라 정벌을 논의했을 정도였다. 그런 상황에서 신라의 사신이 온 것이다. 이때의 방문 목적도 역시 알려진 것은 없다. 다만 훗날 역사는 양국이 무엇을 논의했을지는 짐작할 수 있게 해준다.

2년 뒤인 670년 3월, 신라는 설오유(薛烏儒)가 이끄는 군사 1만 명을 요동으로 보내 압록강 이북의 오골성을 공격했다. 6년간 이어질 나당 전쟁의 시작이었다. 당나라 같은 강대국과의 전쟁을 하루아침에 결정할 수는 없다. 670년의 선제공격은 신라가 평양성 함락(668년 12월) 직후부터 당나라와의 결전을 준비했다는 것을 보여준다. 당시 평양성 함락은 시간문제였고, 당나라의 야욕은 구체화됐다. 신라는 일전이 불가피하다고 봤을 것이다. 그렇다면 적어도 후방을 안정시켜야 했다. 당나라와 전투를 벌이는 동안 일본이 신라 본토를 치는 최악의 시나리오는 막아야 했다. 김동엄이 평양성 공격 직전 일본에 간 것은 그런 이유를 배제하고 생각하기 어렵다.

668년 11월, 일본의 답사는 그에 대한 답변이었다. 일본 역시 불감청고소원이었다. 이미 당나라가 일본을 공격할 것이라는 소문도

파다했다. 적의 적은 아군이 될 수 있는 것이 국제 관계다. 이때의 신라와 일본은 구원(舊怨)을 미루어두고 서로 손잡을 이유가 충분했다. 신라와 일본은 나당 전쟁 기간 동안 9차례(신라 5차례, 일본 4차례)나 사신을 주고받았다. 일본으로서는 한반도가 당나라에 넘어가기보다는 신라로 남아주는 편이 나았다.

7세기 중·후반은 한반도를 중심으로 동북아 질서가 요동쳤다. 시작점은 백제였다. 백제는 한강 유역을 되찾으려 대신라 공세에 나섰고, 고구려도 여기에 합세했다. 때마침 들어선 당나라는 새로운 패권 질서를 꿈꿨다. 일본은 유례없는 국제 정세의 변화 속에서 안전 보장에 사활을 걸어야 했다. 짧은 시간 동안 친백제 → 친당-신라 → 친백제-고구려 → 친신라 노선으로 쉴 새 없이 전환한 것은 패권을 쥐지 못한 국가의 생존 전략이었다.

이런 행보는 일본이 백제를 사모했다든지, 반대로 백제가 일본의 속국이었다는 시각으로 바라보면 제대로 이해할 수 없는 부분이기도 하다. 또 사이메이 천황 때의 백제 구원군에 대한 낭만적 감성도 마찬가지다. 국제 관계는 힘의 역학 관계 속에서 생존과 국익을 치열하게 다툴 뿐이라는 것을 7세기의 일본과 신라가 말해주고 있다.

신라에 나타난 처용은 페르시아 왕자인가?

이란의 서사시 《쿠시나메》와 《삼국유사》의 신라 처용 설화

이란에 전해 내려온 중세 서사시 《쿠시나메》의 주요 내용은 이렇다. 사산조 페르시아가 7세기 중엽 이슬람제국의 침공으로 멸망했다. 페르시아의 마지막 왕자 아비틴은 중국 당나라로 망명해 저항 세력을 이끌었으나 중국에서도 안전을 담보받기 어려운 상황으로 내몰렸다.

이때 아비틴의 처지를 동정한 서역 국가 마친의 국왕이 도움의 손길을 내밀었다. "바실라(신라)는 파라다이스처럼 아름다운 곳이며, 침략으로부터 안전하다"라고 알려준 그는 추천서를 써주는 한편 신라까지의 배편을 마련해주겠다고 제안했다.

천신만고 끝에 신라를 찾아간 아비틴 일행은 신라 왕 타르후르에게 큰 환대를 받았다. 아비틴은 신라 왕자 가람과 둘도 없는 친구가 됐고, 신라 공주 프라랑과 결혼해 신라에 정착했다. 하지만 어느 날 꿈에서 조국을 되찾으라는 계시를 받은 아비틴은 프라랑과 함께 페르시아로 돌아간다.

《쿠시나메》는 수백 년 동안 현실성 없는 '판타지'로 취급받다가, 20세기 후반 극적으로 재조명받게 되었다. 이 서사시의 비밀을 벗길 동방의 한 설화가 알려지면서다.

> "왕이 개운포(開雲浦, 지금의 울산항)에서 놀고 있는데 갑자기 구름과 안개가 자욱하게 깔려 길을 잃고 말았다. 일관(日官)의 조언에 따라 절을 세우도록 하자 구름과 안개가 걷혔다. 동해의 용이 기뻐하며 일곱 아들을 거느리고 왕 앞에 나타나 기이한 춤을 추고 음악을 연주하였다. 그중 한 아들이 왕을 따라 서라벌로 들어와 정사를 도우니, 이름은 처용(處容)이라 하였다."
>
> 《삼국유사》-〈기이편〉 처용랑망해사조(處容郞望海寺條)

《삼국유사》에 따르면 처용은 헌강왕 때 뱃길을 통해 울산항에 들어온 이방인으로 '얼굴이 검고 눈이 깊으며 코는 매부리코'의 용모를 지녔다. 그래서인지 처용무(處容舞)에 사용되는 가면도 검은 얼굴과 매부리코, 길게 튀어나온 턱이 특징이다. 동양인의 얼굴과는 확실히 거리가 있다. 오래전부터 '처용=서역인'이라는 가설이 제기된 이유다.

반면 그가 외국인이 아니라 동해안 지역의 호족 세력이라는 주장도 만만치 않았다. 동해의 용은 울산의 유력 호족을 가리키며, 그의 아들인 처용이 왕을 따라 경주로 들어와 벼슬을 받았다는 것이다. 신라 후반기 호족 세력의 성장과 연결한 해석이다.

하지만 당시 신라의 상황을 생각해보면 다소 무리한 해석이라는 반론도 있다. 울산은 경주에서 지척의 거리다. 왕실의 별장이 있었을 정도로 중앙의 통제력이 강한 곳이었다. 그런 곳에서 왕의 행차를 방해할 만한, '용(龍)'으로 표현될 만한 지방 호족이 나올 수 있었느냐는 것이다.

그래서 일각에선 처용을 놓고 헌강왕이 별장에서 밀회를 즐기다가 낳은 서자(庶子)라는 주장도 나왔다. 어쨌거나 처용은 한국 고대사에서 좀처럼 풀리지 않는 미스터리 퍼즐과도 같은 존재였다.

"처용은 달 밝은 밤마다 저자에서 노래하고 춤추었지만 끝내 그가 있는 곳을 알지 못하여 당시 사람들이 신인(神人)이라 여겼다."   《고려사》

9세기 당나라의 황소의 난과 페르시아인의 엑소더스

그런데 처용이 신라에 나타난 시기가 자못 흥미롭다. 헌강왕이 울산 앞바다에서 처용을 만난 것은 879년(헌강왕 5년)인데, 중국 당나라 황소의 난(875~884년)이 일어난 시기와 겹쳐진다. 처용의 이야기를 하면서 황소의 난을 꺼내 든 건 이유가 있다.

"(황소의) 야망은 커져갔고 칸푸(Khanfu, 廣府-廣州의 별칭)로 진격했다. 칸푸는 아라비아 상인들이 찾는 곳으로서 … 포위 공격은 오래 계속되었다. 회력(回曆) 264년(877~878년)에 일어난 일이었다. 마침내 그는 승리하여 주민들에게 칼을 휘두르고 말았다. 중국 사정에 정통한 사람들의 말에 의하면, 살해된 중국인을 제외하고도 그 도시에 살며 장사를 하던 무슬림, 유대교도, 기독교도, 조로아스터교도 12만 명이 학살당했다."

아부 자이드 《중국과 인도 안내서》

10세기 아랍의 한 지리학자가 남긴, 당나라 황소의 난에 대한 기록이다. 황소의 반란군이 중국 최대의 무역 도시 광주(광저우)를 점령했을 때 많은 외국인들이 희생됐음을 알 수 있다. 특히 여기서 관심을 끄는 건 조로아스터교도가 따로 표기된 점이다. 조로아스터교는 사산조 페르시아의 국교였다. 나라는 사라졌지만 아직 이슬람제국에 동화되지 않은 페르시아 사람들이 이곳에서 상업에 종사하며 대규모로 거주했음을 알 수 있다. 이런 정황은 인도에 다녀온 신라 고승 혜초(慧超)가 남긴 《왕오천축국전(往五天竺國傳)》에서도 엿볼 수 있다.

"대식국(아라비아)은 원래 페르시아를 섬겼는데, 반기를 들고 점령했다. 페르시아 사람들은 교역을 좋아하여 늘 서해에 배를 띄우고 남해로 들어가 사자국(獅子國, 스리랑카)에 가서 여러 보물을 가져온다. 또한 곤륜국(崑崙國, 동남아시아)에 가서 금을 가져오고 중국에도 항해하여 곧 광주(廣

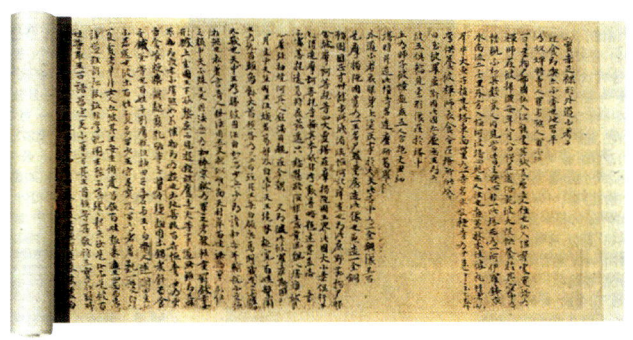
▶ 《왕오천축국전》, 프랑스 국립박물관 소장.

州)에 닿아 비단, 실, 솜 등을 가져온다."

 황소의 난에서 한 가지 다행스러웠던 것은 광주가 큰 항구 도시였다는 점이다. 중국은 전통적으로 육군이 발달한 국가다. 하물며 반란군이 충분한 해군을 보유했을 리는 만무하다. 무역업에 종사하던 외국인 중 일부는 광주가 함락되기 전 배를 띄워 탈출하는 데 성공했을 것이다.

 《쿠시나메》에서 아비틴 일행이 급히 배를 마련해 신라로 도망칠 수밖에 없었던 것은 황소의 난 때문이 아니었을까. 10만여 명의 외국인이 살육된 이 사건은 분명 페르시아와 아랍 지역에 큰 충격을 안겼을 테고, 《쿠시나메》의 구상에 주요 모티브로 작용했을 것이다.

 물론 《쿠시나메》는 가공의 픽션이다. 하지만 사산조 페르시아의 마지막 왕자 피루즈가 중국으로 망명해 항쟁을 지휘했던 것은 역사적 사실이다. 페르시아 멸망 후 벌어진 역사의 파편들이 조금씩 모아져 구성된 이야기라는 것이다.

경주를 덮친 역병을 처치해 서라벌의 영웅이 된 처용

"헌강왕 5년 3월에 나라 동쪽을 순행하고 있었는데, 어디서 왔는지 알 수 없는 네 사람이 왕의 수레 앞에 와서 노래 부르고 춤을 추었다. 생김새가 해괴하고 옷차림과 두건이 괴상하였다. 당시 사람들은 그를 산과 바다의 정령(精靈)이라 일컬었다."

《삼국사기》-<신라본기> 헌강왕 5년 3월

처용이 신라 앞바다에 나타난 것은 광주의 약탈과 대탈출로부터 1년 뒤였다.

단군 신화를 다루지 않을 정도로 설화에 대단히 엄격한 태도를 취했던 《삼국사기》의 편찬자들도 생김새와 옷차림이 괴이한 사람들이 나타났다고 기록한 것을 보면 처용 일행의 신라 영토 상륙은 널리 알려진 사실이었음이 분명하다.

처용이 신라 사회에서 두각을 드러낸 것은 전염병을 퍼뜨리는 '역신(疫神)'을 처치하면서다. 그런데 어쩌면 이것 또한 처용이 페르시아 출신임을 가리키는 강력한 단서가 될 수도 있다.

역사적으로 동아시아에 천연두와 홍역 같은 전염병의 출몰은 주로 중앙아시아나 중동 지역과 접촉하는 과정에서 나타났다. 그런 까닭에 페스트나 천연두 사례를 전하는 기록을 보면 '서쪽에서 들어왔다'라는 표현이 많다. 또 이국인과 빈번히 교류하는 항구는 특히 그런 위험에 늘 노출되는 곳이다. 예를 들어 642년 광주에 큰 페스트가 퍼졌던 반면, '(외국과 접촉이 적은) 내륙 지방엔 드물었다'라는 기록도 볼 수 있다.

게다가 무역에 종사하면서 이곳저곳을 다녔던 페르시아인들은 역병 대처법이 신라인들보다는 익숙했을 것이다. 시기적으로도 당시 이슬람 세계는 세계에서 가장 높은 수준의 의학 지식을 자랑했다.

《삼국유사》는 "왕이 (처용에게) 예쁜 여성을 아내로 삼게 하고 급간(級干) 관직도 주었다"라며 처용의 비범함을 슬쩍 알려준다. 급간은 신라에서 성골·진골 다음으로 높은 계급인 6두품이 받을 수 있는 관직이다. 경주에 역병이 돌았을 때 처용의 대처는 당황한 신라인들 사이에서 깊은 인상을 남겼던 것이 분명하다. 그것은 고려-조선에 이르러서도 그를 기리는 무용이 전승될 정도로 큰 '과업'이었다.

"신라는 공기 맑고 농토가 비옥하고 금이 풍부한 낙원"

신라는 8~9세기에 외국과 활발하게 교역했다. 예컨대 흥덕왕 9년(834년)에 사치 풍조를 막기 위해 내린 교서를 보면 에메랄드(瑟瑟), 비취모(翡翠毛), 공작의 꼬리(孔雀尾), 침향(沈香) 등의 사용을 제한한다는 내용이 있는데, 이는 모두 국내에서 나지 않는 수입품이다. 신라의 수입 품목에는 약재도 있었는데, 주로 아랍과 페르시아에서 들어왔다고 한다. 어쩌면 처용은 무역을 하러 왔다가 눌러앉은

▶ 아랍 사막의 전형적인 풍경

약재 상인이었을지도 모를 일이다.

이 무렵 아랍인들이 남긴 기록을 보면 "신라는 공기가 맑고 물이 좋고 농토가 비옥하고 금과 자원이 풍부하다", "이라크나 다른 나라에서 신라로 간 외국인들은 아무도 그곳을 떠나려 하지 않는다", "여러 가지 이점 때문에 이슬람교도들은 신라에 와서 영구 정착했다" 등 신라를 매력적으로 묘사하는 내용이 적지 않다.

얼마 전 이라크의 한 공무원과 대화를 나눈 적이 있었는데, 과거 아랍의 부호들은 집 안에 물이 흐르는 정원을 꾸미는 것이 로망이었다고 한다. 메마르고 혹독한 기후와 함께 사막으로 뒤덮인 땅에서 살던 아랍인들의 눈에 초목이 우거지고 맑은 물이 곳곳에서 흐르는 신라는 분명 낙원처럼 보였음 직하다. 또 신라는 페르시아의 멸망과 황소의 난 등 혼란한 국제 정치에서도 한 발짝 떨어져 있으니 매력적인 안식처였을 것이다.

때마침 처용이 들어온 9세기는 신라의 사치와 화려함이 극에 달했던 시기다. "(헌강왕 치세에는) 서울(경주)로부터 동해 어구에 이르기까지 집들이 총총히 들어섰지만 초가집 한 채를 볼 수 없었고 길거리에서는 음악 소리가 그치지 않았으며 사철의 비바람마저 순조로웠다"라고 《삼국유사》는 전한다. 처용이 들어온 이듬해(880년)의 기록은 더욱 구체적이다.

> "왕이 월상루(月上樓)에 올라 사방을 바라보니 서울(경주)의 민가들이 즐비하게 늘어섰고 노래와 풍악 소리가 그치지 않았다. 왕이 시중(侍中) 민공(敏恭)을 돌아보며 말하기를 '지금 민간에서는 집의 지붕을 기와로 잇고 짚으로 잇지 않으며 밥을 숯으로 짓고 나무로 짓지 않는다 하니 과연 그러한가' 하니, 민공이 대답하기를 '신도 일찍이 그런 말을 들었습니다'라고 하였다."   《삼국사기》-〈신라본기〉 헌강왕 6년 9월

흥덕왕의 사치품 단속도 9세기에 있었던 일이다.

얼마 전 제주도에 들어온 예멘 난민을 놓고 찬반 논란이 가열된 적이 있었다. 아마도 신라 시대 처용 이래 가장 시끌시끌한 아랍권 유민의 유입 사례가 아니었을까 싶다. 다만 이들이 받은 반응은 아비틴이 받은 환영과는 다소 거리가 있었다. 인도주의적 관점에서 수용해야 한다는 찬성 입장과, 난민 유입에 따른 부정적 효과 등을 감안해 거부해야 한다는 반대 입장이 팽팽했다. 정부도 딱히 결론

을 내리지 못했다.

다시 《쿠시나메》 이야기다. 신라에 머물렀던 아비틴 일행은 어떻게 됐을까. 페르시아로 돌아간 이후 이야기는 이렇게 마무리된다. 신라에서 힘을 기른 뒤 조국을 되찾으러 돌아간 아비틴은 꿈을 이루지 못한 채 사망한다. 임신한 상태였던 신라 공주 프라랑은 아들 파리둔을 낳았고, 파리둔은 나라를 되찾아 페르시아의 영웅이 된다. 이후 자신을 도와준 신라를 어머니의 나라이자 은인의 나라로 받들어 양국은 영원한 우호를 다졌다고 한다.

인구가 폭증하고 자원이 고갈되면서 난민에 대해 엄격해지는 분위기다. 한국뿐 아니라 그동안 이민자에게 관대했던 유럽 사회도 마찬가지다. 이민자에게 너그럽지 못한 여론을 야속하게만 여기기도 어려운 이유다. 이래저래 아비틴이 누린 환대는 이제 중세 서사 문학의 판타지 속에서나 찾아볼 수 있게 된 것 같다.

김춘추와 금춘추,
왜 김씨 발음이 변했나?

조선 왕조의 이(李)씨가 금(金)을 '김'으로 불렀다는 음양오행설

김(金)씨를 '금'이 아닌 '김'씨라고 발음하게 된 것은 우리 역사에서 아직 풀리지 않은 수수께끼 중 하나다. 분명 한자 '金'은 '쇠 금'이라고 배우고 읽는데, 김씨 성(姓)에서만 유독 '김'이라고 발음하기 때문이다.

그래서 예전엔 '김'씨가 아닌 '금'씨로 발음했을 것이란 주장도 적지 않다. 삼국 시대엔 김유신이 아닌 금유신, 김춘추가 아닌 금춘추라고 발음했는데 어느 순간 '김'으로 바뀌었을 거라는 가설이다.

현재까지 나온 가설 중 가장 많이 알려진 것은 조선 왕가와 관련된 음양오행설이다. '목(木)→토(土), 토(土)→수(水), 수(水)→화(火), 화(火)→금(金), 금(金)→목(木)'으로 이어지는 상극 원리를 적용한 것이다.

이에 따르면 '오얏나무 이(李)'를 쓰는 조선 왕실은 목(木)에 해당하기 때문에 목(木)에 강한 금(金)의 기운을 누르기 위해 금씨를 김씨로 부르게 했다고 한다. 건국 초기 정통성 문제로 고민했던 조선 왕실의 사정이 반영된 것 같기도 하다. 어디에도 기록이 남아 있지 않지만 일각에선 정설처럼 받아들여지기도 한다.

그런데 이런 주장이 근거가 전혀 없진 않다. 문헌 연구에 따르면 '김(金)'이라는 발음이 15세기 이후 문헌부터 등장하기 때문에 시기적으로는 대체로 맞아떨어진다.

그럼에도 불구하고 이 가설엔 한 가지 결정적인 약점이 따라다닌

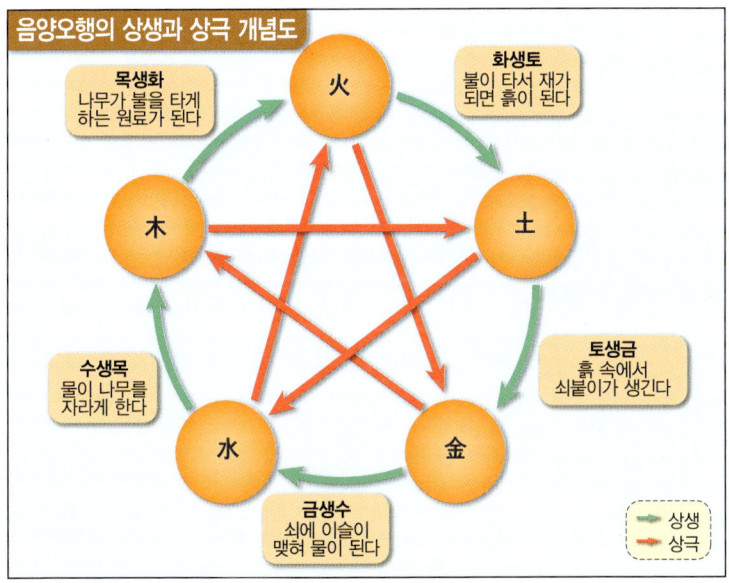

▶ 나무(木)는 흙(土)을, 흙(土)은 물(水)을, 물(水)은 불(火)을, 불(火)은 쇠(金)를, 쇠(金)는 나무(木)를 이기는 성질을 갖고 있다.

다. 김씨는 인구 분포로도 알 수 있듯이 한국에서 가장 거대한 규모를 지닌 성씨 집단이고, 경주 김씨와 김해 김씨 등은 신라 시대부터 이미 명문세가였다. 그런데 어느 날 '신군부(이성계 일파)'에 의해 강제로 이런 조치가 취해졌다면 《조선왕조실록》은 아니더라도 개인 문집이라도 분명 기록이 남았을 텐데 어디에도 이런 내용을 찾을 수 없다는 점이다.

수·당 시대의 '금'에 가깝던 발음이 점차 '김'으로 변화

그럼 '금'이 '김'으로 바뀐 것은 왜일까? 또 언제부터였을까?

근래 나온 흥미로운 연구 중 하나는 '金'에 대한 중국 발음이 바뀐 것에 주목한다. 이에 따르면 수·당 시대만 하더라도 '금'에 가깝던 발음이 5대 10국 시대를 거치며 '김'에 가까운 발음으로 변했다. 물론 삼국 시대 이후 한반도에 독자적인 한자 문화가 정착됐기에 이런 중국의 발음 변화가 즉각적으로 영향을 줄 수는 없었다. 고려 전기만 해도 중국 하북을 지배했던 여진족의 금(金)나라는 '김'이 아닌 '금'으로 읽었다. 중국에선 이미 '김'으로 발음하던 시대였는데 말이다.

다만 원-고려 시대는 양자의 관계가 특수했다. 고려가 원나라의 부마국 관계를 맺으면서 고려 왕실과 지배층은 중국의 영향을 강하게 받게 됐다. 특히 고려 왕은 왕위에 오르기 전까지는 원나라 수도인 대도(大都, 지금의 베이징)에 체류하며 교육을 받는 것이 관례가

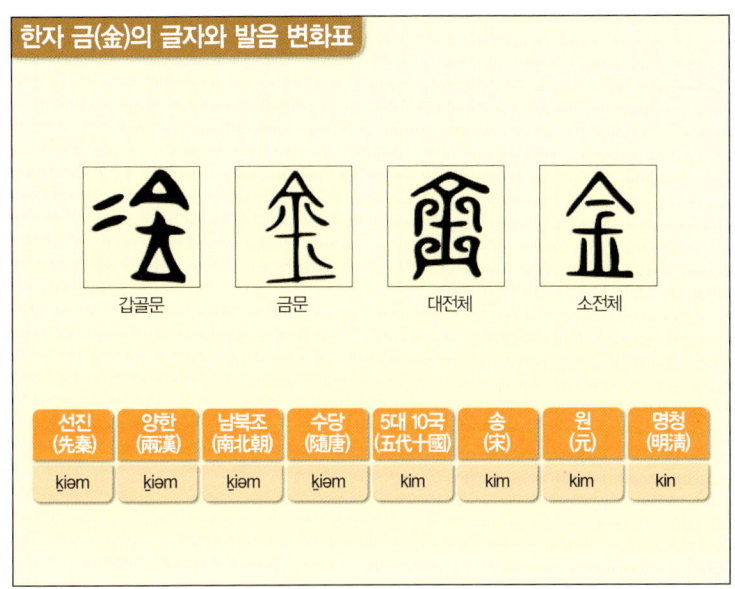

▶ 王力《漢語語音史》, 北京: 中國社會科學出版社. 권인한《성씨 김(金)의 한자음 연원을 찾아서》에서 재인용.

됐다. 이런 과정에서 자연스레 고려에서도 '金'을 '금'이 아니라 '김'으로 발음하게 됐다는 것이다. 왜 유독 '金'이 영향을 받았을까.

몽골 상류층은 금(金)에 대한 애착이 강했다. 칭기즈 칸의 직계 후손은 자신들을 '황금 씨족'이라고 내세웠다. 이름에도 '金'을 붙이는 경우가 많았다. 그러다 보니 몽골에서 지낸 고려 왕자 및 상류층을 중심으로 '金'에 대한 발음 변화가 퍼졌을 것이다. 또 이들이 왕위 계승차 고려로 돌아오면서 인명(人名)을 중심으로 변화가 일어났을 것으로 추측할 수 있다. 예를 들어《고려사》의 한 대목을 보자.

> "환자(宦者) 김백안첩목아(金伯顏帖木兒, 김바얀테무르)가 왕의 교지를 속여서 전달하였으므로 임군보는 (그를) 내승제조(內乘提調)로 삼았다."
>
> 《고려사》-〈열전〉 임군보

백안첩목아, 즉 바얀테무르는 전형적인 몽골식 이름이다. 김백안첩목아 외에도 백안(伯顏, 바얀)이나 첩목아(帖木兒, 테무르)를 사용한 인물들이 사서에 다수 등장한다. 몽골인들에게 각별한 의미를 가진 '金'의 발음도 자연히 영향을 받았을 것이다.

그리고 이 같은 변화는 차츰 지명에도 영향을 줬다. 가령 경남 김해(金海)와 경기 김화(金化) 등은 본래 금해와 금화로 불렸다가 바뀌었을 가능성이 높다. 김해는 몽골 간섭기인 충선왕 때 금주(金州)에서 현재 지명으로 개칭됐다고 하니, 이때 발음도 함께 몽골식으로 바뀌었을 개연성이 있다. 경기 김포(金浦)도 비슷하다. 고구려 장수왕 때는 검포(黔浦)였다가, 신라 경덕왕 때는 지금처럼 '金浦'로 기록됐다. 발음에 가까운 한자를 차용했을 테니 아마도 당시 '검'과 '금'의 중간 정도의 '금'이 아니었을까 싶다.

고대 왕의 칭호를 통해서도 착안해볼 수 있다. 고조선 단군왕검에서 '왕검(王儉)'과 신라의 이사금(尼師今)은 모두 왕을 의미하는 호칭인데 역시 '금'과 연관이 깊다. 국어학자들은 이사금이라는 표기가 왕을 의미하는 '닛금'에서 왔다고 추정한다.

참고로 중세 일본에서 만들어진 《석일본기(釋日本紀)》에는 《일본서기(日本書紀)》에 수록된 신라인의 이름을 읽는 법이 나온다. 그런데

'金'이라는 성은 '코무(コム)' 혹은 '콘(コン)'으로 발음하도록 되어 있다. 따라서 당시 신라에서는 '김'이 아닌 '금'에 가까운 발음이었던 게 분명하다. 만약 당시 발음이 '김'이었다면 '키무(キム)'나 '킨(キン)'으로 발음했을 테니 말이다.

또 한편으로는 중국 남부 지역 방언인 객가어(客家語)를 비롯해 일대 소수민족들의 언어에서 '金'을 '김(Gim)', '킴(Kim)'이라고 발음하는 것에 주목하기도 한다. 북방이 아닌 남방의 한자 발음에서 영향을 받았다는 것이다.

군주의 이름을 다른 한자로 대체하는 '피휘'

그럼에도 불구하고 '금'이 '김'으로 바뀐 이유를 음양오행설에서 찾았던 데는 그럴 만한 나름의 이유가 있다. 왕조 시대엔 왕실에 위협이 되거나 불온한 상징이 될 수 있는 것을 제거하는 문화가 있다.

대표적인 것이 피휘(避諱)다. 피휘는 군주의 이름을 함부로 부르는 것을 꺼려 뜻이 통하는 다른 한자로 대체하는 것이다.

널리 알려진 사례 중 하나는 나라 국(國)이라는 한자다. 춘추전국시대를 거쳐 진(秦)나라 때까지만 해도 나라를 의미하는 한자는 '방(邦)'이 널리 사용됐다. 국(國)은 왕이 사는 도성을 비롯한 도시를 의미했고, 여기에 주변 농촌이 합쳐져야 비로소 '방(邦)'이 됐다.

그런데 한(漢)나라를 건국하면서 문제가 생겼다. 시조인 한고조 유방(劉邦)의 이름과 겹쳤기 때문이다. 황제의 이름이 함부로 쓰이게 할 수는 없었기에 역사책을 비롯한 모든 기록에서 '방(邦)'은 '국(國)'이라는 한자로 대체됐다.

이것은 고려와 조선에서도 마찬가지로 적용됐다. 고려 시대엔 태조 왕건의 이름에 사용된 세울 '건(建)' 자를 쓸 수 없어 설 '립(立)'으로 대체했다. 피휘는 후세에 의도하지 않은 '선물'을 남기기도 했다. 유물의 위조 문제를 가리는 중요한 단서가 되기 때문이다. 예를 들어 한나라 때 만들어진 유물이라는데 '邦'이라는 한자가 튀어나온다면 위조의 가능성이 99%다.

또한 그것은 현대 국가의 정치 체제를 이해하는 데도 하나의 기준을 제시해준다. 대부분의 국가가 '민주정'의 형태를 갖고 있지만, 실상 민주정의 기능이 제대로 작동하는지는 '피휘'를 보면 알 수 있다.

'조선민주주의인민공화국'이라는 국호를 갖고 있는 북한은 여전히 피휘가 적용되는 것 같다. 탈북자들의 증언에 따르면 북한에서는 '일성', '정일', '정은'이라는 이름을 쓸 수 없다고 하니 말이다. 최근에는 그 범위가 '설주', '여정'까지 확대됐다는 이야기도 있다.

중앙집권적 군주제가 오랫동안 이어져온 대한민국도 여전히 과거에서 자유롭지 못한 경우가 종종 드러난다.

언론에서 대통령과 관련해 '역린(逆鱗)'이라는 표현을 곧잘 사용하는데, 이는 군주가 노여워하는 약점을 지칭할 때 사용하는 말이다. 시민의 대표인 대통령에게 '역린'이라는 단어를 사용하는 것은 되레 '민주정'에 대한 '역린'이 아닐까.

한국과 북한이 민주공화제라고 자화자찬하면서도 국가 원수의 존엄에 이리도 집착하는 것은 어떻게 봐야 할까. 서양처럼 역사적으로 권력을 매개로 계약 관계를 맺어본 적이 없기 때문이라는 분석도 있다. 서구에서는 이미 중세 시대부터 봉건제가 발달하면서 신하와 군주가 권한과 책임에 대한 쌍방 계약을 맺었던 반면 동아시아는 대개 강력한 군주가 권력을 독점하는 구조였다는 것이다.

유럽은 '마그나카르타'와 '권리장전'처럼 왕권이 존립할 수 있는 조건을 문서로 명문화했기 때문에 동아시아처럼 최고 지도자에 대한 맹목적 충성 개념은 거의 남아 있지 않다. 전직 대통령이나 총리의 기일에 정당의 대표나 국회의원들이 무덤을 찾아 참배하는 것은 극히 동양의 군주제적 문화다. 오랜 세월 이어져온 권위주의에서 벗어나는 것이 이토록 어렵다.

THE
HISTORY
OF
KOREA

2장

고려 시대의 역사정치

고려는 발해의 멸망을
왜 두고만 봤을까?

조선 시대에도 백두산 화산 폭발은 몇 차례 발생

"함경도 부령에 이달 14일 오(午)시에 하늘과 땅이 갑자기 캄캄해졌는데, 때로 혹 누른빛이 돌기도 하면서 연기와 불꽃 같은 것이 일어나는 듯하였고, 비릿한 냄새가 방에 꽉 찬 것 같기도 하였다. 큰 화로에 들어앉아 있는 듯하여 몹시 무더운 기운에 사람들이 견딜 수가 없었다. 4경이 지나서야 사라졌다. … 아침에 가서 보니 온 들판에 재가 내려 쌓였는데, 마치 조개껍질을 태워놓은 것 같았다. 경성(鏡城)에서는 같은 달 같은 날 조금 늦은 시간에 연기와 안개 같은 기운이 서북쪽에서 갑자기 밀려오면서 하늘과 땅이 캄캄해지고 비릿한 노린내가 사람들의 옷에 스며들었으며, 몹시 무더운 기운은 큰 화로 속에 앉아 있는 듯하였다."

《숙종실록》 28년 5월 20일

함경도 경성은 조선 세종 때 4군 6진을 개척했던 전진 기지다. 여진족의 침입 외에는 큰 주목을 받지 못하던 이 지역에서 1702년 6월 9일(숙종 28년 5월 20일) 벌어진 자연 현상은 조정을 경악하게 만들었다.

"사람들 모두가 옷을 벗어 던졌으며, 땀이 흘러 끈적끈적하였다. 흩날리던 재는 마치 눈과도 같이 산지사방에 떨어졌는데, 그 두께가 한 치 (寸)가량 되었다. 걷어보니 마치 모두 나무껍질이 타다 남은 것과 같았다. 강변의 여러 고을들도 다 그러하였는데, 간혹 더 심한 곳이 있었다."

《숙종실록》 28년 5월 20일

당시 조선의 관료들은 기이한 이 기운이 '서북쪽에서 밀려왔다'

▶ 백두산 천지, 2005년. ⓒ Bdpmax, W–C

라고 기록했지만 원인을 밝혀내지는 못했다. 내막이 밝혀진 것은 현대에 와서다. 지질학자들은 당시 기록을 토대로 경성에서 서북쪽으로 200킬로미터가량 떨어진 백두산을 지목했다. 백두산의 화산 폭발이 '범인'이라는 것이다.

얼마 전 영화 「백두산」으로 새삼 이곳의 화산 활동이 재조명을 받았지만, 조선 시대에도 백두산의 화산 폭발은 몇 차례 목격됐다.

> "흑기(黑氣)는 신이 목격한 것입니다. 그 기운은 비 같기도 하면서 비도 아니고, 연기 같기도 하면서 연기도 아닌 것이 북쪽에서 오는데 소리는 바람이 몰아치듯, 냄새는 비린내 같기도 한데 잠깐 사이에 산골짜기에 가득 차서 빛을 가려 지척에 있는 소와 말도 분별을 못 할 정도였으니, 아, 역시 괴이한 일입니다. 가까이는 적성(積城)과 장단(長湍) 사이와 멀리는 함경도의 남쪽 경계까지 모두 그러하였다고 합니다."
>
> 《효종실록》 5년 10월 2일

이것은 위에서 소개한 숙종 시대의 폭발보다 50년 전인 1654년에 있었던 일이다. 경기도 적성과 장단까지 비슷한 현상이 벌어졌다고 하는 것으로 봐서 서울 인근까지 영향을 끼쳤던 것 같다. 윤성효 부산사범대 교수가 쓴 〈백두산 화산의 1654년 10월 21일 화산재구름 이동 기록에 대한 화산학적 고찰〉이라는 논문에 따르면, 당시 백두산에서 벌어진 플리니식 분화(Plinian style eruption)로 형성된 거대한 화산재 구름(ash cloud)이 바람에 의해 500킬로미터 가까이 떨어진 경기도까지 나타난 것이다.

플리니식 분화는 격렬한 폭발과 함께 암석 부스러기나 화산재가 버섯 모양의 연기가 되어 인근까지 퍼지거나 덮어버리는 형태다. 용암은 적지만 화산재 등 분출물이 광범위한 지역까지 피해를 입히는 것이 특징이다. 고대 로마 도시 폼페이를 덮은 베수비오산의 화산 폭발이 바로 플리니식 분화였다.

하지만 조선 중기 백두산의 폭발은 폼페이 같은 재난을 가져오지 않고 마무리된 것으로 보인다. 《실록》에는 당시 관찰된 특이한 자연 현상 외엔 더 이상 언급되지 않는다.

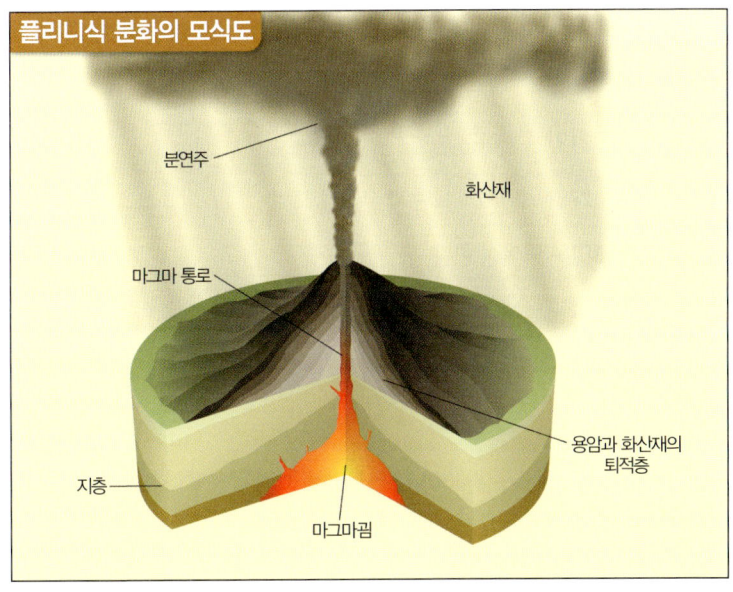

▶ 플리니식 분화. 격렬한 폭발과 함께 암석 부스러기나 화산재가 버섯 모양의 연기가 되어 인근까지 퍼지거나 덮어버린다. Free Art Licence, W−C 2007년 올해의 사진.

10세기의 백두산 대폭발을 발해의 멸망 원인으로 지목

지질학계에 따르면 백두산이 가장 큰 규모로 폭발한 때는 10세기다. 이를 근거로 역사학계 일각에선 10세기의 백두산 대폭발을 발해의 멸망 원인으로 지목했다.

이 같은 가설엔 발해의 미스터리한 멸망 과정이 작용했다. 698년 옛 고구려 영토에서 건국한 발해는 당나라의 견제에도 불구하고 한반도 북부와 만주 일대를 장악했다. 그런데 200년 넘게 거대한 세력을 과시했던 발해의 멸망은 한순간이었다.

925년 12월 16일, 거란(요)의 지도자 야율아보기가 발해에 대한 전면전을 선언하면서 시작된 발해의 멸망 과정은 다음과 같다.

925년 12월 21일 - 거란군 출병

925년 12월 29일 - 발해의 요충지 부여성 포위

926년 1월 3일 - 부여성 함락

926년 1월 9일 - 발해 수도 상경성 포위

926년 1월 12일 - 발해 항복 선언

발해는 이로부터 불과 30년 전에 '해동성국(海東盛國)'이라고 불리며 최전성기를 이루었다. 13대 국왕 대현석(871~894년)의 치세 시기다. 거란이 아무리 강국이더라도 군사를 일으킨 지 불과 20여 일 만에 멸망했다는 것은 선뜻 납득이 되지 않는다. 심지어 거란이 군

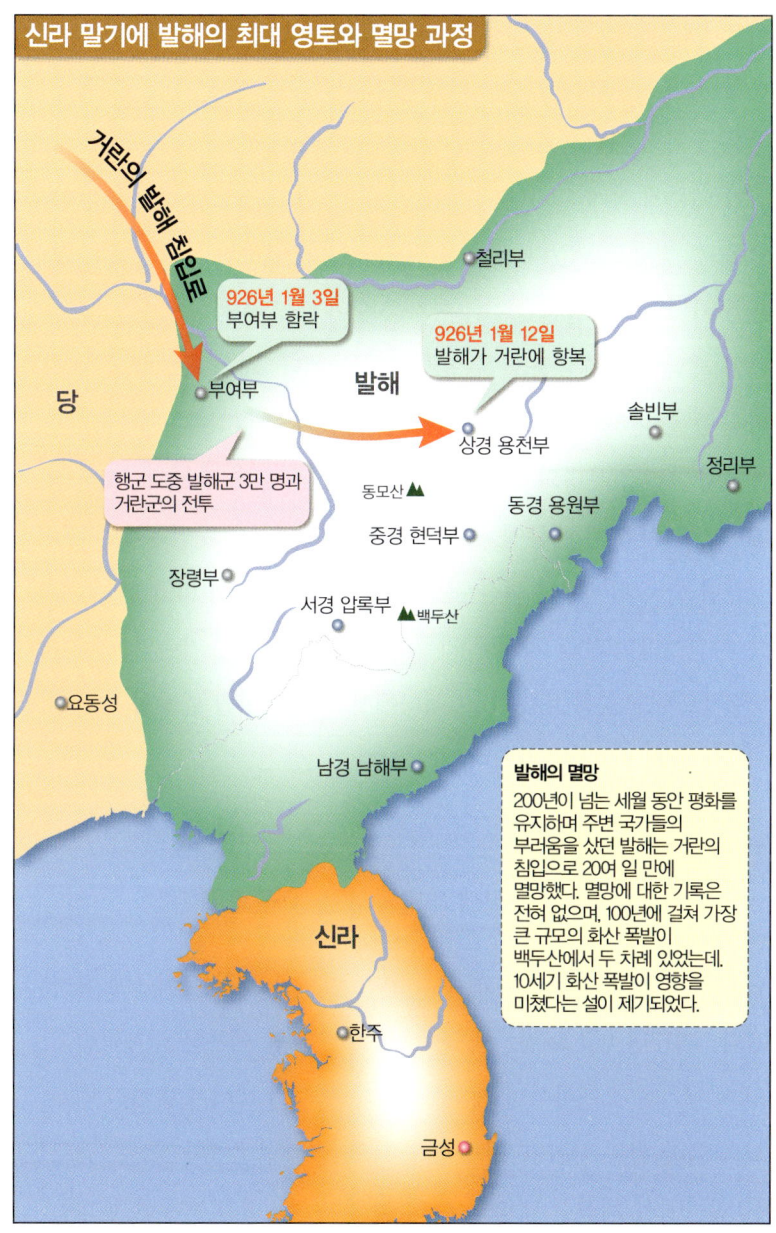

사를 일으키기 불과 1년 전(924년)엔 발해가 거란의 영역인 요주(遼州)를 선제공격해 요주자사를 살해하고 백성을 끌고 가는 등 만만찮은 군사력을 과시하기도 했다.

이 때문에 학계 일각에선 급작스러운 재난이 발해의 멸망을 앞당겼을 수 있다고 보았다. 특히 10세기 폭발한 백두산의 화산재를 일본 홋카이도에서 발견한 일본 학자들은 이 정도 폭발 규모라면 한 국가를 패닉 상태에 빠뜨릴 수 있다고 판단했다. 화산 폭발로 혼란에 빠진 틈을 타 거란이 기습을 가해 발해가 무릎을 꿇었다는 것이다.

고대 그리스 문명의 초기 맹주였던 크레타도 화산 폭발로 세력을 잃은 전력이 있기 때문에, 불가능한 가설로 치부할 수만은 없었다.

반면 한국 학계에선 화산 폭발설에 회의적 시각이 많았다. 그 정도 사건이라면 중국 사서에 기록이 있어야 하는데, 거란의 역사를 담은 《요사(遼史)》를 비롯한 그 어디에서도 화산 폭발 멸망설의 단서가 될 기록을 찾을 수가 없기 때문이다.

백두산 분화는 발해가 멸망하고 20년 후에 발생

발해 멸망의 진범을 두고 수십 년간 진행된 추적은 최근에 해소됐다. 2017년 9월 26일, 서울에서 열린 '제1회 백두산 국제학술회의'에 참가한 오펜하이머 케임브리지대 교수는 10세기 벌어진 백두산의 화산 활동 시기가 '발해 멸망 이후'라고 단정했다. 그는 "백두산 인근에서 채집한 낙엽송 나이테를 측정한 결과 백두산 분화는

946년 여름 이후에 일어난 것으로 추정된다"라고 주장했다.

발해는 926년에 멸망했기 때문에, 오펜하이머 교수의 주장에 따르면 백두산 분화는 최소한 발해가 사라지고 나서 20년 후에 발생했다는 이야기가 된다.

그렇다면 발해는 왜 멸망했을까. 화산 폭발 멸망설에 부정적이었던 학계는 발해 권력층의 내분, 외교적 고립 등을 이유로 든다.

① 발해 권력층의 내분 – 《고려사》에 따르면 발해가 멸망하기 1년 전인 925년 9월과 12월 세 차례에 걸쳐 발해 지도층이 백성들을 이끌고 귀순해 왔다는 기록이 나온다. 또 앞서 3월에는 "태조 8년(925년) 3월 계축일에 두꺼비가 궁성 동쪽에 나타났는데 수없이 많았으며 … 여론이 발해국이 우리나라에 귀순할 징조라고 하였다"라는 기록도 있다. 이미 발해 내부에 심각한 문제가 있었고, 이런 동향이 고려까지 퍼져 있었음을 암시하는 대목이다.

거란의 역사서인 《요사》에도 "이심(離心, 이반된 민심)을 틈타 군대를 움직이니 (발해와) 싸우지 않고 이겼다"라는 내용이 있다. 실제로 요충지인 부여성이 무너지자 발해는 병사 3만 명을 뽑아 수도로 통하는 홀한성에서 막게 했는데, 거란 기병 500명에게 패했다는 기록도 있다. 발해군은 사실상 전의를 상실했던 상황으로 보인다.

이때 발해군을 지휘한 것은 '노상(老相, 이름이 아닌 고위 관직명으로도 추정)'이라는 인물인데, 발해가 멸망한 뒤 거란에 중용됐다. 정확한 내막은 알 수 없으나 멸망 직전 발해의 지도층이 분열해 내통했을 수도 있음을 시사한다.

10세기 동아시아의 왕권 교체기의 지형도

거란과 발해, 고려의 관계
고려 전기와 당 말기에 만주 지역의 여러 부족을 통합한 뒤, 야율아보기가 거란(요)을 세웠다. 10세기 초부터 12세기 초까지 만주와 중국 북방 대륙을 지배한 거란은 발해를 멸망시키고 고려를 여러 차례 침공하기도 했다. 1125년에 송과 금의 공격을 받고 멸망했다.

5대 10국 시대(五代十國時代, 907~979년)
중국 당나라가 멸망한 907년부터, 960년에 나라를 세운 송나라가 중국 전체를 통일하게 되는 979년까지의 70여 년을 말한다.
화북 지방을 지배했던 5개 왕조는 후량, 후당, 후진, 후한, 후주(지난 왕조와 구별하기 위해 앞에 후(後) 자를 붙임)를 말하며, 여러 지방 정권이라고 할 수 있는 10국은 오월, 민, 형남, 초, 오, 남당, 남한, 북한, 전촉, 후촉을 말한다.

일부 학자는 발해 지도부가 내부 분열을 잠재우기 위해 거란 침공(924년)이라는 강수를 뒀다고도 본다. 이전에 당나라와 신라를 상대로 벌이던 유연한 외교 노선 대신 강경론이 조정을 지배하면서 멸망을 초래했다는 것이다.

② 외교적 고립 – 당나라가 망하고 5호 10국 시대가 펼쳐진 무렵, 거란은 이미 동북아의 패자(覇者)였다. 925년 야율아보기가 서방을 원정하고 돌아오자 중원 지역을 차지하고 있던 후당(後唐)은 물론 고려, 신라, 일본까지 사신을 보냈다는 기록이 있다. 1년 전 요주를 공격했던 발해만 사신을 보내지 않았다.

고려는 발해 멸망 후 유민을 흡수해 국력 키우는 데 몰두

지금에야 발해, 신라, 고려 등을 하나의 민족 세력으로 묶어서 보지만, 당시엔 철저하게 국익에 따라 적이 되거나 동맹이 되는 외국일 뿐이었다. 고려와 거란만 하더라도 훗날엔 적이 되지만 922년엔 거란이 고려에 낙타를 보냈고, 925년엔 고려가 거란에 사신과 답례를 보낼 정도로 사이가 원만했다.

기록에 따르면 발해는 신라, 고려와 얕은 수준의 동맹 관계(結援)를 맺었던 것으로 파악되지만, 막상 발해가 위험에 빠졌을 때는 아무런 효력을 발휘하지 못했다. 926년 1월에 발해 상경성이 포위돼 고립무원에 빠졌을 때, 신라와 고려 누구도 발해를 돕지 않았다.

이후 행보를 보면 고려는 발해 유민을 흡수해 국력을 키우는 데 더 관심이 많았던 것 같다. 심지어 《요사》에는 926년 발해 상경성 포위 때 신라군이 거란 편에서 참전했다는 기록도 있다. 다만 이때 신라군이 신라 중앙군을 가리키는지, 아니면 지방에서 독자적으로 활동하던 호족의 군대를 가리키는지는 확실치 않다. 다만 그만큼 발해가 외교적으로 완벽하게 고립되어 있었다는 것만은 확실해 보인다. 그랬기에 마지막 발해왕 대인선도 포위된 지 3일 만에 항복했을 것이다.

　여전히 베일에 가려 있지만 우리 역사에 남긴 발해의 마지막 20일이 갖는 의미는 가볍지 않다. 냉엄한 국제 현실 앞에서 힘과 이익이 바탕이 되지 않는 동맹은 휴지 조각에 불과하다는 사실이다. 역사가 시작된 이래 만고불변의 법칙이기도 하다.

왕건이 호남 차별을 정말 유훈으로 남겼나?

'훈요십조'는 고려 왕실의 세계관을 반영한 중요한 자료

"고려 태조의 유교(遺敎)에, '차령(車嶺) 이남과 공주강(公州江) 밖에는 산수의 형세가 모두 배주(背走)하였다'라고 했으니, 공주강은 곧 금강(錦江)이었다. … 전라도로 논한다면 … 재주와 덕망 있는 자가 드물게 나오니 사대부로서는 거지(居地)로 삼을 곳이 못 된다. 이는 차령 이북의 산수가 배역(背逆)한 정도뿐만이 아니다."   이익《성호사설》

고려 태조 왕건이 죽기 전 최측근 박술희를 불러 남겼다는 '훈요십조'는 숭불·풍수도참·고구려 계승 등 고려 왕실의 세계관을 엿볼 수 있는 소중한 자료로 평가받는다. 하지만 다른 한편으로는 전라도 배제론, 호남 차별론 등의 근거로 작용해 많은 논란을 일으켰고, 학계에 큰 고민을 안기기도 했다.

조금 더 솔직하게 말하자면 '왕건이 정말 호남 차별을 유훈으로 남겼을까'라는 질문은 한국 현대사에 큰 상처로 남겨진 호남 차별론의 뇌관이 될 수 있기 때문에 어떻게든 이를 완화·재해석하는 것이 필요했다. 하지만 조선 후기의 대표적 학자인 이익까지 훈요십조의 8조가 호남 차별의 근거라고 명시할 정도이니 간단치 않은 숙제였다. 그래서 훈요십조를 다룬 연구 논문 중에는 8조에 대해 에둘러 넘어가는 경우도 적지 않다. 크게 두 부분으로 구성된 8조에서 문제가 된 부분은 전반부다.

> "여덟째, 차현(車峴) 이남과 공주(公州)의 금강(錦江) 바깥쪽은 산의 모양과 땅의 기세가 모두 배역으로 뻗어 있는데 사람들의 마음도 그러하다. 그 아래 주군(州郡)의 사람들이 조정에 참여하고 왕후나 외척과 혼인하여 나라의 정사를 잡게 되면, 국가의 변란을 일으킬 수도 있고 통합당한 원한을 품고 왕실을 침범하며 난을 일으킬 수도 있다."
>
> 《고려사》 태조 26년 4월 미상

'차현 이남과 공주의 금강 바깥쪽'이라는 해석은 국사편찬위원회의 《고려사》 해제를 따른 것인데, 원문은 '車峴以南, 公州江外'라는 8자다. 직역하자면 '차현 이남과 공주강 밖'이다. 뒤에서 조금 더 자세히 다루겠지만, 차현과 공주강의 위치를 놓고도 이견이 적지 않다.

훈요십조의 8조에 대해 처음으로 재해석의 물꼬를 터준 것은

20세기 초 일본인 학자 이마니시 류(今西龍)다. 그는 태조 때 최지몽(영암) 등 호남 출신들이 중용됐다는 점을 들어 훈요십조의 위작 가능성을 제기했다. 심지어 당시 태자 무(2대 왕 혜종)의 외가이자 후원 세력이 전남의 나주 오씨라는 점을 고려하면 호남 배제를 유훈으로 남겼다는 것은 설득력이 떨어진다는 것이다.

그렇다면 무슨 이유로 '호남 배제'가 위작된 것일까. 그는 거란의 2차 침입(1010~1011년) 때 나주로 피난 갔던 현종이 개경으로 돌아오면서 나주 세력의 중용을 우려한 신라계 출신들이 훈요십조를 위조한 것이라고 추정했다.

당대의 정치사회적 정황과 배경을 고려해 사료를 분석했다는 점에서 평가할 여지가 분명 있었지만, 《고려사》의 신뢰성을 떨어뜨린다는 점에서는 찜찜한 면도 없지 않았다.

'차현 이남과 공주강 밖'의 위치 놓고 학계의 치열한 공방

그래서인지 해방 이후 많은 한국 학자들은 이마니시 류의 위작설을 반박했다. 대신 한국 학계에선 '차현이남 공주강외(車峴以南, 公州江外)'라는 곳의 위치를 놓고 치열한 공방을 벌였다.

조선 시대 이익이 《성호사설》을 통해 명시한 이래 사실상 정설이 된 '호남설'을 반박하고, 왕건이 문제 삼은 지역을 새롭게 지정한 것이다. 여러 가지 주장이 나왔지만 크게 세 가지 정도로 좁혀볼 수 있다.

① 충남 남부 및 전북

'차현이남 공주강외'라는 지역을 문자 그대로 해석한다면 고려 영토의 3분의 1에 해당하는 큰 지역이다. 후삼국의 극심한 분열을 종식한 왕건이 이 넓은 지역에 대한 차별을 유훈으로 남겼다는 것은 상식적으로 납득이 가지 않는 측면이 있다. 더군다나 왕건은 전국을 아우를 만한 충분한 힘이 없었기 때문에 '중폐비사(重幣卑辭)'라고 하여 지방 호족과의 적극적인 연대를 꾀했던 군주다. 이를 위해 호족 세력과의 혼인을 많이 추진한 것도 잘 알려져 있다.

그래서 '차현이남 공주강외'는 호남 전체가 아니라 후백제 지배층의 핵심 기반인 공주, 논산과 전주 일대로 보는 주장이 1980년대부터 나왔다. 차령산맥 남부에서 노령산맥 이북으로 현재의 행정 구역을 적용하면 충남 남부와 전북 지역이다.

이와 관련해 서울 강남(江南)의 영역에 대해 벌인 한 조사 결과는 시사하는 바가 있다.

2013년 12월 〈중앙일보〉는 한국리서치와 공동으로 강남 3구 및 분당·판교 주민 506명을 대상으로 '강남에 해당한다고 생각되는 곳을 모두 고르시오'라는 설문조사(복수 응답 가능)를 실시한 적이 있다.

흥미롭게도 응답자가 생각한 강남의 범위는 달랐다. 조사 결과에 따르면 압구정, 청담, 삼성, 논현동 등 4개 동만 응답자의 90%가 강남이라고 꼽았다. 80% 이상으로 확대하면 신사, 역삼, 대치, 도곡, 서초동까지 포함됐다. 반면 행정 구역상으로는 분명 강남 3구에 포함되지만 염곡, 내곡, 세곡, 율현, 거여, 마천동 등은 '강

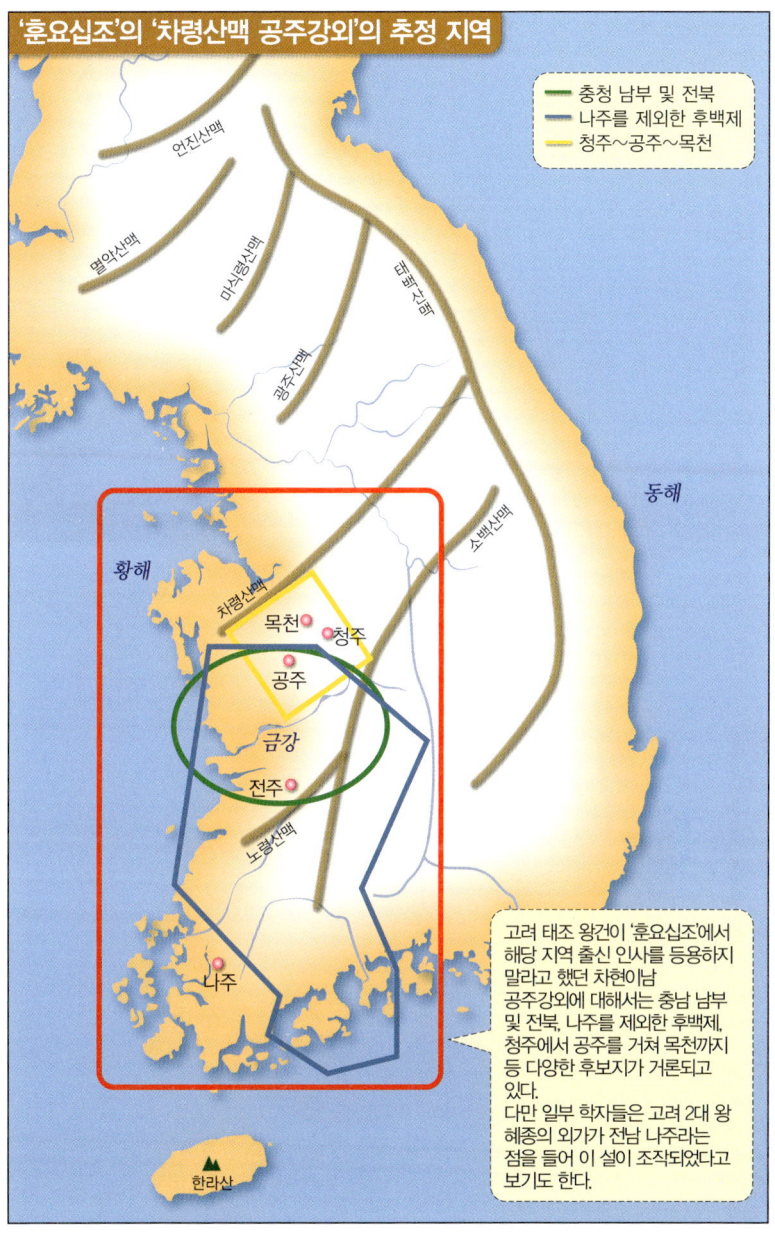

2장 고려 시대의 역사정치

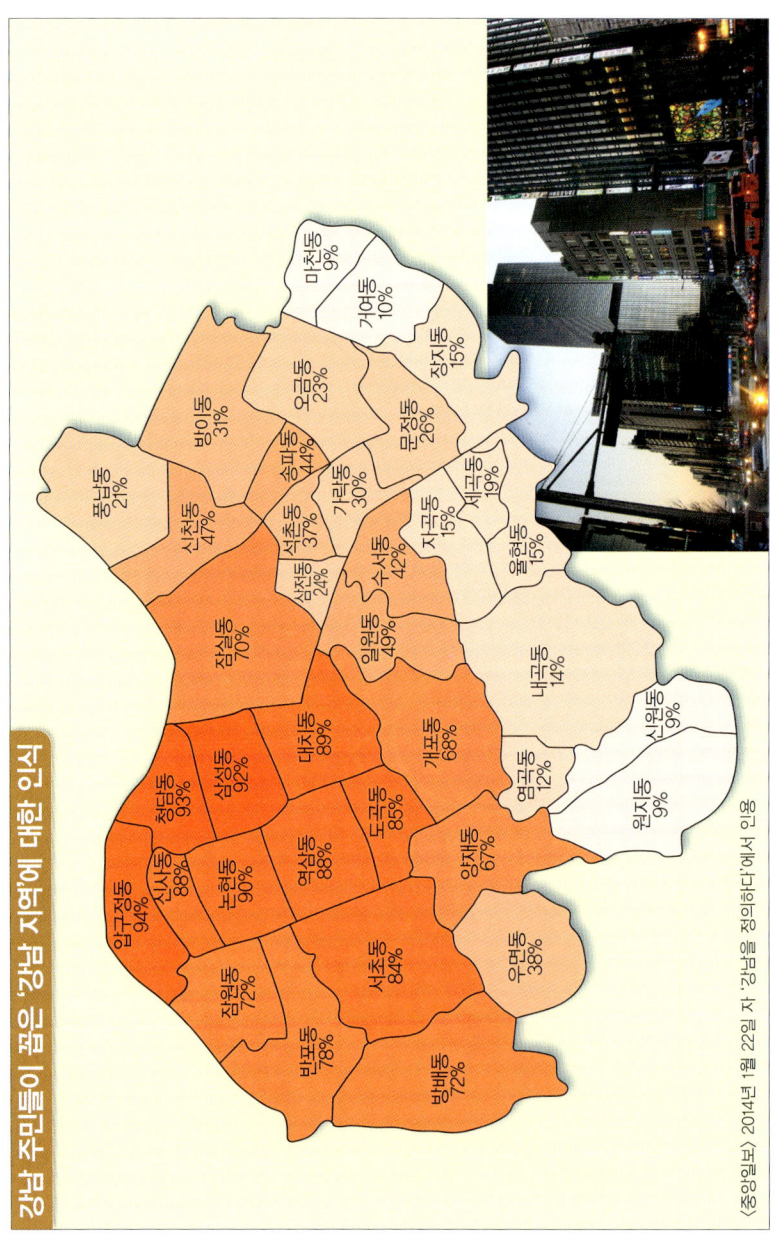

강남 주민들이 꼽은 '강남 지역'에 대한 인식

〈중앙일보〉 2014년 1월 22일 자 '강남을 정의하다'에서 인용남'이라고 대답한 응답자가 20%를 밑돌았다. 지리적 명칭과 당대인들이 받아들이는 실제 구역이 다를 수 있다는 이야기다.

이 조사가 아니더라도 강남을 문자 그대로 한강 이남 전체라고 생각하는 사람은 거의 없을 것이다. 마찬가지로 당대에 '차현 이남과 공주강(혹은 금강) 바깥'이 문자 그대로 충남 남부와 호남 전체를 가리킬지는 다소 의문이다.

② 나주를 제외한 후백제

위에서 언급했듯이 나주는 고려 왕실에 특별한 지역이었다. 2대 왕 혜종의 외가이기도 했지만, 왕건이 일개 무장 시절부터 든든한 배경이 되어주었던 지역이다. 이곳은 왕건이 궁예의 장수 시절 군사를 이끌고 왔을 때 일찌감치 협력했다. 후백제의 안마당을 점령한 왕건은 전국적 명성을 얻었고, 태봉의 2인자로 부상하는 계기가 됐다. 왕건은 궁예에게 의심을 받는 정치적 고난기에 나주로 피신해 있기도 했다.

그런데 왕건은 '차현이남 공주강외' 지역 인사를 중용하지 말 것을 지시하면서 그 이유로 '통합당한 것에 대한 원한을 품고 왕실을 침범하며 난을 일으킬 수도 있다'고 했다.

따라서 나주는 여기에 해당하기 어렵다. 애초부터 왕건에게 협조적인 지역이기 때문이다. 그래서 일부 학자들은 차령산맥 이남 금강 바깥쪽이라는 전통적 해석 방식은 따르면서도 나주 일대를 제외해야 한다고 본다. 여기서 나주의 범위를 어디까지로 둘 것이

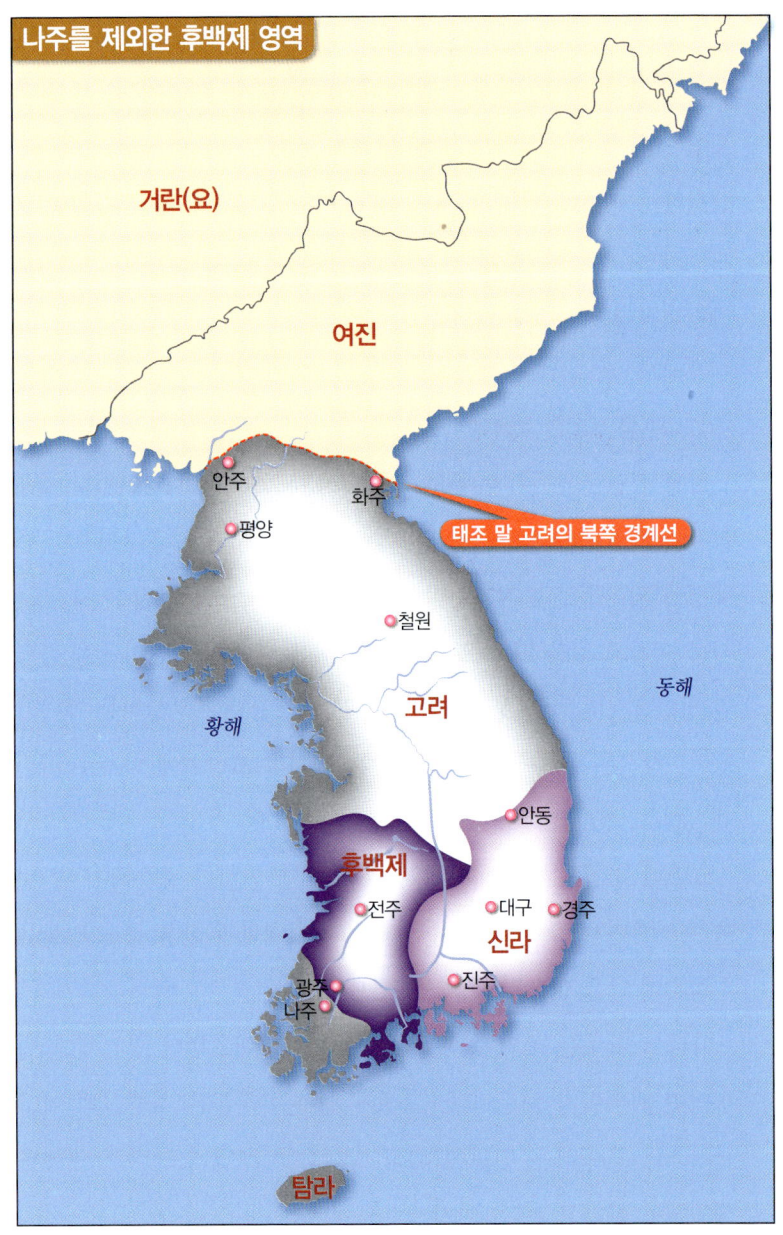

나는 다시 논쟁의 영역이 되지만, 현재 전라남도에 해당하는 많은 부분이 제외되는 것은 분명하기 때문에 적어도 이익이 말한 호남보다는 구역이 좁혀진다.

③ 청주~공주~목천

비교적 최근에 제기된 주장이다. 여기서 차현은 차령산맥이 아니라 공주 북쪽의 차현이며, 공주강외에서 공주강은 금강이 아니라 금강의 지류로 공주 외곽을 흐르는 일정 구간을 가리킨다는 것이다.

일단 차현의 경우 《신증동국여지승람(新增東國輿地勝覽)》의 공주목(公州牧)조에는 "차현은 주 서북쪽 57리에 있다. 고려 태조의 훈요에 이르기를 '차현 이남과 공주강 밖은 산형과 지세가 모두 거꾸로 등을 지고 뻗어 있다'라고 한 것이 바로 이것이다"라는 대목이 있다. 따라서 차현은 차령산맥이 아니라 공주 일대 작은 고개라는 것이다.

따라서 이 견해에 따르면 '차현이남 공주강외'는 차령산맥과 금강 이남의 충남 일대 및 호남이 아니라 차현이라는 고개와 공주 인근의 일부 지역으로 국한된다.

이를 뒷받침하는 지역적 움직임도 있었다.

태조가 궁예를 처단하고 역성혁명을 일으켰을 때, 청주와 공주, 운주(홍성) 일대에선 이에 반발하는 움직임이 일어났다. 특히 청주는 왕건에 대해 매우 부정적이었다. 《고려사》를 보면 왕건이 청주 세력을 경계했던 흔적들을 어렵지 않게 발견할 수 있다.

"청주수(靑州帥)인 파진찬(波珍飡) 진선이 그의 동생 선장과 더불어 반역을 꾀하였으므로 처형하였다." 《고려사》 태조 원년 10월 21일

"왕이 청주 사람들은 변덕이 심하니 일찍이 대비하지 않으면 반드시 후회할 일이 있을 것이라고 여기고, 이에 그 고을 사람인 능달·문식·명길 등을 보내어 염탐하게 하였다. … 도안군(道安郡)에서 아뢰기를, '청주가 몰래 백제와 내통하여 반란을 일으키려고 합니다'라고 하였다. 왕이 마군장군(馬軍將軍) 능식으로 하여금 병사들을 거느리고 가서 진무(鎭撫)하게 하였다. 이로 인해 반역하지 못하였다."

《고려사절요》 태조 1년 7월 미상

"청주가 진심으로 귀부(歸附)하지 않고 기회만 엿보며 유언비어가 자주 일어나므로, 왕이 직접 행차하여 위무하니 드디어 성을 쌓게 명령할 수 있었다."
《고려사》태조 2년 8월 9일

운주와 공주 역시 왕건이 왕위에 오르자 이에 반발하며 후백제로 붙어버려 왕건을 곤란하게 만들었다. 따라서 왕건은 고려 건국을 부정하고 자신을 배신한 청주와 공주 일대에 대한 불편한 감정을 잊지 않았으며, 이를 훈요십조에 남겼다는 것이다.

전라도라는 행정 구역은 고려 현종 때 처음 만들어졌다

여기에 목천까지 포함하는 주장도 있다. 목천은 《고려사》에 특별히 언급되지는 않지만 《신증동국여지승람》의 목천현(木川縣)조에 이곳의 토성(土姓)인 우(牛)·마(馬)·상(象)·돈(豚)·장(場)·심(沈)·신(申)·왕(王)씨를 소개하면서, "세상에 전하는 말에, '고려 태조가 나라를 세운 뒤에 목주 사람이 여러 번 배반한 것을 미워하여 그 고을 사람들에게 모두 짐승 이름으로 성(姓)을 내렸다. 뒤에 우(牛)는 우(于)로 고치고, 상(象)은 상(尙)으로 고치고, 돈(豚)은 돈(頓)으로 고치고, 장(場)은 장(張)으로 고쳤다' 한다"라는 내용이 있다.

사람에게 소(牛), 말(馬), 돼지(豚)라는 의미의 성을 붙이게 했으니, 이 기록이 사실이라면 왕건이 이 지역에 대해 품은 증오가 일반적인 수준을 넘었던 셈이다.

고려 태조~인종 초의 지역별 등용자 수

지 역	등용자(급제자)
경 기 도	50 (27)
충 청 도	22 (5)
경 상 도	36 (14)
전 라 도	21 (10)
황 해 도	29 (9)
강 원 도	15 (8)

고려 초기 충청도와 전라도의 과거 급제자 수는 경기도와 경상도에 비해 적기는 하지만 황해도나 강원도와 비교하면 별다른 차이가 나타나지 않는다.

사실 전라도라는 행정 구역은 고려 현종 때 처음 만들어졌다. 태조 당시엔 전라도라는 개념이 없었고, 성종 대에 강남도(江南道: 전주, 고부, 순창, 익산 등)와 해양도(海陽道: 나주, 광주, 영암, 순천 등)가 만들어졌다. 이 중 강남도에는 지금의 충남 일부도 포함되어 있다. 또한 고려 태조부터 인종 초까지 관인으로 등용된 인물들의 출신지를 분석해보니 충청도와 전라도가 상대적으로 적긴 했지만 차별이라고 부를 정도는 아니라는 연구 결과도 있다.

따라서 왕건이 현재의 호남을 염두에 두고 훈요십조 8조를 남겼을 가능성은 낮아 보인다. 다만 학계 일각에선 훈요십조 위작설이나 혹은 '차현이남 공주강외'가 호남이 아니라고 재해석하는 것에 대해, 역사를 현재의 정치·사회적 현상에 끼워 맞추는 식이라며 부정적으로 보기도 한다. 역사는 어디까지나 당대의 상황에 맞춰 그 자체로 인정해줘야 한다는 것이다.

하지만 공교롭게도 경북 출신 대통령 시기엔 신라가, 육사 출신 대통령 때는 화랑과 삼별초가 주목받았고, 경남 출신 대통령이 당선되자 가야사가 재조명되는 것이 현실이다. 역사가 정치로부터 온전히 독립하기란 언제나 어려운 문제인 것 같다.

서희는 거란과 담판만으로 강동 6주를 챙겼을까?

중국 대륙의 강대국에 실용 외교로 맞선 한반도 왕조들

한국사의 권위자인 미국 하버드대 제임스 팔레(James Palais) 교수는 한국 역사에서 발견되는 '이상하고 특이한 사실'로 "(중국의 각종 세력들이) 충분한 여건을 갖추었음에도 불구하고 한반도의 왕조를 무너뜨리지 않은 것"을 꼽은 적이 있다. 그러면서 그는 이렇게 분석했다.

"(한반도 왕조들은) 중국 대륙의 세력 변동에 유연하게 대처하는 실용적인 외교(pragmatic diplomacy)를 통해 스스로를 보존할 수 있었다."

임진왜란과 병자호란, 헤이그 특사의 아픔이 워낙 깊숙하게 박힌 탓인지, 한국 역사에서 외교를 떠올려보면 상처투성이의 흔적만 남아 있을 뿐이다. 그런데 한국사를 전공하는 외국인 석학의 눈에는 '실용적 외교' 덕분에 한반도의 왕조가 보존된 걸로 비쳤다니 흥미롭게 느껴지는 측면도 있다.

그런데 우리의 역사와 기억에서 차지하는 조선의 비중이 워낙 커서 그렇지, 시선을 조선 이전으로 돌려보면 팔레 교수의 의견에 수긍이 가는 장면들도 적지 않은 게 사실이다. 팔레 교수는 대표적인 사례로 7세기 신라와 교전을 벌인 후 한반도에서 물러난 당, 940년대 북중국 일대를 통일했던 거란, 13세기 유라시아 대륙을 평정한 원(元·몽골), 17세기 대륙을 통일한 청 등을 들었다.

이 중에서도 강대국을 상대로 한 실용 외교의 대표적 사례를 들어본다면 아무래도 서희의 담판을 들 수 있지 않을까. 말(言)로써 한반도를 침략한 거란의 40만 군사를 물러나게 하고 강동 6주라는 새로운 영토까지 얻었으니 말이다.

하지만 서희가 벌인 적장 소손녕과의 담판을 곰곰이 생각해보면 그럴듯하면서도 마음 한구석이 개운치 않은 것도 사실이다. 힘이 곧 진리인 국제 관계에서 정말 세 치 혀로 40만 군사를 물리쳤을까. 또 40만이라는 군사를 동원하는 데는 엄청난 군비가 든다. 정말 말 한마디를 듣고 퇴각을 결정할 수 있었을까.

고려와 중국 측 사서에 기록된 10세기 고려의 움직임을 따라가보면 이를 둘러싼 더 많은 이야기들이 숨어 있다.

"고려-거란의 국교를 위해 압록강의 여진족을 내쫓자"

서희의 역사적 담판이 벌어진 건 993년(성종 12년) 거란의 소손녕이 40만 대군을 이끌고 내려오면서다. 역사책에 소개된 두 사람의 대담은 이렇다.

> "너희는 신라 땅에서 일어났고, 고구려 땅은 우리의 소유인데 너희들이 강점했다. 또 국경을 마주한 우리 대신 바다를 건너 송을 섬기니 군사를 일으킨 것이다. 그러니 땅을 떼어 바치고 국교를 회복하면 무사할 것이다."
> 소손녕

> "우리야말로 고구려의 후예이고, 그런 이유로 국호도 고려라고 칭했다. 거란이 차지한 만주 역시 우리 땅이다."
> 서희

담판에서 가장 중요한 건 그다음이다. 서희는 이렇게 역제안을 붙였다.

"송과 교류하면서 거란과 국교를 맺지 않는 것은 여진족 때문이다. 그들이 압록강 인근을 점거하고 있어 바다를 건너는 것보다 육로로 교통하기가 어렵다. 여진을 내쫓고 압록강 일대를 되찾으면 우리가 왜 너희와 굳이 국교를 맺지 않겠느냐."

즉, 고려-거란의 국교를 위해서는 양국 사이에 있는 압록강 일대를 확보해야 하니 이에 협조해달라는 것이다. 모든 책임을 여진족에게 떠넘긴 셈이다. 거란 측이 철수를 결정한 건 이 대목에서다. 사실 소손녕의 발언을 잘 들여다보면 방점은 뒷부분이었다. 국경을 마주한 우리 대신 송을 섬기니 후방이 불안하다는 것이다. 서희의 역제안은 이런 거란의 불안을 이용했다. 덕분에 거란은 강동

6주에 대한 고려의 영유권까지 인정했다. 이로써 청천강에 머물렀던 고려의 경계는 순식간에 압록강까지 확대됐다.

소손녕이 서희의 역제안을 수용한 이유는 고려 군사력

여기까지는 잘 알려져 있다. 그런데 이 담판의 가치를 제대로 평가하려면 제대로 알려지지 않은 이전 상황을 살펴볼 필요가 있다.

거란군이 고려에 쳐들어와 처음 공략한 곳은 봉산성(황해도 봉산군)이다. 고려는 이곳에 최정예인 선봉군(先鋒軍)을 배치해 성문을 잠그고 버티는 농성 작전으로 맞섰다.

거란의 주력군은 기병이다. 평야와 구릉이 펼쳐진 만주나 중원과 달리 산과 강으로 둘러싸인 한반도에서는 기병의 장점이 발휘되기 어렵다. 거란은 봉산성에서 승리를 거두긴 했지만 병력 손실도 만만치가 않았다. 이를 알게 된 고려 조정은 거란이 봉산 전투 직후 보낸 항복 서신에 일절 답하지 않았다.

조바심을 느낀 거란은 군사를 둘로 나누어 안융진과 연주성을 공격했다. 당시 안융진에는 발해 왕족 대도수(大道秀)가 1,000여 명의 군사와 지키고 있었는데, 결사적인 저항으로 거란군을 막아냈다. 연주성도 마찬가지였다. 2,400여 명의 군사들이 거란군을 패퇴시켰다. 만주와 중원에서 승승장구하던 거란으로서는 심리적으로 크게 흔들릴 수밖에 없었다.

서희가 거란의 소손녕과 담판에 나선 것은 바로 이때였다. 적으로 하여금 추가 군사 행동에 대한 의지를 꺾어놓은 뒤 비로소 화의(和議) 협상에 들어간 셈이다. 서희의 역제안이 통할 수 있었던 것은 바로 이와 같은 승전의 전과(戰果)가 담보됐기 때문이다.

거란의 전력도 짚어보자. 거란은 일반 백성과 군인의 차이를 두지 않는 '병민(兵民) 일치' 시스템이다. 유목 국가의 특징이기도 하다. 전쟁이 시작되면 생업을 놓고 즉시 군사로 전환되기 때문에 신속하게 수십만의 군대가 조직된다는 장점이 있다. 하지만 고도로 훈련된 정예병은 아니다. 또 이들은 전쟁에 참여한 군사가 양식을 스스로 해결하도록 했다. 익숙한 곳에서 싸울 때는 큰 문제가 아니지만 낯선 땅에서 싸울 때는 얘기가 달라진다.

고려는 이런 점을 노려, 거란이 쳐들어왔을 때 성 밖의 곡식을 다 없애고 농성을 벌이는 '청야(淸野) 전술'을 사용해 큰 성과를 거두었다. 소손녕으로서는 군량 보급이 충분하지 않은 상황에서, 전문 군인도 아닌 수십만 명을 통제하기란 쉽지 않았을 것이다. 앞서 고구려 을지문덕도 수나라 군대를 상대로 이 같은 전술로 재미를 본 적이 있다. (일각에선 소손녕이 이끌고 온 군사는 실제로는 최대 10만 명 안팎이었을 것으로 추정한다.)

고구려의 후계를 자처한 고려와 발해는 형제의 나라였나?

이 무렵 고려의 기민한 외교술을 볼 수 있는 또 하나의 대목은 발해와의 관계다. 고려는 발해를 '형제의 나라'로 인정했고, 이 때문에 발해를 무너뜨린 거란에 대해 원한을 갖고 있다고 알려져 있다. 실제로 왕건 스스로도 그렇게 말했다. 이 무렵 거란이 선물로 보내온 낙타 50마리를 굶겨 죽인 이른바 '만부교 사건'은 대표적인 사례로 유명하다.

그런데 여기서 의문이 생길 수밖에 없다. 그렇다면 고려는 정작 발해가 거란의 침공을 받았을 때는 왜 돕지 않았을까? 이에 대해 거란의 역사를 기록한 《요사》와 《고려사》를 교차해서 보면 지금까지 알려진 것보다 더 많은 정황이 펼쳐진다.

예를 들어 왕건이 개성 만부교에서 낙타를 굶겨 죽인 것은 942년이다. 그런데 이보다 앞선 922년에도 거란은 낙타를 보낸 적이 있다. 그리고 3년 뒤인 925년엔 고려가 거란에 사신과 답례품을 보냈다. 942년의 상황과는 사뭇 분위기가 다르다. 《고려사》에는 나오지 않는 내용이다.

그런데 925년은 발해가 멸망한 해(926년)로부터 불과 1년 전이다. 이보다 1년 전인 924년에는 발해가 거란의 요서 지역을 공격해 양국 사이에 전면전이 벌어지기도 했다. 다시 말해 발해가 국운을 걸고 전면전을 벌이는 동안 고려와 거란 사이에는 아무런 충돌이 없었다는 이야기다. 또한 고려가 발해를 돕지도 않았다.

사실 고려와 발해는 좀 애매한 관계였다. 고려는 건국 직후 평양을 점거했는데, 이곳은 엄밀히 말하면 발해의 영토였다. 이 시기는 발해가 거란과 전쟁을 벌이느라 남쪽에 신경을 쓸 겨를이 없었기에 방치됐다고 할 수도 있지만, 발해 입장에서 보면 고려가 그 틈

발해 말기와 한반도 후삼국 시대

발해의 탄생
발해는 698~926년에 한반도 북부와 만주·연해주에서 남북국을 이루었던 고대 국가이다. 발해가 탄생한 배경에는 고구려 유민이었던 대조영의 아버지 걸걸중상과 말갈족의 추장 걸사비우가 등장한다. 두 사람이 연합하자 당나라는 두 사람한테 벼슬을 내리며 회유했으나, 두 사람은 이를 거절하고 당나라의 토벌 공세에 맞서다가 전사했다.
대조영은 걸걸중상이 이끌던 고구려 유민들과 걸사비우를 따르던 말갈족을 통합하고 그들의 후계 자리를 이었다. 그런 후에 동모산에서 당군을 대패시킨 후 동모산을 근거지로 삼아 발해를 건국했다. 이후 발해의 주도권은 고구려 유민이 가졌으며, 그래서 발해는 고구려 요소가 강했다.

발해의 멸망과 후삼국 시대
발해가 멸망하기 전인 10세기 초반은 동아시아 각국의 정세가 매우 복잡하게 전개되었다. 한반도에서는 신라가 후삼국으로 분열되었고, 중국에서는 당나라가 멸망하고 5대 10국이 번갈아 일어났고, 북방에서는 거란족이 발흥했다. 거란이 발해를 공략하던 때는 한반도에서도 신라와 후백제, 후고구려가 서로 경쟁하면서 한창 각축을 벌이던 시기였다. 신라 말기에 지방의 호족이었던 견훤과 궁예가 각각 후백제(900년)와 후고구려(901년)를 세웠다. 후고구려는 왕건이 궁예를 몰아내고 고려로 국명을 바꾸었다. 이후 한반도 주도권 싸움은 왕건이 후삼국을 통일한 936년까지 약 35년간 이어졌다.

을 노려 냉큼 차지한 셈이다.

　서로 고구려의 후계자를 자처한 부분도 그렇다. 발해의 국왕들은 중국에 사신을 보낼 때 스스로를 '고려 국왕'이라고 칭하기도 했다. 고구려 적통 문제를 따지자면 영토 범위나 건국 시점을 봤을 때 고려보다는 발해가 우위에 있었던 것이 사실이다.

　고려의 태도가 확연히 달라진 건 발해가 멸망한 이후다. 발해 왕자 대광현이 10만여 명의 발해 유민을 이끌고 귀순하자 적극 받아들이는 한편 거란이 선물로 보낸 낙타도 거부했다. 향후 만주와 압록강 일대를 놓고 거란과 갈등이 벌어질 것에 대한 사전 조치였던 셈이다. 발해 세력이 유입된 것도 고려에 큰 이득이었다. 거란의 손을 빌려 발해가 없어져 고구려의 '유일무이한' 계승자가 된 고려는 실리와 명분을 모두 챙긴 셈이 됐다.

북방 강대국을 상대하며 생존한 고려 외교의 3대 전략

　고려는 수백 년간 북방을 차지한 주변 국가의 흥망성쇠를 지켜보며 생존했다. 거란(요)과 송은 여진(금)에 무너졌고, 여진은 몽골(원)에 무너졌다. 심지어 고려는 세계 제국 원이 명에 의해 교체될 때도 존속했다. 여기엔 고려 특유의 외교 전략이 큰 몫을 담당했다. 고려의 외교 전략엔 3가지 특징을 들 수 있다.

　첫째, 철저하게 '선(先) 실리, 후(後) 명분'을 고수한다는 점이다.

　송과의 외교를 단절하는 과정이나 거란과의 갈등을 여진의 탓으로 돌리는 면모 등에서 잘 드러난다. 하지만 실리를 얻고 나면 이후엔 고구려 계승이라든지, 발해에 대한 복수라든지 각종 명분도 차곡차곡 챙겼다.

반면 명분 때문에 실리를 포기한 사례는 찾아볼 수가 없다. 원·명 교체기 때도 고려는 원의 부마국(사위의 나라) 입장이었지만 국익을 위해 명을 선택했다. 압록강 일대의 잠재적 경쟁자였던 발해가 멸망할 때까지 기다렸다가 그 세력을 흡수해 힘을 키운 점도 마찬가지다.

이런 고려의 모습은 영악해 보일 정도인데, 조선이 명에 대한 의리를 지키겠다며 청과 갈등을 겪다가 병자호란을 겪은 것과는 확연히 다르다.

둘째, 군사적 위력을 보인 후 협상을 벌인다는 점이다.

앞서 소개했듯 서희의 담판이 효과를 발휘할 수 있었던 것은 연주성, 안융진에서의 군사적 승리가 담보됐기 때문이다. 서희는 평화가 거저 얻어지지 않는다는 점을 명확히 알고 있었다. 당초 거란에서 항복을 요구했을 때 고려 조정은 "전쟁은 안 된다"라며 '투항론'과 함께 "땅을 내주자"는 '할지론(割地論)'이 대세였다. 거란에 항복하든가, 서경(평양) 이북 영토를 내주자는 것이다.

이에 극렬하게 반대한 것이 바로 서희였다. 그는 "지금 요구를 들어주면 앞으로도 또 다른 요구를 해올 것이 분명합니다. 적과 싸워본 뒤에 다시 논의해도 늦지 않습니다"라며 국왕을 설득했다. 훗날 조선 후기 실학자 안정복은 《동사강목(東史綱目)》에서 서희를 이

요나라는 왜 봉산성을 포위했을까?

요나라(거란족)가 고려를 침략한 이유는 고려와 송나라의 조공 관계를 고려와 요나라의 조공 관계로 바꾸려는 것이었다. 그래서 소손녕이 40만 대군을 이끌고 쳐들어와 봉산성을 포위하고도 더 적극적인 군사 행동을 취하지 않고, 고려의 항복을 요구했다.
하지만 전체적인 판세를 통찰한 서희는 고려와 요나라 사이에 국교가 차단되었던 것은 금나라(여진족)의 탓이라고 밀어붙여 담판을 지었다. 이후 고려는 요나라에 형식적이나마 예를 행하게 되었고, 대신 강동 6주를 확보하였다.

렇게 평가했다.

"이때 그 기세만 보고 놀라 화친만 하려고 일삼았다면 화친이 이루어지기는커녕 적의 끝없는 요구를 채우느라 갖은 고난을 겪었을 것이니 이 일은 후세에 거울로 삼을 만하다."

이런 고려의 면모는 훗날 몽골을 상대로 한 저항에서도 다시 한 번 발휘됐다.

셋째, 국제 정세에 대한 냉정한 판단이다.

당시 거란은 고려와 장기간 전쟁을 벌이기 어려운 처지였다. 송과 전쟁을 치르는 거란 입장에서 후방인 고려를 중립국으로 묶어두는 것만으로도 나쁘지 않았다. 또 압록강 일대에서 준동하는 여진에 대해서도 골치를 앓았다. 서희의 담판은 이런 주변 정세에 대한 정확한 이해가 있었기에 가능했다.

송과의 관계도 마찬가지다. 거란이 국교 약속을 맺고 돌아가자 고려는 재빠르게 송으로 사신을 보냈다. "거란이 당신들과 관계를 끊으라며 40만 대군이나 이끌고 쳐들어왔으니 군사 원조를 해주시오"라고 요구했다.

그런데 이미 연운(燕雲) 16주(현재의 베이징 일대)를 거란에 빼앗긴 송의 처지에서 군사적 원조를 할 여력이 있을 리 없었다. 물론 고려도 이를 알고 있었다. 송으로부터 "어렵다. 미안하다"라는 회신을 들은 고려는 국교를 단절했다. 하지만 국교가 끊어지게 된 이유와 책임은 고려가 아니라 송에 있는 모양새가 됐다.

그럼에도 민간 교역은 유지됐다. 송으로서는 군사적으로 도움을

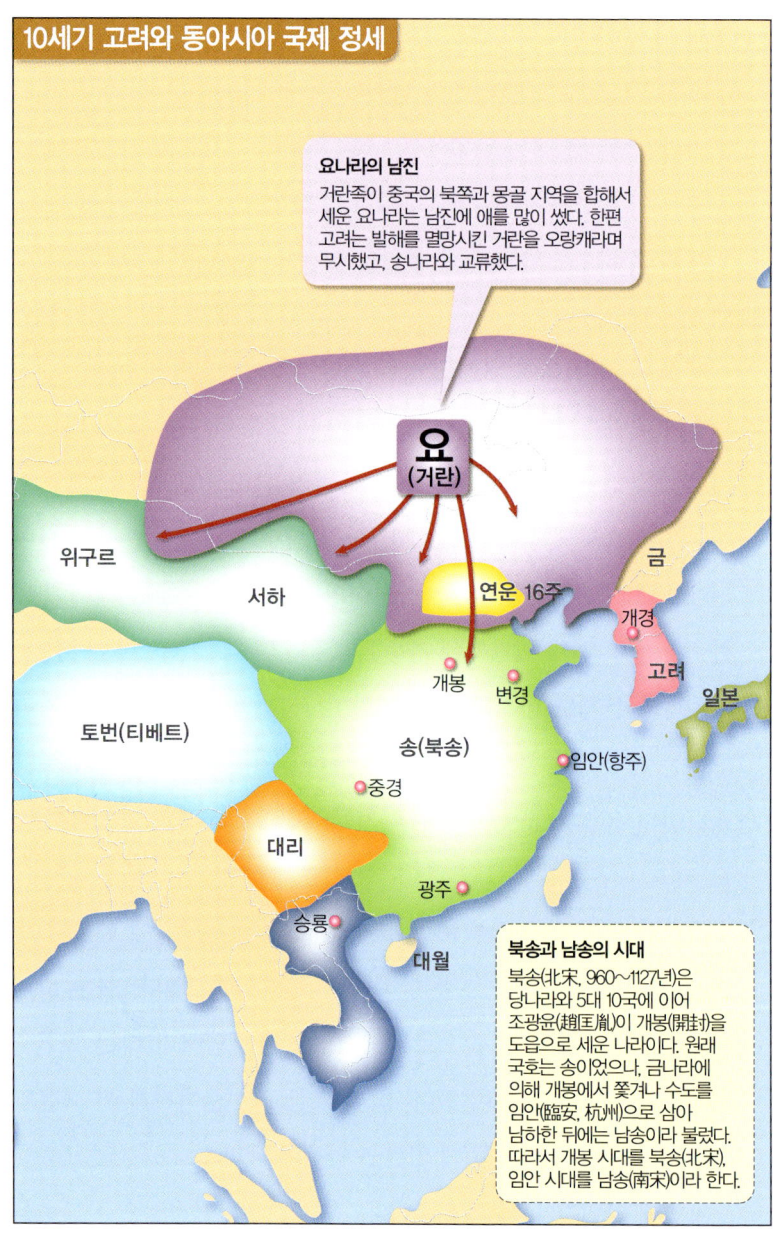

주지 못한 데다 향후 거란을 계속 견제하려면 고려와의 관계를 완전히 끊기 어려운 처지였기 때문이다. 이후 한동안 고려는 거란, 송과 갈등을 겪지 않고 평화의 시기를 보냈다.

역사에서는 100% 똑같지는 않지만 비슷한 상황이 다시 펼쳐지곤 한다. '역사는 미래를 비추는 거울'이라고 부르는 이유이기도 하다.

동북아시아는 지금도 전 세계에서 '화약고'라 꼽히는 지역이다. 북한 문제, 한일 갈등 같은 직접적인 문제 외에도 양안 갈등, 미·중 파워 게임 등 우리 주변을 둘러싼 외교적 현안이 보통 까다로운 것이 아니다. 그런 측면에서 고려의 외교가 시사하는 바가 결코 작지 않을 것이다.

고려의 수차례 국교 요청, 일본이 거절한 이유는?

고려 문종의 중풍 치료를 위해 일본에 의사를 요청

1079년 겨울, 일본 교토의 조정은 서신 한 통을 놓고 큰 고민에 빠졌다.

일본의 대외 교섭 창구인 규슈의 다자이후(太宰府)에서 보낸 이 서신의 발신자는 고려 조정. 한 상인을 통해 예물과 함께 전달된 이 편지에는 고려 국왕 문종의 병(중풍으로 추정)을 치료할 수 있도록 유능한 의사를 보내달라는 요청이 담겨 있었다.

"고려국 예빈성(禮賓省)이 일본국 다자이후에 첩(牒)을 보냅니다. 당성이 엎드려 성지(聖旨)를 받들건대 귀국에 풍질(風疾)을 잘 치료하는 의사가 있다고 들었습니다. 지금 상객(商客) 왕칙정(王則貞)이 고향에 돌아가는 참에 통첩합니다. 왕칙정이 그곳에 이르러 풍질의 연유를 설명하고 요청할 테니 상급의 의사를 선택해 내년 이른 봄에 보내주기 바랍니다. 풍질을 치료해서 만약 효험이 나타난다면 반드시 큰 보수가 있을 것입니다. 지금 우선 화면(花綿) 및 대릉(大綾)·중릉(中綾) 각 10단(段), 사향(麝香) 10제(臍)를 왕칙정에게 지참케 하여 다자이후의 관원에게 보내니 신의의 표시로 수령하십시오. (후략)"

일본은 이 편지를 놓고 이듬해 여름까지 난상 토론을 벌였다. 한때 일본 최고의 명의로 명성을 떨치던 단바노 마사타다(丹波雅忠)를 파견하자는 의견이 대세를 이루기도 했지만, 결국 거절하는 것으로 매듭지었다. 한일 양국사에서 유례를 찾기 어려운 이 흥미로운 사건은 성과를 얻지 못한 부담 탓인지, 한국 사서엔 한 줄도 기록되지 않은 채 그대로 묻혀버렸다.

고려 조정은 왜 이런 부탁을 했을까. 또 일본은 왜 이 때문에 고민하고 결국 거절할 수밖에 없었을까.

왜 고려는 일본과의 국교 수립을 원했나?

삼국 시대엔 일본이 한반도 국가들과 관계 맺기를 원했다. 한반도는 일본보다 빠르게 중국의 선진 문명을 흡수한 문화의 중계지였다. 일본은 고구려, 백제, 신라를 통해 한자, 불교, 건축술 등 다양한 문명을 받아들였다.

이런 분위기가 통일신라를 지나 고려가 들어설 무렵엔 180도 달라져 있었다. 고려는 일본에 수차례 사신을 보내며 국교를 맺자고 요청했던 반면, 일본은 묵묵부답으로 일관했다.

《고려사》에 따르면 고려가 처음으로 일본에 국교 요청을 한 것은 937년이다. 후삼국을 통일한 이듬해였으니, 국가 기틀이 정비되자마자 추진한 셈이다. 하지만 일본 측 반응은 냉담했다.

요청을 받고 2년이나 지난 뒤에야 조정의 실권자인 섭정태정대신(摂政太政大臣) 후지와라노 모로자네(藤原師實)는 거절의 답장을 보냈다. 고려의 요청은 계속됐다. 939년, 940년, 997년에도 고려는 국교 관계를 논의하고자 했지만 번번이 막혔다. 일본은 997년엔 "일본을 모욕하는 구절이 있다"라며 답신조차 보내지 않았다.

그래도 고려는 많은 정성을 기울였다. 일본 북규슈 지역을 약탈하던 여진족 해적을 동해안에서 소탕하고 일본인 포로 259명을 무사 귀환시킨 적도 있다. 당시 일본의 고위 관료 후지와라 사네스케(藤原実資)가 남긴 《오우키(小右記)》라는 기록에 따르면, 당시 고려의 관리는 일본인들에게 옷과 음식을 대접하며 "이런 우대는 단지 너희들을 위로하기 위해서가 아니라 일본을 존중하기 때문"이라고 말했다. 외교적 조치였음을 짐작할 수 있다.

고려는 왜 이토록 일본과의 국교에 관심을 가졌을까. 중요한 이유가 있었다. 고려는 건국 초기부터 압록강 유역을 놓고 거란·여진 세력과 극심한 갈등을 겪었다. 군사력을 북방에 집중해야 했고, 그러려면 후방을 안정시켜야 했다. 그래서 일본은 중요한 존재였다. 훗날 고려 우왕 시기에 홍건적과 왜구의 침입으로 극심한 혼란을 겪다가 결국 나라가 넘어간 상황을 반추해보면, 이때 고려 조정의 외교적 판단은 적확했다고 볼 수 있다.

또 하나 생각해볼 수 있는 점은 고려의 창업자인 왕건 가문이다. 작제건-융건-왕건으로 이어진 이들 가문은 본래 예성강 일대에서 무역으로 기반을 쌓은 집안이었다. 고려 지도층은 경제 교류에 관심이 많았는데, 일본과의 국교 수립 노력엔 경제적 판단도 작용했던 것 같다.

고려 문종이 개인의 치부이자 국가적 대외비에 해당하는 병명까지 밝히며 의료진을 요청한 것도 이런 배경에서 해석해볼 수 있다. 정공법으로 풀리지 않는 일본과의 국교 문제를 위해 보다 낮은 차원에서 실마리를 만들고자 한 것이다.

왕건 집안의 내력을 언급한 김에 한 가지 더 살펴보자. 대학 다닐 때, 고려 조정이 몽골 침입 시기에 강화도에서 40년을 어떻게 버텼을지 궁금한 적이 있었다. 기록을 보면 관료들의 녹봉도 지급됐고, 고려 귀족들은 호화로운 생활을 즐기는 데 별다른 지장을 받지 않은 것이 분명하다. 해답은 무역이었다. 고려는 왕실부터 뱃길을 통해 무역으로 먹고사는 법에 정통한 집안이었고, 당시는 토지 생산력이 높지 않았기 때문에 육지와 분리되어 있더라도 그럭저럭 버틸 수 있었던 것이다.

아마도 고려는 남송, 일본 등과 무역을 진행하며 생존하는 방식을 터득했을 것이다. 남송 시대는 때마침 강남 개발이 본격화되면서 농업 생산력이 급증했던 시기다. 나중에 고려 왕조가 개성으로 환도한 것은 몽골에 의해 국토가 피폐해지는 것을 더는 놔둘 수 없는 측면도 있었지만, 강화도에 자리 잡은 무인 정권의 질서를 뒤집기 위한 정치적 측면도 컸다.

고려를 신라의 계승국으로 인식해 국교 요청을 거절

일본은 고려를 '국호만 바꿨을 뿐 신라를 계승한 나라'라고 인식했다. 일본은 신라와 구원(舊怨)이 있었다. 신라가 당나라와 연합해 백제를 멸망시키자 백제계 유민들은 대거 일본으로 건너갔고, 이들 중 일부는 일본 사회의 지도층으로 편입됐다. 나당 전쟁 때 당나라를 견제해야 하는 양측의 이해관계가 맞아떨어지면서 관계가 잠시 복원된 적도 있지만 신라에 우호적인 여론이 형성되기는 어려웠다. 759~761년에는 구체적으로 신라 침공 계획을 세웠으며, 신라를 칠 선박 500척을 건조하기까지 했다.

> "배 500척을 만들게 하였는데 호쿠리쿠도(北陸道, 현재의 니가타현) 여러 나라에서 89척, 산인도(山陰道, 현재의 효고현 동북부) 여러 나라에서 145척 등 모두 한가한 달에 만들되 3년 안에 마치도록 하였는데, 신라를 정벌하기 위한 것이었다."
>
> 《속일본기》준닌 천황(淳仁天皇) 덴표호지(天平寶字) 3년(759년) 9월 19일

또 842년엔 신라에서 온 귀화자를 일절 받지 말자는 논의가 진행

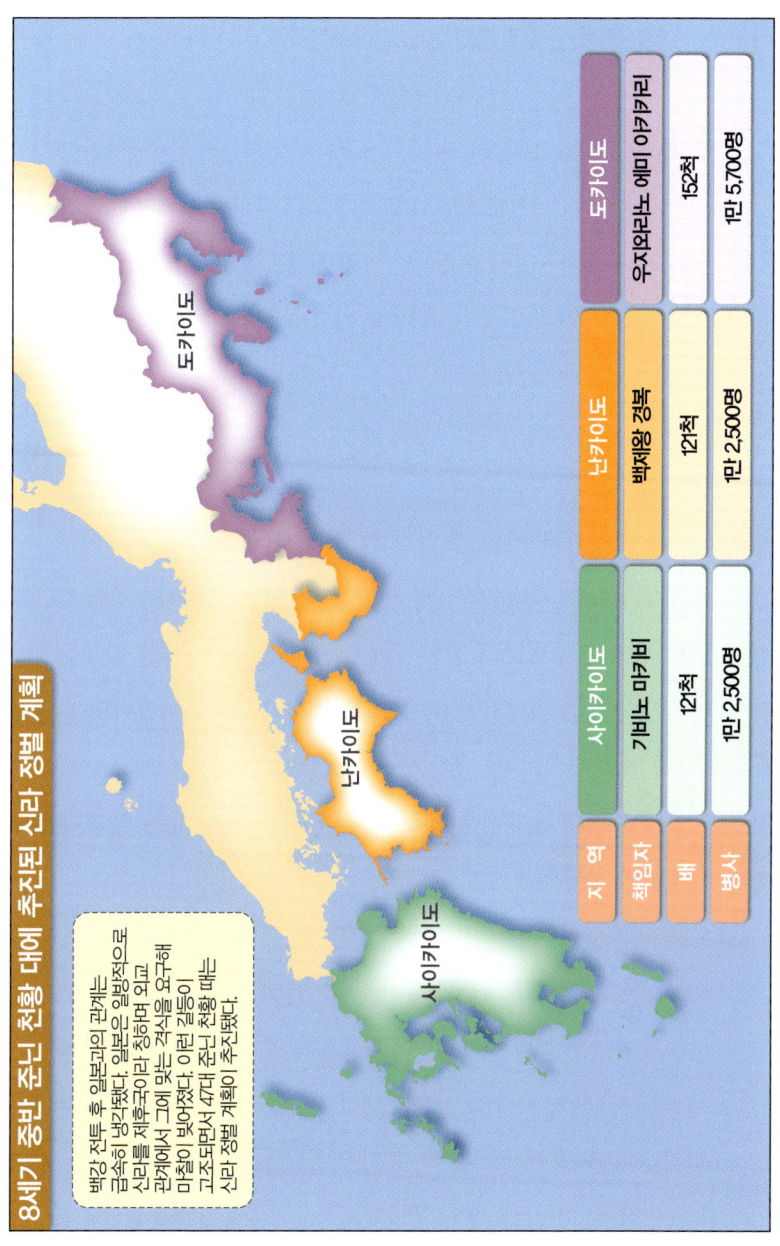

2장 고려 시대의 역사정치

되는 등 양국 관계가 좋지 않았다.

> "후지와라노 아손마모루(藤原朝臣衛)가 4조목의 건의문을 임금에게 올려 아뢰었다. '(신라가) 예전에 하던 대로 하지 않고 항상 간사한 마음을 품으며, 조공물을 바치지 않고 장사하는 일에 기대어 우리나라의 사정을 엿봅니다. … 바라건대 신라 사람들을 일절 금지하여 나라 안에 못 들어오게 하십시오'라 하였다."
> 《속일본후기(續日本後紀)》닌묘 천황(仁明天皇) 승화(承和) 9년(842년) 8월 15일

양국 관계가 악화된 이유 중 하나는 신라 해적이었다. 흔히 왜구만 떠올리지만 9세기 후반엔 신라 해적이 일본 연안에서 공포의 대상이었다. 우리는 장보고의 활약상만 언급할 뿐, 구체적인 상황은 잘 다루지 않지만 8~9세기엔 이 문제가 양국 간 주요 현안이었다. 869년 신라 해적이 규슈로 침입해 중앙으로 가는 연공선(年貢船)을 약탈해 일본 조정이 분개하는 일도 있었다. 일본 사서에는 당시 분위기가 이렇게 기록되어 있다.

> "다자이후에서 '지난달 22일 밤에 신라 해적이 배 두 척을 타고 하카타(博多津)에 와서 부젠국(豊前國)의 연공(年貢)인 견면(絹綿)을 약탈하여 곧바로 도망하여 숨었습니다. 군사를 보내어 뒤쫓았으나 적들을 사로잡지 못하였습니다'라고 아뢰었다."

> "신라 도적들로 하여금 틈을 타 침탈케 함으로써 관물(官物)을 잃었을 뿐

장보고의 해상 활동과 세력권

장보고
9세기 무렵 한반도 서남 해안에 출몰하는 해적을 소탕하고 당나라–신라–일본의 삼각무역을 주도하며 군인이자 국제상인으로 활약했다. 청년 시절 당나라로 건너가 군인으로 출세한 뒤 신라로 귀국해 자신의 고향인 청해진(지금의 전남 완도)에다 신라 흥덕왕의 허락을 받아 828년에 군영을 설치했다.
해적 소탕에 성공한 장보고는 당나라와 일본을 연결하는 해상무역을 독점하면서 큰돈을 벌었다. 이후 신라의 왕권 투쟁에 휘말리면서 죽음을 맞이하고, 851년에는 청해진마저 폐쇄되었다.

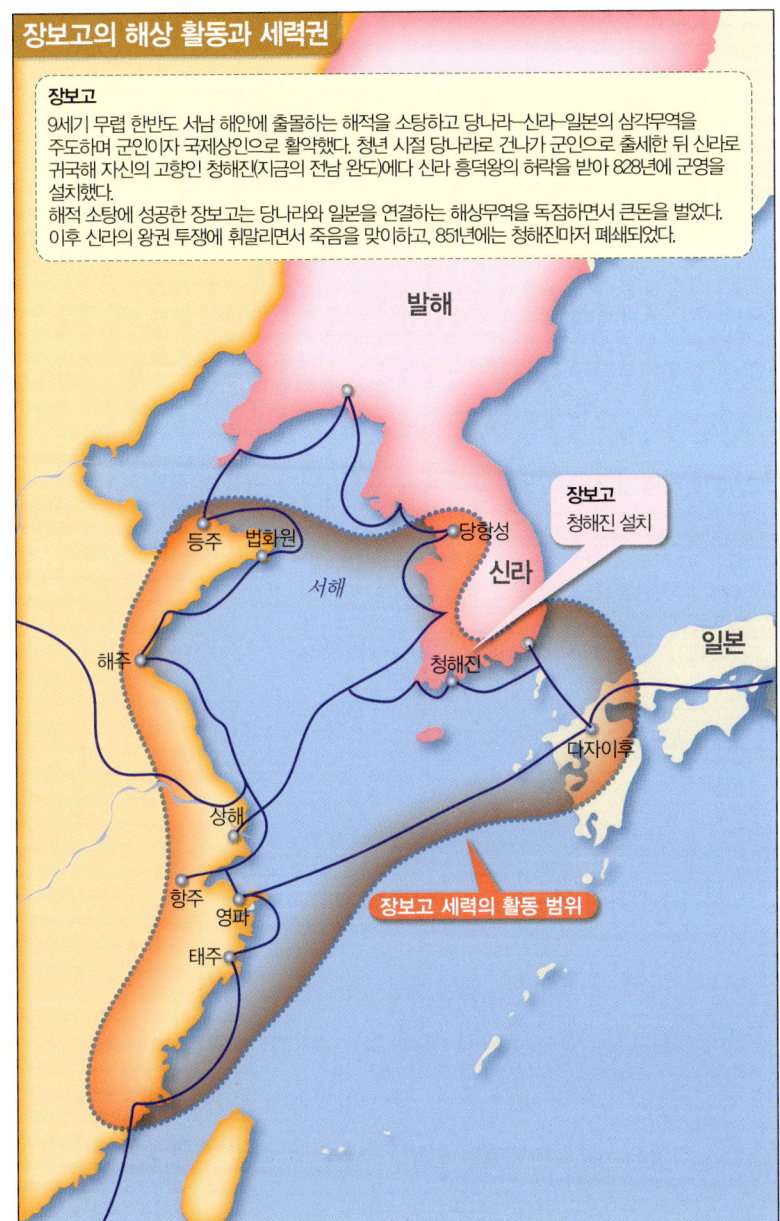

만 아니라 국가의 위신을 손상시키고 욕되게 하였다."

"사자(使者)를 이세 신궁(伊勢 大神宮)에 보내어 폐백을 바치고 고하는 글에 '천황은 조지(詔旨, 임금의 명령)를 바칩니다. … 전하여 들으니 저 신라인들은 우리 일본국과 오랫동안 대대로 서로 적이 되어왔는데, 이제 국경 안에 들어와서 약탈하고서도 두려워하거나 그치는 기색이 없습니다. … 우리 조정은 오랫동안 군사를 움직인 적이 없어 경비하는 것을 잊고 있었습니다. 병란의 일이란 더욱 삼가하고 두려워할 만한 것이지만, 우리 일본 조정은 이른바 신명(神明)의 나라이고 신명께서 도와 보호하므로 어찌 전란이 가까이 올 수 있겠습니까. 하물며 경외하는 황대신(皇大神)께서 우리 조정의 대조(大祖)의 자리에서 나라의 천하를 비추시고 보호하시니, 다른 나라 종족이 업신여겨 난을 일으키는 일을 어찌 들을 수 있겠습니까. 이에 경계하여 물리치려고 합니다'라고 하였다."

《일본삼대실록(日本三代實錄)》세이와 천황(淸和天皇) 정관(貞觀) 11년(869년) 6월 15일, 7월 2일, 12월 14일

8~11세기의 약 400년을 일본은 헤이안 시대라 부른다

8~11세기의 약 400년을 일본에선 헤이안(平安) 시대라고 부른다. 글자 그대로 일본 역사상 가장 평화로운 시대였다. 당의 멸망과 5대 10국, 거란(요)과 여진(금)의 흥기, 신라의 멸망과 후삼국 시대 등 주변국이 격동의 시기를 보냈던 반면, 일본은 수백 년간 외침을 받지 않으면서 천황의 권위는 올라갔고 귀족 문화가 만개했다. 그러면

서 일본에서는 스스로를 청정 지역이자 신국(神國)으로 신성시하는 관념이 조성되기 시작했다.

예를 들어 일본이 문종의 의사 파견 요청을 거부해야 하는 이유로 거론됐던 것 중 하나가 '성지(聖旨)'라는 표현이었다. 변경의 번왕(蕃王)이 상국(上國)인 일본을 능멸하는 행위라는 논지였다. 실제 양국의 관계와는 무관한 일방적 주장이긴 하지만 자국에 대한 자부심을 볼 수 있다. 참고로 일본은 신라와 발해도 조공국이라고 간주했다.

현실과 동떨어진 대국 의식과 청정 지역이라는 자의식이 결합하면서 외국과의 교류에 배타적인 분위기가 자리 잡았다. 여기에 9세기 후반 신라 해적의 일본 해안 침탈이 연이어 벌어지면서 신라에 대해 강력한 배외 의식이 형성됐다.

심지어 고려가 여진족 해적을 토벌하고 일본인 포로를 송환해줬을 때도 일본 조정은 "신라는 원래 적국이다. 국호를 (고려로) 바꾸

▶ 청해진, 사진 완도군청.

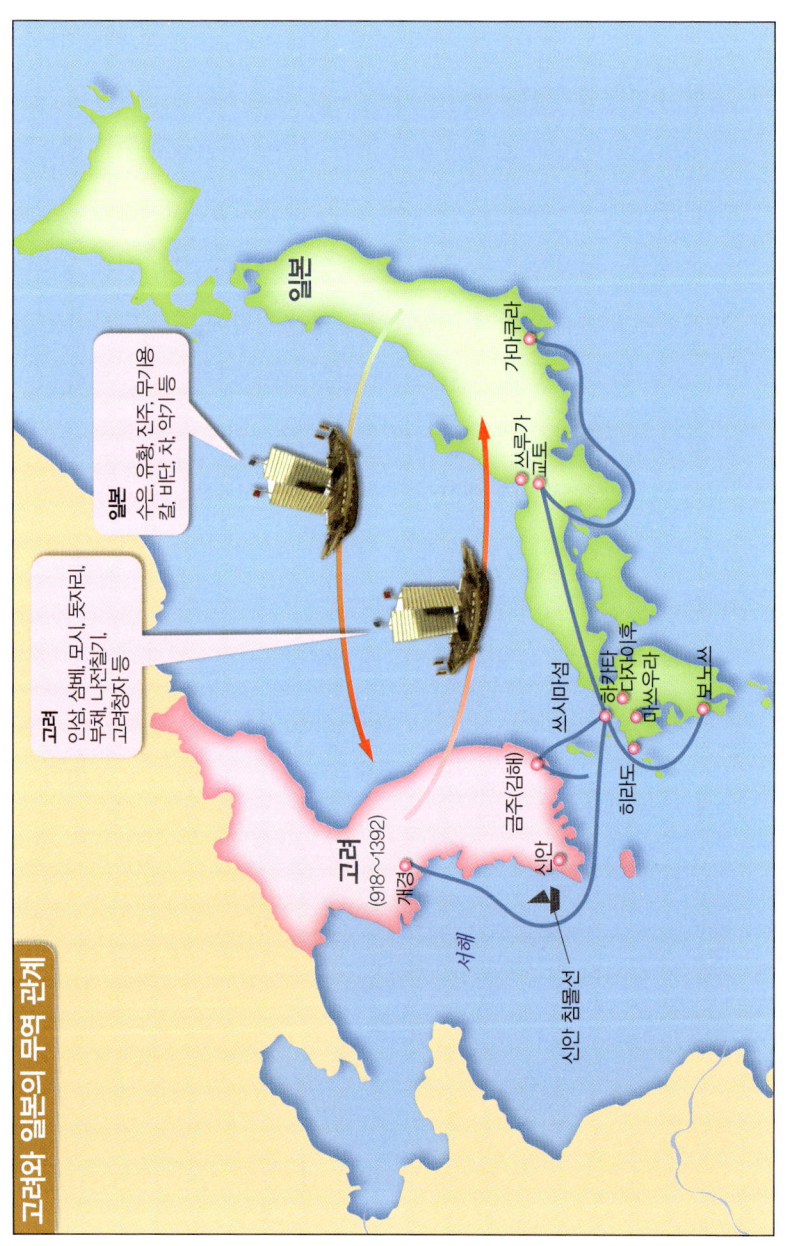

었지만 여전히 야심이 남아 있을까 꺼려진다"(《오우키》)라며 적당한 답례품을 주어 빨리 돌려보낼 방안을 검토하기도 했다.

그래도 고려의 노력은 무위에 그치진 않았다. 정식 국교 체결은 없었지만, 경상남도 김해에 무역관이 설치되면서 고려와 일본 다자이후 사이에 경제적 교류가 진행됐다. 김해 일대엔 쓰시마섬 사람들의 집단 거주지도 형성됐고, 이곳에서 고려는 미술품과 수은을, 일본은 인삼과 서적을 사들였다. 1227년 왜구가 경남 해안을 약탈했을 때, 고려 조정이 항의하자 일본 다자이후에선 이를 사과하는 한편 고려 사신 앞에서 사건 관련자 90명을 처형하는 성의를 보였다.

1079년 겨울 문종이 보낸 편지는 역사서에도 실리지 않을 만큼 사소한 사건이었다. 어찌 보면 해프닝에 불과했다. 하지만 그 의미까지 가볍지는 않다. 이를 통해 우리는 고려가 당시 국제 정세를 정확하게 파악하고 있었으며, 국익을 위해 적극적 외교 전략을 구사했다는 사실을 알 수 있다. 압록강 일대를 놓고 다투어야 하는 여진-거란과는 충돌이 불가피했고, 문종 스스로가 국경을 소란케 한 동여진을 토벌하기도 했다. 제한적인 국력과 군사력을 북방에 집중하려면 남방을 안정시켜야 했다.

주적(主敵)을 명확하게 일원화한 덕분에 고려는 국력을 불필요하게 소진하지 않았고, 3차에 걸친 거란과의 전쟁도 버텨낼 수 있었다. 고려 전기, 특히 문종의 치세는 우리 역사에서 안정적인 발전 속에 내실을 다진 시기로 꼽힌다. 일본만 헤이안(平安)이 아니었다. 고려도 평안(平安)을 누렸다.

난세에 외교의 정석을 보여준 고려 태자 왕전

대몽 항전 주도한 무신정권 무너지고 몽골과 화친 협상

고려 태자 왕전(王倎)이 몽골제국의 관문인 동경(遼陽, 만주 요양)에 도착한 것은 1259년 6월 9일이다. 몽케 칸(원나라 헌종)을 만나 강화를 요청하러 가는 길이었다. 1232년 강화도로 도읍을 옮기고 대몽 항쟁을 펼친 지 30년이 가까운 때였다.

당시 고려는 드물게도 몽골에 투항하지 않고 저항을 고수한 국가였다. 몽골은 압도적인 군사력으로 압박하며 고려 국왕에게 친조(親朝)를 요구했지만, 고려 지도층은 본토를 내주고 강화도로 천도하는 '벼랑 끝 외교'로 버텼다.

당초엔 조금 버티면 될 줄 알았지만 시간은 고려의 편이 아니었다. 몽골은 금나라를 정복해 중국 하북 지역을 차지하더니 동유럽과 중동까지 진출하며 명실상부 천하의 패자(霸者)로 우뚝 섰다. 몽

▶ 강화도에 있는 고려의 궁궐터

골과 화친하지 않으면 전 세계를 상대로 등을 돌려야 하는 상황이 됐다. 그렇다고 섬나라의 지정학적 특성으로 몽골로부터 자유로웠던 일본과의 관계가 돈독한 것도 아니었다.

더 이상의 저항은 의미가 없다고 판단한 고려는 결국 고립-항전 노선을 포기하고 몽골과의 강화 협상에 나섰다.

사실 고려는 더 버티기 어려운 상황이었다. 최씨 무신정권이 주도한 항쟁으로 겨우 왕조의 자주성을 지킬 수 있었지만 백성이 치른 대가는 너무나 컸다. 조정이 강화도로 피신해 있는 동안 내륙은 몽골군의 말발굽에 무방비로 노출됐다. 국토가 황폐해졌고 민심은 크게 이반됐다.

이런 배경 아래서 고려와 몽골의 두 번째 줄다리기가 시작된 것이다. 몽골은 전통적으로 상대국 국왕의 친조를 요구해왔다. 그래서 국왕이 친조를 통해 항복하면 그 나라를 보존하는 동시에 무력으로 정복한 나라보다 나은 대우를 해줬다.

하지만 고려는 그런 전례가 없었다. 앞서 금나라와 사대 관계를 맺었을 때도 여진족의 패권을 인정하고 조공을 바치는 정도였다. 몽골과 고려 사이에 30년이나 지속된 지루한 항쟁은 이런 외교적 입장 차이에서 불거진 것이었다.

고려가 예상보다 강화도에서 잘 버티자 몽골은 1256년(고종 43년)부터는 국왕 대신 태자의 입조(친조)를 요구했다. 일종의 외교적 타협안이었다.

때마침 고려 지도층에서도 정권 주도 세력이 바뀌는 변동이 일어났다. 대몽 항전을 주도한 최씨 무신정권이 정변으로 무너지면서(고종 45년) 강화를 요구하는 목소리가 커졌고, 결국 이듬해 태자의 몽골 입조가 결정됐다. 그렇기 때문에 몽골로 향하는 왕전의 어깨에는 고려 왕조의 운명을 건 무거운 짐이 얹어진 셈이었다.

태자가 중국에 도착하자 남송을 공략하던 몽케 칸이 사망

이때 역사의 나침반이 요동치기 시작한다. 중국에 도착한 태자 일행은 공교롭게도 남송을 공략하던 몽케 칸이 사망했다는 뜻밖의 소식을 접하게 됐다. 동시에 몽골의 정세는 급박하게 흘러갔다. 다음 칸의 자리를 두고 몽골 황실에서 쿠빌라이와 아릭 부케(阿里不哥)의 양대 세력이 계승 분쟁을 벌였기 때문이다. 《고려사절요》에서는 그 상황을 이렇게 적고 있다.

"(왕이) 육반산에 도착하니 헌종 황제는 붕어했고, 아릭 부케는 군대를 북방에 배치하고 있어 제후들은 누구를 따라야 할지 모르고 있었다. 당시 황제(皇弟, 황제의 동생) 쿠빌라이는 강남에서 군대의 위세를 자랑하고 있었다."

왕전으로서는 난감해졌다. 아릭 부케가 있는 북쪽으로 가야 할지, 쿠빌라이가 있는 남쪽으로 가야 할지 도무지 알 수가 없는 상황이 된 것이다. 몽골의 핵심 귀족들조차 추이를 지켜보며 머뭇거릴 정도였다. 그러니 둘 중 누구를 만나기로 선택한다는 건 도박에 가까웠다. 이런 안개 정국에서는 고려로 귀환하더라도 전혀 이상하지 않았을 것이다. 아니, 오히려 황위 계승 분쟁이 마무리된 뒤 다시 찾아오는 것이 안전한 선택이었다. 그런데 왕전은 그 순간이 승부처라고 판단했던 것 같다. 그는 말머리를 과감하게 남쪽으로 돌렸고, 그 발걸음이 고려의 운명을 바꿨다.

쿠빌라이를 선택한 왕전의 도박으로 승자의 편에 섰다

아릭 부케와 쿠빌라이 모두 몽케 칸의 친동생이기 때문에 왕위 계승의 자격은 누가 더 낫다고 할 수 없는 처지였다. 그래도 수도 카라코룸을 점령하고 있던 아릭 부케가 우세한 상황이었다. 더구나 몽케 칸은 남송으로 원정을 떠나면서 아릭 부케가 대리 통치하도록 했다. 반면 쿠빌라이는 몽케 칸과 사이가 좋지 않아 모반 혐

의에 연루되며 한직을 전전한 데다, 그를 지지하는 유력한 후원 세력도 없었다. 몽골 귀족들도 다수가 아릭 부케 쪽에 붙었다.

그렇다면 왕전 일행은 왜 쿠빌라이 쪽을 택했을까. 내막은 여전히 베일에 가려져 있다. 하지만 사서의 기록과 왕전의 행적을 통해 추정해볼 수는 있다. 태자 일행은 몽케 칸의 부고를 접하고도 귀국하지 않고 2~3개월간 섬서성 일대에서 체류했다. 태자 일행은 아마도 몽골의 정세를 가늠할 만한 고급 정보를 얻는 데 혼신의 힘을 다했으리라. 《고려사절요》의 다음 기록은 짧지만 모든 것을 함축하고 있다.

> "(왕전은) 천명과 민심의 거취를 능히 깨달아 가까운 곳을 버리고 먼 곳으로 갔다." 《고려사절요》 원종 1년 3월

사실 이 말은 단순히 물리적 측면에서만 보면 이치에 맞지 않는다. 당시 왕전이 머무른 육반산 일대는 아릭 부케가 있는 카라코룸보다는 쿠빌라이가 있는 양양에 더 가까웠다. 하지만 '가까운 곳'이라는 표현은 아마도 '쉬운 선택'을 의미하는 비유적 수사법으로 본다면 틀린 말은 아니다. 당시 상황은 누가 봐도 아릭 부케가 황위 경쟁에서 앞서 있었으니까 말이다.

그런 만큼 고려 태자의 자진 투항은 쿠빌라이에게 큰 희소식이었다. '뜻밖의 선물'을 받은 쿠빌라이는 기쁨을 감추지 않았다.

> "고려는 만 리 밖에 있는 나라로서 당 태종이 친정을 했어도 복속시키지 못했는데, 지금 그 세자가 내게 찾아왔으니 이는 하늘의 뜻이로다."
>
> 《고려사》 원종 1년 3월

고구려 원정에 실패했던 당 태종의 고사도 유명했거니와, 쿠빌라이의 신하였던 강회선무사(江淮宣撫使) 조양필(趙良弼)도 "고려는 비록 작은 나라라고는 하지만 우리나라가 무력을 쓴 지 20여 년이 지났지만 아직 신하로 복속시키지 못했다"라고 말했을 정도로 고려는 '저항'의 상징과도 같은 나라였다. 그런 고려가 아릭 부케를 제쳐두고 찾아와 복종 의사를 밝혔으니 쿠빌라이로서는 자신의 정통성과 위세를 과시할 수 있는 절호의 찬스였다.

그리고 몽골제국의 황위 계승 싸움에서 쿠빌라이가 최종 승리하면서 고려는 승리자의 편에 설 수 있게 됐다. 왕전의 남행(南行)은 독일 정치가 비스마르크의 말을 빌리면 "신이 역사 속을 지나가는 순간, 뛰어나가 그 옷자락을 붙잡고 함께 나아간" 결단이 됐다. 순간의 선택이 위기에 처한 고려를 구한 승부수가 된 것이다.

먼 훗날의 일이지만 원나라 일각에서 고려를 흡수하고자 입성 책동을 논의하거나 고려 공녀의 공출 등을 과도하게 요구할 때, 고려 조정은 왕전이 스스로 쿠빌라이를 찾아간 일을 적극 내세우곤 했다. 그리고 몽골(원)은 고려의 요구를 대체로 들어줬다. 그만큼 왕전의 선택은 이후 고려의 운명에 큰 영향을 끼쳤다.

쿠빌라이 칸도 고려가 내건 6가지 조건을 파격적으로 수용

왕전은 쿠빌라이가 개평에서 칸으로 즉위한 다음 달인 1260년 4월, 고려 국왕 원종으로 즉위했다. 칸 계승 싸움에서 쿠빌라이 편에 선 원종은 대내외로 발언권이 높아질 수밖에 없었다. 쿠빌라이 칸도 고려가 내건 여섯 가지 조건을 파격적으로 수용했다. 그 내용은 다음과 같다.

① 의관은 본국지속(本國之俗)에 따를 것이며 상하가 모두 개역(改易)하지 아니할 것

② 행인(行人)은 원 조정에서 보내는 것을 제외하고는 다른 사신은 일절 금절할 것

③ 강화도에서 개경 환도는 역량에 맞추어 진행할 것

④ 압록강 유역에 주둔하는 몽골 병사는 가을 내로 철수할 것

⑤ 다루가치(達魯花赤, 몽골이 파견한 관리) 일행은 본국에 서환(西還)토록 할 것

⑥ 몽골 측에 사신으로 온 10여 명에 대해서는 그 소재를 철저히 조사할 것

학자들에게 오랫동안 주목을 끈 것은 ①이다. 본국의 관습을 유지한다는 불개토풍(不改土風)이다. 이것은 훗날 몽골이 고려의 독립성을 침해하려는 시도를 벌일 때마다 방어 명분으로 큰 힘을 실어 주었다.

②는 칭기즈 칸 일족인 주변 번왕들이 고려에 무리한 요구를 하

지 못하도록 배려한 조항이고, ④와 ⑤는 고려의 내정과 독립성을 보장하는 내용이다.

③도 흥미로운 부분이다. 몽골은 오래전부터 개경 환도를 촉구해왔지만, 고려는 이를 거부하며 항전을 굽히지 않았다. 그만큼 이는 고려와 몽골 사이의 최대 쟁점 사항이었는데, 고려 측에 최대한 재량권을 준 것이다. 고려의 입장에서 상당한 수준의 양보를 이끌어낸 셈이다.

이같이 고려가 외교적 성과를 얻은 것은 아릭 부케와의 전쟁을 앞두고 긴박한 처지에 있던 쿠빌라이에게 손을 내밀었던 것이 주효했다. 또 오랜 항전으로 국력과 왕권이 약화된 고려 왕실로서도 최상의 타협책이었다.

물론 양측의 만남이 한 번에 모든 당면 문제를 해결한 것은 아니었다. 왕전은 왕위에 오른 뒤 기존의 고립 노선을 선호하는 무신 세력에 의해 폐위됐다가 몽골의 도움으로 간신히 복위하는가 하면, 몽골은 고려가 약속을 지키지 않는다며 한때 정벌을 논의하기도 했다. 그럼에도 불구하고 한 차례 돌려진 큰 물줄기는 꺾이지 않았고, 양국은 이후 100년 가까이 긴밀한 관계를 이어간다.

그렇다면 고려의 대몽 항쟁 포기는 굴욕일까? 물론 고려는 몽골에 복속하면서 적지 않은 정치적 간섭을 받게 됐다. 몽골은 다루가치를 고려에 파견해 내정에 개입했고, 이 기간 고려의 왕들은 충성을 의미하는 '충(忠)' 자를 돌림자로 쓰게 됐다. 몽골의 일본 원정에 군대와 군량도 조달해야 했다.

이 때문에 몽골 간섭기를 자주성의 상실과 굴욕으로 받아들이는 인식이 오랫동안 이어졌다. 특히 박정희 정부 등 군사정권 시기엔 무신정권을 합리화하기 위해 강화도에서의 항쟁과 삼별초의 저항에 큰 의미를 부여하기도 했다.

하지만 최근엔 이 시기에 대한 재평가가 활발하게 진행되고 있다. 고려가 몽골의 속국으로 전락하여 일방적인 간섭과 수탈을 강요당했다고 폄하하긴 어렵다는 것이다.

익히 알려져 있듯이 고려 국왕은 대대로 몽골 황실과 혼인을 맺으며 부마에 봉해지고, 몽골 칸의 계승 분쟁에 깊숙하게 관여하기도 했다. 몽골이 구축한 세계 질서 안에서 유례를 찾아볼 수 없을 만큼 특별한 지위를 누렸다는 점은 분명하다.

독자적인 제사와 관제를 온전한 유지한 점도 그렇다. 훗날 카이샤 칸(원 무종)이 "지금 천하에서 백성과 사직을 보유하고 왕위를 누리는 것은 오직 삼한(三韓, 고려)뿐이다"《고려사》 충선왕 2년 7월)라고 말한 것은 빈말이 아니었다. 한때 고려 주변에서 존재했던 송, 금, 서하 등 주요 세력은 모두 원이라는 용광로 안에서 용해됐다.

또 고려 왕들은 몽골 황실의 사위로서 정치적 입지가 강화되면서 정치·경제 개혁에 박차를 가할 수 있었고 일정한 성과를 거두기도 했다.

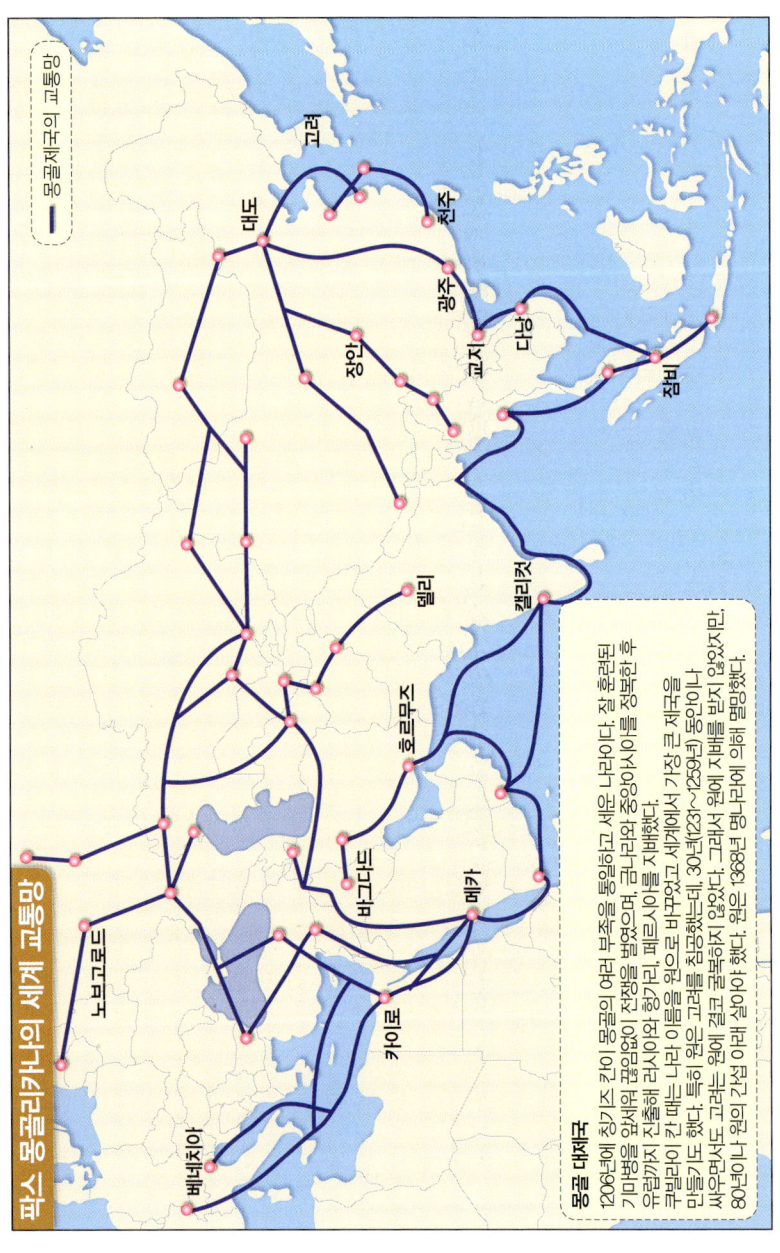

고려가 유라시아 대륙에 걸친 몽골의 세계 경제망에 편입

고려가 유라시아 대륙에 걸쳐 몽골이 구축한 세계 경제망에 편입돼 경제·문화적으로 많은 혜택을 입었다는 점도 잊어서는 안 된다. 이것은 우리 역사상 첫 세계 질서와의 조우나 다름없었다.

몽골이 발행한 지폐 '교초(交鈔)'는 중동의 이슬람부터 고려까지 사용되며 오늘날 '달러' 같은 구실을 했다. 덕분에 이슬람과의 교역이 더욱 활성화됐는데, 이슬람 남성인 '회회(回回) 아비'가 개성 거리에서 유혹한다는 내용의 고려 가요 '쌍화점'도 충렬왕 때 나온 작품이다.

원나라의 수도는 당대 세계의 지식이 모여든 장소였다. 고려의 신진 학자들은 성리학을 배우며 훗날 조선 건국에 기여했고, 관료로 등용된 색목인(色目人)들과 교류하며 유럽보다 앞선 이슬람의 과학·수학·지리 등의 선진 문물을 습득했다.

지금도 후세인들을 감탄시키는 「혼일강리역대국도지도(混一疆理歷代國都之圖)」는 중국 중심으로 그려진 기존 지도와 달리 인도, 아라비아, 아프리카까지 기록돼 높은 정확도를 자랑한다. 이 지도는 바로 이때 섭취한 지리적 지식이 반영된 것으로 알려져 있다. 예를 들어 원나라의 「경세대전지리도(經世大典地里圖)」에 등장하는 우즈베키스탄의 도시 부하라(不花剌)가 「혼일강리역대국도지도」에선 부하라(不合剌)로 비슷하게 표기되어 있다. 흥미로운 건 정작 이보다 120년가량 늦게 제작된 「혼일역대강리국도지도(混一歷代疆理國都之圖)」에서는 아프

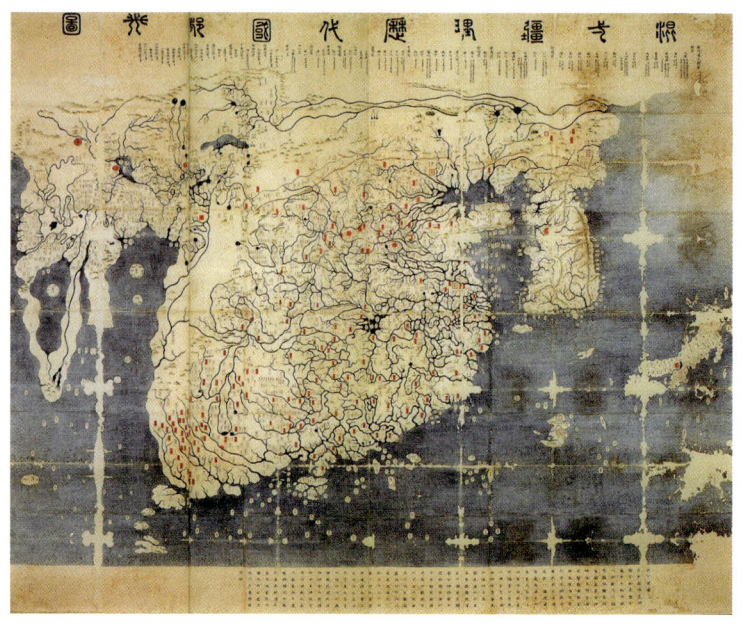

▶ 「혼일강리역대국도지도」(1402년 모사본), 서울대학교 규장각 소장, 우리나라에서 제작한 지도로 아시아, 유럽, 아프리카를 다 그려 그 가치가 높다.

리카와 아라비아가 사라지고 중국과 조선과 일본으로 세계관이 좁혀진다는 점이다.

또 세종대왕 때 창제된 '훈민정음'도 원나라에서 발달한 음운학의 영향을 받았을 것이라는 주장이 학계에서 널리 받아들여지고 있다. 참고로 세종 때 활약한 장영실도 원나라에서 넘어온 중국계 집안 출신이다.

무엇보다도 고려가 거둔 가장 큰 수확은 극한 고립 투쟁으로 30년간 피폐해진 민생이 다시 안정을 찾게 된 점을 꼽을 수 있다. 이후 고려는 '팍스 몽골리카나'에 기대어 이후 1세기 동안 내란이나 외침 없이 비교적 평안한 시기를 보낼 수 있었다.

그래서 단군 신화를 수록할 만큼 누구보다 민족의식이 강했던 《제왕운기》의 저자 이승휴조차도 고려 태자 왕전과 쿠빌라이의 만남에 대해 이렇게 남겼다.

"원종(왕전)이 신기(神技)를 찾았도다. … 청사는 태평을 구가하고 백성들은 즐거움을 노래할 뿐이다."

사대 외교를 민족사적 수치라고 여기는 시각에선 고려의 강화를 온전히 평가하기 어렵다. 하지만 이때 고려가 고립을 풀고 원과 교류하며 얻은 성과는 결코 적지 않았다. 만약 고려가 원이 명으로 교체되는 120여 년을 강화도에서 더 버텼다면 어땠을까. 과연 더 나은 미래가 기다리고 있었다고 장담할 수 있을까. 만약 그편이 더 낫다고 생각한다면, 체제의 자주성을 지킨다며 외부와 담을 쌓은 북한과, 얼마간의 상처를 입으면서 외부 세계와 적극 소통한 대한민국의 현재를 비교해보면 어떨까.

여·몽 연합군의 규슈 침공, 고려와 일본의 관계 파탄

1267년에 쿠빌라이 칸의 일본 입조 요구로 정세 악화

고려와 일본은 제한적이나마 선린 관계를 유지했다. 이는 양국의 이해관계가 어느 정도 맞았기 때문에 가능했다. 고려는 거란, 여진, 몽골 등 북방 문제에 국방력을 집중해야 했고, 일본은 '신국'이라는 자의식 속에서 긴박한 동아시아 국제 문제에 얽히고 싶지 않았다. 이런 관계는 고려 건국 이래 300년 이상 균열 없이 이어졌다.

그랬던 양국 관계는 고려의 몽골 복속으로 새로운 단계에 접어들었다. 고려의 제1 외교 독트린이던 북방 정책이 소멸된 만큼 변화는 불가피했다. 1267년 쿠빌라이 칸의 일본 입조 요구는 고려와 일본의 관계를 근본적으로 뒤흔드는 계기가 됐다.

쿠빌라이 칸이 언제부터 일본을 복속시키려고 마음먹었는지는 알 수 없다. 다만 부추긴 건 고려인이었던 것 같다. 《원사(元史)》에 따르면 "고려 사람 조이(趙彛) 등이 일본국과 통할 수 있다고 했기 때문에 사신의 임무를 봉행할 만한 자를 선택했다"라고 한다. 무슨 의미일까.

당시 몽골은 남송 정벌이 당면 과제였다. 남송은 장강을 경계로 몽골의 침공에 맞서 강력하게 저항을 펼치고 있었다. 그런 상황에서 조이는 일본을 굴복시키면 남송이 고립되어 정복하기 쉬워질 것이라고 설명했고, 쿠빌라이 칸은 이 의견에 고개를 끄덕였던 것이다. 물론 쿠빌라이 칸의 의중을 알아채고는 그가 듣고 싶은 이야기를 해줬을 수도 있다.

어느 쪽이든 조이에게는 최선이었고 고려에는 최악이 됐다. 몽골 사신 흑적(黑的)이 전한 쿠빌라이 칸의 조서는 사뭇 강경했다.

> "그대(원종)는 사신이 그 땅(일본)에 도달하도록 안내하여 동쪽 사람들을 깨우치고 중국의 의를 사모하도록 하라. 이 일은 경(卿)이 책임지고, 풍랑이 험하다는 말로 핑계 대지 말고 이전에 일본과 통한 적이 없다고 하며 혹시 그들이 명령에 따르지 않고 보낸 사신을 거부할까 염려된다고 핑계 대지 말라. 경의 충성심은 이 일로 드러날 것이니 각별히 힘쓰라."
>
> 《고려사》 원종 7년 11월 25일

참고로 조이는 몽골어에 능통해 쿠빌라이 칸의 측근이 된 관료다. 고려가 몽골에 복속된 뒤로 이렇게 몽골어를 배워 출세한 고려인이 많았다. 경남 함안 출신인 조이는 일본 사정을 잘 알았던 것 같다. 쿠빌라이 칸이 원종에게 보낸 조서엔 "그대 나라 사람 조이가 와서 말하기를 '일본은 고려와 가까운 이웃 나라인데 법률과 정치가 제법 훌륭합니다. 한·당 이후로 때때로 중국에 사신을 파견하기도 하였습니다'라고 하였다"라고 적혀 있었다.

몽골의 일본 침공을 막기 위한 고려의 필사적 노력

고려는 처지가 난감했다. 쿠빌라이 칸에게 거역할 수는 없었지만, 몽골의 지시를 따르자니 일본과의 갈등이 불 보듯 뻔했다. 이때 고려 조정의 실력자는 이장용이라는 재상이었다. 그는 고려의 대표적 문벌 귀족인 경원 이씨 집안으로 19세에 문과에 급제할 정도로 실력을 인정받은 엘리트였다. 몽골이 고려의 입조와 개경 환도를 요구했을 때는 이에 반대하는 무신정권에 맞서 몽골의 요구를 관철하기도 했다. 얼핏 보면 일찌감치 친몽골 노선에 앞장선, 장래가 보장된 고위 관료였다. 그런데 그가 몽골의 길잡이 요구에 대해 보여준 행보는 예상 밖이었다.

이장용은 일본까지 안내를 받기 위해 고려에 머무르고 있던 흑적에게 편지를 보냈다. 오랫동안 고립됐던 일본이 절대 입조하지 않을 것이라는 점을 강조하면서 "바다가 험난하기 때문에 일본으로 가다가 변고를 당할 수 있다"라고 경고하는 내용의 편지였다. 이 계획은 효과를 거둬 몽골 사신들은 본국으로 돌아갔다.

이장용은 몽골에도 서신을 보냈다. 그는 "예부터 고려·일본 양국은 통호하지 않았습니다. 단지 대마도인이 간혹 무역 때문에 금주(金州, 김해)에 왔을 뿐입니다"라고 일본과의 관계를 부인하면서 "중국과 일본은 바다로 만 리를 사이에 두고 있고 매년 공물을 보낸 적도 없습니다. 그동안 중국도 찾아오면 받고 오지 않으면 관계를 끊었는데, 일본과의 교류가 황제의 권위를 손상할 일도 없습니다"라고 답했다. 몽골의 체면을 살리며 일본은 굳이 상대할 가치가 없다고 강조한 것이다.

아울러 일본에도 손을 썼다. 쿠빌라이 칸의 조서와 고려의 국서를 함께 보내 사태의 위급함을 알리는 한편 김해에 있는 무역관을 철거해 일본과 교류한 증거를 모두 인멸했다. 이렇게 일본 침공을 무산시키기 위한 그의 필사적인 노력은 몽골의 발걸음을 일단 붙잡아 두는 데 성공했다.

이처럼 애를 쓴 것은 그것이 초래할 여러 가지 문제를 간파했기 때문이었다. 이장용은 경험이 많은 관료였고, 몽골과 일본 양국의 사정을 잘 알았다. 그는 '몽골의 입조 요구 → 일본의 거부 → 몽골의 침공'이라는 전개로 이어지고, 궁극적으로는 간신히 안정을 찾은 고려를 다시 파탄으로 끌고 갈 것이라 내다봤다.

그가 벌인 노력은 몽골을 속이려는 '약소국의 잔꾀'가 아니라 '일본은 몽골에 입조하지 않는다'라는 냉정한 진단 아래 진행된 조치였다. 하지만 몽골도 이런 속내를 모르지 않았다. 이미 쿠빌라이 칸은 조서에서 고려의 회피 가능성을 경고한 바 있었다. 몽골은 이장용을 해임하라고 요구했고, 관직에서 물러난 이장용은 울화 등이 겹친 탓인지 건강이 급속도로 악화돼 1년 뒤 사망했다. 이후 그의 예상은 그대로 들어맞았다.

일본을 이끌던 가마쿠라 막부의 실권자 호조 도키무네(北條時宗)는 몽골의 요구를 일축했다.

> "귀국(몽골)은 일찍이 우리와 인물의 왕래는 없었다. 또한 우리는 귀국에 대해 아무런 감정이 없는데 흉기를 쓰려고 하고 있다. 성인이나 불교의 가르침은 구제를 일삼고 살생을 악업으로 하는데, 왜 귀국은 오히려 민중을 살상하는 근원을 열자는 것인가. 일본은 아마테라스 왕세신의 천통을 빛내고, 오늘날에 이르렀다. 일본의 국토는 옛날부터 신국으로 칭한다. 잘 생각해보라." 《태정관반첩(太政官返牒)》

엄숙하게 꾸짖긴 했지만, 일본은 엄청난 충격에 빠졌다. 일본 조정은 신궁에 국난을 고하는 한편, 각 신사와 사찰에서는 국가의 안녕을 기원하도록 했다. 또 침공에 대비해 규슈의 하카타만(博多灣)에 성을 쌓는 등 총력 방위 체제로 돌입했다. 668년 고구려의 멸망 후 당나라의 침공에 대비해 총력 방어 체제로 돌입했던 이래 500여 년 만에 찾아온 국가적 위기였다.

여·몽 원정군의 흉포함을 전하는 '무쿠리'와 '고쿠리'의 전설

이장용이 죽고 2년 뒤인 1274년, 몽골은 연합군 3만 명을 이끌고 일본을 침공했다. 여기엔 고려와 여진의 군사도 참여했다. 이들은 쓰시마섬(대마도)과 이키(壹岐)를 점령하고, 북규슈 하카타에 상륙했다. 세계 최강이던 몽골군을 중심으로 한 연합군은 일본군을 궤멸하고 연안 지대를 약탈했다. 대비를 한다고는 했지만 수백 년간 외침을 당한 적 없는 일본인 데다, 수도에서 멀리 떨어진 곳에 이들과 맞설 군사력이 있을 리 없었다. 규슈는 말 그대로 아비규환이 펼쳐졌다. 당시 원정군의 흉포함을 전하는 전승들은 여러 기록에 남겨졌으며, '무쿠리(몽골)'와 '고쿠리(고려)'라는 용어가 공포의 대명사로 자리 잡았다.

"남자는 죽이거나 포로로 삼고 여자는 한곳에 모아 손바닥에 줄을 꿰어 뱃전에 매달았다. 잡힌 자 중 목숨을 건진 사람은 없었다."

《니치렌성인주화찬(日蓮聖人註畵讚)》

"고려 병사들은 닥치는 대로 죽였다. 사람들은 참지 못하고 처자를 데리고 깊은 산에 숨었지만 (적군이) 갓난아기의 울음소리를 듣고 몰려오니, 짧은 목숨을 부지하기 위해 사랑하는 아기를 울며불며 살해하였다."

《하치만구도쿤(八幡愚童訓)》

하지만 때마침 불어닥친 태풍으로 연합군은 철수했다. 뒤이어 1281년 남송 멸망 후 본격적으로 나선 제2차 일본 침공 역시 태풍에 휩쓸려 다수의 선박을 잃고 철수했다. 침공을 막아낸 일본에서

▶ 「몽고습래회사(蒙古襲來繪詞)」의 일부. 1293년. 일본 구마모토 오야노가, 서울 용산 전쟁기념박물관 소장. 2장의 두루마리 그림이며, 다케자키 스에나가의 주문으로 그려졌다. 여·몽 원정군의 일본 원정 당시의 기록이다.

는 신국 사상이 더욱 고취됐고, 고려에 대한 멸시관이 확산하면서 한때 고려 정벌 계획이 논의되기도 했다. 고려와 일본의 관계는 돌이킬 수 없는 강을 건넜고, 이는 조선까지 이어졌다. 수십 년이 지나 고려는 왜구로 인해 엄청난 피해를 입게 됐지만, 이때 양국은 예전처럼 공동 노력을 기울일 처지는 아니었다.

14세기 중엽부터는 왜구가 내륙 지역까지 들어오면서 사태가 더욱 악화했다. 이전엔 해안 지대를 노략하는 정도였다면, 이때는 중앙 정부를 위협할 수준으로 커져 최영과 이성계 등 최정예 장수들을 투입해 진압해야 했다. 이를 통해 고려에서도 일본을 경멸하고 적대시하는 인식이 뿌리 깊게 자리 잡기 시작했다.

삼별초가 대몽 항전의 연합 전선을 펼치자고 일본에 제안

이 무렵 다른 한쪽에서는 흥미로운 사건이 벌어졌다. '〈고려첩장

불심조조(高麗牒狀不審條條)〉 사건'이라고 명명해도 좋을 것 같다. 개경 환도에 반대하며 왕온을 옹립해 독자노선을 걷던 삼별초는 1271년 가마쿠라 막부에 자신들과 연대해 몽골에 저항하자는 내용의 서신을 보냈다.

그런데 이를 받은 가마쿠라 막부는 혼란스러워했다. 왜냐하면 3년 전 고려 조정이 보낸 서신에서는 몽골의 덕을 찬양하던 고려가 이번엔 몽골을 '피발좌임(被髮左衽)'이라며 경멸하고 있기 때문이었다. 피발좌임은 머리를 풀고 옷깃을 왼쪽으로 여민다는 뜻으로, 미개한 오랑캐의 풍습을 경멸할 때 사용하는 용어였다.

이것은 삼별초가 고려 정부를 자칭했기 때문에 벌어진 혼란이었다. 그만큼 일본이 국제 정세에 어두웠다는 방증이기도 하다. 일본은 개경으로 환도한 고려 조정과 삼별초 세력을 구분하지 못했다.

〈고려첩장불심조조〉는 바로 가마쿠라 막부가 교토에 있는 조정에 보낸 보고서로, 고려 조정의 앞뒤 다른 서신 내용에 대해 납득하기 어려운 점을 정리한 것이다. 어쨌든 이 서신에서 삼별초는 항몽전을 펼치는 자신들에게 군량과 원병을 보내줄 것을 요청하면서 '不從成戰之由也'라고 남겼는데 이에 대해선 대체로 두 가지 해석이 있다. 하나는 '(삼별초는) 몽골의 일본 공격에 따르지 않겠다'라는 것이고, 다른 하나는 '(우리를 돕지 않으면) 일본과 몽골 간 전쟁이 벌어질 것이다'라는 해석이다. 어느 쪽이든 몽골의 일본 침공을 경고하면서, 삼별초-일본의 항몽 연합 전선을 구축하자는 제안이었다.

이 무렵 삼별초는 진도에 기반을 잡고 호남 일대 해안은 물론 내

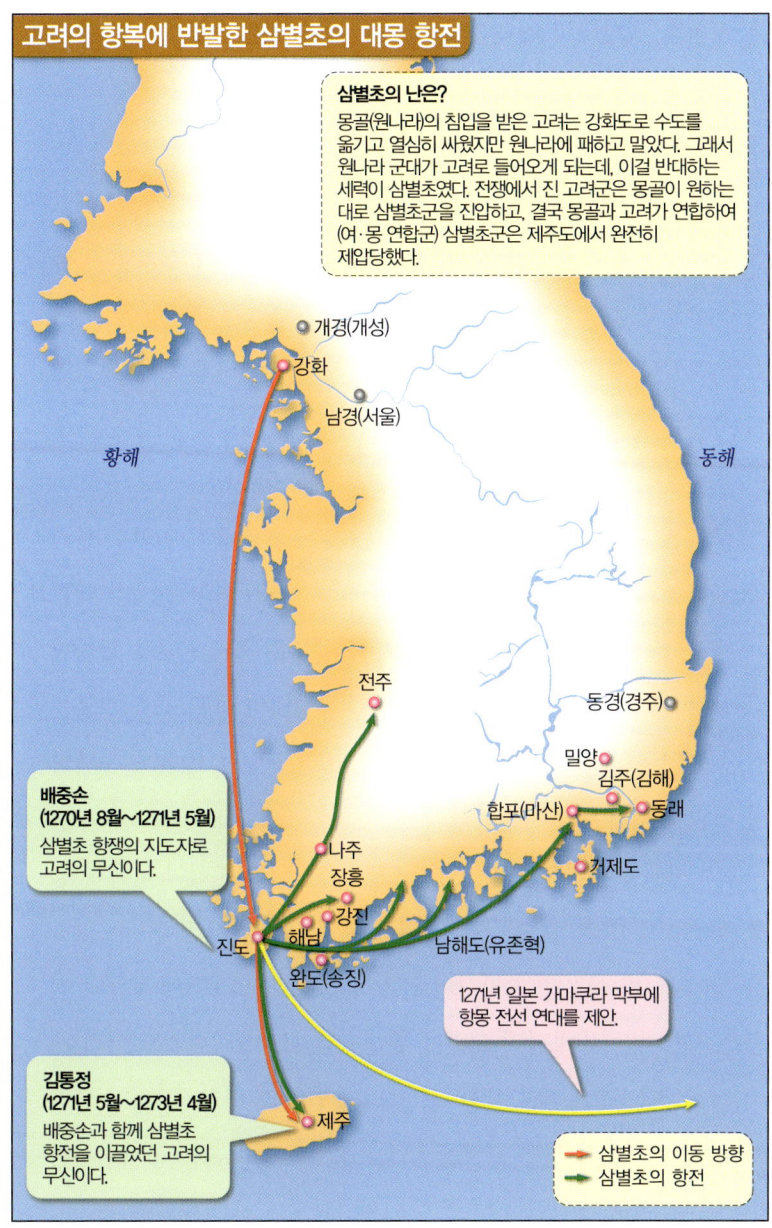

륙 지역과 경상도의 김해까지 세력을 확장하던 전성기였다. 한편으론 고립무원의 절박한 처지이기도 했다. 일본과 손을 잡는 것은 그들에게 충분히 매력적인 카드였다.

하지만 대외 관계에 소극적이던 당시 일본 정부는 삼별초의 제안에 응하지 않았다. 오히려 앞뒤 문맥이 다른 '고려 조정'의 태도에 의구심을 표할 정도였으니, 구체적인 지원을 논의할 상황은 아니었을 것이다. 한일 양국사에서 흥미로운 한 페이지로 남을 뻔했던 이 사건은 이렇게 마무리됐다. 몽골이 일본을 침공한 것은 이로부터 3년 뒤다.

한일 관계는 늘 풀기 어려운 문제다. 더욱이 최근엔 위안부 관련 합의 취소와 징용에 대한 대법원 판결 등을 놓고 양국 관계가 최악에 빠져 있다. 특히 양국 정치인들이 앞장서 갈등의 공간을 확산한다는 것이 과거와는 다른 점이다. 하지만 상대의 아픈 곳을 찌르는 설전이 양국 국민에게 일시적 시원함을 안길 수는 있어도 그만큼 양국 관계 회복은 더뎌질 수밖에 없다.

고려 시대를 생각해보면 어떨까. 고려 문종이 자존심이 없어서 '중풍'이라는 자신의 치부를 드러내며 일본에 의사를 요청하지는 않았을 것이다. 또 이장용이 자신의 정치적 생명까지 걸면서 몽골의 침공을 지연시킨 것이 단지 일본을 위해서였다고 생각하기도 어렵다. 이들이 궁극적으로 추구했던 건 고려의 안정과 평화, 그리고 국익 아니었을까. 현재 한일 관계를 악화시키는 데 최전방 공격수처럼 뛰고 있는 양국 정치인이 한 번쯤 되새겨봤으면 하는 바람이다.

THE
HISTORY
OF
KOREA

3장

조선 국왕의 역사정치

이성계의 수도 천도와
경복궁 풍수의 드라마

고려 왕조의 기득권을 깨기 위해 이성계가 천도를 결단

"도읍을 옮기는 일은 세가대족(世家大族)들이 함께 싫어하는 바이므로, 이를 중지시키려는 것이다. 재상은 송경(松京, 개성)에 오랫동안 살아서 다른 곳으로 옮기기를 즐기지 않으니, 경들도 역시 도읍을 옮기는 일은 하고 싶지 않을 것이다. (하지만) 예부터 왕조가 바뀌고 천명을 받는 군주는 반드시 도읍을 옮기게 마련이다. 내가 계룡산을 급히 보고자 하는 것은 친히 새 도읍을 정하고자 하기 때문이다."

《태조실록》 2년 2월 1일

조선을 건국한 이성계가 당면한 큰 고민은 새 도읍을 정하는 일이었다. 즉위 한 달 만인 1392년 8월에 천도 논의를 지시했지만 진척이 없었다. 풍수를 맡아보는 선운관들과 중신들은 입을 모아 옛 고려의 수도인 개경만 한 길지가 없다고만 했다.

> "고려 태조가 송산(松山) 명당에 터를 잡아 궁궐을 지었는데, 중엽 이후에 임금들이 여러 번 다른 궁으로 옮겼습니다. 명당의 지덕(地德)이 아직 쇠하지 않은 듯하니 송경에 그대로 도읍을 정하는 것이 좋을까 합니다."
>
> 《태조실록》 3년 8월 11일

하지만 개경의 명문가 출신이 아닌 이성계로서는 받아들일 수 없는 노릇이었다. 그로서는 하루빨리 구 왕조의 기득권층을 약화하고 새 분위기를 일으켜야 했다. 그는 무장 특유의 추진력으로 새 왕조의 천도를 끈질기게 밀어붙였다.

▶ 「백악춘효(白岳春曉)」 여름본, 1915년, 안중식, 여름의 백악산(북악산)과 경복궁을 그린 작품이다. 개인 소장.

1라운드는 새 수도 후보지 선정: 계룡 vs 한양

새 수도의 후보지로 가장 먼저 떠오른 곳은 충남 계룡이다. 현재 3군 사령부가 있는 자리다. 이성계의 지시로 기초공사까지 벌였지만 9개월 만에 중단됐다. 분위기를 바꾼 것은 개국공신 하륜이었다. 그는 풍수도참(風水圖讖)에 일가견이 있다고 인정받았다. 그의 반대 논거는 이랬다.

"도읍은 중앙에 있어야 하는데, 계룡산은 남쪽에 치우쳐 있고, 수파장생(水破長生)이기 때문에 도읍을 건설하기엔 적당하지 않습니다."

《태조실록》 2년 12월 11일

수파장생, 즉 (금강의) 물이 (나라가) 오래 지속될 수 있는 '장생'의 기를 꺾어버린다는 의미다. 신라 말 고승 도선이 들여온 풍수도참설은 여전히 영향력이 컸다. 하륜의 조언으로 새 도읍지는 한강 이북으로 방향을 바꾸었다. 하지만 논쟁은 이어졌다. 이번에는 북악산과 안산(鞍山) 중 어느 곳을 주산(主山)으로 삼을 것이냐를 두고 갑론을박이 벌어졌다.

2라운드는 한양 내의 길지 선정: 무악 vs 북악

"무악은 산과 물이 모여들고 조운(漕運)이 통하지만 터가 좁고 뒷산이 낮아서 도읍에 적절하지 않습니다. 길지라면 옛사람이 어째서 쓰지 않았 겠습니까."
성석린

"무악이 좁다고 하나 경주나 평양의 궁궐터에 비하면 좁지 않습니다. 나라의 중앙에 있고 조운이 통하며, 산과 강이 균형을 이뤘으니 궁궐터로 적당합니다."
하륜

계룡에 이어 두 번째 후보로 떠오른 지역은 무악(母岳), 즉 서대문구 안산 일대였다.

조선의 신 수도를 한강 이북으로 되돌리는 데 결정적인 역할을 한 하륜은 지금의 연세대가 자리 잡은 안산 일대를 주목했다.

삼각산-인왕산-안산으로 이어지는 산세의 흐름이 좋았다. 여기에 한강과 인접해 조운에 유용하고 중국과의 무역에도 유리해 상업적 활용도가 높다고 봤기 때문이다.

조운은 각 지방에서 현물로 거둔 조세를 배로 운반하는 것을 의미한다. 이때만 해도 지방 내륙에서 서울까지는 육로보다 강의 수로를 이용한 교통수단이 더 유용했다.

하지만 왕의 스승으로 불리던 고승 무학대사를 비롯해 성석린 같은 관료들이 하륜의 제안을 반대했다. 안산 일대는 좌청룡 우백호의 산세가 약하고 도성으로서 부지도 좁다는 이유였다.

논쟁만 길어지자 이성계는 답답했는지 음양산정도감(陰陽刪定都監)까지 만들었다(태조 3년 7월). 요즘 말로 풀이하자면 '신 수도 선정을 위한 풍수지리 TF' 정도로 불릴 만한 국왕 직속 임시 기구다. 풍수도참에 대한 해석이 저마다 다르니 여기서 끝장토론을 하라는 의미였다. 이런 과정을 통해 새 도읍이 들어설 곳은 안산이 아닌 북악산 인근으로 결정됐다.

야사에 의하면 당시 이성계는 정도전, 무학대사, 서운관들을 데리고 무악산에 올랐는데, 한 서운관이 "무악은 나라를 도적질할 사람이 사는 기운을 가진 땅"이라고 평가절하했고, 이 말을 들은 이성계는 무악에 대한 생각을 접었다고도 한다.

하지만 풍수적 관점에서 벗어나면 경복궁의 위치를 북악산 아래로 정한 데는 현실적인 이유도 찾아볼 수 있다. 국방의 측면에서 볼 때 방어적으로 탁월하기 때문이다. 북악산을 비롯해 인왕산, 낙산, 남산, 안산 등이 사방을 겹겹이 둘러싸고 남쪽 아래엔 한강이 막고 있어 군사가 쳐들어오기가 쉽지 않다.

도성 안을 보더라도 지금은 사라진 삼청동천과 백운동천이 경복궁의 좌우로 흐르고 있어, 청계천과 함께 궁궐을 둘러싸는 자연적 해자(垓字)의 역할을 할 수 있다는 것이다.

3라운드는 경복궁 입지의 풍수 논쟁: 인왕 vs 북악

"낙산은 좌청룡으로 삼기에 부족하니, 왕조의 기틀이 흔들릴 것이 우려됩니다. 반드시 인왕산을 주산으로 삼고 북악과 남산을 좌우의 청룡백호로 삼아야 합니다."

무학대사

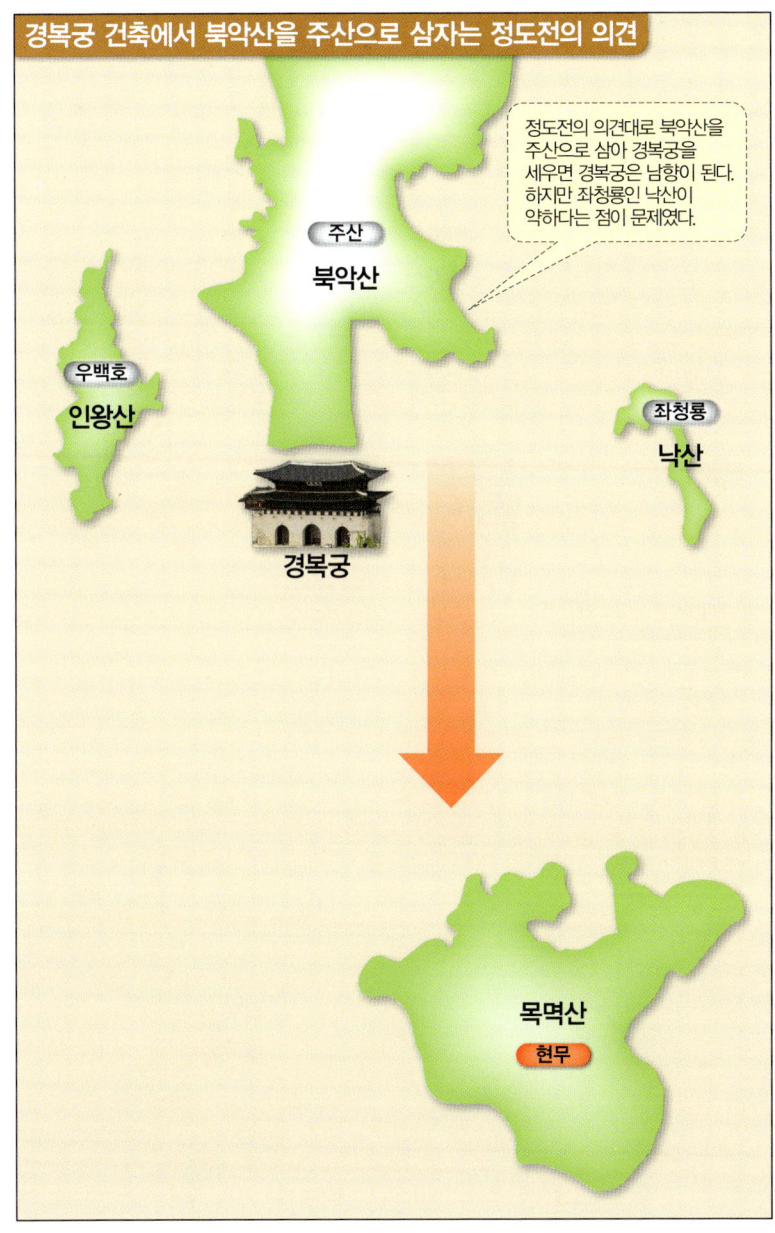

3장 조선 국왕의 역사정치

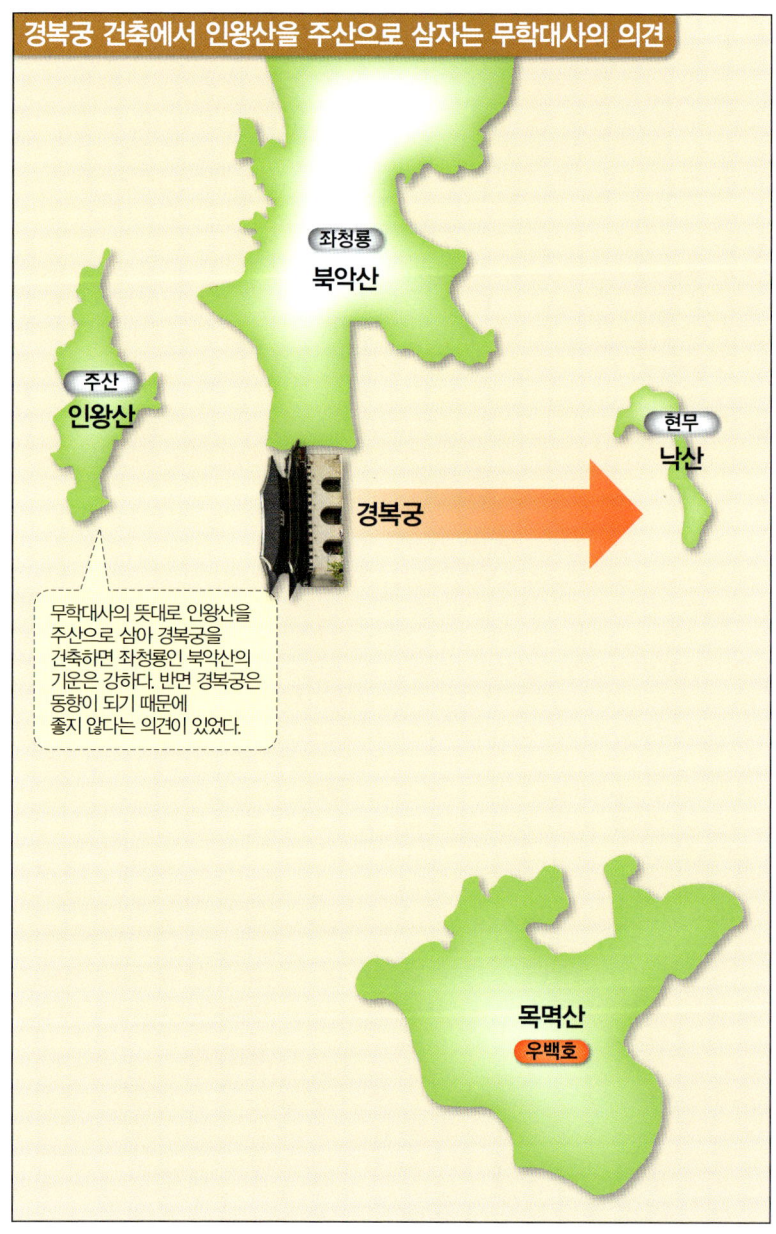

> "제왕이 남쪽을 바라봐야지, 어찌 동쪽을 보고 나라를 다스리겠습니까. 중국의 모든 황제들이 궁을 모두 남향으로 지은 데는 이 같은 이유가 있습니다."
>
> 정도전

결국 어렵게 북악산 일대에 도읍을 정하기로 했지만 이번에는 궁궐을 짓는 구체적인 위치를 두고 3라운드 논쟁이 펼쳐졌다. 조선의 설계자 정도전과 무학대사 간에 의견이 갈렸다.

무학대사는 인왕산을 주산으로 삼고 북악산을 좌청룡, 목멱산(지금의 남산)을 우백호로 궁궐을 배치해야 한다고 주장했다. 반면 정도전은 북악산을 주산으로 삼아야 인왕산(우백호)과 낙산(좌청룡)이 좌우를 호위할 수 있어 도읍을 삼기에 안정적이라고 주장했다.

결국 이성계는 정도전의 손을 들어줬다. "북악산을 주산으로 해야 궁궐을 남향으로 배치할 수 있다. 임금은 남쪽을 바라봐야 한다"라는 정도전의 명분에 힘이 실렸다. 무학대사의 말대로 인왕산을 주산으로 삼으면 궁궐은 동쪽을 바라보기 때문이다.

그런데 '북악산 주산론'에도 약점은 있었다. 우백호인 인왕산에 비해 좌청룡인 낙산(현재 동숭동 일대)의 산세가 너무 약하다는 점이다. 실제로 2년 전 서울시는 '2025 도시환경정비기본계획'을 발표하며 사대문 안에 높이 90미터 이상의 건물을 지을 수 없도록 했는데, 높이 제한을 90미터로 결정한 이유가 바로 낙산의 높이였다. 당시 서울시 관계자는 "한양도성을 둘러싼 내사산(북악산·인왕산·낙산·남산) 중 낙산이 가장 낮기 때문에 이를 기준으로 삼았다"라고 말했다. 반면 낙산과 좌청룡·우백호의 짝을 이루는 인왕산은 해발 332미터에 달한다.

조선 왕조의 대물림에서 맏아들 잔혹사는 풍수의 영향?

우백호의 기운이 좌청룡보다 강하면 어떤 문제가 있는 것일까. 좌청룡이 약하면 장자(長子), 정통 계승자가 약해진다는 속설이 있다. 조선 후기의 문인 성현이 지은 《용재총화》에도 이런 내용이 나온다. "개성은 산과 골짜기로 둘러싸여 막힌 형세라 권신들의 발호가 많았던 반면, 한양은 북서쪽 우백호가 높고 남동쪽 좌청룡이 낮아 맏아들인 장자가 잘되지 못하고 차남 이하 아들이 잘되어 오늘날까지 임금과 재상, 거경(巨卿, 높은 벼슬아치)은 장남 아닌 사람이 많다."

북악산을 주산으로 결정한 정도전도 이 문제가 영 찜찜했던 모양인지, 한 가지 안전장치를 달았다. 바로 낙산 인근에 있는 흥인문(興仁門, 동대문)의 현판에 '지(之)'를 하나 추가해 '흥인지문(興仁之門)'이라고 적은 것이다. 갈 '지(之)' 자는 산의 모양과 비슷하다. 이것을 추가해 낙산의 약한 기운을 보충하려고 한 것이다.

하지만 이런 안전장치도 큰 도움이 되지는 않았던 게 분명하다. 조선의 왕 27명 중에서 정상적으로 장자가 왕위를 계승한 경우는 문종, 단종, 연산군, 인종, 현종, 숙종, 경종 7명에 불과했다. 그러니까 왕의 맏아들로 태어나면 왕위를 이을 확률이 26%라는 이야기다.

이 징크스는 바로 '효험'을 드러냈다. 이성계의 맏아들인 이방우(진안대군)부터 세자가 되지 못했다. 그는 위화도 회군 후 이성계의 새 왕조 건국 움직임이 노골화되자 이에 반발하면서 강원도 철원으로 숨어버렸다. 꼬여버린 왕위 계승 문제는 제1·2차 왕자의 난이라는 피바람으로 이어졌고, 셋째 이방과(정종)와 다섯째 이방원(태종)이 차례로 왕위에 올랐다.

이 사건은 이방원에게 큰 교훈을 남긴 게 분명하다. 그는 왕위에 오른 뒤 분쟁의 싹을 자르기 위해 일찌감치 맏아들(양녕대군)을 세자로 삼았다. 그러나 결국 왕위에 오른 것은 셋째 아들(세종)이었다.

이후에도 조선 왕조의 대물림에서 맏아들 잔혹사는 계속됐다. 즉위 2년 만에 병사한 문종, 삼촌 수양대군에 의해 폐위된 단종, 20세에 급사한 세조의 맏아들 의경세자, 조선 최악의 폭군 연산군, 동생(광해군)에게 축출된 임해군, 모친 희빈 장씨의 사건 여파로 시름시름 앓았던 경종, 뒤주 속에 갇혀 죽은 사도세자 등 맏아들을 둘러싼 왕가의 비극은 차곡차곡 쌓여갔다.

한편 정도전이 좌청룡(낙산)이 약한 '북악산 주산론'을 밀어붙인 데는 치밀한 계산이 있었다고 보는 해석도 있다. 조선 중기의 문인 차천로의 수필집 《오산설림초고(五山說林草藁)》에 나오는 내용이다.

"정도전이 무학의 말이 옳음을 알지 못함은 아니었지만 다른 마음이 있어 듣지 아니한 것이다."

무슨 의미일까. 정도전은 국왕 중심제가 아니라 신하들의 합의에 의해 정국이 주도되는 형태를 선호했다. 지금으로 말하자면 내각제에 가깝다. 좌청룡이 약해 장자가 왕위를 계승하지 못한다면 그만큼 국왕의 권위가 낮아질 수밖에 없다.

경복궁의 위치를 결정한 건 정도전이지만 사실 그는 천도에 적극적이지는 않았다. 정통 성리학자였던 그의 눈으로 볼 때 풍수나 운수에 의존해 정치적 결정을 한다는 것이 탐탁지 않았을 것이다. 그래서 이성계가 재상들에게 천도 후보지를 적어서 내라고 했을 때 정도전은 역대 중국 왕조의 수도와 흥망성쇠를 열거한 뒤 이렇게 말했다.

"국가의 잘 다스려짐과 어지러움은 사람에게 있는 것이지, 지리의 성쇠에 있는 것이 아님을 알 수 있습니다." 《태조실록》 3년 8월 12일

토지개혁 외친 건국 공신, 경기도 땅 20% 챙겼다

사전 혁파 등 급진적 토지개혁론을 외친 정도전

"나 정도전은 스승님과 동문들, 선배들을 탄핵하고 유배를 보냈소이다. 바로 이것들 때문이었소. 고려 전체의 토지대장이오. 정치란 복잡해 보이지만 실은 단순한 것이오. 결국 누구에게 거둬서 누구에게 주느냐, 누구에게 빼앗아 누구에게 채워주는가. 불을 질러라. 이 토지대장이 다 타버리고 나면 토지를 다 나눌 수밖에 없다."

일전에 방영된 SBS 사극 「육룡이 나르샤」는 긴박했던 조선의 건국 과정을 밀도 있게 그려 인기를 얻었다. 특히 재조명받은 인물은 사전(私田) 혁파 등 급진적 토지개혁론을 외친 정도전이다. 몽골 간섭기에 시작된 고려 후기는 권문세족(權門勢族)으로 대표되는 특권층의 대토지 소유와 이로 인한 폐해가 극에 달한 때였다. 《고려사》의

〈식화지(食貨志)〉에 기록된 아래 글을 통해 우왕 대의 상황을 보면 그 심각성을 짐작하게 한다.

> "근년에 이르러 겸병이 더욱 심하여, 간흉한 무리가 주군(州郡)과 산천(山川)을 경계로 삼아 … 누세에 걸쳐 심은 뽕나무와 집까지 모두 빼앗아 가고, 우리 무고한 백성들은 사방으로 흩어져버립니다."
>
> "재상으로 마땅히 전 300결을 받을 자가 송곳을 세울 만한 땅도 없고, 녹봉 360석을 받을 자가 20석도 갖지 못하고 있습니다."

상황이 이렇다 보니 고려 말 핵심 국정 과제는 토지 재분배, 즉 고려판 '경제민주화'로 귀결됐다. 민심을 잡아야 했던 조선 건국 세력이 토지개혁인 '과전법(科田法)'을 들고 나온 것은 너무나 당연한 수순이었다. 그랬기에 이색, 정몽주 등 조선 건국 초기의 개혁에 반대했던 온건파 개혁 세력도 토지개혁이 필요하다는 데는 동의했다. 다만 이들은 토지개혁의 방식을 놓고 첨예하게 대립했다.

사실 토지개혁을 처음 부르짖은 건 오히려 이색이었다. 이색은 공민왕이 즉위했을 때 "그 밭의 주인이 하나이면 다행이지만 혹 3~4가(家)나 혹 7~8가가 되고, 그들의 힘이 서로 같고 세력이 필적하면 누가 즐거이 양보하겠습니까"라고 상서하며 토지개혁의 필요성을 역설했다.

이 말을 이해하려면 고려의 전시과(田柴科) 체제를 알아야 한다. 전시과는 관료나 공신들에게 토지의 수조권(收租權, 땅에서 생산된 곡식

고려 시대의 토지 제도 전시과

전시과(田柴科)

고려 시대에 버슬아치들에게 토지의 수조권(경명)에서 생산되는 곡식이나 세금에 대한 소유권)을 주던 제도로 경종(976)이 역분전(후삼국 통일 후 고려 초기에 공신들에게 토지를 지급한 제도)을 토대로 발전시켰다. 관직에 인품을 반영하여 나누어준 토지를 목종 때는 관직 고려하고 지급량을 줄였다가 문종 때는 현직 관료에게만 토지를 주었다. 관직에서 물러나면 토지의 수조권도 없어졌다. 그래서 퇴직한 관료들이 생계 기반으로 토지를 다시 내렸다(사전).

전지 : 곡물을 얻을 수 있는 토지
시지 : 땔감을 얻을 수 있는 토지

등급		1	2	3	4	5	6	7	8	9	10	11	12	13	14	15	16	17	18
시정 전시과 (인품을 기준으로 전·현직 모든 관리에게 지급) **경종(976)**	전지	110	105	100	95	90	85	80	75	75	65	60	55	40	45	42	39	36	33
	시지	110	105	100	95	90	85	80	75	70	65	60	55	40	45	40	35	30	25
개정 전시과 (인품과 관계없이 전·현직 관리 모두에게 지급) **목종(998)**	전지	100	95	90	85	80	75	70	65	60	55	50	45	40	35	30	27	23	20
	시지	70	65	60	55	50	45	40	35	33	30	25	22	20	15	10			
경정 전시과 (토지가 부족해서 현직 관리에게만 지급) **문종(1076)**	전지	100	90	85	80	75	70	65	60	55	50	45	40	35	30	25	22	20	17
	시지	50	45	40	35	30	27	24	21	18	15	12	10	8	5				

(단위: 결)

이나 세금에 대한 소유권)을 주는 제도였다. 토지 자체를 준 건 아니다. 그리고 이것은 어디까지나 관직에 대한 대가였다. 관직에서 물러나면 수조권도 사라졌다. 이렇게 해서 국가는 관료들의 생계 기반을 마련해줬는데, 이 토지를 통틀어 사전이라고 했다. 지금 개념으로 개인 소유의 토지로 해석한다면 들어맞지 않는다.

그런데 시간이 흐르면서 전시과 운영의 대원칙이 무너지기 시작했다. 세도가들이 관직에서 물러나도 이를 반납하지 않은 것이다. 그러면서 사전이 가문으로 세습되고, 사실상 가문의 사적 재산이 됐다. 동서고금을 막론하고 역사에서 매번 비슷하게 반복되는 일이다. 또 고려 후기엔 이런 행태가 만연하면서 한 토지에 수조권을 주장하는 사람이 여러 명이 나오는 상황이 됐다. 백성 입장에선 이중 삼중으로 세금을 뜯기게 되는 셈이었다.

이색의 해법은 잘못된 폐단을 바로잡자는 것이었다. 일전다주(一田多主)의 비정상적인 상태를 해소하고 일전일주(一田一主)의 원칙을 회복하자는 것이다. 일종의 무분별한 토지 정책에 대한 교

▶ 이색 초상화, 보물 1215-1호, 국립중앙박물관 소장.

통 정리였다.

토지대장을 불태우고 과전법 실시로 역성혁명 완성

반면에 조준이 내놓은 방식은 훨씬 근본적이고 과격했다. 그는 불법이든 합법이든 그동안 지급된 사전(수조권)을 모조리 취소하고 원점에서 재분배하자고 했다. 또한 관료에게 지급하는 사전은 경기도로 한정해야 한다고 주장했다. 지방으로 갈수록 중앙 정부의 감시가 어렵고 겸병 등 각종 폐단이 심했기 때문이다. 이색이 상처 부위만 소독해 치료하자는 입장이라면, 조준은 수술대에 눕혀 메

고려 왕조의 토지개혁

	토지개혁	고려 왕조
조준, 정도전 주장	**계민수전** 권문세족의 사유지가 국토의 대부분을 차지할 정도가 되자 조준, 정도전이 앞장서서 내세운 토지개혁 제도이다. 백성의 수에 따라 국가의 토지를 개인에게 나누어주는 제도로 정도전은 계민수전을 강하게 밀어붙여 결국 스승이었던 이색과 결별한다.	권문세족의 강한 반발로 계민수전을 통한 토지개혁이 힘들어지자 조준과 정도전은 새로운 계획을 모사한다. 계민수전을 토대로 새로운 왕조를 세우려 한 것인데, 이 사건이 조선 왕조 탄생의 계기가 된다.
이색, 정몽주 주장	**과전법** 전국의 모든 토지를 국가가 세금을 걷을 수 있는 토지로 만들고, 권한의 일부를 관리에게 나누어주도록 한 제도이다. 하지만 온건 개혁파였기 때문에 정도전의 과격한 개혁과 새로운 왕조 계획에 반대했다.	정도전의 개혁이 밀리고 정몽주의 개혁이 공민왕한테 받아들여졌다. 하지만 정몽주가 새로운 왕조 계획에 반대하면서 이방원에 의해 선죽교에서 피살당했다.

스를 들어 상처 부위를 아예 잘라내자는 입장인 셈이었다.

명분은 나쁘지 않았지만 이전에 나눠준 수조권을 전면 부정한다는 것은 사실상 고려의 지배 체제를 전면 부인하고 새 판을 짜겠다는 이야기였다. 토지대장을 불태우던 날 "(공양)왕이 탄식하고 눈물을 흘리며 말하기를 '조종(祖宗)의 사전에 관한 법이 내게 이르러 혁파되니 애석하다'라고 하였다"라는 《고려사절요》의 기록은 그런 연유가 있었다.

앞서 「육룡이 나르샤」에서 정도전이 "(정치란) 결국 누구에게 거둬서 누구에게 주느냐, 누구에게 빼앗아 누구에게 채워주는가"라고 설명했는데, 조준의 방식은 기존 고려 관료의 토지를 빼앗아 신정부에 협력할 관료에게 재분배하는 셈이었다. 과전법 시행 후 불과 1년 만에 새 왕조를 개창한 데서 개혁 세력의 의도를 알 수 있다.

이색과 정몽주는 애초부터 사전 혁파가 궁극적으론 역성혁명(易姓革命)을 위한 준비 작업이라고 봤기 때문에 거세게 저항했다. 그래서 이성계 세력은 이색을 귀양 보내고 정몽주를 타살하는 등 반대파를 숙청한 뒤, 비로소 1392년에 과전법을 시행할 수 있었다.

앞서 말했듯이 과전법은 관료들에게 15~150결의 토지 수조권을 주는 한편 전직 관료를 비롯해 가장을 잃은 미망인, 미성년자 등에게도 휼양전(恤養田)이라는 생계 수단을 제공했다. 새 왕조 개창을 앞둔 이성계 세력 입장에선 신진 관료들에게 줄 땅을 확보하는 것이 가장 중요했다. 그들의 지지를 받지 못하면 역성혁명은 흔들릴 수밖에 없었다. 과전법으로 주요 여론층인 사대부들의 마음도 잡을 수 있었다. 새로운 왕조 개창을 위한 큰 산 하나는 넘은 셈이었다.

그런데 전면적 토지개혁을 들고 나온 인사가 조준이라는 건 다소 의외다. 우리는 통상적으로 고려 말 토지개혁을 주창한 신진사대부들은 지방의 중소 지주 계급이라고 배워왔기 때문이다.

하지만 조준의 집안인 평양 조씨는 고려 후기 대표적 권문세족 가문이었다. 조준의 증조부 조인규 때 가세가 커졌다. 조인규는 충렬왕 때 몽골어를 잘해 정치적으로 큰 성공을 거뒀다. 이 무렵 몽골어 실력은 출세의 중요한 수단이었다. 충렬왕뿐 아니라 쿠빌라이 칸의 신임도 얻은 그는 고려와 몽골 양쪽에서 관직을 받았다. 이런 배경에 힘입어 그는 딸을 충선왕에게 시집보내 국구(國舅)에 올랐고 네 아들도 모두 재상에 올랐다. 《고려사》에선 그런 조인규를 가리켜 "권세가 한 시대를 기울게 하여 아들과 사위 모두 장상(將相)이 되니, 감히 비길 만한 자가 없었다"라고 묘사했다.

그렇다면 조준은 자신의 모든 기득권을 포기하고 새 왕조 창건을 위한 혁명에 몸을 던진 남자였을까.

조선 초기 공신전 남발로 국가 재정 위기를 초래

고려를 부수고 조선을 세우기 위해 심혈을 기울여 만든 과전법은 세조 때인 1457년에 폐지됐다. 건국한 지 겨우 반세기 정도가 지난 때다. 특권층에 집중된 토지를 고르게 분배해 경제를 안정시키자던 과전법은 생각보다 일찍 한계에 부딪혔다.

세조는 전·현직 관료에게 주던 토지를 현직 관료만 받도록 제한했고 지급 규모도 줄였지만 이것마저도 곧 바닥이 났다. 결국 명종은 토지 지급을 중단하고, 현물(곡식 등)을 주는 것으로 대체했다. 땅이 부족해진 것이다. 고려 말에 목도한 토지 부족이 100년 만에 다시 조정의 큰 과제로 등장했다.

토지 부족이라는 상황이 더욱 악화된 결정적 요인은 공신전(功臣田)이다. 공신전은 말 그대로 공을 세운 신하들에게 나눠주는 토지였는데, 대대손손 세습이 가능하고 면세의 혜택까지 줬다.

그런데 조선 초기는 왕위 계승을 둘러싼 갈등이 극심했다. 태조부터 세조까지 개국공신 외에도 제1·2차 왕자의 난에서 활약한 정사공신·좌명공신, 수양대군의 집권을 도운 정난공신·좌익공신 등 공신들이 연이어 대량으로 등장했다.

태조의 개국부터 세조의 등극까지 약 60년 동안 5차례에 걸쳐 219명의 공신이 책봉됐다. 이들을 정훈공신이라 하는데, 이들보다 등급이 낮은 원종공신(1,698명)과 회군공신(56명)까지 더하면 공신의 숫자는 큰 폭으로 늘어난다. 이에 따라 공신전의 규모도 확대될 수밖에 없었다.

그렇다면 공신전은 어느 정도의 규모였을까?

개국 직후인 1392년 9월에 발표된 논공행상에 따르면 1등 공신은 배극렴, 조준, 정도전 등 20명이었다. 이들에겐 각각 150~220결의 공신전과 15~30명의 노비가 주어졌다. 가장 많이 받은 것은

태조부터 세조 집권까지의 공신 규모

	공신호	책록 연대와 공적 등급	등급 1등	2등	3등	4등
태조	개국공신	1392년 조선을 건국하는 데 공을 많이 세운 신하에게 토지와 노비를 내렸다.	정도전 등 20인	박포 등 13인	오사충 등 22인	
			공신전 150~220결 노비 15~30명	공신전 100결 노비 10명	공신전 70결 노비 7명	
정종	정사공신	1398년 제1차 왕자의 난을 평정하는 데 공을 세운 이방원파에게 토지와 노비를 내렸다.	조준 등 12인	이지란 등 17인		
			공신전 200결 노비 35명	공신전 150결 노비 15명		
태종	좌명공신	1400년 제2차 왕자의 난을 평정한 이방원파에게 토지와 노비를 내렸다.	이저 등 9인	이래 등 3인	성석린 등 12인	조온 등 23인
			공신전 150결 노비 13명	공신전 100결 노비 10명	공신전 80결 노비 8명	공신전 60결 노비 6명
단종	정난공신	1453년에 수양대군의 왕위를 위해 계유정난을 일으켜 공을 세운 사람들이다.	수양대군 등 12인	신숙주 등 11인	성삼문 등 20인	
세조	좌익공신	1455년 세조가 왕으로 즉위하도록 공을 세운 사람들을 말한다.	한명회 등 7인	정인지 등 12인	정창손 등 26인	

3장 조선 국왕의 역사정치

조준과 배극렴이었는데 이들은 공신전 220결, 식읍(해당 지역의 조세를 받을 수 있는 권리) 1,000호(戶), 식실봉(식읍에서 실제 권리를 행사할 수 있는 곳) 300호, 노비 30명이 하사됐다. 정도전은 이보다 낮은 공신전 200결과 노비 25명이었다. 또 2등 공신 13명에게는 공신전 100결과 10명의 노비가, 3등 공신 22명에게는 공신전 70결과 노비 7명이 각각 주어졌다.

  조준과 정도전이 개국으로 받은 공신전은 꽤 짭짤한 수입이었다. 과전법 제정 후 정1품에겐 과전 150결이 주어졌다. 지금으로 치면 현재 국무총리 연봉이 1억 7,000만 원 정도이니, 이들은 2억~2억 500만 원의 연수입이 보장된 빌딩을 하사받은 셈이다. 여기

조선의 개국공신 조준과 정도전의 재산 규모

조준과 정도전의 재산 챙기기
조준과 정도전은 토지의 대부분을 권문세족들이 차지하고 있음에 분노했고, 누구보다 토지 개혁에 앞장섰다. 그러나 두 사람은 공신으로 받은 60만 평이 넘는 토지와 노비 등을 개인적으로는 알뜰하게 챙겼다.

		개국공신	정사공신
조준	공신전	220결	200결
	노비	30명	35명
	식읍(식실봉)	1,000호(300호)	
정도전	공신전	200결	
	노비	25명	

에 노비와 식읍도 무시할 수 없다. 조선 초기 노비 1명의 가격은 670일의 일당, 그러니까 약 2년 치 연봉에 거래됐다고 한다.

특히 조준은 300호를 사실상 하인처럼 부릴 수 있는 권리를 얻은 데다, 제1차 왕자의 난에 협력해 또 정사공신 1등에 올라 공신전 200결과 노비 35명을 받았으니 실로 막대한 규모의 재산을 챙긴 셈이었다.

이왕 다룬 김에 이들이 받은 토지는 어느 정도의 크기였는지 살펴보자. 결은 조선 시대의 토지 단위다. 비옥도(생산량)에 따라 책정됐기 때문에 지금 기준으로 몇 제곱미터라고 단정 짓기가 어렵다. 같은 1결이라고 해도 더 비옥한 곳은 크기가 상대적으로 작았기 때문이다. 그래서 지방마다 시기마다 결의 기준이 조금씩 달랐다.

다만 조선 세종 때 비옥한 땅(1등전)의 1결은 9,800제곱미터 정도로 추정된다는 연구가 있으니 이를 적용해보려고 한다. 조준과 정도전이 공신전을 받은 시기에서 크게 벗어나지 않은 시기이니 큰 무리는 없을 것이다. 또 공신에게 주어진 땅인 만큼 비옥도 역시 1등전이었을 것이다. 이성계의 발언으로도 이러한 사실을 확인할 수 있다.

> "내가 옛날에 고려의 신하였을 때 사전(賜田)을 받았는데, 모두 돌이 많고 메말라서 쓸 수 없었다. … 지금 공신의 사전은 마땅히 비옥한 땅을 골라서 주어야 할 것이다." 《태조실록》1년 9월 26일

그렇게 적용해보면 조준이 이성계와 이방원을 도와 받은 토지는 411만 6,000제곱미터, 약 124만 7,300평이 된다.

토지 생산량이야 지금보다 적었을 테니, 지금 기준으로 땅의 가치나 가격을 환산하기는 어렵다. 그래도 경기도 땅의 면적은 그때나 지금이나 마찬가지니까 역시 대단한 크기다. 여기에 다른 공신들이 받은 것까지 합치면 공신전의 규모는 가히 천문학적이라고 할 수 있다. 이 막대한 토지에서 세금도 거두지 못한 채 특정 가문에만 세습됐으니 국가 재정이 악화하지 않을 수 없었다.

조선 개국공신들의 땅 따먹기는 '내로남불' 결정판

그래서 이미 태종 초기에 우려 섞인 보고가 나왔다.

> "지금 경기도의 과전이 8만 4,100여 결이고 공신전이 2만 1,200여 결이니, 이를 합하면 10만 5,000여 결입니다." 《태종실록》 3년 6월 6일

건국한 지 한 세대 만에 경기도 전체 토지의 20%가량이 조선 건국 초기의 개국공신 가문에 넘어간 것이다. 이러한 특권을 누린 계층이 바로 고려 말 권문세족의 대토지 소유를 비판하고 이를 몰수하는 개혁을 추진한 세력이었다. 동서고금을 막론하고 역사에서 반복하는 볼썽사나운 아이러니다. 그야말로 '내로남불'의 결정판이다. '과연 누구를 위한 개혁이었는가'라는 반문이 나올 법했다.

위에서 조준의 집안 이야기가 나온 김에 한 가지 더 짚고 가보자. 그간 역사 교과서에서는 고려가 망하고 조선이 건국하는 과정을 '권문세족 vs 신진사대부'라는 대결 구도로 설명해왔다. '친원파=수도권 부유층=조선 건국=신진사대부', '친명파=지방 중소 지주=고려 유지=권문세족'이라는 구도다.

하지만 최근 학계에서는 이 같은 이분법을 반박하는 연구도 적지 않다. 예를 들면 조선 건국 세력에도 대토지를 소유하고 친원파였던 소위 권문세족이 다수 참여했다는 것이다. 위에서도 언급했지만 과전법을 설계한 조준이 속한 평양 조씨는 손꼽히는 권문세족 집안이었을 뿐 아니라 조일신 등 유명한 친원파가 나온 가문이었다.

반면에 온건한 토지개혁을 주장한 이색과 정몽주의 집안은 조준의 가문만큼 유력하거나 부유하지 않았다. 이들이 사전 혁파에 반대한 것이 기득권을 지키기 위해서였다는 반론은 그다지 설득력이 없는 이유다. 앞서 말했듯이 그들은 '사전 혁파=고려 멸망'으로 인식했다. 실제로도 그랬다.

또 과전법 시행 후 정권을 장악한 이성계가 주도한 인사를 보면 핵심 인사 63명 중 26명이 권문세족 가문이라는 연구 결과도 있다. 반대로 조선 건국을 막았던 정몽주·이색 세력에는 지방 출신 신진사대부 그룹도 적지 않았다.

명에 지극한 사대 외교로
국익을 챙긴 세종

어느 국왕보다 명나라에 사대의 예를 극진히 챙긴 세종

"너희는 명의 신하냐, 조선의 신하냐?"

세종과 장영실의 꿈과 우정을 다룬 영화 「천문-하늘에 묻는다」에서 장영실의 활약상 못지않게 큰 비중을 차지하는 것은 세종과 신료들 간에 벌어진 갈등이다.

장영실이 만든 천문 기구 간의(簡儀)가 갈등의 축이다. 세종은 조선의 독자적 천문과 시간을 갖겠다며 간의 제작을 추진하지만 "명나라에서 허락하지 않을 것"이라는 신하들의 반대에 부딪히기 때문이다.

내가 흥미롭게 느낀 것은 이 영화 속 전개 구도가 10년 전 나온 영화 「신기전」과 거의 판박이라는 점이다. 「신기전」에서 세종은 명나라와의 종속 관계를 고민하면서 다연장 로켓포 '신기전'의 개발을 추진한다. 여기서도 국내 신료들의 반발과 명나라의 방해가 난관으로 등장하지만 세종은 비밀리에 제작을 독려해 결국 성공시킨다.

세종 시대를 다루는 대중문화 작품들은 어딘가 비슷하다. 조선의 자주성을 위해 고뇌하는 군주 세종이 무언가를 만들기로 하고, 명나라와 사대주의로 똘똘 뭉친 신료들이 한편이 되어 이를 막아서는 구도로 전개된다.

그런데 정작 사서에 기록된 실상은 다르다. 예를 들면 신하들이 조선의 천문 기구 제작에 반대하고, 명나라와 대등한 국가를 만들고자 하는 세종을 방해했다는 기록은 어디에도 없다. 오히려 실제 역사는 영화와 완전히 딴판으로 전개됐다.

결론부터 말하자면 세종은 어느 국왕보다 중국에 대한 사대의 예를 극진히 챙긴 군주였다. 그래서 신하들로부터 사대가 과도하다는 지적을 받았을 정도였다. 그런 점에서 영화 「천문-하늘에 묻는다」는 역사에 해석을 붙였다고 하기에는 너무 심하다 싶을 정도로 비틀었다.

간의대를 철거하라는 세종, 철거를 말리는 신하의 대립

"좌헌납 윤사윤이 아뢰기를 '이미 이룩된 간의대(簡儀臺)를 헐어버리고 급하지 않은 이궁(離宮)을 지으심은 진실로 옳지 못하옵니다. 미비한 신의 말씀을 굽어 용서하셔서 우선 이 공사를 정지하시기를 비옵나이다'

하니, 임금이 말하기를 '계획이 이미 정해졌으므로 고칠 수 없다'."

《세종실록》 25년 1월 23일

여기서 말하는 간의대는 천문 기구 간의가 설치된 곳이다. 둘의 대화를 보면 세종이 간의대를 헐어버리라고 지시했고 윤사윤이 이에 반대하고 있다는 것을 알 수 있다. 그런데 조금 이상하지 않은가. 세종은 그토록 소중히 여기던 간의대를 왜 헐어버리라고 했을까. 해답은 20일 전 세종의 발언에 있다.

"간의대는 자손만대에 전하기를 기약했던 것인데 이제 갑자기 헐어버리려 하니 마음이 심히 괴롭다. 그러나 임금이 아들에게 자리를 전해주고서 아들 임금과 더불어 같은 궁에 함께 거처하는 것은 불가하다."

《세종실록》 25년 1월 3일

세자(문종)에게 양위하기로 마음먹은 세종은 자신이 머무를 궁을 따로 가져야 한다고 생각했던 모양이다. 그러니 간의대를 철거하고 그 자리에 이궁을 지으라는 이야기다. 이 구상은 신료들의 많은 반대에 부딪혔다. 그중에서도 눈에 띄는 것은 사헌부의 발언이다.

"사헌부에서 상소하기를 … '간의대는 전하께옵서 하늘을 공경하시고 백성의 일에 힘쓰시는 처소로서 경솔하게 헐어버림은 불가하온데, 이제 그것을 헐고 따로 새 궁을 세우는 것은 신들은 그 옳음을 알지 못하

겠습니다'." 《세종실록》 25년 2월 15일

영화 속에선 사헌부의 수장인 대사헌 정남손이 세종의 천문대 구상에 가장 강력하게 반대하지만 실제 역사는 정반대였던 셈이다.

물론 이때 세종의 명령은 간의대를 다른 곳으로 옮기라는 것이지, 완전히 없애라는 것은 아니었다. 하지만 자신의 말처럼 '자손만대에 전하기를 기약했던' 간의대를 세자와 따로 거주할 궁을 짓기 위해 헐어버린다? 일반적으로 알려진 '문화 군주'의 이미지와는 사뭇 거리감이 느껴지는 대목이다.

"성상(세종)께서 정인지에게 이르기를, '우리 동방이 멀리 바다 밖에 있어서 무릇 한결같이 중화의 제도에 따랐으나, 홀로 하늘을 관찰하는 그릇에 빠짐이 있으니 고전을 강구하고 의표를 참작해 만들어서 측험(測驗)하는 일을 갖추게 하라'." 《세종실록》 19년 4월 15일

세종이 정인지에게 천문 기구 제작을 지시하면서 한 말이다. 그런데 잘 살펴보면 조선이 중화의 문물을 잘 흡수했지만 유독 천문학에선 미흡하다는 지적과 함께 과거 중국의 방식을 연구해 정확한 천문 관측을 시행하라는 내용이다. 어디에도 조선의 독자성을 강조한 내용은 없다. 오히려 중화 질서의 보편성을 강조하는 편에 가깝다. 상황이 이런데 사대부들도 천문 기구를 꺼릴 이유가 전혀 없었다. 이것은 명나라에 대한 사대 의식이 한층 강해진 중종 때

성세창의 발언에서도 드러난다.

> "세종 시대는 치도(治道)가 지극히 갖추어졌는데, 간의대 같은 것을 세운 까닭은 하늘을 공경하고 재앙을 삼가는 도리가 지극히 크고도 급하기 때문이었으니 이제 대신(大臣)을 가려서 특별히 가르쳐야 합니다."
>
> 《중종실록》 12년 11월 25일

성세창은 사간원, 홍문관, 사헌부 등 요직을 거친 엘리트였고, 명나라에 사신으로 다녀온 인물이다. 누구보다 사대 질서에 충실한 인물이었다고 해도 과언이 아니다. 그런 성세창조차도 간의대를 중히 여기고 제대로 이용해야 한다고 역설했을 정도다.

세종은 왜 명나라 사대에 정성을 들였나?

사실 역사에 기록된 세종은 그 누구보다 명나라에 대한 사대 관계를 유지하기 위해 애를 쓴 군주였다. 이런 사실을 반영하는 데이터가 있다. 진하(進賀, 나라에 경사가 있을 때 벼슬아치들이 조정에 모여 임금에게 축하를 올리던 일) 관련 기록이다.

계승범 서강대 교수가 분석한 자료에 따르면 세종 시기의 진하와 관련된 기록은 명나라에 대한 것이 전체의 89%를 차지한다. 반면 국내 이슈로 진하를 논의한 것은 11%에 불과하다. 명나라에서 일어난 대소사를 극진하게 챙겼다는 의미다.

다른 국왕들의 기록과 비교해보면 이런 특징은 더 확연히 드러난다. 태종 시기에 명나라 관련 진하 논의는 57%였고, 세종 이후인 문종·단종 시기는 59%, 세조·예종 시기는 21%에 불과하기 때문이다. 세종 시기가 압도적으로 많다.

심지어 세종은 명나라 황제 정통제가 몽골 원정을 마치고 돌아왔다는 풍문을 듣고 진하사(축하하는 사신)를 보내겠다고 했다가 중신들의 반대에 부딪히기도 했다.

> "임금(세종)이 이르기를, '황제가 달달놈들에게 승첩하였다 하니 우리나라에서도 진하함이 예의상 옳겠다'라고 하니, 모두가 말하기를 '전해 들은 말로써 축하하는 건 불가하오니, 사신이 돌아오는 것을 기다려 (정확한) 소식을 듣고 축하해도 늦지 않을 것입니다'."
>
> 《세종실록》 31년 12월 3일

이런 태도를 놓고 일부 신하들 사이에선 사대가 과하다는 불만이 나왔던 모양이다. 그러자 세종은 이렇게 해명했다.

> "내가 사대의 예를 지나치게 한다고 말한다는데, 지금 명나라가 사신을 보내오고 상을 주고 하는 예우가 일찍이 없었다. 우리나라는 본래 예의의 나라로서 해마다 직공의 예를 닦아, 때에 따라 조빙하면 명나라가 이를 대우하는 것이 매우 후하였다. 그런데 정성을 다하여 섬기지 않는다면 이것은 크게 불경한 일이고, 특히 신하 된 도리를 다하지 못하게

되는 것이니, 그럴 수가 있겠느냐." 《세종실록》 10년 윤4월 18일

그런데 한 가지 짚고 넘어갈 일이 있다. 조선 국왕이 사대에 정성을 쏟은 것이 꼭 비난받을 일일까? 역사를 볼 때 간혹 지금의 기준으로 과거를 재단하면서 비판하는 경우가 있다. 하지만 당대의 정치적 결정을 제대로 이해하려면 당시 처했던 상황을 이해할 필요가 있다. 그런 점에서 세종 시대 전후의 상황을 살펴보자.

조선 초기는 왕권이 극도로 불안정했던 시기다. 제1·2차 왕자의 난, 계유정난, 중종반정 등 건국 후 100년 남짓 동안 피바람이 불면서 왕위가 순탄하게 계승된 적이 별로 없었다. 이 기간에 태조

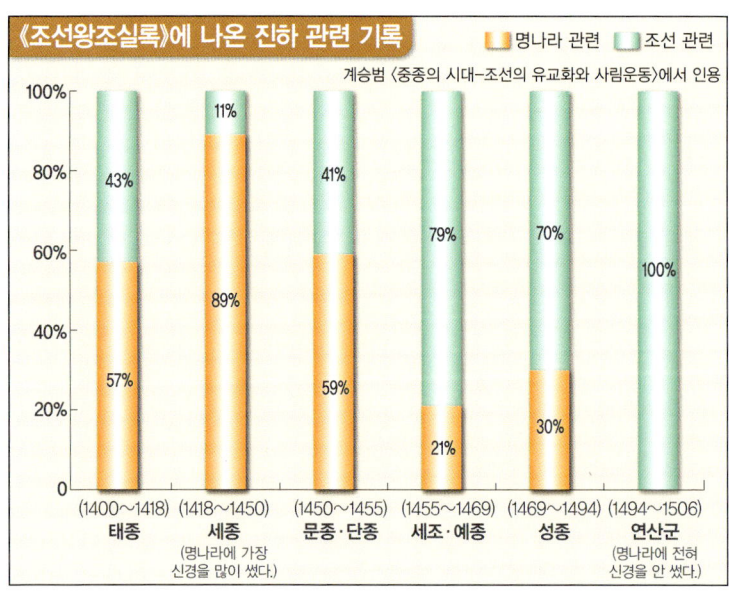

부터 성종까지 11명의 왕이 있었는데, 이 중 선대왕의 맏아들로서 왕위에 오른 것은 문종, 단종, 예종 등 3명뿐이다. 심지어 이들은 하나같이 얼마 가지 못하고 쫓겨나거나 사망했다. 오히려 쿠데타로 정권을 잡은 태종, 세조 때가 더 안정적으로 나라가 발전했다.

새 나라를 세우면서 성리학적 질서를 강조했던 조선 집권층으로선 참 모순적인 상황이었다. 군신유의를 강조해봤자 왕위 계승에서조차 칼을 쥔 자가 흥하는 것이 현실이었다. 유교적 질서가 자리 잡기란 쉽지 않았고, 따라서 왕권의 권위가 추락하는 것은 당연한 일이었다.

이런 배경 속에서 조선의 국왕들은 자신의 정통성과 권위를 높일 방법을 고민할 수밖에 없었다. 세종의 사대는 그런 고민에서 나온 산물이었다. 천자와의 긴밀한 관계는 국왕의 권위를 높이는 데 이용할 수 있었다. 이것은 해방 이후 신생국 시절 대한민국 대통령들이 미국 대통령과의 관계를 통치하는 데 활용한 방식이기도 하다.

또한 조선의 국왕이 명나라 황제에게 들이는 정성은 곧바로 조선 내부의 통치 구조에도 그대로 반영되었다. 국왕과 사대부의 관계에서도 유교적 가치에 기반한 군신 관계를 확립하는 데 도움이 됐다는 이야기다. 대외적으로도 대명 관계는 조선이라는 신생 왕조의 안정성과 직결되는 문제이기도 했다.

즉, 세종은 명나라로부터 벗어나는 독립을 추구한 것이 아니라 명나라가 주도한 세계 질서에 편입해 조정의 안정과 국가의 번영을 꾀한 군주였다. 그 덕분에 조선은 세종 시기부터 임진왜란이 일어나기까지 150여 년간 외침을 걱정하지 않고 내부 문제에 집중할 수 있었다. 세종이 사대를 지나치게 했다고 비난하기 어려운 이유다.

세종은 두만강 유역의 4군 6진을 개척하면서 명나라와 갈등

그렇다면 세종은 명나라에 무조건 양보하고 충성을 다했을까. 그렇지는 않다. 명나라의 뜻을 그대로 따르지 않고 자신의 주장을 관철한 것이 있다. 바로 국가 존립의 절대 가치라 할 만한 영토 문제였다.

세종 시대에 압록강과 두만강 유역의 4군 6진을 개척해 영토를 넓힌 것은 잘 알려진 일이다. 하지만 명나라는 조선이 압록강-두만강 라인까지 영역을 확장하는 것을 달가워하지 않았다. 그래서 명나라는 여진족 지도자를 복속시켜 조선을 견제하는 '이이제이(以夷制夷)' 전략을 구사했다. 조선과 가까운 여진 세력일수록 공을 들여 포섭했다. 명나라의 벼슬을 준다든가, 만주 일대의 지배 권한을 인정해주는 식이었다. 그래서 태종-세종 시대에 명나라는 조선과 특수 관계였던 동맹가첩목아(童猛哥帖木兒)라는 여진족 추장에게 입조하도록 했고, 조선은 이를 막기 위해 물밑 작업을 벌였다. 이런 정황을 알게 된 영락제는 조선에 사신을 보내 "짐이 왜 조선과 영토를 다투겠느냐"라며 불쾌함을 감추지 않았다.

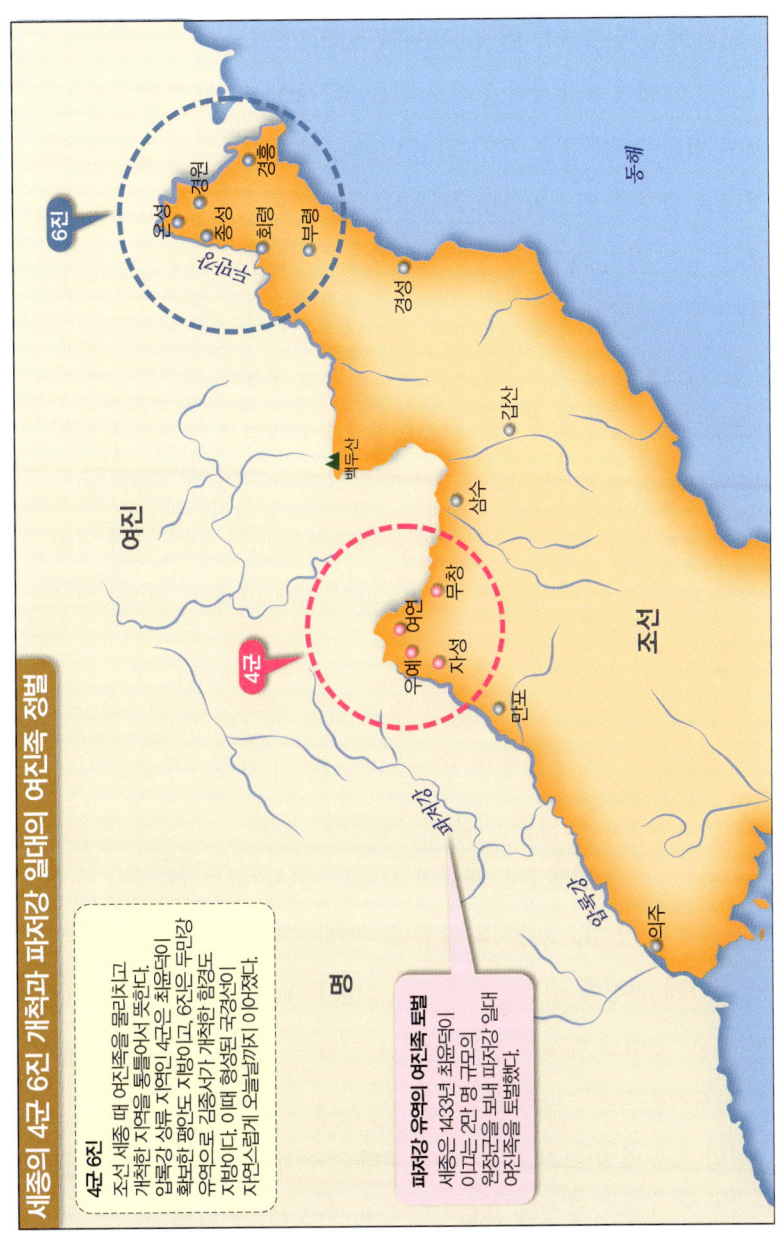

이런 와중에 세종은 즉위 15년째인 1433년 여진족들이 활동하는 파저강 일대에 대대적인 정복 사업을 추진했다. 조선 초기 최대 규모의 정벌로 평가받는 군사 작전이었다. 변경으로부터 "조선이 제멋대로 군사를 일으켜 쳐들어왔다"라는 보고를 받은 명나라도 그냥 보고만 있지 않았다. 조선으로 즉각 사신을 보내 추궁도 하고, '서로 침범하지 말라'라는 황제의 칙서를 보내기도 했다.

하지만 세종은 과거 "여진족이 국경에서 문제를 일으키면 자체적으로 조치하라"라고 했던 명나라 황제의 발언을 근거로 들이대며 입장을 굽히지 않았다. 또 현장 조사를 위해 말을 빌려달라는 명나라 사신의 요구도 "황제로부터 전달받은 바가 없다"라며 거절했다. 명나라와의 직접적인 충돌을 막기 위해 황제의 권위를 빌려 사신의 파견까지도 제어했던 것이다.

자칫 민감한 갈등으로 비화할 수 있었던 파저강 정벌은 영리한 외교술을 발휘해 큰 탈 없이 넘어갔다. 세종이 차곡차곡 쌓은 사대 외교의 힘이라고 한다면 무리한 연결일까.

세종이 자화자찬했듯이 세종의 시대는 명나라와의 관계가 그 어느 때보다 좋았다. 강대국과의 우호 관계를 확보한 덕분에 조선은 이 시기에 여진족 정벌, 쓰시마섬 정벌 등 공격적인 대외 정책을 펴는 등 그 어느 때보다 활동 공간을 넓힐 수 있었다. 현재에도 많은 시사점을 주는 부분이라고 생각한다.

만약 세종의 이미지를 명나라로부터 자주적 나라를 건설하려 했던, 혹은 한글을 창제한 문화 군주로만 한정해버린다면 역사의 한

면만 보여주는 단견이다.

한 발짝 더 나가자면 명나라가 조선에 이런저런 부당한 요구를 했던 것은 사실이지만 한글이나 천문 기구 혹은 신기전 때문에 양국 관계가 악화된 적은 없다. 굳이 세종 시대에 명과 마찰을 빚을 만한 사건을 꼽자면 앞서 언급한 압록강·두만강 일대의 영토 문제였지만, 이조차도 양국 갈등으로 크게 확대되지 않고 순조롭게 해결된 게 사실이다.

그런 점에서 영화 속에서 클리셰처럼 반복되는 왜곡된 세종의 모습은 이제 좀 바뀔 때도 되지 않았나. '명나라로부터 자주적인 국가를 건설하려는 세종 → 명나라 몰래 무슨 아이템을 제작 → 신료들의 반발 → 명나라에 발각 → 위기를 넘김 → 세종이 신료들 제압' 같은 판박이 식으로만 그려진다면 오히려 실제 세종과는 점점 멀어질 뿐이니 말이다.

물론 사극을 실제 역사와 똑같이 고증할 필요는 없다. 재미를 위해 상상력이 가미될 수도 있다. 다만 '가짜 세종'을 만들면서까지 일관되게 사실과 다른 메시지를 전달하는 것이 무슨 의미가 있을지도 의문이다. 이런 콘텐츠들을 접하면서 어느새 우리 역사의 문제를 '남 탓'으로 돌리는 시각에 익숙해지고 있는 건 아닐까.

조선 노비가 만든 연은법이
일본을 살찌웠다

김감불과 김검동의 연은분리법이 동아시아 역사를 바꾸었다

한국사를 넘어 세계 경제사에도 이름 석 자를 남겼어야 할 김감불(金甘佛)과 김검동(金儉同)의 존재는 우리 역사에서조차 흔적이 희미하다.

두 사람이 남긴 과학적 업적은 명-조선-일본의 동아시아 무역 구조를 바꿔놓았고, 훗날 일본의 부국강병과 임진왜란에도 영향을 미칠 정도로 근세 역사에 큰 발자취를 남겼다. 그런 김감불과 김검동이 왜 우리 역사에서는 잊히게 됐을까.

"양인 김감불과 장례원 소속 노비 김검동이 아뢰기를 '납(鉛鐵) 한 근으로 은 두 돈을 불릴 수 있습니다. 무쇠 화로나 냄비 안에 매운재를 둘러 놓고 납을 조각조각 끊어서 그 안에 채운 다음 깨진 질그릇으로 사방을 덮고 숯을 위아래로 피워 녹입니다' 하니 (왕이) 전교하기를 '시험해보라' 하였다."
《연산군일기》 9년 5월 18일

납에서 은을 분리하는 과정을 담은 이 기록은 《조선왕조실록》에 이례적으로 남은 화학 실험의 현장이다. 먼저 은광석(은이 포함된 광석)과 납을 섞어 태워 혼합물(함연은)을 만든 뒤 이것을 다시 가열한다. 그러면 녹는점이 낮은 납은 재에 스며들고 순수한 은만 남게 된다. 금속의 녹는점을 이용해 은을 추출하는 방식이다. 훗날 '연은분리법(鉛銀分離法)' 또는 '회취법(灰吹法)'이라고 명명됐다.

이전까지는 은광석을 며칠이고 가열해 남은 재에서 은을 걸러내는 고대 기술이 그대로 통용됐다. 이 방식은 나무 같은 땔감도 많이 잡아먹었고, 무엇보다 여기에 들인 노동력과 시간에 비해 은의 생산량이 그다지 많지 않았다. 반면 금속의 녹는점을 활용한 연은

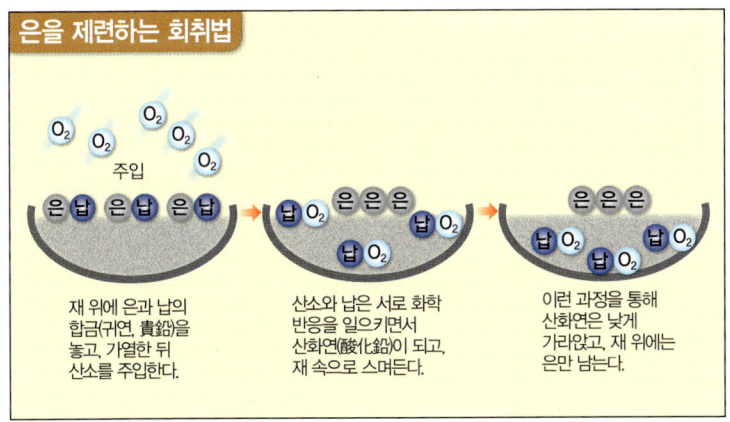

분리법은 적은 연료와 노동력을 들이고도 더 많은 생산이 가능했으니 엄청난 고급 기술이었다.

양인과 노비가 개발한 기술이 《조선왕조실록》에 자세히 남겨진 것은 왕이 시연을 관람했기 때문이다. 연산군은 조선에서 사치를 공개적으로 장려한 유일한 군주였다. 훗날 사관은 연산군의 죄상 중 하나로 "사치와 화려함이 극도에 달하였다"를 꼽았다.

1506년 중종반정으로 인해 연은분리법과 은광 채굴에 철퇴

연산군은 이때까지 금지됐던 고급 비단(紗羅綾緞. 사라능단)의 착용을 허용했다. 도성에서 일하는 관리의 의복이 추악하다고 비판했고, 서울에서 누추한 의복을 입으면 종실 인사도 처벌한다는 전교를 내렸다. 그는 미풍양속으로 칭송되던 근검절약을 '비루한 행위'로 치부했다. 성리학 사회에선 있을 수 없는 일이었지만 역시 연산군이기에 가능했다.

그런 연산군인 만큼 은을 만들 수 있다는 기술에 솔깃할 수밖에 없었다. 이날 김검동과 김감불의 연은분리법 시연을 본 연산군은 "이제 은을 넉넉히 쓸 수 있다(銀可足用)"라고 흡족해하며 돌아갔다고 사서는 전한다. 닷새 후, 연산군은 조선 최대의 은광이 있는 함경도 단천에서 연은분리법으로 은을 캐라는 어명을 내렸다.

왕이 은광 개발에 관심을 보이자 지금의 경제부총리에 해당하는 호조판서는 한발 더 나아갔다. 그는 '채은납세제(採銀納稅制)'를 시행하자고 건의했다. 민간에 은 채굴을 허용하고 세금을 걷자는, 당시로서는 파격적인 아이디어였다. 연산군은 이것도 허가했다. 당시 기록에 따르면 1인당 하루 1냥(兩)을 은 현물로 걷었다는데 적은 액수가 아니었다. 제대로만 하면 국고도 불리고 민간 경제도 활성화하는 괜찮은 아이디어였다. 하지만 여기서도 연산군판 국정 농단이 벌어졌다. 연산군이 총애하던 후궁(장숙용) 집안이 일부 채굴권을 챙기면서 면세권까지 얻어낸 것이다.

당시 은 채굴권을 둘러싼 부정부패가 횡행했지만, 단천 은광은 매장량이 풍부했다. "단천의 어디를 파도 모두 은광석이 나와 실로 무궁하다"라는 기록이 그 규모를 짐작하게 한다. 장숙용 집안뿐 아니라 은광을 통해 부를 축적한 이들이 많았다. 은을 화폐로 사용하는 명나라는 은 수요가 많았기 때문에 이들을 상대로 짭짤한 재미를 봤다.

그뿐만 아니라 명나라와의 사무역이 발달하면서 은광 채굴은 더욱 활기를 맞았다. 당시 호황에 대해 《조선왕조실록》은 '황해도부터 의주까지 짐을 실은 수레가 가득하다', '중국으로 가는 사신들은 최소 은 3,000냥씩 쥐고 간다', '조선-명 국경 지대 물가가 치솟아 북경과 다를 바 없다'라고 기록하고 있다.

그러나 호황은 오래가진 못했다. 1506년에 중종반정이 일어났고, 연산군은 왕위에서 쫓겨나 강화도에 유폐되었다. 이재를 탐하는 것을 장려하고 사치를 용인하던 시대도 막을 내렸다. 신정부의 첫 번째 목표는 연산군 시대의 적폐 청산이었다. 여기엔 민간의 은광 채굴도 해당했다. 반정이 일어난 1506년 9월에 바로 금지됐으니 즉각적인 조치가 취해진 셈이다. 이듬해 4월엔 연은분리법도 금지하는 방안을 검토하라는 어명이 내려졌다

조선에서 금지한 연은분리법이 일본으로 유출되어 만개

 조선이 은광 개발을 막느라 애쓰는 동안 일본에선 은광 개발에 박차를 가하고 있었다. 그러던 중 중종 37년, 일본 사신이 무려 8만여 냥(3,200킬로그램)의 은을 가져와 무역을 요구해 조선 조정을 깜짝 놀라게 만들었다. 막대한 매장량을 자랑하던 단천 은광에서도 연간 생산량이 1,000냥을 넘지 않았다.

 일본 사신은 조선의 면포를 요구했다. 은의 값을 치르려면 무려 45만 필의 면포를 내줘야 했는데 전례가 없는 양이었다. 대신들은 감당할 수 없는 양이라며 손사래를 쳤다. 중종이 은광 개발을 중단시키고 30년 이상 지난 뒤의 일이다.

 이후 조정에는 일본에서 들어온 은이 도성 시전에 가득 찰 정도라거나, 일본 상인들이 은을 대거 가져와서는 무역을 요구한다는 보고가 속속 올라왔다. 사실 이상한 일이었다. 불과 반세기 전만 해도 상황은 정반대였다. 일본은 조선에 후추 같은 특산품을 바치면서 인삼과 은을 요청했던 나라다. 어디서 이런 막대한 은이 났을까.

"왜인과 서로 통하여 연철을 많이 사다가 불려서 은을 만들고 왜인에게 그 방법을 전습한 일은 대간이 아뢴 대로 국문하라. 서종은 비록 무반(武班) 사람이라 해도 벼슬이 판관에 이르러 무식하지 않다. 또 (연철을) 불려서 은을 만드는 일은 사람마다 하는 일이 아니요, 반드시 장인(匠人)이 있고 난 뒤에라야 할 수 있는 것인데, 그 집에 장인이 있고 없는 것을 알 수가 없다. 다만 증거가 없고 형벌을 한 번 받고 병이 났으니 또 재차 형벌을 가하면 죽을까 걱정이다." 《중종실록》 34년 8월 19일

일본 사신이 8만 냥의 은을 갖고 들어오기 3년 전이다. 1539년 유서종이라는 종4품 판관이 연은분리법 기술을 일본에 유출했다가

▶ 혼슈 남서부에 자리 잡고 있는 일본 최고의 이와미 은광. 2007년 유네스코 세계문화유산에 등재되었다.

적발됐다.

그런데 유서종이라는 인물은 독특한 전력을 갖고 있었다. 2년 전 의주에서 판관으로 재직했을 때도 명예롭지 못한 일에 연루되어 왕에게까지 보고된 적이 있었다. "의주판관 유서종 일가가 패란된 일이 많아 조관에 합당치 않습니다"라는 《중종실록》의 내용을 보면 이권 사업에 손을 대고 있었을 가능성이 높다.

그런데 유서종이 판관으로 있던 의주는 명나라와 국경을 맞댄 상업 도시로 조선의 은이 모여드는 집결지였다. 2년 뒤 유서종이 일본인들에게 연은분리법의 기술을 넘긴 것을 보면 아마도 이때부터 은과 관련되어 몰래 자신의 배를 채우는 일을 해왔던 것 같다. 그런데 일본에 이 기술을 넘긴 건 유서종뿐이 아니었다.

세계 제2의 은 생산국인 일본은 상업이 비약적으로 발달

일본 시마네현에 있는 이와미 은광(石見銀山)은 세계적인 은광 유적으로 유명한 곳이다. 2007년에는 유네스코 세계문화유산으로 등록됐다.

이와미 은광은 16세기 초반만 해도 평범한 은광에 지나지 않았다. 이곳에 매장된 은광석에는 납이 다량으로 섞여 있었다. 전통적인 방식으로는 추출량이 많지 않았다. 그래서 회취법이 넘어가기 전에는 일본의 은광석을 조선으로 가져와서 은으로 만드는 방식이 유행했다. 지금 한국이 원유를 사다가 정제해 수출하는 것과 비슷한 셈이다.

그런데 이와미 은광의 운명이 바뀌는 날이 왔다.

이와미 은광 측 기록에 따르면, 1526년 하카타의 상인 가미야 히사사다(神谷久貞)가 본격적으로 개발하면서 경수(慶壽)와 종단(宗丹)이라는 조선의 기술자를 초청해 연은분리법을 습득하는 데 성공했다. 경수와 종단이 일본으로 건너온 건 중종이 연은분리법 중단을 검토하라고 지시한 지 20년이 지난 때다.

연은분리법을 도입하면서 이와미 은광은 이전과 다른 존재가 됐다. 17세기 초 이와미 은광의 연 생산량은 3~4만 킬로그램으로 볼리비아 포토시 은광에 이어 세계에서 손꼽히는 은광으로 변모했다. 일본은 당시 연 20~30만 킬로그램에 달하는 은을 캐냈는데, 이는 전 세계 은 생산의 3분의 1에 해당하는 양이었다.

일본을 향한 행운의 여신의 미소는 여기서 끝나지 않았다. 연은분리법, 즉 회취법이 일본에 전해진 16세기는 전 세계의 교역망이 하나로 묶이는 '세계화'의 막이 오른 때였다. 마젤란의 세계 일주로 남미, 동아시아, 인도, 유럽이 교역로를 통해 단일 경제를 만들어가던 이 무렵, 일본은 포르투갈을 통해 국제 교역에 편입할 수 있었다. 이때 국제 통화는 은이었다. 훗날 한 역사가가 "은은 세계를 돌면서 세계를 돌아가게 만들었다"라고 평가할 정도로 전 세계가 은으로 연결되어 화폐처럼 물건을 사고팔았다. 지금의 달러와 같은 기능을 했다. 이전까지만 해도 아시아 무역에서도 변방에 불과했던 일본은 세계 제2의 은 생산을 바탕으로 비약적인 상업의 발전

16~17세기 은의 흐름과 세계 교역망

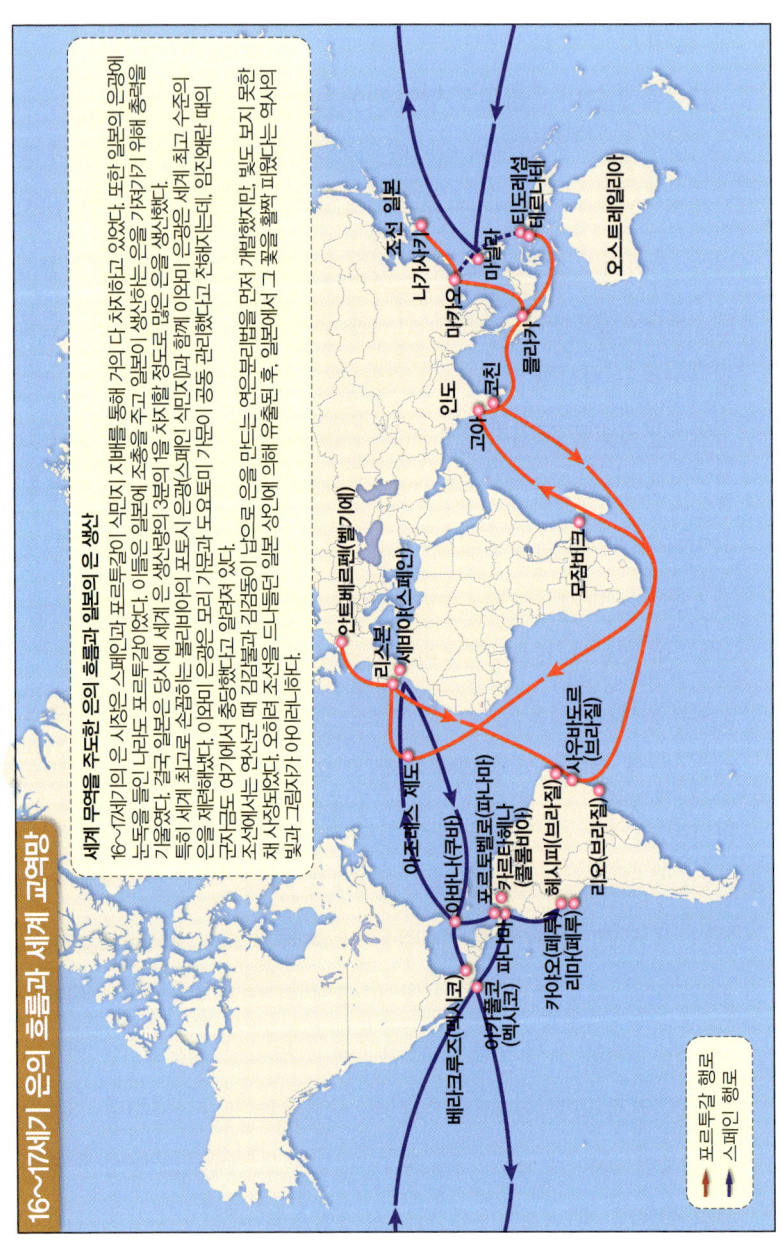

세계 무역을 주도한 은의 흐름과 일본의 은 생산

16~17세기의 은 시장은 스페인과 포르투갈이 식민지 지배를 통해 거의 다 차지하고 있었다. 또한 일본이 일본의 은광에 눈독을 들인 나라도 포르투갈이었다. 이들은 일본에 조총을 주고 일본이 생산하는 은을 가져가기 위해 총포를 기꺼이 건넸다. 결국 일본은 당시에 세계 은 생산량의 3분의 1이 될 정도로 많은 은을 생산했다. 특히 세계 최고로 손꼽히는 볼리비아의 포토시 은광(스페인 식민지)과 이와미 은광은 세계 최고 수준의 은을 제련해냈다. 이와미 은광은 포르투갈 가문과 도요토미 가문이 공동 관리했다고 전해지는데, 임진왜란 때의 군자금도 여기에서 충당했다고 알려져 있다.

조선에서는 역사군 때 김감불과 김검동이 납으로 은을 만드는 연은분리법을 먼저 개발했지만, 빛을 보지 못한 채 사장되었다. 오히려 조선을 드나들던 일본 상인에 의해 유출된 후, 일본에서 그 품을 훨씬 파생시키는 역사의 빛과 그림자가 아이러니하다.

을 이루었다.

 전국 시대에 치열하게 경쟁하던 일본 다이묘들에게 은광은 세력을 유지하고 키우는 데 큰 자산이 됐다. 이와미 은광은 1584년 도요토미 히데요시(豐臣秀吉)에게 넘어갔고, 그가 군자금을 마련하는 데 요긴하게 쓰였다. 전국 시대 이전만 해도 대외 진출에 소극적이던 일본이 무려 30만 대군을 일으켜 명나라를 점령하겠다는 꿈을 꿀 수 있었던 것도 이런 막대한 은이 뒷받침됐기 때문이다. 조선이 개발하고도 외면한 연은분리법이 임진왜란을 가능하게 만든 한 요인이 됐다는 건 역사의 아이러니가 아닐 수 없다.

 연은분리법은 동아시아 무역에도 큰 영향을 끼쳤다. 일본이 조선의 인삼을 구매하는 용도로 제작한 인삼대왕고은(人蔘代往古銀)이라는 순도 80%의 은화가 조선을 거쳐 명나라로 유통됐다. 이를 통해 명(비단)-조선(인삼)-일본(은)의 삼각 무역 체제가 활성화되면서 16~17세기 동아시아의 상업 발달을 촉진했다. 조선의 한 양인과 노비의 손에서 시작된 나비 효과였다.

 연은분리법을 개발한 김감불과 김검동은 어떤 대우를 받았을까. 연산군 앞에서 시범을 보였던 이들이 어떤 생애를 살았는지는 아쉽게도 어디서도 찾을 수가 없다. 다만 중종반정 직후 은광 개발이 중단된 점이나, 이듬해 연은분리법에 대한 금지를 논의했다는 점을 고려하면 두 사람이 편히 살기는 어려웠을 것 같다. 연은분리법을 개발해 연산군의 사치를 조장했다는 이유로 중종반정 이후 처벌을 받았을지도 모른다. 어쩌면 이와미 은광에서 초청했다는 조선 기술자 경수와 종단이 바로 김감불과 김검동은 아니었을까. 세계적인 화학자 또는 연금술사로 이름을 남길 수도 있었던 두 기술자는 그렇게 우리 역사에서 홀연히 사라졌다.

새로운 정부가 들어설 때마다 새로운 프레임을 들고 나와 경제판이 요리되는 건 지금도 마찬가지다. 이전 정부에서 역점적으로 추진되던 사업들은 대개 찬밥 신세가 된다. 우라늄으로 전기를 생산하는 원전 기술이 그런 상황이다. 정부의 탈원전 기조가 이어지면서 원전 기술자들이 해외로 빠져나가고, KAIST에선 원자력을 전공하겠다는 학생이 나오지 않는다고 한다. 정치 논리에 따라 특정 분야의 전문가와 기술자가 천시되고 제 뜻을 마음대로 펼치지 못하는 것은 예나 지금이나 다름이 없는 것 같아 씁쓸한 생각이 든다.

영조는 왜 10여 년이나 금주령에 집착했을까?

> **1년 동안 술을 빚다가 섬으로 유배된 밀주업자만 700명**
>
> "술을 빚은 자는 섬으로 유배를 보내고, 술을 사서 마신 자는 영원히 노비로 소속시킬 것이며, 선비 중 이름을 알린 자는 멀리 귀양 보내고, 일반인들은 햇수를 한정하지 말고 수군(水軍)에 복무하게 하라."
>
> 《영조실록》 32년 10월 20일

조선의 21대 군주 영조는 누구보다 엄격한 금주령(禁酒令)을 시행한 왕이다. 앞서 몇 차례 좌절을 맛본 그는 수개월의 논의를 거쳐 1756년(영조 32년)에 작정하고 칼을 뽑아 들었다. 조선 역사상 가장 강력한 금주령이었다. 과연 성과는 어땠을까. 1년이 지났을 때 영조의 발언을 보자.

"오늘은 금주를 한 지 일주년이 되는 날이다. 금주를 어겨 섬으로 유배된 자가 700여 명이나 되는데, 모두 풀어주도록 하라."

《영조실록》 33년 10월 24일

섬으로 유배를 보내는 건 술을 만들던 사람들, 그러니까 주로 밀주업자였다. 1년 동안 술을 빚다가 잡힌 밀주업자만 700명에 달했다는 이야기다. 술을 마시다가 잡힌 자가 몇 명인지는 나오지 않는다. 하지만 술을 빚다가 잡힌 700명보다는 훨씬 많았을 것이다. 당시 인구수를 고려해보면 사회에 꽤 파장을 일으켰으리라 짐작해볼 수 있다.

심지어 영조 38년엔 금주령을 어겼다는 이유로 이원상이라는 자가 서울 노량진 모래사장에서 효시되기까지 했다. 그야말로 금주령 공포 시대였다.

흉년의 조짐이 있으면 조정은 일찌감치 금주령 시행

술에 대한 조선의 태도는 이중적이고 모순적이었다. 성리학의 영향으로 술에 대해 억압적인 문화였을 것으로 생각할 수도 있지만, 실상은 그렇지 않았다.

성리학에선 국가 의례와 조상 제사 등을 중시했는데, 반드시 술이 들어가기 때문이다. 즉, 유교 사회에선 술이 빠진 행사는 있을 수 없는 일이었다. 《주자가례(朱子家禮)》에도 관혼상제에서 술을 마시는 법도를 자세히 기록했고, 겨울의 세시풍속엔 향음주례(鄕飮酒禮)라 하여 향촌의 선비와 유생들이 모여서 술자리를 갖는 행사를 권장했다.

오히려 우리 역사에서 술의 영향력이 사회 전반으로 확대된 것은 조선의 유산이라고 해도 과언이 아니다. 불교의 영향을 강하게 받았던 고려 시대엔 차를 중시하는 문화가 있었다. 그래서 다 같이 모여 음주보다 음다(飮茶), 즉 차 마시기를 즐겼다는 기록이 곳곳에 남아 있고 왕실 제사에도 차가 쓰였다.

하지만 한편으론 농업 사회인 조선에서 음주는 경계의 대상이기도 했다. 곡식이 부족한 상황에서 술을 빚다간 식량 수급이 곤란해져 민심이 흉흉해질 것을 염려했기 때문이다. 연산군 때 어무적이라는 관료는 "1년의 곡식 중 절반이 술에 소비된다"라고 지적했다. 따라서 흉년의 조짐이 있으면 조정은 일찌감치 금주령을 내렸는데, 이는 곡식 수급에 대한 민감한 대응이었다.

> "지평(持平) 이세인이 아뢰기를, '지금 가뭄 징조가 있는데 민간에서 잔치하여 술 마시기를 도(度)가 없이 하오니 금주하소서'라고 하니, '그리하라'라고 전교하였다." 《연산군일기》 2년 윤3월 26일

무역 등 상업 활동이 활발했던 고려에 비해 조선은 농업 의존도가 훨씬 높았다. 고려 정부가 몽골을 상대로 40년이나 강화도에서 버틸 수 있었던 것도 국가 경제에서 차지하는 농업 의존도가 낮았

던 덕분이다.

하지만 농업이 산업의 전체나 다름없던 조선에서 흉년은 치명적 재앙이었다. 술 생산에 민감할 수밖에 없던 이유다. 심지어 중종 때는 술을 빚는 재료인 누룩의 판매를 금지하자고도 했다.

> "금주령이 엄밀한 듯하지만 여염에서는 여전히 술을 빚고 있으니 온갖 계책을 생각해보아도 금지하기가 매우 어렵습니다. 도성의 각 시장에는 누룩을 파는 데가 7~8곳이 있는데, 그곳에서 하루에 거래되는 것이 700~800문(門)이 되며, 그것으로 술을 빚는 쌀은 1,000여 석에 이를 것이니 … 명년 가을까지만 누룩의 매매를 일절 엄금하도록 하는 것이 어떻겠습니까?" 《중종실록》 36년 11월 13일

하루 1,000석이면 1년이면 36만 석이다. 그런데 조선 시대 정1품 관료가 1년에 2차례 받는 녹봉이 100석이었다. 그러니까 하루 1,000석이면 지금으로 치면 장관급 공무원 5년 치 연봉이다. '하루 1,000석'이라는 보고를 액면 그대로 믿기는 어렵지만 매우 많은 곡식이 술로 사용됐음을 알 수 있다.

금주령을 내려도 권세가는 피해 가고 서민들만 어려워진다

그렇지만 조선 전기엔 금주령이 그다지 엄격하진 않았다. 금주령이 내려지고 해제되기를 반복했지만, 내려지더라도 '구멍'을 만

들어놓았기에 빠져나갈 틈도 많았다.

예를 들어 조선 시대 첫 금주령을 보자. 태조 2년(1393년)에 내려진 금주령은 왕실 행사나 일월성신(日月星辰)에 올리는 제사 등엔 허용한다는 예외 조항을 많이 뒀음에도 고작 일주일 만에 해제됐다. '중국 사신이 와서 접대해야 한다'라는 외교 문제와 '날씨가 춥다'라는 이유였다. 전통 사회에선 술이 방한(防寒) 도구로 사용되기도 했으니까.

이성계는 음주에 대한 처벌에 대해서도 "무릇 사람으로서 병이 있는 자는 혹여 술을 약으로도 마시게 되는데, 일괄로 명령을 어겼

▶ 「주사거배(酒肆擧盃)」, 1805년, 신윤복, 간송미술문화재단 소장. 주사거배는 술집에서 술잔을 든다는 뜻이다.

다고 죄를 가하는 일이 옳겠는가?"라며 의문을 제기하기도 했다. 한반도 최북단인 두만강 일대에서 기반을 닦은 이성계 집안의 내력이 작용했는지도 모른다.

그의 아들 이방원은 금주령의 실효성에 대해서도 다소 부정적이었다.

> "임금이 명하였다. '금주령이 먼저 세민(細民)에 행하고, 거가(巨家)에는 행하지 아니하였다. 또 술을 팔아서 생활의 밑천으로 삼는 자도 있으니, 공·사연(公私宴)의 음주 이외는 금하지 말라.'"
> 《태종실록》 12년 7월 17일

금주령을 내려도 권세가는 피해 가고 서민들만 어려워진다는 점을 지적한 것이다.

심지어 금주령 기간 중 "생원시 합격자 발표 후 3일 동안은 술을 금지하지 말라"라는 특별 명령을 내리기도 했다. 생원시는 과거의 가장 낮은 단계의 시험인데, 여기에 합격하면 성균관에 입학할 자격이 주어졌다. 지금으로 치면 대입 수능 정도로 볼 수 있다.

생원시 합격 발표 후 3일간 술을 마셔도 된다는 태종의 근거는 이랬다.

> "새로 들어온 생원을 축하하는 것은 오래된 풍속이니, 3일 동안은 하고서 그침이 마땅하다."
> 《태종실록》 17년 2월 16일

예나 지금이나 신입생 오리엔테이션은 마음껏 놀 수 있는 해방의 시공간이었던 모양이다. 선죽교에서 정몽주를 피살한 일과 제1·2차 왕자의 난으로 잔혹한 이미지가 강해지긴 했지만, 이방원은 성균관에 들어가 과거 문과 시험에 합격한 문무 겸비의 엘리트 출신이다.

또 금주령을 자주 내렸던 성종 때는 특이하게도 활 쏘는 무사들이 제외됐다. 다소 의외지만 '술을 마시지 않으면 적중도가 떨어진다'라는 이유를 내세웠다.

> "한명회가 아뢰기를 '무사는 술을 마신 뒤에야 활을 잘 쏘는 것인데, 지금은 금주 때문에 사람들이 활쏘기를 좋아하지 않습니다. 그러므로 일전에 모화관(慕華館)에서 관사(觀射)하실 때에 잘 쏘는 자가 적었습니다. 청컨대 사후(射侯) 때에는 술을 금하지 마소서' 하니 전교하기를 '가(可)하다. 다만 아주 취하는 것을 금하라'." 《성종실록》 4년 2월 4일

수신의 군주 영조는 왜 금주령에 집착했을까?

이처럼 금주령은 조선에서 특별한 이벤트는 아니었지만 대개 1~2년을 넘지 않았고, 또 적용 기준과 처벌 수준도 엄하지가 않았다. 또 흉년에 대비한 경제적 요인으로 시행하는 경우가 많았다. 그런 점에서 강력한 처벌을 기반으로 10년간 금주령을 시행했던 영조의 경우는 특수한 사례였다.

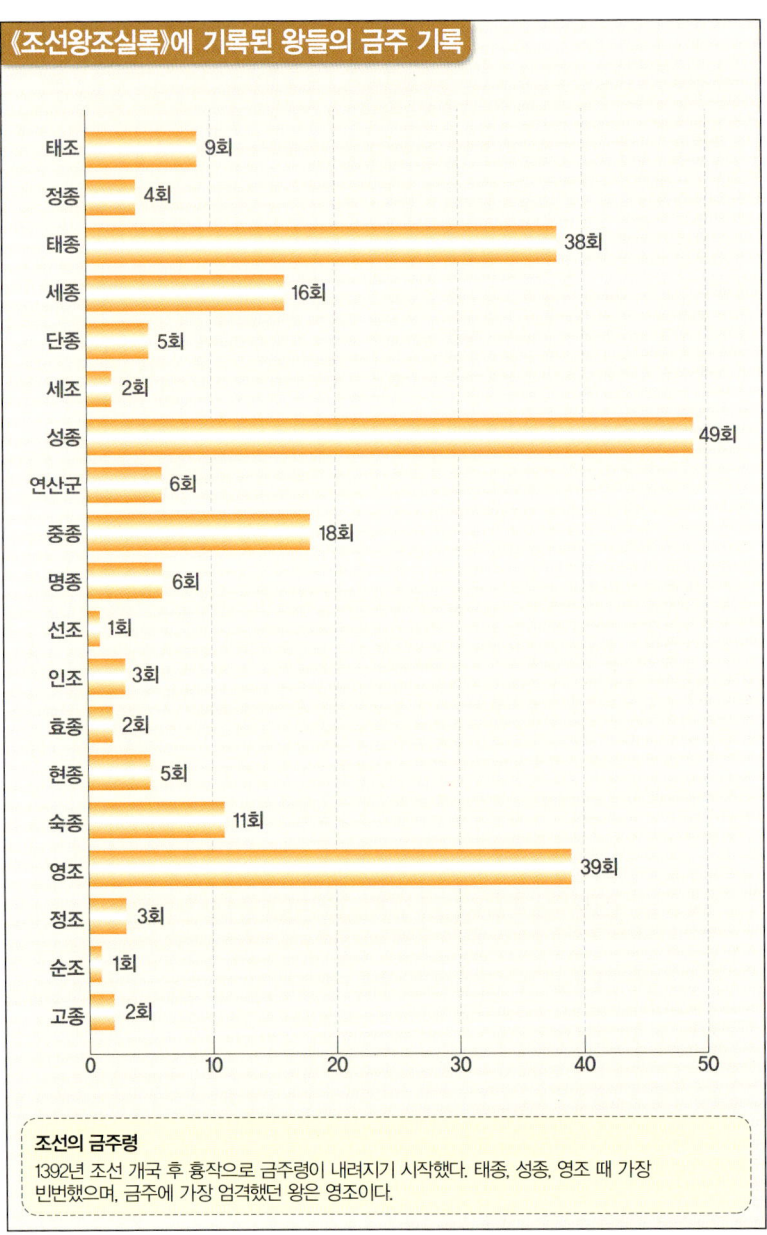

《조선왕조실록》에 기록된 왕들의 금주 기록

조선의 금주령
1392년 조선 개국 후 흉작으로 금주령이 내려지기 시작했다. 태종, 성종, 영조 때 가장 빈번했으며, 금주에 가장 엄격했던 왕은 영조이다.

태조 때의 전례를 떠올리며 중국 사신이 오면 술을 대접해야 하는데 어떻게 하느냐는 신하들의 걱정에 영조는 "우리의 특별한 사정을 잘 설명하고, 감주(甘酒)로 드려라"라는 답변을 내놓았다. 예외를 두지 않겠다는 강력한 의지를 보인 것이다. 이렇게까지 나오면 신료들도 감히 금주령에 대해 딴소리를 할 수 없었을 것이다.

영조가 금주령에 집착한 이유로는 우선 스스로가 매우 검소하고 자기 절제에 충실한 군주였다는 점을 꼽을 수 있다. 83세에 사망한 그는 자신의 장수 비결로 '채식과 적게 먹는 습관'을 꼽았을 정도로 평생 사치를 멀리했다.

그는 감선(減膳)도 89차례나 해서 조선 역대 왕 중 최다 기록을 세웠다. 감선은 재해 등 국가에 안 좋은 일이 있을 때 국왕이 반찬이나 식사를 줄이는 일이다. 이것은 군주가 나라의 근심에 동참하고 있다는 신호이자 자신의 수신에 힘쓰고 있다는 것을 보여주는 정치적 행위였다. 왕이 감선에 들어가면 지방에서 충당하던 식재료 진상이 중단되거나 줄어들었고, 국가에서 발행하는 조보(朝報)에도 실렸기 때문에 전국에 널리 알려졌다.

군주의 감선은 민심이 악화하는 것을 방지하는 데 도움이 됐다. 자료에서 볼 수 있듯이 감선 횟수가 높은 군주는 대체로 사대부들의 평가도 좋은 편이다. 관료들의 권고에도 감선을 미루거나 시행하지 않으면 사관들의 따가운 비평이 쏟아졌다.

이 같은 영조의 절제에는 출생과 혈통에 대한 콤플렉스도 작용했다는 설이 있다. 그는 궁녀의 소생으로 알려져 있는데, 정병설 서

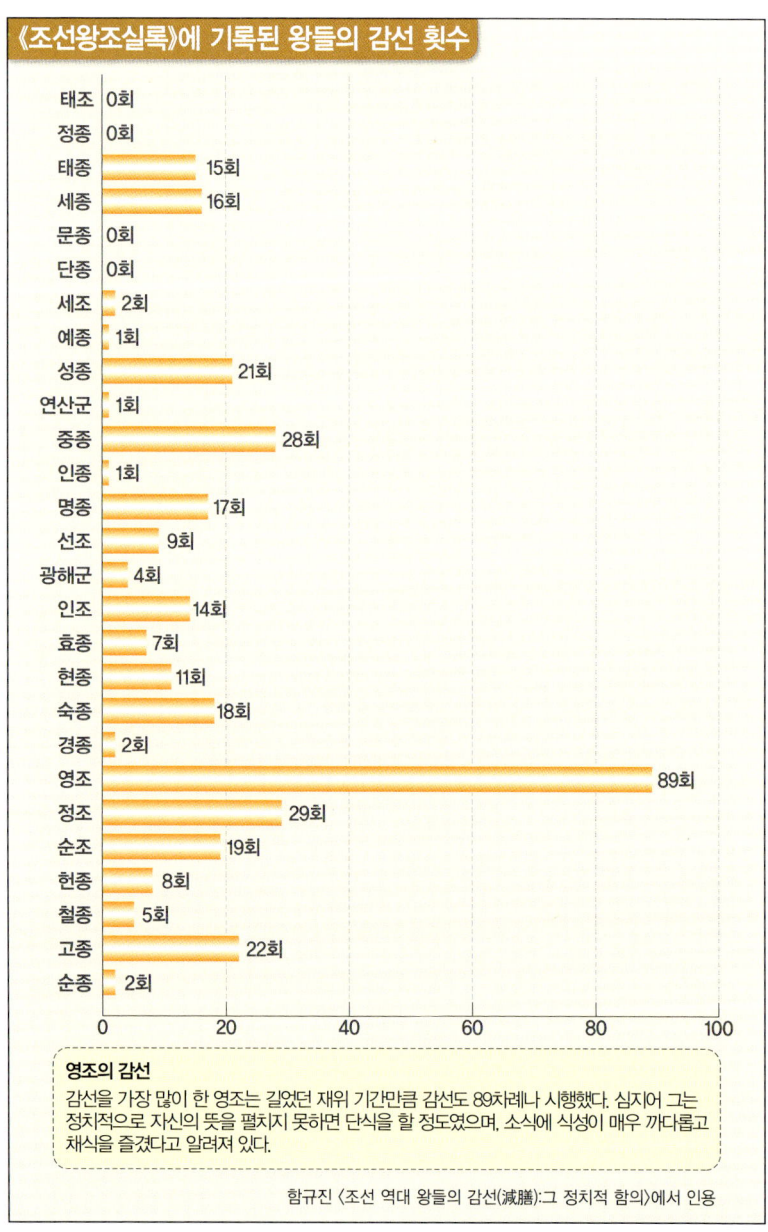

울대 교수는 궁녀보다도 신분이 낮은 각심이(궁녀의 몸종)의 소생으로 본다. 그래서인지 영조는 혈통 문제에 민감했고, 행여나 사대부들에게 얕보이진 않을지 경계도 많았다.

부부 관계에도 영향을 끼쳤다. 신혼 첫날밤 영조가 부인 정성왕후에게 "손이 참 곱소"라고 말을 건네자, 정성왕후는 "귀하게 자라서 그렇습니다"라고 대답했다. 이 대답이 영조의 콤플렉스를 건드렸다. 영조는 부인 정성왕후와 평생 동안 거리를 뒀다.

그렇더라도 콤플렉스가 자기 절제의 도구로 작용했다는 건 평가받을 대목이다. 영조는 자신에 대해 엄격하려 했고, 자신감이 있었기 때문에 금주령 같은 법안도 강력하게 밀고 나갈 수 있었다.

서울 중심가에 밀주를 만들어 파는 비밀 공간 성황

그래도 저항은 만만치 않았다. 영조가 "모두 풀어주도록 하라"라고 명을 내리고 2년 뒤에 형조판서 김상익이 "금주령을 어겨 술을 빚다가 갇힌 죄수가 무려 100여 인에 달합니다"라고 보고한 것을 보면 알 수 있다. 이에 대한 영조의 반응은 기록으로 남아 있지 않지만, 아마도 큰 한숨을 내쉬지 않았을까. 인간의 욕망을 도덕과 법으로 제어한다는 건 어느 시대나 한계가 있기 마련이다.

사실 영조는 엄벌이 능사는 아니라고 판단했던 것 같다. 금주령 1년 뒤 이를 어긴 700명을 풀어주면서 처벌 수위도 끌어내렸기 때문이다.

"선비는 10년을 관직 임명될 수 없도록 하고, 유생(儒生)은 10년 동안 과거 시험에 응시할 수 없도록 하며, 서민과 천인들은 10년 동안 종으로 삼되, 술을 빚은 자나 마신 자는 같은 법으로 다스려라."

《영조실록》33년 10월 24일

▶「대쾌도(大快圖)」부분, 1847년, 유숙, 서울대학교 박물관 소장. 크게 즐겁다는 뜻으로 임금이 나라를 잘 다스려 태평성대를 찬양한다는 그림이다.

사실 금주령은 실효도 없었던 데다 예상치 못한 부작용까지 발생했다. 한양 한복판에서 밀주를 만들어 파는 비밀 공간이 생겼고 관리들은 이곳을 봐주는 대가로 돈을 받거나 심지어 직접 운영하다가 발각되기도 했다. '금란방(禁亂房)'이라는 단속 기구도 두었지만 소용없었다. 1920년대 금주령 시대의 시카고 마피아 뺨치는 부정부패 커넥션이 한양 한복판에서 벌어졌다는 게 흥미롭다.

그러면 영조의 금주령은 어떤 결말을 맞았을까. 영조의 출구 전략이 꽤 흥미롭다.

1767년(영조 43년) 1월, 영조는 종묘에서 제사를 지내면서 감주 대신 '진짜' 술을 올리게 했다. "건강을 보존할 수 있도록 보살펴준 조상의 은덕에 감사하기 위해서"라는 이유였다. 아무리 생각해봐도 그토록 엄격하게 고수했던 금주령을 거두어들인 명분으로선 궁색하기 그지없었다. 하지만 모두에게 좋았던 결정이었기 때문일까. 그야말로 아무런 일도 없었다는 듯이 '쓰윽' 지나갔다. 조선을 요란하게 흔들었던 금주령은 이렇게 11년 만에 조용히 사라졌다.

영조가 금주령을 폐지한 이유가 어느 곳에도 나와 있지 않다. 《실록》에도 별다른 설명은 찾을 수가 없다. 아마도 이 골치 아픈 문제를 굳이 끄집어내기보단 봉인하는 것이 가장 이상적이라고 봤기 때문은 아닐까. 어쩌면 영조의 정치력이라고 해석할 수도 있겠다.

단지 3년 뒤 한 사관은 금주령 시대를 돌아보며 담담히 전할 뿐이다.

"혹자가 말하기를 '술의 폐해가 병자년(영조 31년, 금주령 1년 전을 가리킴)보다 심하다' 하였다. … (왕은) 형조에 명하여 술을 빚는 자를 처벌하고 주점을 금지했다. 그러나 마침내 능히 금할 수 없었다."

《영조실록》46년 1월 26일

THE
HISTORY
OF
KOREA

4장

조선 사림의
역사정치

중종의 총아 조광조는
왜 붕당 수괴로 처형됐나?

"누구를 우두머리로 합니까?" "조광조를 우두머리로 하라"

"조광조 등을 보건대, 서로 붕당을 맺고서 저희에게 붙는 자는 천거하고 저희와 뜻이 다른 자는 배척하여, 세력을 만들어 서로 의지하여 권력이 있는 요직을 차지하고, 위를 속이고 사사로운 감정을 행사하되 꺼리지 않았습니다. 또한 후진을 유인하여 궤격(詭激, 말과 행동이 사리에 맞지 않고 지나치게 과격함)이 버릇이 되게 하여, 젊은 사람이 어른을 능멸하고 천한 사람이 귀한 사람을 방해했습니다. 이로써 국론이 전도되고 조정이 날로 잘못된 방향으로 나아가게 하므로, 조정에 있는 신하들이 속으로 분개하고 한탄하는 마음을 품었으나 그 세력이 치열한 것을 두려워하여 아무도 입을 열지 못했습니다. 그 죄를 분명히 다루소서."   윤자임

"이들이 늘 한 짓은 모두 정의에 핑계를 댔으므로 그 죄를 이름 붙여 말

하기 어려우니, 짐작해서 해야 할 것입니다. 누구를 우두머리로 합니까?"   정광필

"조광조를 우두머리로 하라."   중종

《중종실록》에 기록된 기묘사화(己卯士禍)의 시작이다. 1519년(중종 14년) 11월 15일 밤, 주요 대신들의 긴급 호출에서 출발한 이 사건은 오랫동안 학계의 호기심을 자극했다. 국왕의 오른팔이자 개혁의 아이콘으로 추앙받던 조광조와 그 세력(기묘사림)이 너무나 극적으로 몰락했기 때문이다.

이에 대해선 흔히 조광조가 추진한 공신 명단 축소가 훈구파의 반발을 사면서 기묘사화가 벌어졌다는 해석이 많다. 하지만 11월 15일 밤의 상황을 보면 탄핵의 제1 사유는 패거리 문화다. 조선 전기엔 용납할 수 없는 중죄에 해당했다. 그래서 조광조도 무사할 수 없었다.

졸렬한 급진주의자에서 숭고한 이상주의자까지 후대에 그에 대한 평가는 극과 극을 달린다. 하지만 조광조가 관직 출발부터 많은 주목을 받은 사림(士林)의 기대주였다는 것만은 틀림없다.

그가 진사 시험에 합격해 성균관에 입학했을 때 이미 학문 수준이 높다는 평이 자자했다. 명분론을 강조한 김종직-김굉필의 정통을 이은 성리학자로서 사림의 지지를 얻었다. 심지어 과거에 급제하기도 전에 성균관 유생 200명의 천거와 이조판서 안당의 추천으

로 종6품 조지서(造紙署)의 사지(司紙)로 임명돼 부러움을 샀다.

문과 시험에 합격한 뒤엔 엘리트 코스를 걸었다. 청요직으로 꼽히는 사간원 정언을 시작으로, 4년 만에 사헌부 대사헌(종2품)에 오르는 등 초고속 승진을 거듭했다. 대사헌은 지금의 검찰총장과 청와대 민정수석을 합친 격이다.

조광조는 4년이라는 짧은 시간 동안 현량과 실시, 소격서 폐지, 공신 명단 축소 등 만만치 않은 정책도 전격적으로 추진했다. 여기엔 중종의 전폭적인 지원이 가장 큰 원동력이 됐다. 다음 기록은 중종과 조광조의 특별한 관계를 보여주는 단적인 예시나 다름없다.

> "조광조가 말하자 중종은 얼굴빛을 가다듬으며 들었고, 서로 진정으로 간절히 논설해 날이 저무는 줄도 모르다가 환관이 촛불을 들고 가자 그제야 그만두었다." 《중종실록》14년 7월 21일

이 때문에 국왕이 조광조 일파를 처벌하라고 했을 때 일부 대신은 "저 사람들은 임금께서 다 뽑아서 현직과 요직의 반열에 두고 말을 다 들어주셨는데, 하루아침에 죄를 주면 함정에 빠뜨리는 것과 비슷합니다"라고 씁쓸한 감정을 내비치기도 했다.

조광조는 주류 교체를 위해 과거제 대신 현량과 실시

조광조의 주요 정책으로 알려져 있으면서 실상이 제대로 전달되

지 않은 것이 현량과(賢良科) 실시다. 이 정책은 많은 반대를 무릅쓰고 강행했지만, 결과적으로 조광조를 중심으로 하는 기묘사림이 추진하는 개혁의 진정성에 의문을 갖게 했기에 몰락을 알리는 전주곡이 됐다.

중종 13년 3월, 왕을 만난 자리에서 조광조와 기묘사림은 다음과 같은 제안을 했다.

> "문장만으로는 좋은 인재를 구할 수 없습니다. 학문이 풍부하고 덕이 있는 사람을 추천받으면 대현인(大賢人)이라도 얻을 수 있을 것입니다. 지방에서는 감사(監司)와 수령(守令), 한양에선 홍문관(弘文館)과 육경(六卿) 및 대간(臺諫)이 임용할 만한 사람을 천거하면 인물을 많이 얻을 수 있을 것입니다."   《중종실록》13년 3월 11일

과거 시험으로는 좋은 인재를 뽑는 데 한계가 있으니 추천제로 보완하자는 것이다. 천거를 받아 후보자를 모은 후 합격자들에겐 정상적인 문과 합격자와 동일한 특권을 갖게 한다는 것이 골자다. "중국 한(漢)나라 때 현량과를 실시한 적이 있다"라는 근거도 들었다.

하지만 과거제는 이전과 비교했을 때 체계적이고 공정한 인재 등용 시스템에 속했다. 한나라 때를 예시로 든 것도 적절치 않았다. 과거 시험이 본격적으로 활용된 것은 당–송 시대다. 한나라는 과거와 같은 체계적 선발 제도가 제대로 갖춰지지 않았다. 무엇보다

조선의 사대부들은 과거제에 자부심을 갖고 있었다. 그렇다면 왜 신진 사림파는 현량과를 요구했을까.

도학 정치를 주창하던 사림파는 과거 시험의 당락을 좌우하는 문장력을 사장학(詞章學)이라며 천시했다. 사장(詞章)은 문자 그대로 해석하면 시, 소설, 수필 등 문학 작품을 가리킨다. 성리학이 강조하는 심성(心性)에 대한 연구보다는 자유로운 상상력이 허용되는 분야다. 그러다 보니 사장학이 중시됐을 때 선비들은 심성과 도리 외에 다양한 분야에 관심을 뒀다. 그래서 조선 초기엔 풍수나 의학, 수학 등도 중시했고, 이를 과거 시험에도 적극 반영했다.

반면 조선 중기에 정계를 장악한 사림파는 경전 해석을 통해 우주와 인간 심성의 본질에 관심을 뒀다. 그러면서 자신들의 학문을 경학(經學)이라고 칭했다. 사림의 기준에서는 과거제로 들어온 인사들은 그저 문장을 다루는 기술만 뛰어날 뿐, 철학이 없는 부류였다. 과거제로는 진정한 학문의 깊이를 알기는 어렵다고 판단한 이유다. 문장력에 대해선 "외교 문서를 다룰 때나 필요한 것"이라고 말하는 등 학문과 관계없는 기술 정도로 치부했다. 그래서 사림파와 훈구파는 과거제와 사장학에 평가를 놓고 팽팽히 맞섰다.

> "조광조 등이 이학(理學)을 귀하게 여기고 사장을 천하게 여겨 매번 경연에서 '임금은 시를 지어서는 안 되고, 신하에게 지어 바치게 해서도 안 됩니다'라고 하였다." 《중종실록》 12년 9월 9일

"근래 과거를 위한 공부를 정학을 해치므로 폐지해야 한다고 말합니다. 그러나 송나라의 주자와 정자도 모두 과거를 거쳐서 나온 사람입니다. 과거를 통해 선비를 뽑더라도 어진 사람이 나올 수 있습니다. 사장과 경술은 똑같이 중시해야 마땅하며 폐지해서는 안 됩니다."

《중종실록》 12년 8월 30일

지금으로 치면 대입 수시파와 정시파의 대결이었던 셈이다.

"저희에게 붙는 자는 천거하고, 뜻이 다른 자는 배척했다"

훈구파의 반발이 거세지자 조광조 세력도 한발 물러섰다. ① 각지에서 추천을 받되, ② 이들만 대상으로 특별한 테스트를 해 문과 급제자와 동일한 권리를 부여하자는 새로운 안을 냈다. 당초 100% 추천제에서 한발 물러난 일종의 절충이었다.

그럼에도 우려는 여전했다. 과정과 결과의 불공정 가능성이 여전했기 때문이다. 남곤 같은 재상은 "(과거 중국에서 실시했을 때) 천거된 사람들은 천거한 사람과 인연이 있는 사람들이었고, 정작 재주가 있던 사람들이 누락됐다"라는 반론을 폈다. 합리적인 지적이었다.

하지만 중종은 이번에도 조광조의 손을 들어줬다. 2년간의 준비 기간을 거쳐 1519년 봄에 28명이 선발됐고, 합격자에겐 문과 급제자와 동일한 홍패(紅牌, 급제 증서)가 수여됐다.

그런데 결과가 나온 직후부터 우려했던 현상이 고스란히 벌어졌다. 무엇보다 재상이던 안당의 세 아들이 모두 합격한 것이 문제가 됐다.

안당은 이조판서 시절 성균관 학생이던 조광조를 천거해 시험도 안 보고 종6품에 올려준 적이 있다. 그런 전력 때문인지 안당은 훗날 기묘사림의 지원을 받아 우의정에 오르기도 했다. 이런 배경을 가진 안당의 세 아들이 합격자 명단에 모두 들어간 결과는 논란이 될 수밖에 없었다.

또 현량과에서 장원을 차지한 김식은 조광조와 절친한 오랜 친구였고, 한 달 만에 홍문관의 부제학이라는 높은 지위에 올랐다. 합격자 28명 중 절반이 당시 요직이라 불린 대간이나 홍문관에 배치됐으니 특혜라 불릴 만했다. 지역적으로도 19명이 서울 거주자였으니, 지역의 숨은 인재들을 천거하겠다는 당초 취지와는 전혀 다른 결과였다.

훗날 "저희에게 붙는 자는 천거하고 저희와 뜻이 다른 자는 배척하여, 세력을 만들어 서로 의지하여 권력이 있는 요직을 차지하고, 위를 속이고 사사로운 감정을 행사하되 꺼리지 않았다"라는 탄핵의 빌미를 제공한 셈이었다.

《중종실록》의 사관은 다음과 같은 기록을 남겼다.

"사신은 논한다. 안당의 세 아들이 일시에 급제하였으므로, 임금이 술과 고기를 많이 하사하여 하례했다. 사람들은 모두 이를 영광으로 여겼으나 식자(識者)들은 이것이 안씨의 복이 아니라는 것을 알았다. 한형윤이 말하기를 '이것이 참으로 급제한 것이라면 매우 좋겠지만…' 하였으니, 이번 천거과(薦擧科)가 공도(公道)로 한 것이 아니라고 여긴 것이다."

《중종실록》 14년 8월 30일

사관의 평은 '예언'이 됐다. 훗날 기묘사화가 벌어졌을 때 안당은 기묘사림과 뜻을 같이했다는 이유로 처형됐다. 세 아들의 과거 급제가 복이 아니라 화가 된 것이다.

강남 좌파가 떠오르는 조광조와 기묘사림

학계에서 사림과 훈구 세력에 대한 이분법은 오랜 논쟁의 대상이다. 통상 훈구 세력은 서울 출신-기득권층-대지주-공신 세력이고, 조광조를 필두로 한 사림 세력은 지방 출신-중소 지주-성리학적 지식으로 무장한 도덕 정치와 공론을 중시한 신진 세력으로 비교한다.

그러나 최근에는 이에 대해 많은 질문이 던져지고 있다. 일단 사림파에 대한 묘사가 조선 건국 세력인 신진사대부와 흡사하다 보니 '개혁 vs 수구'라는 이분법의 틀에 끼워 맞춘 것이 아니냐는 지적이 여러 차례 나왔다.

특히 한국사에 통계적으로 접근해 많은 시사점을 안긴 에드워드 와그너 하버드대 교수는 기묘사림이 적극적으로 추진했던 현량과 시험의 합격자를 전수 조사해 통상적 이미지와 다르다는 견해를

현량과 급제자 28인의 가족 배경

> **현량과에 대하여**
> 조선 중종 때 본래 있던 과거제의 폐단을 없애기 위해 조광조의 건의에 따라 만든 새로운 과거제이다. 숨어 있는 인재를 발탁하기 위한 방안으로 생긴 제도로 보수파 인물들의 반대를 무릅쓰고 실시했지만 기묘사화의 한 원인이 되었다.

성명	본관	거주지	가족 배경
김식	청풍	서울	조부가 문과, 장인은 종친
조우	한양	서울	처고모부가 문과, 처의 종조부는 영의정으로 성종의 장인
이연경	광주	서울	조부, 증조부, 고조부가 문과, 외조부는 종친
안처근	순흥	서울	부친, 조부, 고조부, 부친의 외조부가 문과, 장인은 종친
김명윤	광주	서울	부친, 숙부, 조부와 그의 형, 장인이 문과, 외조부는 종친
안정	순흥	서울	부, 생(生)조부, 양(養)조부, 증조부 및 고조부가 문과, 장인은 종친
안처겸	순흥	서울	동생 안처근과 동일, 장인이 종친
권전	안동	서울	부친, 증조부, 외조부가 문과
신잠	고령	서울	부친, 증조부(신숙주), 고조부, 종형이 문과, 외조부와 장인이 종친
정완	연일	서울	두 숙부가 문과
민회현	여흥	해주	외조부의 부친이 문과
안처함	순흥	서울	형 안처겸, 동생 안처근과 동일
박훈	밀양	서울	부친, 조부, 증조부, 고조부 및 두 백부가 문과
김의	안동	서울	장인과 5대조가 문과
신준미	평산	서울	고모부와 동서가 문과, 외조부와 장인이 종친(세종의 손자)
김신동	광주	서울	조부와 두 숙부가 문과
강은	진주	이천	없음
방귀온	남양	나주	종형과 두 종조가 문과
유정	진주	서울	처고모부가 문과(우의정이자 공신)
박공달	강릉	강릉	부친, 조부, 장인, 백부, 숙부가 문과
이부	고성	서울	당숙과 종조가 문과(고조 이원은 부원군, 증손 대까지 문과)
김대유	김해	청도	부친, 조부, 외조부, 장인, 두 숙부 및 종조가 문과
도형	팔거	성주	두 처고모부가 문과
송호지	여산	서울	형이 문과, 부친은 부사, 부친의 팔촌 형은 영의정
민세정	여흥	청송	외조부가 문과, 고조부는 태종의 장인
김옹	상주	경상도	고조부가 문과
경세인	청주	서울	형, 육촌 형, 육촌 형의 부친 및 고조가 문과, 장인의 동생도 문과
이령	함안	진주	부친, 조부 및 백부가 문과

종친: 왕의 부계 친척으로 적자 자손은 4대 손, 서자 자손은 3대 손까지를 대우했다.
현량과를 통과한 28인은 거의 다 유력한 가문 출신으로 그들의 친인척도 정승이나 왕실의 종친, 공신의 후예 등 지배층 출신이었다.

에드워드 와그너, 『조선왕조의 성취와 귀속』에서 인용

제시했다. 급제자 28명의 가계와 사회적 배경(조상의 문과 급제 여부 및 관직 등)을 조사한 결과 28명 중 23명이 유력 가문 출신이며, 급제자의 53%가량이 오히려 훈구파라고 부를 만한 배경을 가졌다는 결론을 내렸다. 친인척이 정승, 왕실의 종친 혹은 공신의 후예 등 서울에 확고한 기반을 가진 지배층 출신인 경우가 많았다.

훗날 기묘사화에 희생된 조광조 일파도 비슷한데, 1차 희생자 8명 중 6명은 서울 사람이며, 이전에도 과거 합격자를 배출한 가문 출신이었다. 조광조만 하더라도 고조부 조온은 개국공신 1등으로 책봉됐고, 증조부-조부-부친 모두 대대로 한양에서 벼슬을 한 집안이었다. 그런 점에서 조광조와 기묘사림은 어쩌면 요즘 말하는 '강남 좌파'와 비슷했다. 이 외에도 김종직, 김굉필, 정여창, 이황 같은 대표적 사림파 인사들을 봐도 서울과 지방에 많은 노비와 전답을 보유하는 등 넉넉한 자산가였다.

이와 관련해 최근 '386(또는 586)'으로 불리는 민주화 운동 세력이 이미 기득권화되었고, 교육 기회와 부의 독점 및 세습을 통해 사회 공정성을 심각하게 훼손하고 있다는 분석이 연이어 나오는 것은 많은 시사점을 준다. 386 세대는 군사정부 시대의 기득권층을 신랄하게 비판했지만 그들 역시 정치-문화 권력을 잡자 크게 다를 바가 없어졌다는 것이다.

와그너를 비롯한 많은 연구자들은 사림파와 훈구파의 차이가 성리학에 대한 믿음의 정도에서 비롯될 뿐, 본질적으로는 동일한 사회적 기반을 갖춘 계층이라고 지적한다.

"즉, 출신 배경이나 혼인 관계는 말할 것도 없고 토지 소유와 같은 경제적 기반을 놓고 볼 때도 훈구파와 사림파 사이에 분명한 구분이 어려우므로, 이들을 정치적·경제적·사회적 기반을 달리하는 계급이나 계층으로 볼 수 없다는 것이다."

계승범 《중종의 시대-조선 유교화와 사림운동》

여당에서 한순간에 몰락, 소수파 북인의 흥망성쇠

1623년 인조반정이 일어나고 광해군이 쫓겨났다. 광해군 치하에서 숨죽여온 서인(西人)의 세상이 열린 것을 의미했다. 광해군을 옹위하며 15년간 국정을 독점했던 북인(北人)에 대한 숙청 작업은 가혹할 정도로 무자비하게 진행됐다. 그 결과 조선 후기 역사에서 북인은 씨가 말랐다. 이후 조선 정계는 남인(南人)과 서인(노론+소론)의 구도로 재편돼 200년간 이어졌다.

그 와중에도 살아남은 북인계가 소수 있었다. 조선 역사에서 지워진 북인과, 그 꼬리표를 달고도 서인 정권에서 살아남은 사람들의 이야기를 소개한다.

북인은 광해군과 함께 '짧고 굵게' 살다 사라진 붕당 세력

북인은 남인-노론(老論)-소론(小論)과 함께 조선 시대 4색 당파 중 가장 세력이 약한 소수였다. 그들이 정계에서 목에 힘주고 살았던 건 기껏해야 선조 말엽부터 광해군까지 불과 20년 정도였다. 그야말로 '짧고 굵게' 살다 사라진 붕당 세력인 셈이다.

언뜻 떠올릴 수 있는 인물도 그리 많지 않다. 북인의 핵심 인물은 정인홍, 이이첨이지만 정작 대중에게 잘 알려진 건 《홍길동전》을 쓴 허균과, 임진왜란 때 의병장으로 활약한 홍의장군(紅衣將軍) 곽재우 정도다.

북인의 시조로 받들어지는 남명 조식과 화담 서경덕만 해도 남인의 퇴계 이황과 서인의 율곡 이이와 비교하면 인지도나 학문적 위세가 확연히 떨어진다. 그래서인지 북인에 대한 연구도 적은 편이다.

선조 대에 붕당 정치가 시작됐을 때 먼저 주도권을 잡은 건 동인(東人)이었다. 이들은 이황을 따르는 세력(남인)과 조식·서경덕을 따르는 세력(북인)의 연합체였다. 동인이라는 간판 아래 모이긴 했지만 정체성은 물과 기름 같았다.

이황은 정통 성리학의 세계를 파고들었던 반면, 조식과 서경덕은 불교와 도교는 물론 병법에 이르기까지 다양한 방면에 관심이 많았다. 그래서 학문적으로만 보면 남인과 서인보다 남인과 북인의 차이가 더 컸다.

결속력이 끈끈하지 않던 이들은 1589년 '정여립의 난'을 계기로 갈라섰다.

'정여립의 난'은 동인의 인사들이 연루된 반란 모의 사건이다. 반란의 와중에 정여립은 자살했지만, 이후 연루된 인사들을 추궁하면

조선 성리학의 4색 당파와 주요 인물들

사림
조선이 건국될 때 고려를 끝까지 지키려고 산속에 숨어 살던 고려의 충신 길재의 학문을 이어받은 그룹이다. 그의 학문이 선조 때까지 내려와 사림이라는 정치 그룹이 형성되었다.

동인(1589~1591년 분열)
김효원과 심의겸이 대립했을 때 김효원을 지지하던 세력. 김효원의 집이 도성 동쪽에 있었기 때문에 동인이라고 했다. 이산해, 유성룡 등이 대표적 인사다.

서인(1669년 분열)
김효원과 대립했던 심의겸을 지지하면서 만들어진 당파로, 심의겸의 집이 도성 서쪽에 있었기 때문에 서인이라고 했다. 정철, 송시열 등이 대표적 인사다.

북인

허균

동인의 분파로 영남학파 조식(曺植)의 문하생들이 중심 세력이었다. 정인홍, 이이첨, 허균 등이 광해군을 적극적으로 지지하여 정권을 주도했으나, 광해군의 실정을 비판한 서인의 인조반정으로 몰락했다.

남인

이덕형

동인에서 갈라져 나와 영남 지방을 기반으로 이황 중심의 학통을 이었다. 서울·경기 지방의 유성룡, 이덕형, 김성일 등이 한때 정권을 장악하지만, 정인홍의 유성룡 탄핵으로 실각 후 정국 주도권은 북인에게 넘어갔다.

노론

김종수

남인에 대한 강경파로 경종 즉위와 장희빈의 사사를 주장했다. 대의명분과 민생 안정을 강조했으며, 송시열을 위시하여 심환지, 김종수가 대표적인 학자이다.

소론
남구만

남인에 대한 온건파로 실리를 중시하고 적극적인 북방 개척파였다. 장희빈의 사사를 반대했으며, 윤증을 위시하여 남구만, 이사수가 대표적인 학자이다.

서 이발을 비롯한 북인계 인사들이 대거 처형됐다. 이를 '기축옥사'라고도 한다. 이때 남인계(유성룡 등)는 북인계를 적극적으로 변호하지 않았고, 이것은 동인이 남인과 북인으로 갈라서는 씨앗이 됐다.

'정여립 반란 사건'은 당대에도 실체를 놓고 논란이 분분했는데, 현재 학계에서는 대부분 선조가 주도한 무리한 '사법 살인'이라는 쪽에 무게를 두고 있다.

북인은 국문을 주도한 서인의 영수 정철도 증오했지만 수수방관한 남인에게도 깊은 앙심을 품게 됐다. 이런 분노는 훗날 북인이 국정을 폐쇄적으로 운영하는 씨앗이 됐다.

얼마 후 세자 책봉과 관련해 선조의 미움을 받은 정철이 실각하자 동인이 득세했다. 정철의 처벌 수위를 놓고 기축옥사의 복수를 벼르던 북인계는 강력한 처벌을 주장하고 나섰다. 반면 기축옥사에서 희생이 적었던 남인계는 온건한 처리를 제안하며 다른 목소리를 냈다. 정국 안정을 고려하면 남인계의 주장이 일리가 있었지만 많은 인사가 희생된 북인계 입장에서 곱게 들릴 리가 없었다.

동인 안에서 계파 갈등이 최고조에 달하면서 양측은 결국 완전히 딴살림을 차렸다. 이때 남인 측 주요 인물인 우성전은 남산에 살았고, 북인 측 이발은 북악산에 살아 붕당 세력인 '남인'과 '북인'의 명칭이 붙었다.

흔히 조선 역사를 떠올리면 서인(노론+소론)이 기득권의 이미지를 갖고 있지만, 붕당이 막 시작됐던 선조-광해군 시대만 해도 동인이 우위에 있었다. 동인 측 인사가 많이 등용되면서 '권력의 파이'

를 둘러싼 내부 다툼도 커질 수밖에 없었다. 동인이 서인보다 시기적으로 일찍 분열된 이유다.

> "동인의 경우는 집권한 시기가 길었기 때문에 분열하게 되었지만, 서인의 경우는 집권한 기간이 짧았던 까닭에 온전히 하나로 유지됐습니다."
>
> 《인조실록》 1년 4월 11일

남인의 기반은 낙동강 상류, 북인의 기반은 낙동강 하류

북인이 추종한 조식과 서경덕은 성리학계에서 조금 별난 사람들이었다. 성리학적 우주 질서와 인간의 심성 등 이상적인 거대 담론보다는 현실 문제에 매달렸다. 불교와 도가는 물론 풍수지리와 병법, 무예 등에도 깊은 관심을 두었기 때문에, 다른 당파들로부터 "학문이 얕다"라거나 "이단이다"라는 비난과 무시를 당했다. 성리학이 주류인 조선의 사회 체제에서 좋게 말하면 천재, 나쁘게 말하면 별종이나 괴짜 같은 존재였던 것 같다.

북인이 현실 문제에 관심이 많았던 데는 서경덕의 출신지가 고려의 왕도였던 개성이라는 점도 작용했다. 조선 시대에 개성 출신은 실력이 있어도 고위 관직에 오르기 어려웠다. 그래서 개성에서 재주가 있는 사람들은 일찌감치 상업에 종사하는 경우가 많았다. 이른바 '송상(松商)'이라고 불린 사람들이다. 서경덕의 문인들이 실용 학문에 눈뜨게 된 것은 어찌 보면 당연한 결과였는지도 모른다.

풍수지리와 도술에도 밝았던 서경덕은 판타지 고전 소설 《전우치전》에도 등장한다.

"전우치는 중종 때 사람으로 송도(개성)에 살았으며, 서경덕을 따라 세상을 버렸다."

북인이 추종한 또 한 명의 사상가인 조식을 보자. 그는 임종 때 후계자 정인홍에게 책이 아니라 자신이 평생 차고 다니던 칼인 경의검(敬義劍)을 건네준 인사였다. 그가 쓴 '욕천(浴川)'이라는 시를 보면 "티끌 먼지가 오장에 남았거든 바로 배를 갈라 흐르는 물에 보내리라"라는 문구가 있다. 선비라기보다는 일본의 사무라이가 남긴 글이 아닐까 싶을 정도로 섬뜩한 결기가 엿보인다. 광해군 시대에 북인의 주류를 형성한 것은 이런 강골 기질인 조식의 문하생들이었다.

하지만 남인의 스승인 이황은 조식을 높게 평가하지 않았다. 그는 "남명(조식)은 하나의 기이한 선비로 그의 이론이나 식견은 항상 신기한 것을 숭상해서 세상을 놀라게 하는 주장에 힘쓰니, 어찌 참으로 도리를 아는 사람이라 하겠는가"라며 고개를 저었다. 반면 조식은 이황에 대해 "이름을 훔쳐 세상을 기망한다"라고 비난했다.

이러다 보니 학맥이 모든 걸 결정하던 시기에 남인과 북인이 하나의 세력으로 뭉친다는 건 불가능했다.

여기서 지역적 기반을 살펴보는 것도 두 세력을 이해하는 데 적잖은 도움이 된다. 동인 세력의 주요 기반은 영남이었다. 그런데 남인과 북인으로 들어가면 영남에서도 지역이 나뉜다. 남인의 지

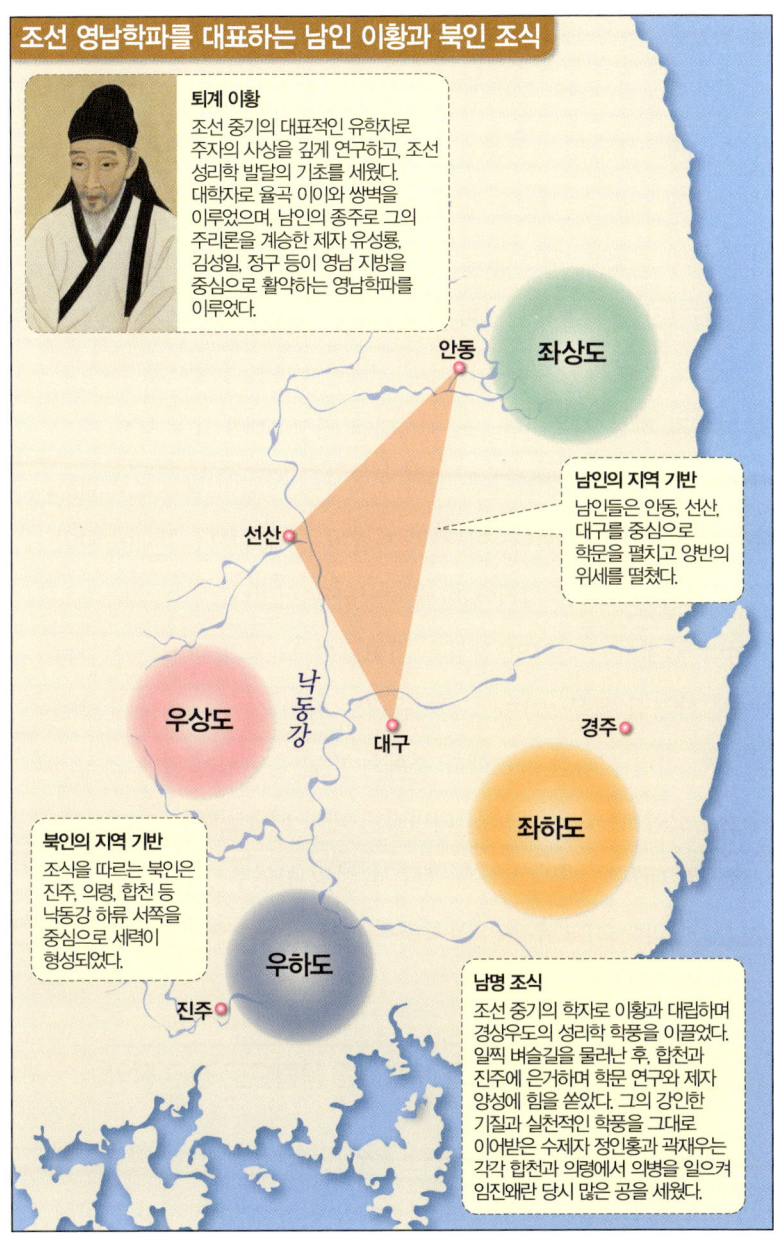

역 기반은 선산, 대구, 안동 등 낙동강 상류다. 산지가 많아 고려 시대만 해도 농토에 적합한 땅이 많지 않았는데, 조선 시대 들어 유력 사대부 가문들이 적극적으로 개간에 나서면서 농지를 늘리고 세를 크게 불렸다. 사림을 중심으로 하는 양반의 위세가 절대적인 환경 아래 김종직, 김굉필, 유성룡, 김성일 등 조선을 대표하는 정통 성리학자들이 대거 나왔다.

반면 조식 문하를 따르는 북인의 기반은 진주, 의령, 고령, 합천 등 낙동강 하류 서쪽이다. 조선 시대엔 경상우하도라고 불린 곳이다. 이 지역은 낙동강 수운을 따라 일찍부터 상업이 발달했고 하류 유역의 토지도 비옥했다. 이 지역 사람들은 일찍부터 이재에 밝았고 상업 자본도 다른 지역에 비해 넉넉한 편이었다.

이런 곳에서는 인간의 심성을 파고들며 도(道)의 실천을 논하는 형이상학적인 학문(성리학)이 곧이곧대로 자리 잡기 어려울 수밖에 없었다. 이런 지역적 배경에다 무예와 병법에 관심이 많은 조식의 학풍이 결합하면서 이곳에선 의병장이 대거 배출됐다.

한국의 대표적 재벌인 삼성, LG, 효성의 창업주가 이 지역인 진주 출신이라는 점도 우연의 일치만은 아닐 것이다.

임진왜란 때 의병장 활약과 광해군 옹립으로 정권 장악

'정여립의 난' 등으로 불우했던 북인은 임진왜란으로 황금기를 맞았다. 조식의 강인한 기질과 서경덕의 현실 참여적 성향을 이어

받은 북인은 화의론을 이끈 남인에 맞서 강력한 주전론을 펼쳤다. 여기에 정인홍·곽재우 같은 스타 의병장을 배출하며 정계에서 발언권이 커졌다.

임진왜란 이후 전개된 국내의 정치 상황도 유리한 국면을 맞았다. 차기 왕위를 두고 조정이 광해군과 영창대군으로 나뉘어 있을 때 조식 문하의 이이첨·정인홍이 이끈 대북 세력은 광해군을 지지했다. 이 때문에 선조의 미움을 받아 귀양을 가기도 했지만, 이것이 '훈장'으로 바뀌는 데는 그리 오랜 시간이 걸리지 않았다. 선조의 갑작스러운 사망으로 광해군이 왕위에 오르자 북인은 정계의 주류로 급부상했다.

그런데 북인은 '정여립 반란 사건' 처리 과정에서 맺힌 응어리가 많았다. 또 학문적으로도 자신들의 스승인 조식과 서경덕이 '이단'이라며 무시당하는 데서 연유한 콤플렉스도 깊었다.

그래서인지 북인은 집권하자마자 그 어느 당파보다도 폐쇄적이고 일당 독주로 전횡하는 분위기를 조성했다. 심지어 북인 내부에서도 분열과 숙청이 이어지면서 대북파 외엔 대부분 정계에서 소외됐다. 대북파는 스스로를 '군자당(君子黨)'이라 부르고, 그 외 세력은 '소인당(小人黨)'으로 폄하하면서 다른 당파를 배제하는 데 거리낌이 없었다.

대북파의 이런 폐쇄성이 결국 급속한 몰락을 가져왔다. 서인뿐 아니라 영창대군을 지지했던 소북계까지 축출한 대북은 인목대비를 폐비하는 과정에서 다시 대북(찬성)과 중북(반대)으로 나뉘며 세력

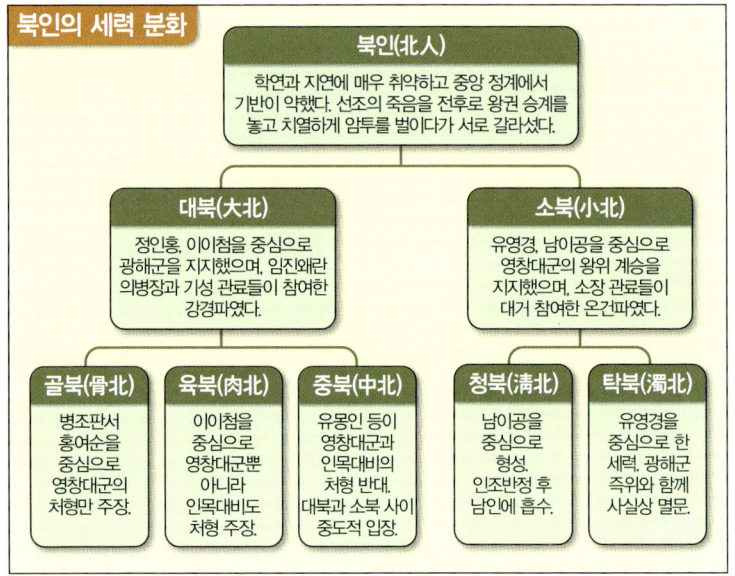

이 약화됐다. 인조반정 때 서인이 불과 500명의 군사만 동원하고도 쿠데타에 성공할 수 있었던 이유다.

서인뿐 아니라 한때 한솥밥을 먹은 남인까지 반정에 합류하자 고립무원의 처지가 된 북인 정권은 말 그대로 하루아침에 허무하게 무너졌다. 분열과 고립을 자초한 결과였다.

인조반정으로 서인과 남인의 연합 정권이 들어서자 피의 보복이 이어졌다. 대북 세력의 영수였던 정인홍은 89세의 고령에 고향 합천에서 서울로 압송돼 처형됐고, 실질적 리더였던 이이첨도 도주 중 경기 이천에서 체포돼 형장의 이슬로 사라졌다. 요행히 처형을 면한 북인 인사들도 투옥되거나 유배되며 중앙의 정치 무대에서 완전히 지워졌다. 100년 전 중종반정이 폐주(廢主) 연산군 하나를 겨냥해 일어났다면, 인조반정은 광해군뿐 아니라 북인 정권 전체의 몰락을 가져온 정변이었다.

숙청의 피바람 속에서 살아남아 서인 정권에 참여한 북인들

그러나 이런 피바람 속에서도 살아남아 서인 정권에 참여한 북인 출신들도 일부 있었다. 한 연구(오수창 《인조대 정치 세력의 동향》)에 따르면, 인조 초반 북인 계열로 정치에 참여한 비중은 전체 관료의 9%였다. 당시 '재국(才局)'이라고 표현되는 실무 능력을 갖춘 인사들이다.

이들은 어떻게 살아남았을까. 앞서 언급했듯이 서인은 동인에 비해 국정 경험이 풍부하지 못했다. 특히 선조 말엽부터 광해군 집권기엔 20년 가까이 국정에서 소외되어 있었다. 행정에 대한 실무적 감각도 떨어질 수밖에 없었다.

또 북인이 현실 참여와 실무를 중시한 것에 비해, 서인은 명분에 중시하면서 만물의 근원이나 성리학적 질서를 밝히는 데 관심이 많았다. 이들은 정치적 명분을 내세워 싸움을 하는 데는 능했지만, 인간의 욕망을 이용하고 숫자를 다루어야 하는 경제 정책을 실행하는 데는 서툴렀다.

이런 요인들로 인해 서인들은 경제 분야에서는 북인 중에서 적폐에 적극 가담하지 않은 능력 있는 인사들이 일하게 했다. 김신국,

남이공, 김세렴 등이 대표적인데, 대북 정권 핵심에서 밀려난 중북 혹은 소북 출신이었다.

김신국은 광해군과 인조 시대를 두루 거치며 6번이나 호조판서(경제부총리)에 올랐고, 남이공은 대사간과 이조판서를 역임했다. 이조정랑을 지낸 김세렴은 유형원을 지도하며 훗날 영·정조 시대에 꽃을 피울 실학의 태동에 영향을 끼친다.

광해군이 왕위에 오른 1608년은 임진왜란이 끝난 지 10년이 되던 때였다. 오랜 전란으로 국토는 크게 황폐해졌다. 《조선왕조실록》 등에 따르면 임진왜란 전 150만 결이 넘던 토지가 전쟁 후에는 30여만 결에 불과했는데, 이는 고려 말(50만 결)보다도 후퇴한 수준이었다. 세수가 크게 감소했지만 그렇다고 세금을 쥐어짤 수도 없었다. 이에 따라 조정은 염전과 은광 개발, 동전 주조 등의 정책을 추진하며 상실한 국부를 회복하고자 했다. 조선 최대의 세제 개혁으로 불리는 '대동법'도 이때 북인들이 추진했다.

이처럼 북인의 '재국'들은 경제에 밝다는 점과, 광해군 정권의 주도 세력과 함께했지만 적극적이진 않았다는 점 때문에 숙청의 회오리 속에서도 살아남을 수 있었던 것이다.

한편으로는 숙청 와중에도 이들에게 경제를 맡긴 서인의 정무적 감각도 평가받을 만한 대목이다. 서인(노론+소론)이 남인과의 경쟁에서 우위를 점하며 200여 년간 꾸준히 집권했지만 북인처럼 극단적인 일방 독주를 하지는 않았다. 이때 실용적인 경제 정책을 도입하면서 장기 집권의 '기초공사'를 튼튼하게 진행한 덕분이라고 봐도 큰 무리는 없을 것이다.

그렇더라도 이재에 밝고 실무를 중시했던 북인의 집권이 15년에 그친 것은 아쉬운 대목이다. 성리학 일변도로 흘러간 조선 후기의 역사를 떠올려보면 더욱 그렇다. 이들이 광해군 대에 조금만 더 관용을 갖고 국정에 임했으면 어땠을까. 명분을 절대시하는 정치가 위험한 것만큼이나 현실 정치를 한(恨)과 응어리로 풀어내는 것도 큰 상처와 후유증을 남기는 법이다.

성리학의 거두 이황은
수십만 평 땅부자였다!

이황은 평생 노력해 부를 쌓은 자수성가형 자산가의 표본

"어려서 아버지를 여의고 자력으로 학문을 하였는데, 문장(文章)이 일찍 성취되었고 … 오로지 성리(性理)의 학문에 전념하다가 《주자전서(朱子全書)》를 읽고는 그것을 좋아하여 한결같이 그 교훈대로 따랐다. … 빈약(貧約)을 편안하게 여기고 담박(淡泊)을 좋아했으며 이끗(재물의 이익이 되는 실마리)이나 형세, 분분한 영화 따위는 뜬구름 보듯 하였다."

《선조수정실록》 3년 12월 1일

조선 성리학의 거두로 평가받는 퇴계 이황의 졸기(卒記)에 남겨진 글이다. 조선 500년 역사에서 《실록》에 졸기가 남는다는 건 극히 일부에게만 허용된 영광이었다. 관직 생활이 만 3년 남짓에 불과한 이황이 조선 사회에 얼마나 큰 영향력을 갖고 있었는지를 미루어

짐작할 수 있는 부분이다.

사관이 남긴 "빈약(가난하고 검소함)을 편안하게 여기고 … 분분한 영화 따위는 뜬구름 보듯 하였다"라는 표현은 우리가 상상하는 고매한 조선 대학자의 모습 그대로다. 줄기를 따라가다 보면 한겨울 냉랭한 방 안에서 허름한 옷차림이나마 의관을 정제한 채 경전을 읽는 딸깍발이 선비가 연상된다.

하지만 이 기록대로 이황의 이미지를 상상해 단정한다면 오판이다. 왜냐하면 이황은 상당한 수준의 재산을 보유한 자산가였기 때문이다. 그것도 본인이 일생 동안 적극적인 노력을 기울여 부를 쌓은 자수성가의 표본이었다.

성리학을 숭상한 조선 사대부들은 이재(利財) 쌓는 것을 죄악시했다. 사농공상(士農工商)의 신분 구분에서도 상인을 가장 아래에 놓았던 이유다. 이들은 이재를 중요시하면 인간이 본성을 잃고 도리를 어지럽히게 될 것이라면서 상공업의 발달을 극도로 억눌렀다.

이황도 다르지 않았다. 그는 인생 말년에 심혈을 기울여 만든 《성학십도(聖學十圖)》에서 세속의 이익을 경계하라고 권고했다.

"부동심(不動心)에 이르러야 부귀가 마음을 음탕하게 하지 못하고, 빈천이 마음을 바꾸게 하지 못하여 도가 밝아지고 덕이 세워진다."

여기까지 보면 이황과 사대부들은 이재에 관심이 없었을 것으로 보인다. 그런데 실제론 그렇지 않았다. 누구보다 자산을 늘리는 데 관심이 지대했다. 자신들이 억누른 상공업에 투자하거나 상업 시설을 운영할 수는 없으니 눈을 돌린 것은 노비와 전답이었다.

500년 전 살았던 이황의 재산을 어떻게 파악할 수 있을까. 열쇠는 '분재기(分財記)'에 있다. 분재기는 자녀들에게 재산을 물려준 기록이다. 조선 시대에 소위 '뼈대 있는 가문'에서는 대부분 분재기를 남겼다. 향후 유산을 둘러싸고 가족 사이에 분쟁이 일어나는 일을 막기 위해서였다. 또 철저하게 계획된 재산 분배야말로 가문의 부를 지키는 길이기도 했다.

현재 이황이 남긴 분재기는 남아 있지 않다. 하지만 이황의 유일한 상속자인 아들 이준의 분재기가 남아 있어 대략적인 추정은 가능하다. 이준이 자녀들에게 분재기를 남긴 것은 1586년인데, 이황의 사망 연도(1570년)와 16년밖에 차이가 나지 않기 때문이다. 이준이 남긴 재산 내역은 이황이 남긴 재산 규모와 거의 같다고 봐도 무방한 수준이다.

수십만 평 땅과 수백 명의 노비를 소유한 성리학의 거두

그렇다면 이준의 분재기에 기록된 재산을 살펴보자. 다음 내용은 고 이수건 영남대 명예교수의 연구 자료를 토대로 이준의 분재기를 다시 정리한 것이다.

토지부터 살펴보자. 일단 두락(斗落)이라는 단위에서 벽에 부딪히게 된다. 지금의 면적 단위와는 달라 어느 정도인지 가늠이 어렵

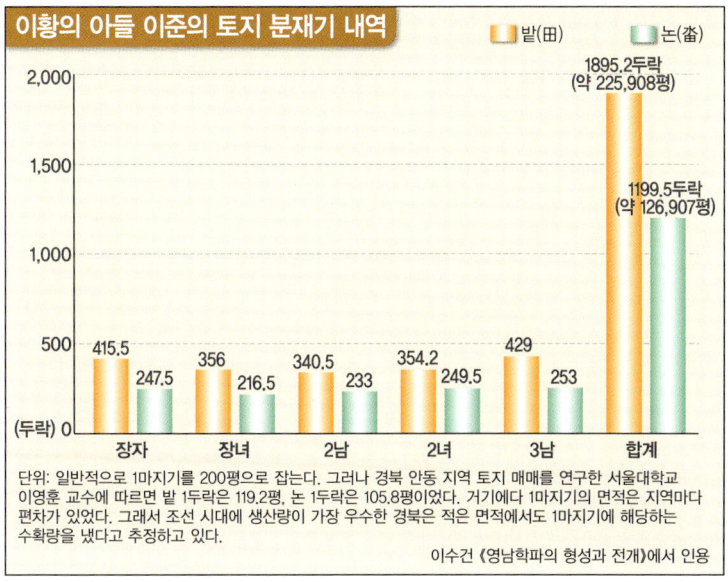

다. 내가 대학에서 공부했던 20년 전만 해도 조선의 토지 면적은 짐작하기 어려웠다. 예를 들어 대동법에 따르면 세금으로 토지 1결당 쌀 12두(斗)를 거뒀다고 하는데, '1결'이 어느 정도의 크기인지 도무지 알 수가 없었다. 그것은 '결'이라는 단위가 지금처럼 면적의 크기가 아니라 곡식의 수확량이나 토지 비옥도에 따라 다르게 적용됐기 때문이다. 그래서 이것의 면적만 정확히 알아내면 바로 박사 학위를 받을 수 있다는 이야기도 있었다. 하지만 그동안 연구들이 축적되면서 어느 정도는 짐작해볼 수 있게 됐다. 두락도 마찬가지다.

이영훈 서울대 명예교수가 경북 안동과 고령 일대의 각종 데이터

를 통해 추정한 바에 따르면, 이 지역에서 밭 1두락은 119.2평, 논 1두락은 105.8평에 해당한다. 이황이 소유한 토지 역시 영천, 예안, 풍산 등 경북에 분포되어 있었으니, 이 연구 데이터를 적용해도 큰 무리는 없을 것이다. 그렇다면 이황이 남긴 땅은 36만 3,542평 정도가 된다.

　다음엔 노비를 보자. 이황의 손자녀들이 나누어 가진 노비는 367명(노 203명, 비 164명)이다. 그런데 이 중 33명(노 20명, 비 13명)은 이황의 아들 이준이 처가에서 받았다. 또 다른 88명(노 44명, 비 44명)은 이황의 손자녀들이 결혼 때 상대방 집안에서 받은 노비와 그 자식이다. 따라서 이를 제외하고 나면 이황은 250명 안팎의 노비를 보유했던 것으로 추정된다.

당시 생계 걱정 없이 학문에만 전념했던 지방 지주들의 재산은 평균 전답 300~500두락, 노비 100여 명이었다고 한다. 일을 안 하고 공부할 수 있으니 넉넉한 재산이다. 그렇다면 이황의 재산인 전답 3,000두락과 노비 250여 명은 결코 적은 수준이 아니었다. 이것이 이황이 짧은 관직 생활만 하고도 학문에 전념하며 문하를 일구고 도산서원까지 운영하며 지식계의 거목으로 성장할 수 있었던 배경이다. (여담이지만 표를 보면 다섯 자녀에 대한 재산 상속이 거의 고르다는 것을 알 수 있다. 이때만 해도 균등 분할 상속이 큰 흐름이었다.)

참고로 이황은 아버지가 일찍 사망한 데다 외갓집도 부호는 아니었다고 한다. 더군다나 이황은 8남매 중 막내였기 때문에 그리 넉넉한 유산을 물려받진 못했다. 위에서 언급한 대로 이황 스스로가 노력해 일궈낸 자산이었다.

조선 중기 사대부들은 노비들이 양인과 결혼하도록 유도

"노비는 양인과 결혼시켜라."

앞서 말했듯이 이황은 재산 증식에 관심이 많았는데, 그중에서도 노비를 늘리는 데 매우 적극적이었다. 여기에는 나름대로 이유가 있다. 조선 중기까지만 해도 노비는 토지보다 가치 있는 재산으로 인정받았다. 개간을 통해 전답으로 바꿀 수 있는 황무지가 곳곳에 흩어져 있었기 때문이다. 노비를 많이 갖고 있다면 토지는 늘리기가 수월했다. 고려 후기 이후 농업 생산량이 증대하면서 토지의 가치가 꾸준히 올라갔지만 그래도 노비 규모가 부의 규모를 결정 짓는 요소로 더 크게 작용했다.

그래서 이황이 아들에게 남긴 각종 서찰을 보면 노비들을 양인(良人)과 결혼시키려고 무척 애썼음을 엿볼 수 있다.

> "범금(范金)과 범운(范雲) 등을 불러다가 믿을 만한 양인 중에 부모가 있어 생업을 의탁할 수 있는 자를 골라 시집을 보내고, 죽동에 와서 살게 한다면 더욱 좋겠다."
> 《도산전서(陶山全書)》

이황이 노비들을 양인들과 적극적으로 맺어주려고 했던 것은 조선에선 '일천즉천(一賤則賤, 부모 중 한 명만 천인이면 자식도 천인)'이 적용됐기 때문이다. 노비와 양인 사이에 태어난 자식은 모두 노비가 되었다는 이야기다.

그래서 노비끼리 결혼시키는 것보다 이처럼 양천교혼(良賤交婚)을 시키면 노비를 보다 손쉽게 늘릴 수 있었기 때문에 조선 중기의 사대부들은 노비들이 양인과 결혼하도록 유도했다.

예를 들어 17세기 경상도 재령 이씨 가문의 기록을 보면, 자식을 많이 둔 노비가 아들을 모두 양인과 결혼시키자 그 공을 높게 평가해 노역에서 풀어주었을 뿐 아니라 자녀들의 상속 대상에서도 제외해준 내용이 발견된다. 이황 집안도 양인 여성(良妻)이 낳은 노비가 105명이나 됐다. 이렇게 교혼이 장려 혹은 강요되면서 고려 시

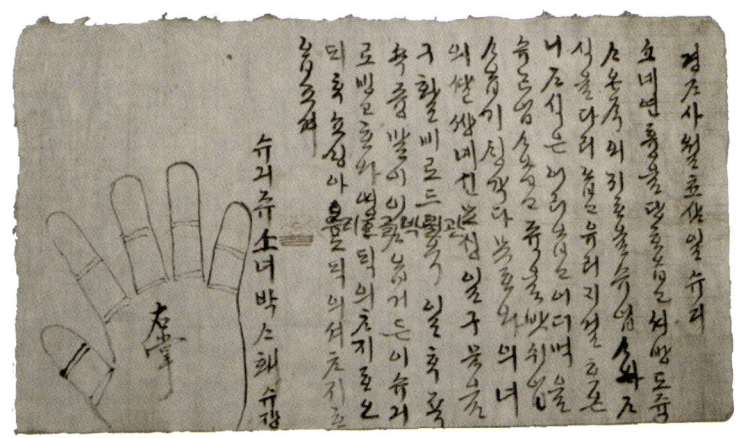
▶ 노비 거래 문서, 우리한글박물관 소장.

대 전체 인구의 10% 내외 정도였던 노비는 조선 중기에 30~40%까지 급증했다. 한국 역사의 뒤편에 드리워진 씁쓸한 그림자다.

그렇다면 노비는 이때 어느 정도의 재산 가치를 갖고 있었을까. 조선 시대 선비 오희문이 임진왜란 당시를 기록한 《쇄미록(瑣尾錄)》을 보면, 이황이 죽고 10여 년이 지난 1593년쯤 28세 여성 노예의 가격은 목면 25필이었다. 20~30대 장정은 소 한 마리에 목면이나 곡식을 얹어줘야 했다. 임진왜란 중이라 노비의 가격이 폭락했다는 정황을 고려하면 이황이 살았을 무렵엔 더 높았을 것이다.

노비를 갖고 있는 건 재산을 불리는 데 여러모로 좋았다. 예를 들어 이황은 노비가 소유한 토지를 구입하기도 했는데, 가격이 맞지 않으면 노비가 다른 곳에 팔지 못하게 묶어두기도 했다.

"내가 연동(連同)에게 절대 방매(放賣)하지 말라고 지시해놓았으니 너도 이에 따라 가르쳐주는 것이 좋겠다. 부득이 방매한다면 내년에 네가 살 수 있도록 해야 한다. 지금은 그렇게 할 만한 형편이 아니니 어쩌겠느냐."

연동은 이황이 소유한 노비 중 영천에 땅을 가진 노비였다. 그가 토지를 팔려고 하자 이황은 그렇게 하지 못하도록 일러뒀음을 알 수 있다.

노비를 활용해 황무지 개간과 상품 작물에도 손댔다

미국의 개발 과정을 청교도들의 개척 정신에 투영하곤 한다. 그런데 이황 가문의 성장 과정을 보면 조선 초·중기에 부상한 명문가들의 재산 형성도 이와 유사해 보이는 점이 적지 않다. 애초부터 명문 귀족이었던 것은 아니고, 난리 통에 기회를 잡았으며, 노비를 적극적으로 활용하는 한편 상품 작물에도 손을 댔다는 점에서 그렇다.

이황의 가문은 고려 말만 해도 경북의 한미한 호장(戶長) 집안이었다. 훗날 이황이 학문으로 명성을 떨친 것과 달리 이 집안이 가세를 일으킨 것은 무공 덕분이었다.

이황의 5대조 이자수가 고려 말 극성을 부린 홍건적의 난에서 개경 수복에 공을 세운 데 이어, 이황의 증조부 이정은 평안도 영변에 산성을 쌓고 세조의 여진 정벌에 참전해 공을 세운 3등 원종공신이었다.

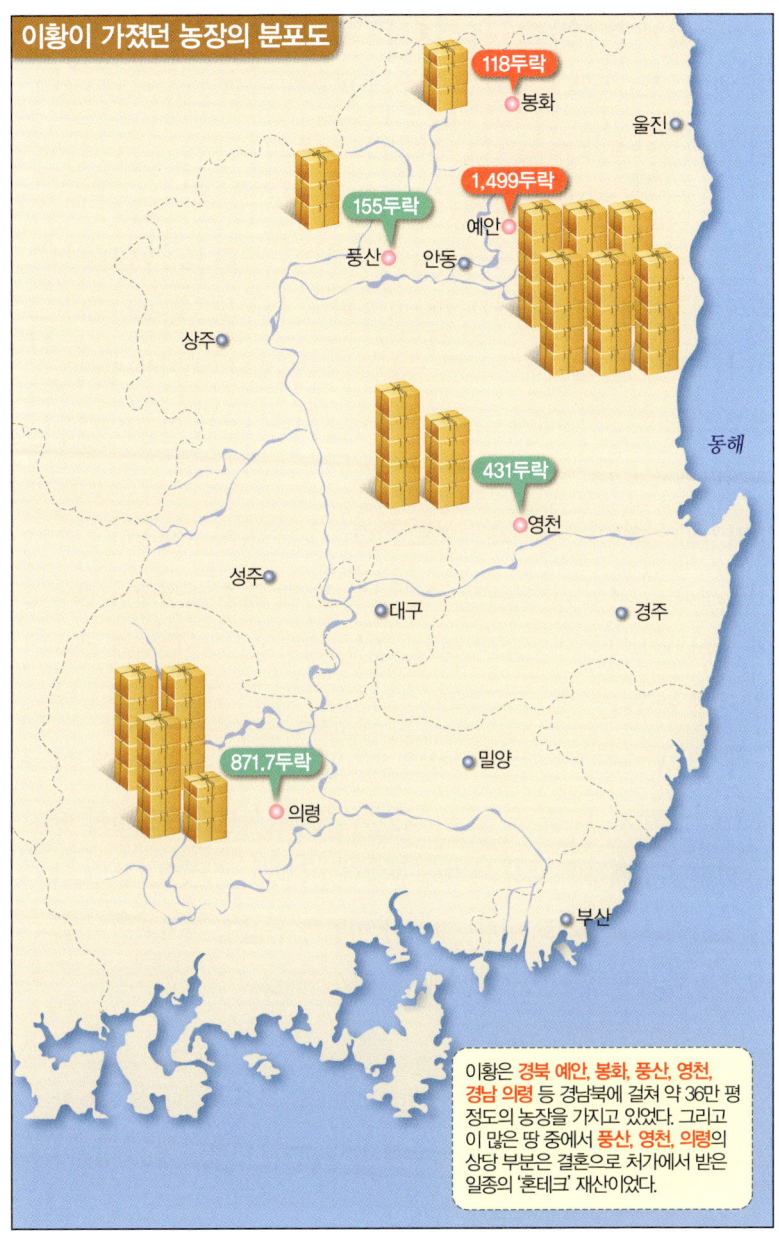

이를 통해 경제와 명예라는 '종잣돈'을 마련한 이황 가문은 당시만 해도 '옥토'라고 보긴 어려운 경북 의인현(지금의 경북 예안면)에 자리 잡아 개간에 많은 노력을 기울였다.

이곳은 고려 시대 부곡(部曲, 지방의 특수 행정 구역. 이곳의 거주자는 노비·천민과 유사한 지위로 대우)으로 양민들이 모여 사는 주변 읍·현보다 개발이 미진했다. 덕분에 개간 가능지가 많아 노비 등 노동력만 충분히 확보되면 새로운 전답을 일구기 좋은 곳이었다. 여기엔 때마침 경북 일대에서 선진적으로 도입, 확산된 모내기 농법이 기여했을 것이다.

지역의 명문 양반들과의 혼맥도 이황 가문의 가세를 확장하고 유지하게 한 중요한 요소였다. 이황 역시 2차례 결혼 과정에서 전처와 후처가 처가에서 가져온 영천, 풍산, 의령의 토지 덕분에 가산을 크게 늘렸다.

하지만 단순히 토지와 노비를 모으기만 한 것은 아니었다. 이황 집안은 목화 재배에도 힘을 쏟았다. 목화는 곡식보다 수익성이 좋은 현물이기 때문에 재산 가치도 높았다. 목화로 만든 면포는 조선에서 화폐로 쓰이기도 했다. 그래서 이황은 농장을 관리했던 아들에게 수시로 편지를 보내 목화에 대해 지시했다.

"목화 파종하는 일은 물이 불어서 분전(糞田)을 하지 못했다. 모레쯤 할 계획이다. … 목화는 요긴히 써야 할 곳이 있으니 먼저 딴 것을 지금 가는 사람에게 모두 부쳐 보내거라." 《도산전서》

앞으로는 청빈을 내세우고 뒤로는 재물을 쌓은 조선 사대부들

이황의 재산 증식은 특별한 사례가 아니었다. 성리학의 도통으로 인정받는 김종직 등 사림의 지도자 상당수가 비슷한 과정을 밟았다. 그 덕분에 생계에 대한 걱정을 덜고 안정적인 학문 정진과 정치 활동이 가능했다.

한 가지 첨언하자면, 그럼에도 불구하고 이황은 생전에 자신이 늘 넉넉하지 않다고 여겼으며, 가뭄이나 흉년이 들 때면 경제적 곤궁함을 토로한 적도 많았다. 상당한 수준의 재산을 소유했던 그의 이런 '결핍' 의식은 재산 증식의 당위성과 원동력을 제공했던 것으로 보인다. 경제적 위축은 학문 활동의 위축으로 이어지며, 이것은 곧 '학계=정계'인 조선 사회에서 영향력을 상실하는 결과로 이어질 수 있었기 때문이다.

이황의 판단은 틀리지 않았다. 이황 문하에서 교육받거나 영향력에서 자유롭지 않았던 후학들은 정계 곳곳에 진출해 이황의 치산이재(治産理財)는 가리고 학자적 면모를 부각하는 데 앞장섰다.

예를 들어 명종 21년 3월, 대제학에 제수됐을 때 사관은 "(이황은) 학문이 정심하고 실천이 독실하며 문장과 절행이 일세의 표준으로 염정에 안착하여 영진을 좋아하지 않았다"라고 극찬했다. 반면 같은 날 형조판서에 오른 김개에 대해선 "김개는 처음에는 청렴하고 근신한 사람으로 일컬어졌으나, 만년에 가산을 영위하여 앞뒤가 크게 어긋났다"라고 비판했다.

최근에도 한때 사회주의를 추구하고 시민 모두가 '붕어와 가재'로서 소소한 삶 속에서 행복을 찾자던 어떤 학자 출신 고위 관료의 집안이 합법과 비합법의 경계를 넘나들며 재산을 축적한 의혹으로 논란이 됐다. 또 일부 지식인들은 그를 적극 변호하거나, 예전과 달리 비판하던 입을 닫아버려 역시 도마 위에 올랐다.

앞으로는 청빈을 내세우고 뒤로는 재물을 쌓은 조선 사대부들이 500년간 지배 계급으로 군림한 노하우는 지금까지 계속 이어지고 있다.

병자호란의 충신과 간신, 최명길과 김상헌의 대립

병자호란을 다룬 영화 「남한산성」에서 가장 극적으로 대비되는 두 인물은 최명길과 김상헌이다. 투항과 항전을 놓고 사사건건 부딪히는 두 사람의 갈등은 주화파(主和派)와 척화파(斥和派)로 대표되는 현실과 이상 간의 충돌을 극명하게 보여준다.

최명길은 "청나라의 요청을 수용하고 화친을 맺자"라고 했고, 김상헌은 "오랑캐에게 굴복하느니 차라리 죽는 것이 낫다"라며 "명길의 목을 베소서"라고 분노한다. 결국 항복이 결정되자 김상헌이 목을 매어 자결하면서 영화는 막을 내린다. 후세를 살고 있는 관객들은 김상헌의 주장이 현실과 동떨어져 있다는 걸 알면서도 자신의 소신에 책임을 지고 절개를 드러낸 그의 당당함에 '그 역시 충신이었다'라는 생각을 가질 수밖에 없다.

하지만 이것은 어디까지나 픽션에 불과하다. 두 사람이 청나라의 침공 앞에서 주화 대(對) 척화로 맞선 것은 사실이지만, 김상헌

▶ 남한산성 행궁. 병자호란 때 인조는 자신이 전에 지어두었던 이곳으로 피신하여 47일을 지냈다. 하지만 청 태종에게 항복했다. 뜨는 해 청나라를 무시하고 지는 해 명나라만 챙긴 참혹한 결과였다.

은 인조가 청 태종 홍타이지(皇太極)에게 9차례 절하는 동안에도 자결하지 않았다. 오히려 인조와 최명길보다 오래 살았다. 한마디로 김상헌의 비장한 죽음은 극적인 스토리를 만들기 위한 영화적 장치에 불과했다. 아무리 영화라지만 실제 사건과 인명을 등장시켰다는 점에서 어떤 면에선 역사 왜곡에 가깝다.

병자호란의 비극적 결말 이후 최명길과 김상헌은 실제로 어떤 생애를 보냈는지 살펴보자.

대명 의리론을 앞세운 척화론은 강력한 힘을 가진 정치 담론

병자호란 정국은 어떤 정치적 입장을 갖느냐에 따라 '한쪽은 영웅, 다른 한쪽은 '악당'이 될 수밖에 없는 처지였다. 사실 정치적 승패는 이미 결정되어 있었다. 이런 때일수록 강경하고 선명한 이들이 득세하기 마련이고, 특히나 명분론이 지배했던 조선 지도층 사회에서는 김상헌이 우위에 설 수밖에 없었다. 거기에 등거리 외교를 시도하던 광해군이 쫓겨난 상황에서 대명(對明) 의리론을 기반에 둔 척화론은 선택할 수 있는 옵션이 아니라 모든 것을 초월한 절대적 관념 체계였다.

한 연구가는 이렇게 말한다.

> "이런 상황에서 청나라와의 화의를 선제적·공개적으로 주장한다는 것은 상당한 비난과 부담을 감내해야 하는 정치적 행위였다. 당대 조선의 정치 무대에서 척화론은 헛된 명분에 불과한 것이 아니라 강력한 정치적 파워를 가진 담론이었다." 허태구《최명길의 주화론과 대명 의리》

그렇다고 당시 정권이 분위기를 전혀 모르고 있었던 건 아니다. 즉, 명나라의 도움을 기대했다거나 전세를 오판했던 것도 아니었다. 인조반정 이후 조선은 평안북도 가도(椵島)라는 섬에 주둔하고 있는 명나라 장수 모문룡을 지원하고 있었지만, 모문룡이 청나라를 상대할 수 없다는 것도 잘 알고 있었다.

이미 병자호란이 일어나기 9년 전인 1627년에 "모문룡이 군사를 거느리고 섬 안에 있으면서 적에게는 한 걸음도 다가가지 못하고 다만 날마다 거짓 첩보만을 올려 속이고 있다"라는 보고가 있을 정

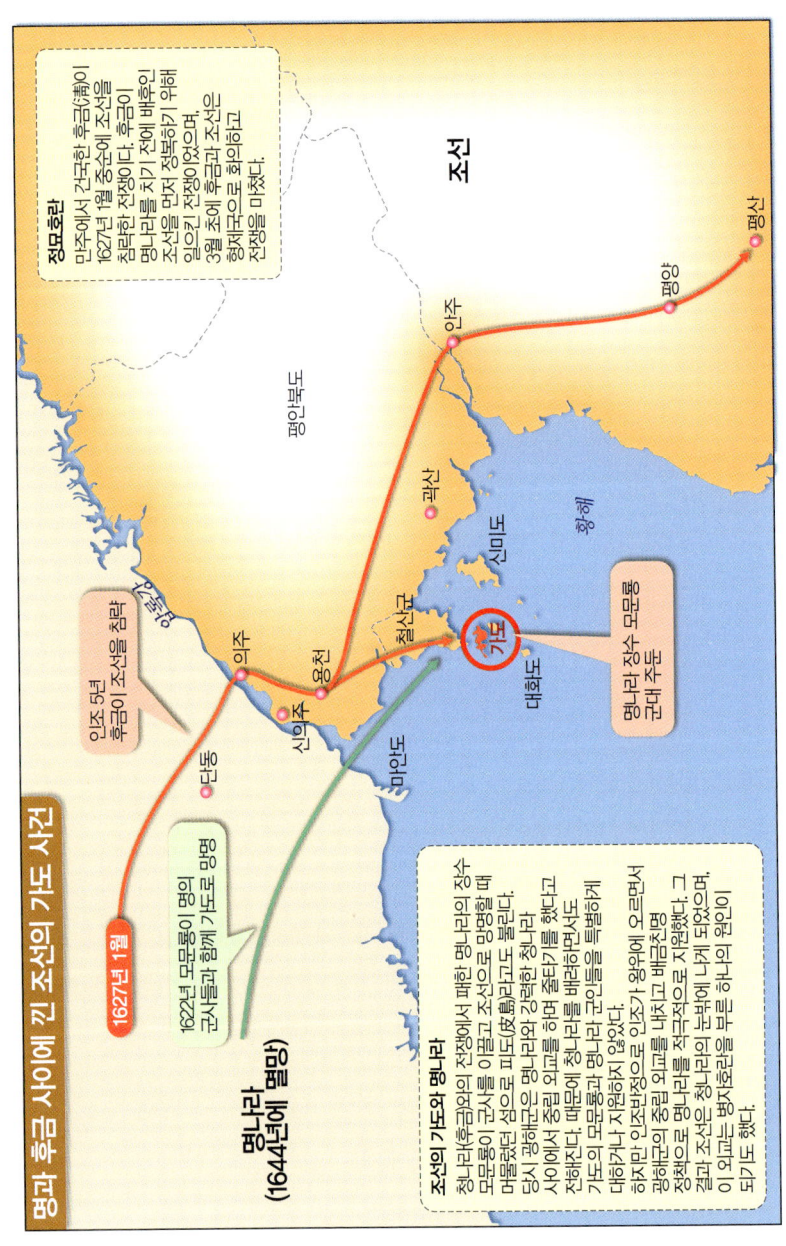

도였다. 또 임진왜란처럼 명나라가 도울 수 있는 상황이 아니라는 것도 알고 있었다.

그런데도 화친하자는 목소리보다 항전하자는 목소리가 더 높았던 것은 척화의 선명성이 시대를 초월해 정치인을 평가하는 보편적인 기준이었기 때문이다. 비교적 실리 외교 노선을 걸었다는 광해군 시대에도 이건 마찬가지였다. 광해군의 최측근인 이이첨조차 후금(淸) 사신의 목을 베자는 등 척화 노선을 외쳤다. 선왕의 부인인 인목대비를 폐위하고 왕의 이복동생(영창대군) 살해까지 찬성했던 이이첨도 청나라와 화친하자는 말은 차마 할 수 없었다는 이야기다.

인조반정 1등 공신 최명길은 왜 주화론의 깃발을 들었는가?

주화론자 최명길은 인조반정 후 포상 과정에서 정사공신 1등에 봉해진 인물이다. 그만큼 인조 정권의 명운을 책임져야 하는 입장이었다.

그런 그는 일찍부터 후금(청) 문제에 대해 고민했다. 인조반정 직후 평안감사 박엽에 대한 구명 운동을 벌였던 데서도 그런 면모가 드러난다. 박엽이 비록 광해군의 측근이었지만 군사적 재능이 뛰어나고 국경 사정을 잘 아는 만큼 후금(청)에 대한 방비를 맡겨야 한다고 주장했다. 하지만 구명 운동은 정치 논리에 밀려 실패했다.

그는 쏟아지는 비난에도 불구하고 '사직을 보전해야 하며 이를

위해 전쟁은 피하자'라는 입장을 일관되게 견지했다. 청나라 사신을 자극하지 말자고 주장했고, 항전이 결정됐을 때도 "일단 청나라에 사신을 보내 그들의 요구가 무엇인지 정확히 알아보자"라고 했다가 빗발치는 상소에 한때 파직당하기도 했다.

1636년 12월 9일 압록강을 건넌 청나라 군대가 5일 만에 개성을 통과하며 초고속으로 진군하자 조정은 큰 혼란에 빠졌다. 이때 나선 것도 최명길이었다.

그는 "오랑캐 진영으로 달려가 맹약을 어기고 침략한 것을 따지겠습니다. 그들이 듣지 않는다면 마땅히 그 말발굽 아래 죽을 것이요, 다행히 말 상대가 된다면 잠시나마 그들을 묶어둘 수 있을 테니 전하는 그 틈을 타 남한산성으로 들어가십시오"라고 제안했다. 최명길의 목숨을 건 담판 시도 덕분에 시간을 확보한 인조 일행은 무사히 남한산성으로 들어갈 수 있었다.

사대부들이 후세의 비난을 두려워하며 기피했던 외교 문서 작성도 떠맡았다. 최명길이 작성하고 인조의 검토까지 마친 문서를 김상헌이 통곡하며 찢어버리자, 최명길은 웃으며 "대감은 찢었으나 우리는 마땅히 이것을 주워야 한다"라고 말했다.

청나라에 항복한 다음 전후 처리도 그의 몫이었다. 청나라가 명나라를 침공할 원군을 보내라고 요구했을 땐 두 차례나 청나라로 가서 이를 거절하는 입장을 설명했고, 명나라와 외교 관계를 지속하는 것이 발각돼 위기에 처했을 때도 자진해서 청나라로 갔다. 그는 청나라로 갈 때 "나 같은 대신 한두 사람이 이 일로 죽어야 후세에 할 말이 있게 된다"라며 장례 도구를 챙기기도 했다.

임진왜란부터 병자호란까지 겪었던 조선 중기 문신 장유는 저서 《계곡집(谿谷集)》에 이런 글을 남겼다.

> "척화를 주장하는 사람이라 할지라도 겉으로는 큰소리를 쳤지만 속으로는 화의가 성립되는 것을 실로 바라고 있었는데, 다만 실속 없이 떠들어대는 주장에 희생될까 두려운 나머지 감히 분명하게 발언을 하지 못할 따름이었다. 그런데 유독 최명길이 이러한 사태에 직면하여 문득 앞장서서 그 말을 꺼내면서 주저하거나 피하는 것이 없었는데, 끝내는 이 일 때문에 그만 탄핵을 받고 물러나는 신세가 되고 말았다."

그런 최명길을 이후 사대부들은 혹평하며 인정하지 않았다. 전쟁에 잡혀간 부녀자들이 돌아와 '환향녀(還鄕女)'라며 손가락질당하고 이혼 소송이 속출했을 때, 이를 반대한 것도 사대부들에게 '찍히는' 요인이 됐다.

> "만약 이혼을 허락하면 부녀자를 반드시 데려오려는 사람이 없게 될 것입니다. 이것은 허다한 부녀자들을 영원히 이역의 귀신이 되게 하는 것입니다. 신이 반복해서 생각해보고 물정으로 참작해보아도 끝내 이혼하는 것이 옳은 줄을 모르겠습니다. 전쟁의 급박한 상황 속에서 몸을 더럽혔다는 누명을 뒤집어쓰고서도 밝히지 못하는 사람이 얼마나 많겠습니까."
>
> 최명길

이런 최명길의 태도는 사대부들에겐 사실상 이적이나 다름없었다. 여론과 벗어난 최명길의 발언에 대해 사관은 이렇게 남겼다.

> "사로잡혀 갔던 부녀들은 비록 본심은 아니었다고 하더라도 죽지 않았으니 절의를 잃지 않았다고 할 수 있겠는가. 절개를 잃었으면 다시 합하게 해서 사대부의 가풍을 더럽힐 수는 없다. 백 년 동안 내려온 나라의 풍속을 무너뜨리고, 삼한(三韓)을 들어 오랑캐로 만든 자는 명길이다. 통분함을 금할 수 있겠는가." 《인조실록》 16년 3월 11일

인조에게 결사항전을 주장한 척화론자 김상헌의 행보

인조반정의 공신이 아니었던 김상헌은 최명길보다는 정치적 책임에서 자유로웠다. 굳이 따지면 야당이었다. 성리학적 명분론에 입각한 사림의 입장을 대변하는 목소리를 낼 수 있었던 이유다.

비변사 당상 시절엔 국왕이 '장차 무엇을 믿어야 하는가'라고 묻자 "하늘의 도(天道)를 믿으십시오"라고 했고, 남한산성에선 "군신(君臣)은 마땅히 맹세하고 죽음으로 성을 지켜야 합니다. 이루지 못하더라도 돌아가 선왕을 뵙기에 부끄러움이 없을 것"이라면서 왕에게 결사항전을 설득했다.

그는 병자호란을 겪고 나서도 청나라가 명나라를 칠 원병을 요구하자 "명분과 의리를 저버리면 재앙이 있으니 옳은 의리를 지키고 하늘의 명을 기다려야 한다"라고 주장하는 등 철저한 대명 의리론

을 고수했다.

하지만 병자호란이 끝날 무렵, 그가 보인 행보는 논란이 됐다. 포위가 풀리고 인조가 성 밖으로 나가 청 태종에게 무릎을 꿇을 때, 그는 동문으로 조용히 남한산성을 빠져나가 고향인 안동에서 칩거했다.

병자호란이 끝나고 3년 뒤, 그는 청나라에 끌려가 취조당할 때 이 점을 추궁당했다. 그는 왕이 항복할 때 함께하지 않은 것에 대해 "늙고 병들어 걸음을 걸을 수 없어서 따라가지 못했다"라고 답변했다. 남한산성에서 보인 당당한 태도와는 사뭇 다른 태도였다. 그러면서 자신의 행동을 이렇게 합리화했다.

"나라님이 사직에 죽으면 따라 죽는 것이 신하의 의리이다. 간쟁하였는데 쓰이지 않으면 물러나 스스로 안정하는 것도 역시 신하의 의리이다."

김상헌이 자결을 시도한 적이 있긴 했다. 남한산성에서 항복이 결정됐을 때다. 하지만 가족들이 보는 앞에서 목을 맸기 때문에 '쇼'라는 지적도 적지 않았다.

전쟁 초기 척화파의 강경론을 따랐다가 유례없는 굴욕을 당한 인조는 김상헌에 대해 훗날 이렇게 평했다.

"오늘날 나라의 일이 이렇게 된 것은 다 시비가 밝지 않은 데에서 말미암았다. 김상헌이 평소에 나라가 어지러우면 같이 죽겠다는 말을 하였으므로 나도 그렇게 여겼는데, 오늘날에 이르러서는 먼저 나를 버리고

서 젊고 무식한 자들의 앞장을 섰으니 내가 매우 안타깝게 여긴다. 김상헌의 일은 한 번 웃을 거리도 못 되는데 무식한 무리는 오히려 남들이 할 수 없는 일이다 하니, 세상을 속이고 명예를 훔치기가 쉽다 하겠다."

《인조실록》 15년 9월 6일

조선 성리학자들은 최명길을 '간신', 김상헌을 '충신'으로 규정

하지만 후세 조선 사대부들은 주화론자였던 최명길을 '배신자'로 규정했고 김상헌은 의리의 수호자로 떠받들었다. 특히 노론의 종주였던 송시열은 두 사람을 비교하면서 최명길에 대해선 간신(奸臣)이라면서 독한 비난을 한 반면, 김상헌에 대해선 신하의 '모범'으로 극찬했다.

이 때문에 최명길은 반정의 공신이었지만 "선류(善類)를 해치고 국법을 어지럽혀 사론(士論)에 죄를 얻은 지 오래"라며 인조의 묘정에 배향(配享)되지 못하는 등 철저히 외면당했다. 이런 성리학에 기반을 둔 세계관과 인물론은 이후 200여 년간 조선의 명분론을 강화하는 이데올로기로 자리매김했다.

최명길도 조선을 지배한 성리학적 세계에서 '악당'으로 남을 수밖에 없는 자신의 미래를 예감했을까. 인조가 김상헌을 책망했을 때 이렇게 말했다.

"현명한 사람들은 김상헌이 어떤 마음을 쓰는지 알고 있습니다. 하지만 젊은 사람들 중에는 김상헌을 사모하여 본받는 자가 많이 있습니다."

완곡하게 말하긴 했지만 역사의 패자로 남게 된 그의 쓸쓸한 비애가 드러난다. 그리고 역사는 그의 예감대로 흘렀다.

최명길의 생애와 후세의 평가는 현실 정치에서 누구도 여론을 지배하는 명분을 거스르기 어렵다는 점을 보여준다. 언행이 일치하지 않아도 일단은 선명한 명분을 외치며 상대를 공격하는 것이 예나 지금이나 정치적으로 유리하다는 점도 마찬가지다.

이건 비단 조선 시대뿐만이 아니다. 다른 목소리를 내면 '빨갱이' 아니면 '토착왜구'로 몰아대는 대한민국은 조선 시대보다 더 나아졌다고 자신 있게 말할 수 있을까. 누구보다 기득권의 삶을 누리면서 진보와 도덕이라는 가면을 쓰고 위선을 보이는 정치가들은 또 어떤가.

호락논쟁, 노론을 두 동강 내다!

호락논쟁, 집권 세력 노론이 호론과 낙론으로 대분열

18세기 노론의 대분열은 1709년 봄에 충남 보령의 한 산사에서 촉발됐다.

물론 처음부터 거창하게 시작된 건 아니었다. 한산사(寒山寺)라는 작은 사찰에 모인 권상하의 제자들은 성리학의 몇 가지 논점에 대해 의견을 나누었다. 논쟁의 양 축은 권상하 문하의 양 날개인 한원진과 이간이었는데, 이견은 좀처럼 좁혀지지 않았다. 결국 한산사 모임 이후까지 이어진 논쟁은 스승 권상하가 한원진의 손을 들어주면서 비로소 일단락됐다. 여기까지는 여느 문하에서 일어날 수 있는 보통의 사건이었다.

다만 한원진은 노론의 종주 송시열의 적통을 이었다고 평가받는 학자였다. 여타 문하에서 벌어진 논쟁보다는 애초 무게감이 달랐을 것이다. 이런 배경이 두 사람의 기 싸움을 더 치열하게, 또 주목받게 만들었는지도 모른다. 그렇더라도 지방의 동문 사이에 벌어진 논쟁이었다. 게다가 스승인 권상하가 이미 판정을 내린 터였다. 그렇기에 이 논쟁이 이후 100년간 이어질 것이라고는, 더군다나 집권 세력인 노론을 둘로 쪼갤 줄은 누구도 짐작하지 못했다.

'사칠논쟁(四七論爭)', '예송논쟁(禮訟論爭)'과 함께 조선 지성사의 3대 논쟁으로 꼽히는 '호락논쟁(湖洛論爭)'은 이렇게 시작됐다.

동문수학하는 이간과 한원진이 치열하게 다툰 지점은 '인성과 물성의 차이(人物性同異)', '감정이 발하기 전 마음의 본질(未發心體)', '성인과 범인 마음의 차이(聖凡心同異)'로 정리된다. 각기 다른 주제지만 큰 틀에서 보면 결국 하나로 연결되는 문제였다.

예를 들어 인물성동이(人物性同異)는 인간이 아닌 동물에게도 인의예지(仁義禮智)와 같은 덕성이 있느냐 없느냐를 따지는 것이었다. 양측의 입장은 이렇게 나뉘었다.

> "만물은 태극에서 시작됐기 때문에 하늘로부터 고르게 덕성을 받았다. 인간은 동물보다 덕성을 온전히 유지한다는 것 정도만 다를 뿐이다."
>
> 이간

> "만물은 태극에서 시작됐지만 기질(氣質)에 따라 근본이 제각각 다르다. 어떻게 인간과 동물이 같은 덕성을 가질 수 있겠는가."
>
> 한원진

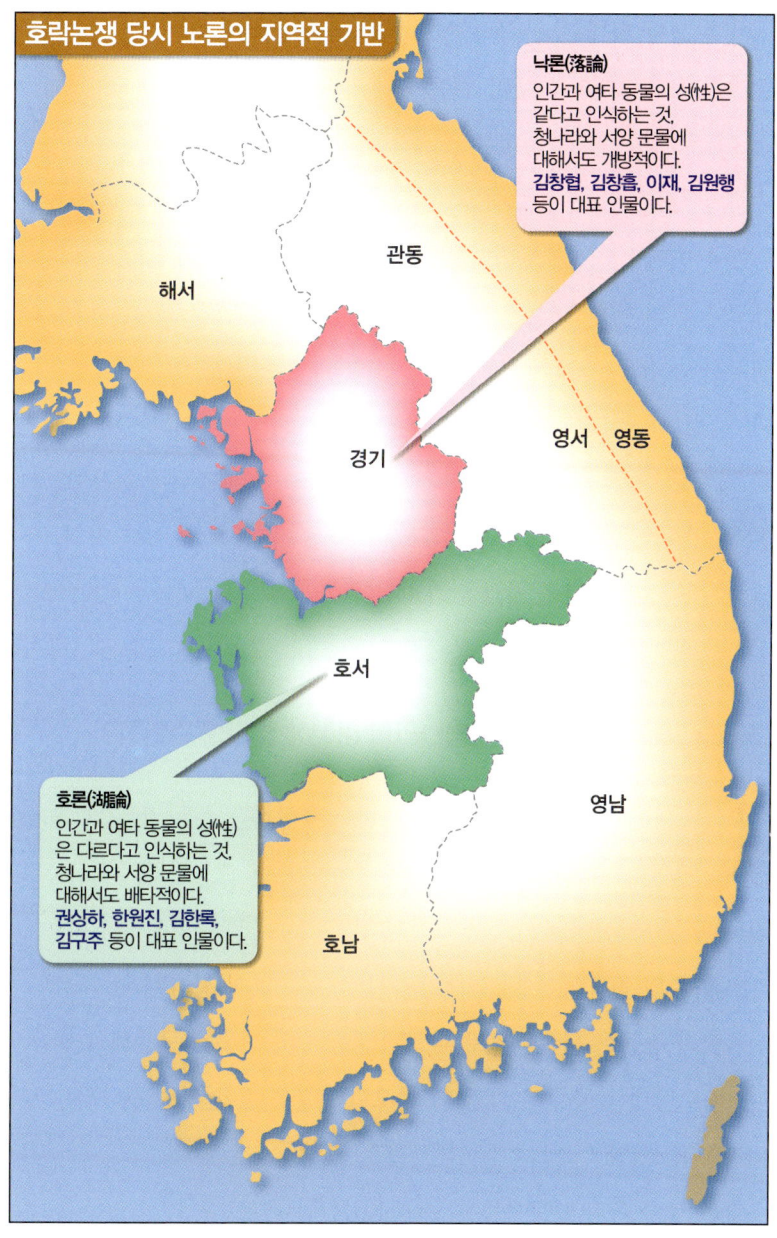

이 논쟁이 확대된 건 뜻밖에도 서울·경기 지역 노론 선비들이 달려들면서부터다. 이들이 스승에게 외면당한 이간에게 동조하면서 이 문제는 권상하 문하를 넘어 조선 지성계를 달구는 뜨거운 이슈로 달아올랐다.

한국 현대 정치사에선 '보수=영남'이라는 인식이 있지만, 이때만 해도 노론의 핵심 기반은 서울과 충청이었다. 이 무렵 충청 지역을 권상하가 잡고 있었다면, 서울은 김창협·김창흡 형제가 주도했다. 김창협의 영향을 받는 서울 노론계가 이간의 편을 들자 한원진을 지지한 권상하 측 충청 노론계가 반발했고, 이때부터 노론은 호론(湖論)과 낙론(洛論)으로 쪼개졌다. 호(湖)는 기호·호서(충청) 지역, 낙(洛)은 낙양, 즉 서울 지역을 가리킨다.

오랑캐 만주족이 세운 청나라를 어떻게 바라볼 것인가?

호락논쟁이 한 세기나 지속되며 조선의 지성계를 흔든 것은 그 귀결이 가져올 후폭풍 때문이었다. 이 결과에 따라 그동안 금수로 여긴 청나라에 대한 인식, 즉 성리학의 세계관도 바뀔 수밖에 없었다.

호론 측의 인물성이론(人物性異論)에 따르면 이렇게 정리된다.

사람과 동물은 근본적으로 다르기 때문에 엄격하게 구분해야 한다 → 오랑캐는 금수에 가깝다 → 오랑캐 만주족이 세운 청나라는 인정할 수 없다.

반면 낙론 측의 인물성동론(人物性同論)에서는 다르다.

사람과 동물은 하늘로부터 동등한 성품을 받았다 → 오랑캐(청)와 명·조선은 근본이 다르지 않다 → 청나라도 실력을 갖추면 정통이 될 수 있다.

낙론계의 지도자인 김창협은 《삼연집(三淵集)》을 통해 '정통론'에 대해서도 기존과 다른 주장을 폈다.

> "정통에서 정은 '사정(邪正)의 정'이 아니라 '편정(偏正)의 정'의 의미이니 구역의 넓고 좁음으로 말할 따름이다. … 선악·화이를 가릴 것 없이 천하를 하나로 한 자가 곧 정통이니 이외에 다른 논의는 옳지 않은 것이다."

낙론의 이런 인식은 춘추의리(春秋義理)에 따라 중화와 오랑캐를 엄격하게 구분했던 송시열의 사상과 비교해보면 매우 현실주의적이었다. 이런 이유로 낙론계는 호론계로부터 거센 비판을 받았다. '화이무분(華夷無分)', 중화와 오랑캐에 대한 구분이 없으며, '인수무분(人獸無分)', 인간과 동물을 구분하지 못한다는 비판이었다.

이에 대해 낙론 측은 호론 측의 입장이 맹자의 성선설(性善說)에도 어긋날 뿐 아니라 '천하가 선하게 되는 길을 막는다(沮天下爲先之路)'라며 팽팽하게 맞섰다. 그뿐만 아니라 그동안 노론에서 '무오류-절대 존엄'으로 받들어졌던 송시열에 대해서도 "그 시기에 적합한 가르침을 폈을 뿐"이라는 과감한 목소리를 냈다.

낙론은 청나라 교역과 상공업 발전시키자는 이용후생론 주장

 18세기 조선은 임진왜란과 병자호란의 충격에서 회복하기 시작했지만, 지배층의 내적 고민과 갈등은 더욱 깊어졌다.
 국제적으로는 청나라를 중심으로 하는 국제 질서가 자리 잡으며, 그동안 조선이 추구했던 북벌의 가능성은 소멸됐다. 오히려 조선의 지식인들은 연행사(燕行使)를 통해 청나라의 발전상을 보고 큰 정신적 충격을 받았다. 또 국내로 눈을 돌려보면 서울·경기 지역에서 상업 발전을 통해 중인층이 크게 성장하고 있었다. 그동안 조선 사회를 지배해왔던 화이관(夷狄觀)과 신분제 등 주자-성리학적 틀을 고수하기엔 세상이 너무 바뀌고 있었다.
 이런 상황에서 호론과 낙론은 정반대로 돌파구를 찾고자 했다. 호론 측은 정통과 사이비, 중화와 이적, 군자와 소인의 구분을 엄격히 하는 방식으로 혼란한 사회 분위기를 수습하려 했다. 반면 낙론 측은 성리학의 틀을 부수지 않는 선에서 최대한 현실을 인정하며 탄력적으로 대응하자는 입장이었다.
 이런 낙론의 철학은 기존의 북벌론을 넘어 청나라와 적극적으로 교역하고 상공업을 발전시키자는 이용후생론으로 확대됐다. 또 중인층과 서얼들의 신분 상승 욕구도 부분적으로 수용하자는 목소리를 냈다. 사실 '성인과 범인의 마음(聖凡心)'이 차이가 없다면 중인과 서얼을 차별할 근거도 약해질 수밖에 없었다. 북학파를 이끈 박지원과 홍대용 같은 학자들이 이러한 낙론계의 분위기 속에서 성장

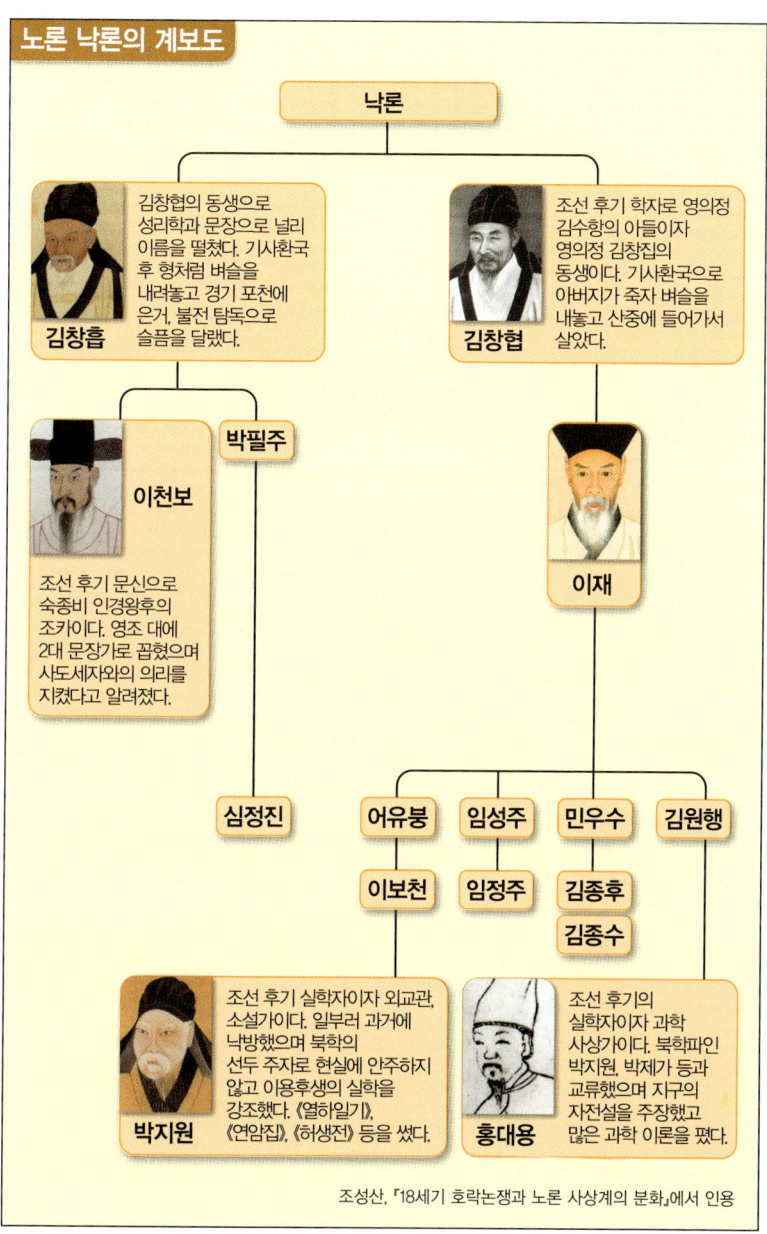

조성산, 『18세기 호락논쟁과 노론 사상계의 분화』에서 인용

한 대표적 인사였다.

그래서 박지원의 작품을 보면 북벌의 허구성이나 인물성동론, 성범심동론 등 낙론의 철학이 곳곳에 투영된 것을 확인할 수 있다.

> "오랑캐 땅에서 태어나 자칭 사대부라 뽐내다니, 이런 어리석을 데가 있느냐? … 명(明)을 위해 원수를 갚겠다 하면서 그까짓 머리털 하나를 아끼고, 또 장차 말을 달리고 칼을 쓰고 창을 던지며 활을 당기고 돌을 던져야 할 판국에 넓은 소매의 옷을 고쳐 입지 않고 딴에 예법이라고 한단 말이냐?" 《허생전》

> "천하의 원리는 하나뿐이다. 범의 본성이 악한 것이라면 인간의 본성도 악할 것이요, 인간의 본성이 선한 것이라면 범의 본성도 선할 것이다." 《호질》

노론 시파는 정조 개혁에 협조, 노론 벽파는 정조와 정치적 대립

일부 저술가들의 영향으로 노론은 '수구-꼰대-기득권층'으로 묘사되어왔다. 특히 정조 시대를 다룬 사극이나 영화를 보면 이런 구도가 더욱 두드러지며, 더 나아가 조선이 망한 것도 노론이 정조의 개혁을 막았기 때문이라는 식으로 그려지기도 한다. 하지만 이것은 지나치게 도식화된 측면이 있다. 실제 역사와도 다르다.

호락논쟁을 기점으로 갈라선 노론의 호론과 낙론은 정치적으로

도 다른 길을 걸었다.

정조에게 협력한 노론 시파는 낙론계 인사들이 많았다. 시파라는 명칭 자체가 시(時), 시대 변화에 유연하게 움직인다는 의미를 담고 있다. (물론 반대파에선 '시류에 영합한다'라는 좋지 않은 의미로 썼다.) 시파는 정조 집권기에 가장 협조적인 세력 중 하나였다. 정조가 죽기 전 따로 불러 후사를 부탁한 김조순 역시 시파 측 인사다.

정조와의 협력 여부를 떠나 낙론은 사상적으로도 '수구-꼰대'로 치부되기엔 '억울한' 측면이 있다. 낙론의 철학은 북학파가 상공업 발전을 주창하는 토양을 제공했으며, 청나라에 대한 인식의 전환을 이끌었다. 또, 성인과 범인의 근본은 다르지 않다는 낙론계의

성범성동론(聖凡性同論)은 서얼 차별과 엄격한 신분제를 완화해야 한다는 주장에 힘을 실었기 때문이다.

반면 호론은 노론 벽파로 연결됐다. 이들은 정조의 정적인 정순왕후의 오라비 김귀주와 연대해 정조와 정치적 대척점에 섰다. 김귀주가 아니더라도 벽파는 근본적으로 정조와 같은 길을 걸어가기는 어려운 처지였다.

앞서 설명했듯이 노론 벽파를 구성한 호론계는 정통과 사이비의 구분을 강조했고, 이것이 그들의 존재론적 이유이자 정치적 '어젠다'였다. 따라서 모든 당파를 초월하고자 했던 정조의 탕평론과 결합하기엔 궁합이 맞지 않았다. 근본이 다른 남인도 인정하기 어려웠지만 '배신자' 노론 시파와 손을 잡는다는 것도 일종의 '자기 부정'으로 느껴졌을 것이다. 이처럼 완고한 태도를 고수했던 이들은 18세기 이후 정치 사회의 변동을 따라잡지 못한 채 위축되기 시작했다.

벽파는 정조가 사망한 뒤 잠시 정권을 장악했지만, 1806년 '병인경화'를 계기로 궤멸하면서 중앙 정치 무대에서 사라졌다. 이후 지방 유학(儒學) 세력으로 남은 이들은 개화기 때 위정척사 운동으로 잠시 재등장했다.

100년간 이어진 호락논쟁은 보수 집권층인 노론계의 혁신 과정

박지향 서울대 서양사학과 교수는 영국 보수당이 300년 가까이 존속한 이유 중 하나로 '변화와 혁신'을 꼽는다. "영국 보수당의 개혁보수주의는 역사와 전통이 귀하다는 인식에서 출발하지만, 변화를 거부하지 않고 어떤 때는 선도적으로 변화에 나섰다"라는 것이다.

특히 벤저민 디즈레일리가 이끌었던 19세기 중반 보수당은 도시 노동자 다수를 유권자로 끌어들인 선거법 개혁과 공중보건법, 식품의약법, 직공거주법, 굴뚝소년법, 공장법 제정 등 광범위한 사회 개혁을 주도했다.

18세기 100년간 이어진 호락논쟁도 보수 집권층인 노론계의 혁신 과정이었다. 동문의 사형-사제 간에 시작된 논쟁은 순식간에 조선 지성계를 휩쓸었다. 전통적 화이관과 신분제가 현실과 충돌하는 지점에서 이들은 고민을 거듭했고, 향후 보수 정치의 진로를 놓고 두 패로 나뉘어 경쟁했다.

양측 입장이 옳으냐 그르냐를 떠나 이런 경쟁과 혁신을 선택했기 때문에 노론은 이후에도 집권 세력으로서나 지성계의 최대 계파로서의 지위를 계속 연장할 수 있었던 것이 아닐까. 그런 점에서 호락논쟁이 시작된 1709년은 혼란에 빠진 조선의 보수가 다시 몸을 추스르고 재정비를 하게 된 계기였다.

18세기 달라진 환경과 마주했던 노론의 처지는 최근 한국의 보수 세력과도 비슷한 면이 있다. 그런 점에서 보수 세력에게 하나의 시사점이 될 수 있지 않을까.

조선은 정조 사후
왜 100년 만에 망했나?

정조의 죽음 이후 그의 개혁을 소멸시킨 주원인은 무엇?

 만약 역사상 가장 좋아하는 군주를 고르는 여론 조사를 벌인다면 누가 선정될까. 아마도 세종과 정조가 어렵지 않게 1, 2위를 차지하지 않을까. 그만큼 한국 사회에서 두 군주에 대해 갖는 감정은 각별하다고 해도 과언은 아닐 것이다.

 세종이 한글 창제를 비롯해 태평성대를 이룬 성군의 표본이라면, 정조는 기득권에 맞선 개혁 군주의 표본이다. 그러나 양쪽에 대해 갖는 감정은 약간 차이가 있다. 세종에 대해선 흐뭇한 자긍심이라면 정조에 대해선 아련한 안타까움이랄까. 그것은 두 국왕이 죽고 난 뒤 펼쳐진 역사가 다르게 전개됐기 때문이다. 특히 정조가 49세라는 젊은 나이에 사망하고 100년 만에 국권이 침탈됐다는 점에서 미완에 그친 그의 개혁에 아쉬움을 느끼는 사람들이 많다.

▶ 「세종대왕 표준영정」, 1976년, 김기창.   ▶ 「정조 표준영정」, 이길범.

 반면 정조 혹은 그의 시대에 대해선 이런 의문도 던져볼 수 있다. 정조가 죽자마자 개혁은 무위로 돌아가고 정치, 사회 전반에 걸쳐 퇴행 현상을 겪었다고 한다면 그의 정치는 과연 성공적이라고 볼 수 있을까. 1~2년도 아니고 20년 넘게 집권한 국왕인데 말이다. 일순에 모래성처럼 무너질 정도로 동조 세력과 공감대를 만들지 못한 개혁을 높게 평가할 수 있을까.

 그렇다면 정조의 죽음 이후 그의 개혁을 소멸시킨 주원인은 무엇일까. 노론 수구 세력의 반동? 정순왕후의 수렴청정? 김조순의 세도 정치? 흔히 정조 사후 조선 정계 변화의 흐름은 '정조의 죽음 → 순조의 즉위와 노론 수구 세력의 반격 → 남인 등 개혁 세력의 몰락'으로 알려져 있다. 하지만 이것이 전부는 아니다.

'정조 키즈' 김조순이 안동 김씨 세도 정치의 막을 올렸다

김조순, 남공철, 심상규, 이만수, 서영보.

이 다섯 명은 정조를 이은 순조 시대에 정계를 움직인 핵심 인물들이다. 감히 견제하기 어려운 그들의 권력에 빗대 '천생오태사(天生五太史)'라고 불렸다. 노론 시파와 소론 출신의 신진 세력이던 이들은 정조의 신임을 듬뿍 받아 성장했다.

사극이나 소설에서 노론은 정조와 대척점에 선 강력한 반대 세력으로 등장하지만 그렇게 간단히 이분법적 구도로 나누긴 어렵다. 노론이라고 해서 모두 정조와 척을 진 건 아니었다.

정조 시대에 노론은 시파와 벽파로 나뉘어 있었다. 벽파는 성리학적 세계관과 소중화 사상을 강조하면서 다른 사상을 백안시하는 경향이 강했다. 또 영조의 아들인 사도세자와 갈등 관계였고, 그런 대립 속에 사도세자가 사망하자 그의 자식인 정조를 매우 경계했다.

반면 시파는 이보다 온건한 입장이었다. 주로 서울 출신인 이들은 성리학적 세계관을 부정하지는 않았지만 청나라의 선진 문물 수용과 상공업 진흥에도 관심이 많았다. 죽은 사도세자에 대해서도 온정적이었다.

정조는 이런 노론 시파와 소론의 동량지재(棟梁之材)를 발탁해 측근 세력으로 양성했다. 정조는 노론 시파와 소론과 함께 정계에서 소외되어 있던 남인을 등용하면서 주류인 노론 벽파와 균형을 맞췄다.

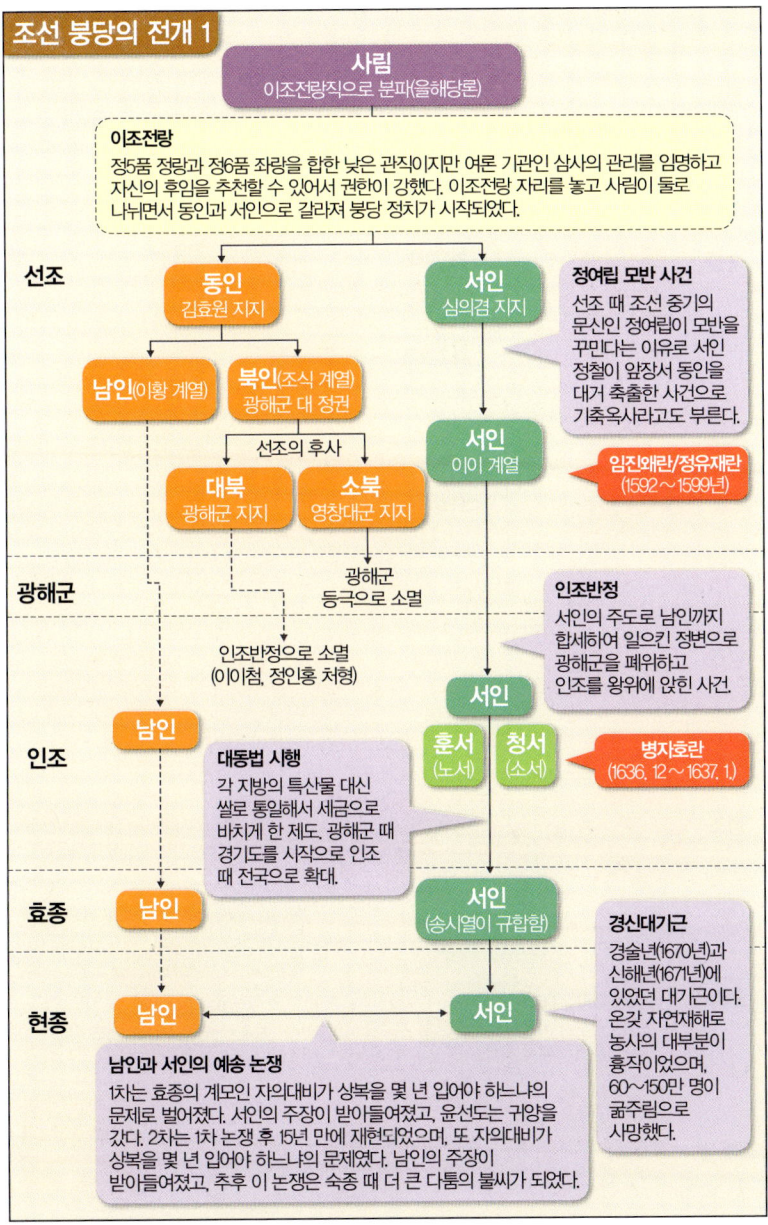

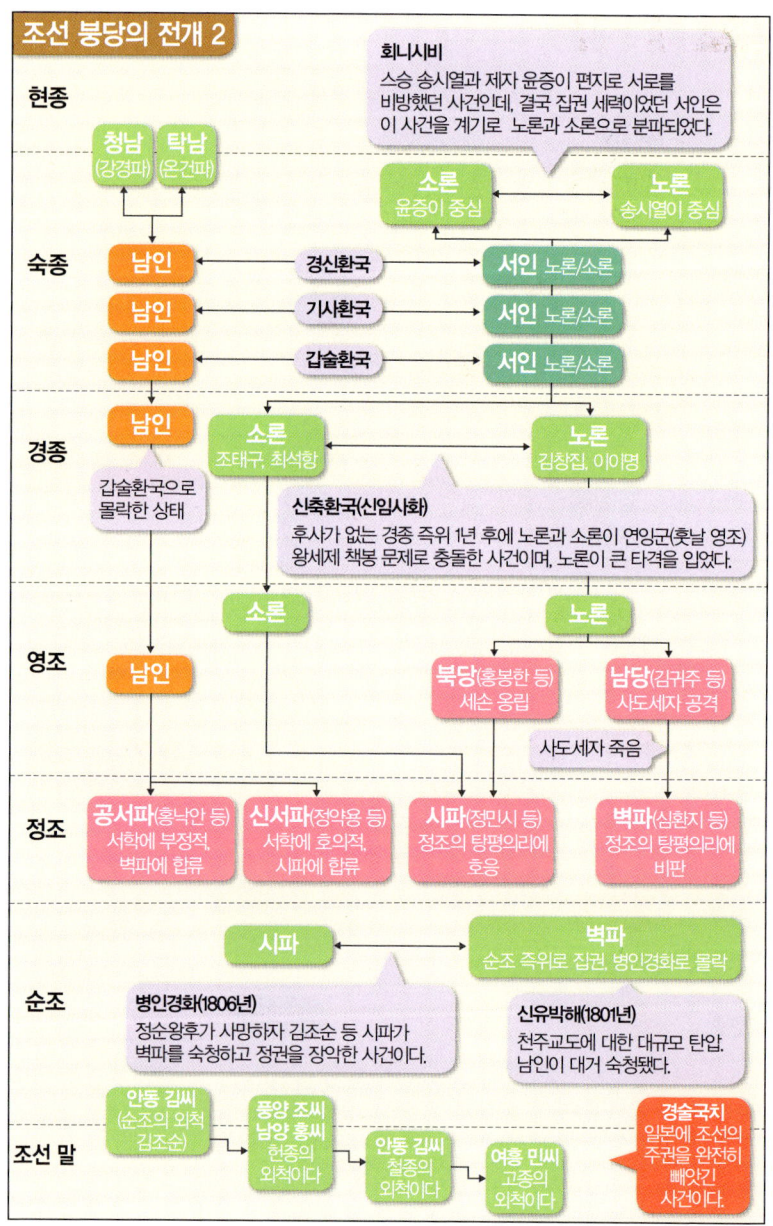

그러나 정조가 49세라는 나이로 급사하고(1800년) 순조가 왕위에 오르면서 정치 환경은 급변했다. 순조의 나이가 11세에 불과했기 때문에 정조의 할머니뻘인 정순왕후가 대리청정에 나섰다. 정순왕후의 후원을 받은 벽파가 정권을 장악하면서 노론 시파와 소론, 남인이 대거 축출됐다. 여기까지는 잘 알려진 역사다.

영원할 것 같았던 벽파의 세상은 순조(1800~1834년) 집권기 중 6년에 그쳤다. 1806년 정순왕후가 사망하자 시파가 반격에 나섰다. 바로 시파가 벽파를 정계에서 축출한 병인경화(丙寅更化)다. 이를 기점으로 벽파는 재기 불능의 타격을 입었다. 그리고 이때 전면에 나선 것이 바로 정조가 육성한 천생오태사였다. 정조의 사후 중단된 개혁이 재개될 차례였다.

그러나 시간은 기대와 다르게 흘러갔다. 서얼 등용, 금난전권(禁亂廛權) 폐지, 서학에 대한 온건한 대응 등 정조 시대를 규정짓는 정책 어젠다들은 복원되지 않았다. 정조가 죽기 전까지 심혈을 기울였던 화성 천도도 수면 아래로 들어갔다. 정약용도 전남 강진에서 유배 생활을 계속해야 했다. '정조 키즈들'이 정권을 되찾았지만 바뀐 건 없었다.

무엇보다 조선의 쇠락에 결정타가 된 세도 정치도 천생오태사에서 비롯되었다. 정조가 죽기 전 따로 불러 순조 시대를 관리할 인물로 선택했던 김조순은 안동 김씨 세상을 만든 세도 정치의 출발점이 됐다. 그리고 홍경래의 난(1811년)을 시작으로 전국 각지에 민란이 들불처럼 번졌다.

순조 시대의 정권 실세가 정조 키즈였다는 것은 얼마 전부터 주목받는 숨은 퍼즐 조각이다. 정조와 순조의 시대가 너무나 달랐기에 그동안에는 두 시기의 '단절성'에만 관심이 모아졌다. 여기엔 정조 시대에 대해 긍정 일색이었던 분위기도 작용했다. 하지만 최근엔 '정조 키즈'들이 왜 정조를 '배신'했는지에 대해서도 관심이 높아졌다.

1800년 5월 그믐날, 오회연교에서 영조와 신하의 균열

사망 한 달 전인 1800년 5월 그믐날, 정조는 신하들을 불러 긴급 회동을 가졌다. '오회연교(五晦筵敎)'라고 불리는 이날 모임은 일종의 충성 서약을 위한 자리였다. 정조는 자신의 정치 철학에 공감하는 세력 외엔 권력에서 배제될 수 있다는 점을 분명히 했다.

정조는 먼저 자신의 인사 정책을 지적한 김이재(노론 시파)의 비판을 신랄하게 꾸짖었다. 앞서 정조는 우의정 이시수의 동생인 이만수를 이조판서에 임명했다. 그런데 조선엔 상피(相避)라고 해서 4촌 이내 친족이 서로 영향력을 갖는 관직에 배치하지 않도록 하는 제도가 있었다. 따라서 김이재의 비판은 정당했다.

그러나 정조는 이를 무시했다. 이 무렵 그는 마음이 급했다. 1804년 화성 천도가 예정되어 있었지만, 정치 현실은 그의 구상처럼 흘러가지 않았다. 어린 세자에게 양위하는 것을 앞두고 조급함이 고조된 상태였다.

정조의 오회연교는 실패했다. 그의 요구에 관료 집단은 침묵으로 응수했다. 심지어 그가 애지중지 키운 노론 시파와 소론에서도 호응이 나오지 않았다. 그동안 봉인되어 있었던 양측의 균열점이 극명해진 순간이었다.

정조 시대를 주도한 노론 시파와 소론이 추구하는 것은 사림 정치의 복원을 통한 국정 정상화였다. 여기엔 영조 후반기 벌어진 비정상적 정치 환경이 영향을 줬다. 외척인 풍산 홍씨(혜경궁 홍씨의 집안)와 경주 김씨(정순왕후 집안) 세력이 비대해지면서 그동안 사림이 지키던 명분은 사라지고, 노론조차 북당(北黨, 친 풍산 홍씨파)과 남당(南黨, 친 경주 김씨파)으로 분열돼 권력 쟁탈에 몰두했다. 그런 와중에 희생된 것이 사도세자였다. 시파에는 북당 세력이 합류하긴 했지만 이들은 붕당이 무너지고 국왕의 들러리가 되는 것은 바라지 않았다.

그런 만큼 정조가 오회연교에서 요구한 왕권의 초월적 권한은 받아들여지기 어려웠다. 정조는 이런 신하들의 입장을 '습속(習俗, 전통적인 사회적 관습)'이라고 비판했지만 이들은 끝끝내 화답하지 않았다. 이로부터 며칠이 지나고, 정조는 영원히 돌아오지 못할 병상에 눕게 된다.

1794년 정조의 야망과 갑자년 구상은 왕권 강화 조치

양측의 균열은 이로부터 6년 전 조짐이 있었다. 1794년 정조가 이른바 '갑자년(甲子年) 구상'을 발표하면서다.

정조는 갑자년(1804년)에 15세 되는 세자(순조)에게 양위하고 혜경궁 홍씨를 모시고 화성으로 가서 여생을 보내겠다고 했다. 이를 위해 화성에 신도시를 건설하고 국왕 친위 부대인 장용영(壯勇營) 외영의 설치를 추진했다. 갑자년 구상은 정계 은퇴가 아니라 태종과 같은 상왕 정치를 염두에 둔 계획이었다. 태종이 군사권을 틀어쥐고 권력을 행사했듯이, 정조는 장용영을 통해 상왕의 권한을 행사하고자 했던 것이다. 이를 위해 장용영의 예산도 대폭 확대했다.

그런데 왜 갑자년일까. 동양에서 60갑자의 첫 시작인 갑자년은 새로운 시작을 의미한다. 《삼국사기》엔 박혁거세가 갑자년(BC 57년)에 건국했다고 기록되어 있다. 이는 후대 사람들이 만들어낸 것으로 보지만, 그만큼 갑자년이 갖는 상징은 특별하다.

사림 정치의 복원에 찬성하며 당파의 고른 지지를 이끌었지만, 정조는 기본적으로 군왕은 사대부 위에 군림하는 절대적 존재라고 인식했다. 그래서 임금은 사대부의 스승이라는 의미에서 '군사론(君師論)'을 펼쳤고, 1798년엔 '만천명월주인옹(萬川明月主人翁)'이라고 자처하며 왕권의 초월성을 강조했다. 만천명월주인은 만 갈래 하천을 비추는 밝은 달이라는 의미로, 여기서 사대부와 백성은 만 갈래 하천일 뿐이고 자신은 밝은 달이라는 의미다.

> "만천명월주인옹은 말한다. 달은 하나이며 물은 수만(數萬)이다. 물이 달을 받으므로 앞 시내(川)에도 달이요, 뒤 시내에도 달이다. 달의 수는 시내의 수와 같은데 시내가 1만 개에 이르더라도 그렇다. 이는 하늘에

▶ 「화성능행반차도」(부분). 정조가 아버지 사도세자의 추모를 위해 어머니 혜경궁 홍씨와 화성의 원륭원에 행차했던 모습을 기록한 목판화로 김홍도 등 여러 화가가 그렸다. 가마에 쓰인 자궁(慈宮)이라는 표식은 혜경궁 홍씨인 헌경왕후가 탔다는 뜻이다.

있는 달이 본래 하나이기 때문이다. 달은 본래 천연으로 밝은 빛을 발하며, 아래로 내려와서는 물을 만나 빛을 낸다. 물은 세상 사람이며, 비추어 드러나는 것은 사람들의 상(象)이다. 달은 태극(太極)이며, 태극은 바로 나다."

《홍재전서(弘齋全書)》(정조의 문집)

여기엔 아버지 사도세자가 당쟁에 휘말려 비참한 죽음을 맞이했고, 자신 역시 왕위에 오르기까지 순탄치 않은 고초를 겪었던 점이 작용했을 것이다. 하지만 이 같은 생각은 국왕과 신하가 국정을 함께 운영한다는 '군신공치(君臣公治)'를 추구하는 사대부들의 이념과 충돌할 수밖에 없었다. 이렇듯 양측의 궁극적인 지향점은 달랐다.

정조가 강력한 왕권을 행사하려 할수록 이들은 정조로부터 멀어질 수밖에 없었다.

조선의 세도 정치는 붕당 정치의 해악보다 더 치명적이었다

오회연교에서 만족스러운 반응을 이끌어내지 못한 정조는 한 달 뒤 병마에 쓰러졌다. 스트레스와 화병이었던 것으로 보인다. 스스로 "이 증세는 가슴의 해묵은 화병 때문에 생긴 것인데 요즘에는 더 심한데도 그것을 풀어버리지 못해서 그런 것"이라고 했다. 일생 동안 그를 괴롭힌 종기가 온몸을 뒤덮었고 좀처럼 낫지 않았다. 정조가 사망하기 열흘 전 기록된 《정조실록》(24년 6월 16일)에는 그의 심경이 고스란히 전해진다.

정조는 주요 대신들을 불러 "조정에서는 두려울 외(畏) 자 한 자가 있는 줄을 알지 못하니, 나의 가슴속 화기가 어찌 더하지 않을 수 있겠는가"라며 "우선 경들 자신부터 임금의 뜻에 부응하는 방도를 생각하도록 하라"라고 요구했다. 오회연교에 대한 실천 방안을 내놓으라는 이야기였다. 하지만 노론 벽파의 심환지도, 소론의 이시수도 딱히 답을 내놓지 않았다. 그저 "누가 그에 이론을 제기하겠습니까"라며 정조의 말을 받아넘길 뿐이었다.

정조는 분을 억누르지 못하며 기어코 맺힌 감정을 토해냈다.

"오늘날 신하로서 누가 감히 그에 반대하여 나를 이기려는 생각을 가질 것인가. 《서경(書經)》에 '오직 임금만이 극을 만든다(惟皇作極, 유황작극)' 하지 않았던가. 위에서는 극을 세우고 밑에서는 그 극을 돕는 것인데, 극이란 옥극(屋極)·북극(北極)과 같은 말이다. 황극을 세우는 것도 이와 마찬가지다. 여기에 어울리는 자는 저절로 큰 덩어리 속으로 함께 들어가지만, 여기에 어울리지 않는 자는 새매가 참새를 몰아 쫓아가듯 밀어내기 마련이다."

"(너희들 중) 숨어 있는 음침한 장소와 악인들과 교제를 갖는 작태를 내가 어찌 모를 것인가. 내가 만일 입을 열기만 하면 상처를 받을 자가 몇 사람이나 될지 모르기 때문에 우선 참고 있는데, 지금까지 귀를 기울이고 있어도 하나도 자수하는 자가 없으니, 그들이 무엇을 믿고 감히 이런단 말인가."

가만히 듣던 이시수가 "건강에 해롭습니다"라고 말리자, 정조는 "경들이 하는 일도 한탄스럽다. 이와 같은 하교를 듣고서도 어찌 그 이름을 지적해달라고 청하지 않는단 말인가"라며 절망감을 쏟아냈다. 아마도 정조는 이때 속으로는 '모든 것이 끝났다'라고 절망했을 것이다. 노론 시파와 소론을 양성해 측근 그룹으로 배치했지만 자신에게 남은 것은 극도의 고립감뿐이었다.

결국 정조는 죽기 전 자신의 사돈인 김조순(노론 시파)을 불러, 자신이 순조에게 왕위를 양위한 뒤 정국을 관리하게 했다. 외척의 발호를 부정하고 각 당파를 고르게 등용해 초월적 왕권 아래 '민국'으로서 대동 사회를 만들고자 했던 그의 정치 철학이 무너지는 순간 이었다.

18세기 이후 조선은 빠른 속도로 재편됐다. 서울과 지방의 양극화가 심화하면서 이전에 정계에서 세력을 떨치던 영남 남인과 기호(충청도) 노론의 세력은 급속도로 약화했고, 반면 서울에 기반을 둔 양반들의 세력은 확대됐다. 이들은 경화사족(京華士族)이라고 불리며 기득권 세력으로 변모했다.

흔히 세도 정치를 한 김조순 집안을 안동 김씨라 부르지만, 이들은 서울을 근거지로 잡은 분파로 '장동 김씨'라고 구분됐다. 병자호란 때 척화론을 부르짖은 김상헌의 후손들이다. 장의동(지금의 서울 종로구 효자동)에 모여 살아 '장동 김씨'라는 별칭이 붙었다.

병인경화로 정계를 장악한 천생오태사와 안동(장동) 김씨, 반남 박씨 같은 척족 세력은 서울에서 기득권 수호에 골몰했다. 이제 조선에서 이들을 제어할 브레이크는 남아 있지 않았다. 인조반정으로 북인이, 신유박해로 남인이, 병인경화로 노론 벽파가 몰락했기 때문이다. 당파가 아닌 극소수가 권력을 독점한 세도 정치는 붕당 정치의 해악보다 더 치명적이었다.

"우리에게 익숙한 19세기 조선의 모습은 정조가 길을 열어준 김조순 일족과 서울의 신진 기득권이 만들어간 역사였다. 19세기 세도 정치기의 역사는 정조 시대와의 단절이라기보다는 대체로 그 연장선 상에서 전개되었다"(유봉학 한신대 교수) 같은 평가가 나오는 이유다.

조선 과거제와 신분제, 오성·한음은 금수저였다!

이항복과 이덕형은 막강한 배경을 지닌 '금수저' 출신

어렸을 때 즐겨 본 만화책 중 박수동 화백의 《오성과 한음》이 있었다. 스토리가 비교적 세세하게 기억에 남아 있는데, 왜 그럴까 생각해보니 다른 만화책보다 부모님의 눈치를 덜 보았기 때문인 것 같다. 부모님은 오성과 한음이 나오니까 교훈적이라고 생각했던 모양이다. 실상은 남을 골탕 먹이는 내용이 대부분이었다.

그만큼 오성(이항복)과 한음(이덕형)은 유년 시절 교과서나 만화를 통해 누구나 한 번쯤 접해봤을 만큼 조선 시대를 대표하는 위인이다. 사실 두 사람의 벼슬과 학문적 성취도가 대단히 높았던 것은 아니다. 이순신처럼 압도적 무공을 세운 것도 아니다. 그럼에도 이들이 그토록 유명해진 것은 장난기 가득했던 두 친구가 서로 좋은 영향을 주고받으며 국가를 책임지는 인재로 자라나는 과정이 교육

▶ 오성 이항복   ▶ 한음 이덕형

용으로 좋은 소재이기 때문이리라.

그런데 대학 시절 과제를 하다가 이들의 가계(家系)를 살펴보면서 한 가지 의문을 갖게 됐다.

이항복의 아버지는 형조판서(지금의 법무부 장관)를 지낸 이몽량이고, 옆집엔 영의정(국무총리)을 지낸 권철이 살았다. 어릴 때부터 이항복을 기특하게 봐온 권철은 자신의 아들에게 이항복을 사위로 삼게 했는데, 그 아들은 바로 권율이다. 권율은 한성부 판윤(서울시장), 호조판서(경제부총리), 충청도관찰사(충남북 도지사)를 거쳐 임진왜란 때는 전군을 총괄하는 도원수(국방부 장관+합참의장)를 지낸 권력의 핵심 인사였다.

이덕형도 만만치 않았다. 그는 외삼촌 유전과 장인 이산해가 모두 영의정을 지냈다. 특히 이산해는 선조 후반부터 광해군 시대까지 여당이었던 북인의 영수였다. 예나 지금이나 여당 대표는 막강한 권력이다. 한마디로 이항복과 이덕형은 막강한 배경을 지닌 '금수저' 출신이었다. 이들의 성공에 이런 집안 배경이 작용한 것은 당연지사였을 것이다.

신분 상승의 사다리로 작동한 조선 초기의 과거제

조선은 배경이 중요한 사회라는 이미지가 강하다. 지연, 혈연, 학연을 따지는 한국 특유의 문화가 조선 시대의 유산이라고 해도 과언이 아니기 때문이다. 하지만 조선 초기만 하더라도 계층 이동의 사다리가 존재했다. 조선 건국 후 채택한 신분제는 양천제(良賤制)다. 양인(良人, 자유민)과 천인(賤人, 비자유민)이라는 2대 신분만 인정하는 제도다.

여기서 양인은 노비를 제외한 나머지 계층이다. 여러 의견이 있지만 대개 조선 초 노비 비율을 30% 남짓으로 추정한다. 그러니까 조선 시대 남성 중 3분의 2가량은 과거도 보고 고관도 될 수 있었다는 이야기다.

사실 양반이라는 단어 자체가 동반(東班, 문관)과 서반(西班, 무관)을 합친 말이다. 이 단어가 처음 등장한 것은 고려 경종(976년) 때다. 이전까지 혈통을 중시하던 골품제의 전통이 무너지고, 혈통뿐 아니라 능력을 중시하는 관료제가 수립되면서 탄생한 단어다. 즉, 양반이라는 단어는 특권 계층이 아니라 '관료 집단'을 가리키는 대명사였다. 따라서 양반의 대립 개념은 상놈·천민이 아닌 무직자였다. 당시엔 서인(庶人) 또는 백성(百姓)으로 불렀다. 출신이 한미해도 양인이 관직에 오르면 양반으로 불렸던 것이 조선 전기 사회의 모습이다.

물론 양인 내부에도 비공식적인 서열이 존재했다. 다만 서열은 혈통이 아니라 직업의 귀천에 따라 결정됐다. 김성우 대구한의대 교수에 따르면 당시 양인의 서열은 ① 관원, ② 고관 자제와 생원·진사, 서리, ③ 농업에 종사하는 양인, ④ 상공인으로 나뉘었다. 그러니까 실제로 존재한 계급이나 신분이라기보다 당시 사회

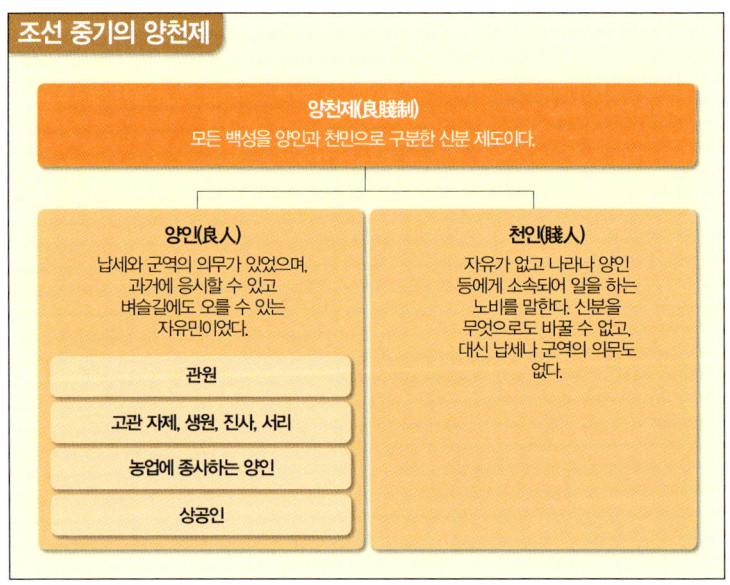

적 인식에 따른 구분이었다.

이 중에서 가장 많은 것은 ③번 그룹이었다. 조선 정부는 양인에게 세금을 거두고 군역(軍役)을 맡기는 대신 사환권(仕宦權), 즉 관료로 임용될 수 있는 권리를 주었기 때문에 ③번 그룹은 ①번과 ②번으로의 진출을 노리는 예비 대기자였다. 지금의 일반 국민과 연결해도 큰 무리는 없을 것이다.

②번 그룹은 조금 설명이 필요하다. 조선이라는 나라의 특징과 한계를 동시에 보여주는 계층이다. 당시엔 '문음(門蔭)'이라고 해서 유력 가문에 대한 혜택을 통해 고관 자제들이 서리(胥吏)로 임명될 수 있었다. 일종의 특별 전형이다. 고려 시대 음서제가 부분적으로 여전히 유지됐던 것이다.

서리는 지방 관청에서 행정 실무를 담당하는 하급 관리직이었다. 요즘으로 비유하면 고위직 아버지 덕분에 무시험 전형으로 공공기관 8~9급 공무원으로 취업할 수 있었던 셈이다.

다만 조선 시대엔 문음을 높게 쳐주지 않았고, 따라서 높은 관직에 나아갈 수 없었다. 음서를 통해 재상에도 올랐던 고려와는 분위기가 달랐다. 그래서 고관 자제들은 어떻게든 과거에 급제해 벼슬에 나가려고 했다.

④번 그룹도 노비는 아니고 엄연히 과거를 치를 수 있는 양인이지만, 6~9품의 기술직이나 무관으로 취업 제한을 받았다. 그래도 조선 세조 대까지는 기술직과 무관이 무시받지 않았기 때문에 이들 역시 엄연히 양반으로 대우받았다.

조선 초기 문과 급제자 861명의 성관(姓貫)을 조사했더니 문과 급제자를 3명 이상 배출한 성관은 72개로 28%에 불과했고, 1명 배출한 성관이 140개로 54%를 차지했다는 조사 결과는 그만큼 계층 이동이 상대적으로 개방적이었다는 것을 보여준다.

어느 나라의 역사든 중앙집권 시스템의 성공 여부는 대개 비슷하다. 양인층의 세금 납부와 군역이 얼마나 잘 굴러가는지에 달려 있다. 그래서 유럽의 로마든, 중국의 당나라든, 한반도의 조선이든 양인층을 늘리려고 애썼던 건 동일하다. 그런 점에서 능력과 성취에 따른 신분 이동의 개방성은 조선의 정치적 안정과 사회 결속에 커다란 기여를 했을 것이다.

조선 정계의 중심 세력이 된 사림들이 신분제를 법령으로 규정

양천제 질서가 흔들리기 시작한 것은 성종 때다. 이때 중앙 관료로 본격 진출한 사람들은 성리학적 지식에 대한 자부심이 높았고, 사림이 주축이 되어 나라를 바꿔야 한다는 사명감도 강했다. 그래서 자신들처럼 문사적 기능을 담당하는 계층은 사족(士族)이고, 기술직 양반을 비롯한 나머지는 서족(庶族)이라고 부르면서 차등을 뒀다.

양반이 사족만 가리키는 한정적 의미로 굳어진 건 이때부터다. 여기서 밀려난 서족은 중인과 동급 취급을 받았다. 여기에 노비까지 묶어 평범하다는 의미로 '상놈(常漢)'이라고 불렀다. 상놈은 천하다는 의미가 아니라 서족이 아니라는 의미였다.

조선 시대 30대 급제자 성관의 급제자 수

급제자 순위	성관	문과 급제자
1	전주 이씨(全州李氏)	866명
2	안동 권씨(安東權氏)	367명
3	파평 윤씨(坡平尹氏)	346명
4	남양 홍씨(南陽洪氏)	331명
5	안동 김씨(安東金氏)	320명
6	청주 한씨(淸州韓氏)	284명
7	밀양 박씨(密陽朴氏)	263명
8	광산 김씨(光山金氏)	263명
9	연안 이씨(延安李氏)	253명
10	여흥 민씨(驪興閔氏)	240명
11	진주 강씨(晉州姜氏)	223명
12	경주 김씨(慶州金氏)	209명
13	한산 이씨(韓山李氏)	202명
14	반남 박씨(潘南朴氏)	200명
15	동래 정씨(東萊鄭氏)	199명
16	청송 심씨(靑松沈氏)	196명
17	광주 이씨(廣州李氏)	196명
18	전의 이씨(全義李氏)	188명
19	풍양 조씨(豊壤趙氏)	186명
20	평산 신씨(平山申氏)	178명
21	경주 이씨(慶州李氏)	175명
22	연안 김씨(延安金氏)	163명
23	풍천 임씨(豊川任氏)	149명
24	의령 남씨(宜寧南氏)	145명
25	달성 서씨(達城徐氏)	143명
26	문화 유씨(文化柳氏)	141명
27	진주 유씨(晉州柳氏)	137명
28	창녕 성씨(昌寧成氏)	134명
29	김해 김씨(金海金氏)	130명
30	풍산 홍씨(豊山洪氏)	129명

에드워드 와그너, 『조선왕조의 성취와 귀속』에서 인용

연산군-중종 시대를 거치며 정계의 중심 세력으로 성장한 사림은 명종 5년(1550년) 사족의 정의를 아예 법령으로 정했다. 이에 따르면 사족은 "친가나 외가에서 4조(아버지~고조부) 내외에서 한쪽이라도 과거나 음서로 정6품 이상 진출한 관료를 배출한 가문의 후손, 혹은 현재 생원이나 진사(소과 합격자)"를 가리킨다. 이전까지 관념적으로 통용되던 사회적 계층을 법적으로 공인한 것이다. 이것은 비교적 원활했던 계층 간 이동을 폐쇄적으로 바꾸는 장벽이 됐다.

양반가에서는 이제 무슨 수를 써서라도 4대 안에 과거 시험에 합격시켜야 하는 의무가 생겼다. 특히 정6품에 올라가려면 현대 한국의 고시와 마찬가지인 대과에 합격해야 길이 열렸다. 만약 4대조 안에 그런 조상을 두지 못하면 자신이 소과에 붙어야 양반 지위를 유지할 수 있었다.

그렇다면 양반으로 살아남기 위해 가장 고군분투한 가문은 어디일까. 에드워드 와그너 하버드대 교수가 조선 시대 상위 38개 가문의 문과 합격자를 조사한 결과에 따르면 가장 많은 문과 합격자를 낸 것은 전주 이씨다. 무려 866명의 합격자를 냈다. 그다음으로 안동 권씨(367명), 파평 윤씨(346명), 남양 홍씨(331명), 안동 김씨(320명) 순서였다.

생계 걱정 없이 과거 준비에 전념할 수 있는 소수 계급의 특권

지금도 그렇지만 조선에서도 학업에 전념할 수 있다는 것은 일종의 특권이었다. 세금과 생계를 걱정해야 하는 계층에게 학업은 사치나 다름없었다. 그렇기에 사대부들은 겉으로는 이재를 탐하지 말라고 하면서도 자신들은 경제적 기반을 증진하는 데 주력했다. 유복한 가문과 혼인 관계를 맺어 재산을 불리기도 하고, 자신의 노비를 양인과 결혼시켜 그 사이에서 출생한 자녀를 노비로 확보하는 '우생학적' 방법까지 고안했다.

사실 명종 시대에 앞서 연산군 때 이미 신분 이동의 사다리가 흔들리기 시작했다. 연산군 시대는 사치로 인해 왕실 및 중앙 재정의 지출이 급증했다. 조정에선 적자를 메우기 위해 각종 세금을 증액했는데, 이 때문에 경제 기반이 취약한 양인층이 큰 타격을 입었다. 그래서 양인들은 세금 납부와 군역을 지는 대신 차라리 국가기관이나 유력층의 노비로 편입되는 길을 택했다. 양인이 줄어들고 노비가 늘어나면 그 뒤 결과는 뻔하다. 이때 자신의 세력을 키울 수 있는 특권층이 만들어지고, 그들이 기득권을 형성하는 시대가 열리게 된다.

한영우 서울대 교수가 조선 시대 문과 급제자 중 '신분이 낮은' 양인의 비율을 조사한 결과에서도 이 같은 사실을 알 수 있다. 태조~정종 시대에 40~50%를 맴돌았던 이 비율은 점차 낮아지다가 선조~광해군 시대에 14~16%까지 내려간다. 이후 점차 증가하면서 19세기엔 50%를 회복한다.

다만 조선 후기에 이처럼 올라간 것은 돈을 주고 대리 시험까지 치를 정도로 시험 비리가 만연하면서 부유한 중인과 상인들이 소

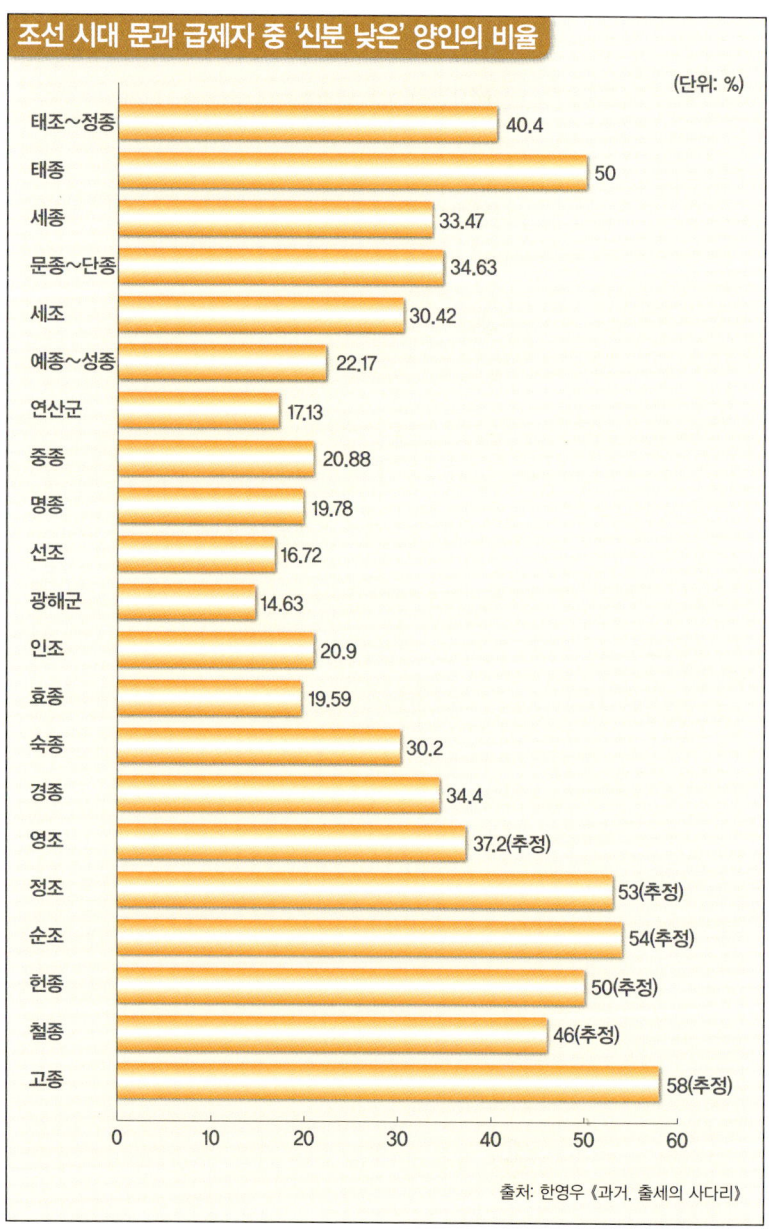

과에서 대거 합격했기 때문으로 보인다. 시험 제도가 엄격하게 관리된 전기와 동일하게 비교하기는 어렵다는 이야기다.

어쨌든 당시 생계 걱정 없이 학문에 전념할 수 있는 재산 규모는 전답 300~500두락(약 3만 평)과 노비 100여 명이라는 연구도 있으니, 능력만 있으면 개천에서 용이 나올 수 있었던 조선 초기의 건강성은 거세돼버린 것이다. 이런 과정에서 양천제는 양반-중인-상민-노비의 4신분제로 변형되면서 고착되었다.

돌고 돌아 다시 오성과 한음의 이야기다. 이항복은 16세에 고아가 돼 어려움도 있었지만, 19세에 결혼해 24세에 과거에 급제했다. 부모도 없고 직업도 없는 그가 처자를 두고도 학문에 전념할 수 있었던 데는 유력 가문인 안동 권씨 처가의 도움이 적지 않았음을 짐작할 수 있다.

이항복과 이덕형은 과거에 급제하고 얼마 지나지 않아 정계 거물인 이율곡의 추천을 받아 나란히 사가독서(賜暇讀書)를 하게 됐다. 사가독서는 능력 있는 문신들에게 휴가를 주어 한동안 공부에 전념하게 한 제도였다. 지금으로 치면 연수 정도라고 할까. 사가독서를 다녀온 이들은 엘리트 부서로 꼽히는 홍문관에서 관직 생활을 시작했다. 특혜가 이어지는 건 우연일까, 실력일까, 배경일까?

이런 내용이 〈중앙일보〉에 기사로 나갔는데 '오성과 한음은 천재였다. 잘못된 예시다'라는 댓글이 달렸다.

내 생각은 다르다. 물론 오성과 한음은 탁월한 능력을 갖춘 관료였다. 이들은 임진왜란 때 선조의 피난길을 호위했고, 병조판서(국

^{방부 장관})와 명나라 청원사 등 국방과 외교의 중책을 맡았으니 분명 자타가 공인하는 인재였을 것이다. 하지만 이들이 그 자리까지 올라가는 데 능력 외에 또 다른 요인이 작용한 사실도 부인하긴 어렵다.

오성과 한음만 특별했을까? 조선 시대 과거는 일반적으로 3년마다 치르는 문과를 가리키는데 과정이 복잡했다. 일단 소과와 대과로 나뉘고, 소과는 생원과와 진사과로 나뉘었다. 초시(1차 시험)에서 700명, 복시(2차 시험)에서 200명을 뽑았다. 이들에겐 성균관 입학과 대과 응시 자격이 주어졌다. 소과만으로도 관직에 나아갈 수 있지만 주로 하위직만 맴돌기 때문에 대부분 대과에 도전했다.

대과는 초시와 복시를 통해 33명을 선발한 뒤 이들만 대상으로

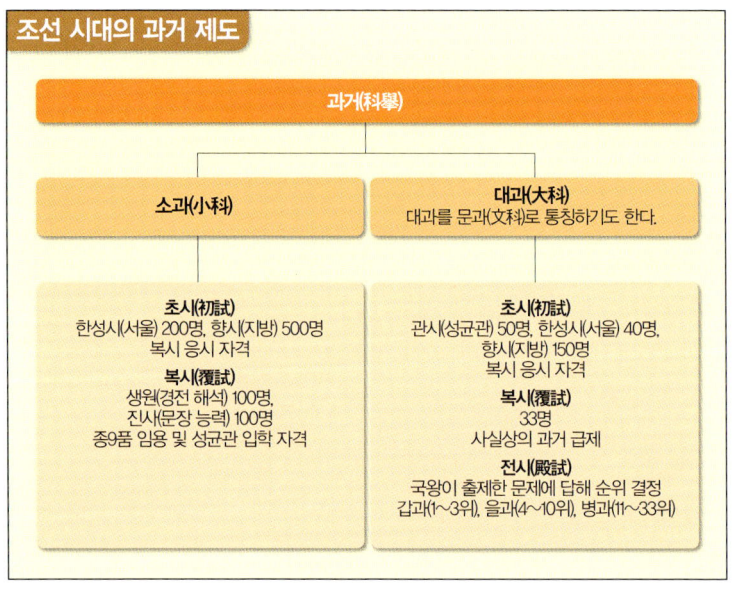

순위를 가리는 전시를 봤다. 전시에서 1등을 하면 장원이라고 불렀다. 그러니까 우리가 일반적으로 생각하는 과거 급제라는 건 대과 복시에 합격한 33인이다.

3년에 1번 치르는 시험에서 선발된 33인이 과거 급제자

그러니까 조선 시대 과거에 급제한 사람들은 3년에 1번 치르는 시험에서 선발된 33인 안에 들어간 경우다. 응시자는 얼마나 됐을까. 기록은 남아 있지 않지만 수백만 명은 됐을 것이다. 양반 지위를 유지하려면 4대 안에 6급 이상의 관료가 나와야 하니 전국 대부분의 가문에서 죽기 살기로 이 시험에 뛰어들었기 때문이다. 과거 외에 신분의 사다리에 오를 길은 거의 없었던 게 조선 사회다. 또 응시에 나이 제한도 없었다. 80세에도 급제자가 나왔다.

그런데 최근까지 한국에서 특급 인재로 인정했던 3대 고시(사법-행정-외무) 합격자는 1년에 1,000명을 훌쩍 넘었다. 인구 비율을 감안해도 몇 배는 많다.

따라서 과거에 합격한다는 건 보통 일이 아니었다. 물론 이 외에 왕실의 경사 등을 기념해 비정기적으로 치르는 증광시, 알성시, 별시 등도 있었지만 이것을 포함해도 크게 달라지는 건 없다.

에드워드 와그너 교수가 분석한 조선 시대 문과 합격자 7,588명 모두가 '천재'였으며, 아마 합격자의 고향에서는 영특한 유년 시절을 수놓은 오성과 한음만큼이나 많은 일화가 있었을 것이다. 문벌

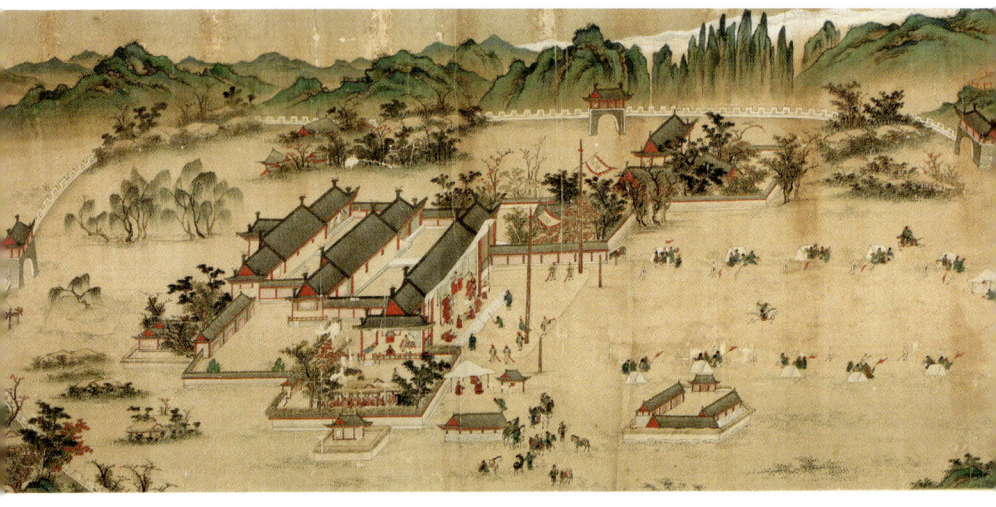

▶ 「함경도 지방의 과거 시험 풍경」, 17세기, 한시각, 서울 국립중앙박물관 소장.

에 힘입어 남다른 기회나 자리가 주어졌다면 이들 역시 역사에 이름을 남기는 활약을 할 수 있지 않았을까.

 가끔 유력 인사들의 자식 '자랑'을 보면서 쓴웃음을 짓게 된다. '공부보다 다양한 봉사와 사회활동을 했더니 좋은 결과가 나왔다'라든가, '스펙이 안 좋아도 대기업에 붙었다'라고 자랑삼아 말할 때다. 봉사나 사회활동을 하며 '스펙'을 쌓는 것도 평범한 집안의 자녀에겐 일종의 사치라는 것을 모르는 모양이다. 또 남보다 부족한 '스펙'으로 좋은 회사에 붙을 때 '가문'의 힘은 전연 작용하지 않았을까. 입사지원서에 귀걸이를 한 사진을 붙여 냈는데 때마침 경쟁률이 1:1이어서 공기업에 붙는 건 누구에게나 일어나는 흔한 이야기가 아니다.

조선 시대 양반은 과거를 통해 신분이 결정되는 시스템이 공정하다고 생각했고 자부심도 있었다. 사실 동시대 유럽과 비교해도 공정한 선발 시스템이었다. 그 훌륭한 사다리를 치운 건 대단한 부정부패 때문이 아니었다. 그 이면에 작동하는 각종 '특혜'에 대해 깊이 생각하지 않으면서 누적된 결과일 따름이다.

다음은 조선 건국 후 300년이 지난 시점에 올라온 한 상소의 내용이다.

> "큰 도의 감사와 큰 고을의 수령은 오직 이력(履歷)의 다소에 따라서 임명되고, 맑은 벼슬과 아름다운 직책은 단지 문벌이 좋은 자제들만 임명합니다. 사람을 등용하는 길이 넓지 않은 것은 이미 고질적인 폐단이 되었습니다." 《정조실록》 4년 10월 22일

조선 중기 이후에 생긴 계급 사회의 폐단이 대한민국의 미래가 될 수도 있다. 어쩌면 이미 시작됐는지도 모른다.

THE
HISTORY
OF
KOREA

5장

임진왜란의 역사정치

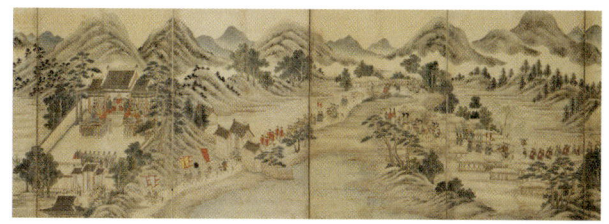

임진왜란 때 관군이 일본군에 연전연패한 이유

상주에서 800~900명의 관군은 약 2만 명의 일본군에 전멸

 순변사(巡邊使) 이일이 경상도에 도착한 것은 1592년 4월 23일이다. 동래성이 함락(4월 15일)된 지 일주일 만이었다. 순변사인 그에겐 경상도의 병권을 총괄할 수 있는 권한이 있었다. 하지만 그가 상주에서 모을 수 있었던 병력은 고작 1,000명도 채 되지 않았다.

 이일은 어명을 받고 한양에서 출발할 때만 해도 대구에서 두터운 방어선을 만들어 일본군을 봉쇄할 계획이었다. 하지만 그가 상주에 도착하기도 전에 고니시 유키나가가 이끄는 일본군 제1군은 이미 대구를 점령하고 북상 중이었다.

 이일에겐 선택지가 없었다. 대구를 포기하고 상주에서 일본군을 막기로 했다. 상주가 뚫리면 방어선은 충청도까지 밀려나게 될 터였다. 그는 수령(상주목사)도 달아난 이곳에서 800~900명의 군사를 겨우 모아 이틀 뒤인 4월 25일에 1만 8,700명의 일본군과 싸웠다. 조선군은 전멸했고, 이일은 간신히 목숨만 구한 채 도주했다.

상주 전투는 사실 '전투'라는 명칭이 무색할 정도로 일방적인 싸움이었다. 조선을 침공한 일본군은 전국 시대를 거치며 단련된 병력이었다. 개개인의 전투력은 물론이고 무기와 전술 이해도 등 모든 면에서 조선군을 압도했다. 하루 만에 급조한 수백 명으로 조선을 침공한 일본군의 선봉군을 상대한다는 건 애당초 무리였다.

그렇지만 전력 차이를 떠나 한 지방의 병권을 쥔 순변사가 군사를 제대로 구하지 못해 쩔쩔맸던 상황은 분명 정상이 아니다. 그렇다면 당시 경상도에는 병력이 없었을까. 그렇지 않다. 기록에 따르면 전쟁 발발 직후 상주, 함창, 문경 3개 읍에서만 3,000명의 정병이 차출돼 대구로 향했다. 그렇다면 경상도 전체에서 차출 가능한 병력은 최소 3~4만 명은 되었다는 이야기다.

그렇다면 이일은 왜 이런 어려움을 겪어야 했을까. 이날 싸움에는 임진왜란 초기 조선군이 연전연패를 당할 수밖에 없었던 이유가 숨어 있다.

일본군의 속도전에 속수무책으로 무너진 제승방략 체제

조선이 건국된 뒤 채택한 군사 시스템을 진관(鎭管) 체제라고 부른다. 각 도(道)의 관찰사를 정점으로 병마절도사(兵使)와 수군절도사(水使)가 각 지역의 병력을 총괄하고 각 군현의 수령이 현장 지휘를 맡는 방식이다. 지역 상황에 맞춘 자율성과 즉각적인 대응이 가능한 장점이 있지만, 대규모의 전투를 치르는 데는 한계가 있는 방식이다. 그렇지만 조선 초기는 역사상 손에 꼽을 만큼 외침이 적은 시기였고, 외적이라고 해도 수백수천 명 규모의 여진족이나 왜구였기 때문에 큰 문제는 없었다.

그러다가 임진왜란이 일어나기 전 을묘왜변(1555년)과 이탕개(尼湯介)의 난(1583년)을 통해 전술적 변화를 거쳤다. 이탕개의 난은 무려 3만 명의 여진족이 쳐들어왔기 때문에 하나의 군현이 감당할 수 있는 병력이 아니었다.

그래서 대규모의 적이 침략하면 중앙에서 군사 지휘관이 파견돼 전투를 총지휘하고 방어사와 조방장이 이를 보좌하는 방식으로 전환했다. 방어사와 조방장은 각 전투 현장에서 지방 수령과 지방군을 나누어 지휘하도록 했다. 이를 제승방략(制勝方略) 체제라고 한다.

중앙지휘관은 도체찰사·도원수(정1품)-체찰사(종1품)-도순변사·도순찰사(정2품)-순변사·순찰사(종2품)-방어사(종2품)-조방장(정3품) 등이었는데, 지방의 야전 사령관인 병마절도사가 종2품이라는 점을 감안하면 매우 높은 직위였다. 지방의 병권을 확실하게 통솔할 수 있게 하려는 의도였다.

왜 이런 전환을 시도했을까. 이전의 진관 체제에선 지방 수령이 전투를 지휘하는 경우가 많았는데, 이들은 대개 문관 출신이었다. 성리학에는 밝았지만 병법에 대해선 전문성이 떨어졌다. 반면 제승방략 체제에선 중앙에서 군사적 경험과 식견이 풍부한 고급 무관을 파견해 전투를 지휘했기 때문에 보다 전략적인 전술 운용이 가능했다. 또 이들은 중앙에서 군관과 병력을 함께 데려갔다. 그래서 이들을 주축으로 경험이 적고 비전문적인 지방군을 효과적으로 통솔할 수 있었다.

조선 조정은 동래성이 함락된 직후인 4월 17일 서둘러 도순변사 신립, 순변사 이일, 좌방어사 성응길-조방장 유극량, 우방어사 조경-조방장 변기를 보내 일본군을 막도록 했다.

비록 상주 전투에서 허망하게 패배하긴 했지만 순변사 이일은 경험이 많은 무장이었다. 명종 13년(1558년)에 무과에 급제한 그는 전라도 수군절도사를 거쳐 이탕개의 난에서 맹활약하며 명성을 떨쳤다. 6진의 최전방인 경원과 회령에서 부사를 지내고 함북 병마절도사까지 올랐다. 임진왜란이 일어났을 때는 최전방 지역에서 풍부한 실전 경험을 갖춘 34년 차 무관이었다. 그가 순변사에 임명된 건 자연스러운 절차였다.

그런데 제승방략 체제도 약점은 있었다. 전투에서 생명과도 같은 기동성이 떨어지는 게 치명적이었다. 만약 적군이 예상보다 빠르게 진격하면 중앙에서 내려가는 지휘관이 타이밍을 놓치게 될 위험이 컸다. 임진왜란에서 일본군에게 속수무책으로 무너진 조선군이 바로 그랬다.

임진왜란 전 도요토미 히데요시를 만나고 온 동인의 김성일과 서인의 황윤길이 서로 다르게 보고하면서 조선이 전쟁 준비를 태만

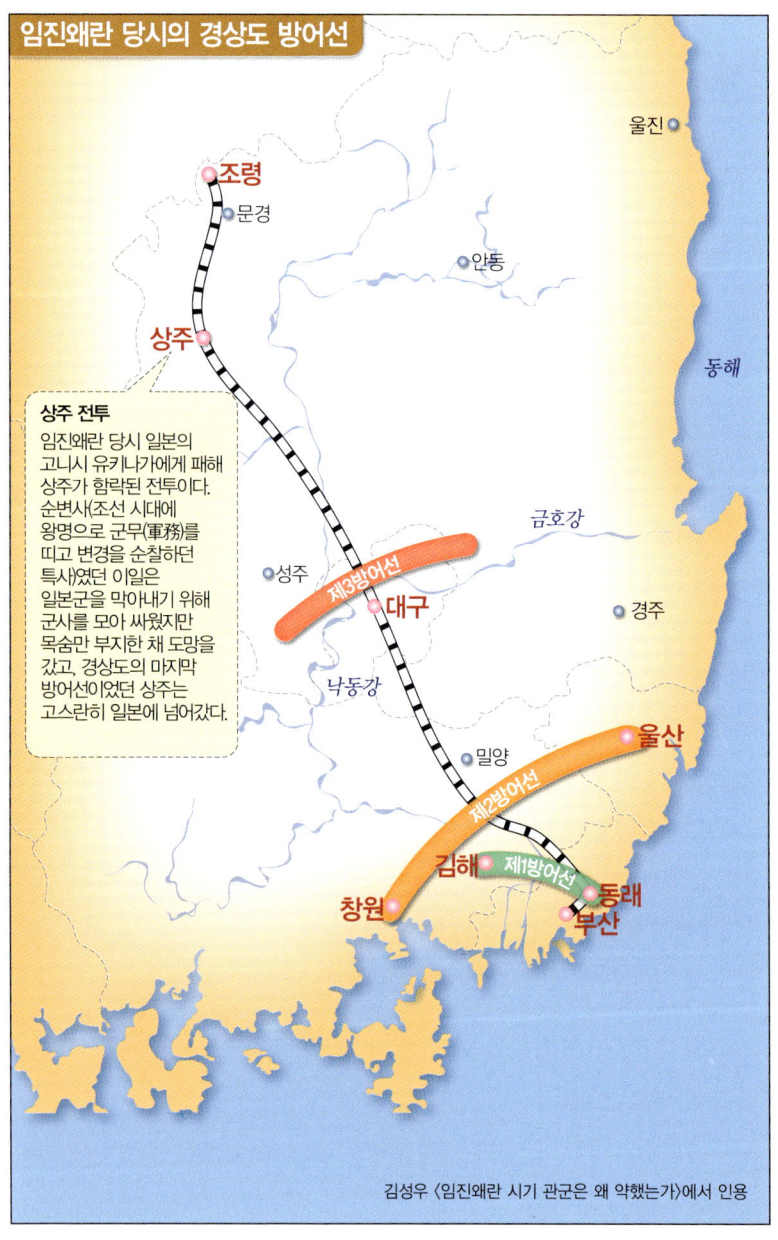

히 했다는 통념이 있지만 사실과는 거리가 있다. 김성일이 축소 보고한 것은 사실이다. 하지만 당시 조정에서는 일본의 침공 의도가 확실하다고 봤다. 다만 침공 시기가 임박한 것인지, 다소 여유가 있는 것인지 정도만 논란이 됐을 뿐이다.

그래서 조선은 여진족을 상대로 북방 지역 전투에서 두각을 드러냈던 이순신과 원균 같은 장수들을 전라좌수사, 경상우수사 등에 배치하는가 하면, 경상도관찰사였던 김수에게는 전쟁 준비에 만전을 기하게 했다. 실제로 김수는 제1방어선(동래-김해), 제2방어선(울산-창원), 제3방어선(대구)을 설정하고 축성 작업을 비롯한 방어 체제 구축에 나섰다. 모두 일본의 침공에 대비한 조치였다.

현실적으로 한양에서 동래나 창원까지 도착하는 데는 막대한 시간이 걸리는 만큼 제1~2방어선은 동래부사와 김해부사, 좌우 병마절도사가 지휘하고, 순변사가 중앙군과 지방군을 총괄해 제3방어선에서 일본군을 봉쇄한다는 전략이었다.

이 계획대로라면 설령 일본군이 제3방어선까지 모두 승리하더라도 막대한 전력 손실을 입을 수밖에 없었다. 그런 상태로 충청도에 도달하면 도순변사인 신립이 지휘하는 최정예군이 충주에서 대기하고 있었다. 한양 도성까지 일본군이 진격할 가능성은 거의 없어 보였다. 적어도 조선 조정의 판단은 그랬다. 그런데 예상치 못한 변수가 방어 시스템에 거대한 균열을 일으켰다.

이일이 상주에 도착했을 때 제1~3방어선이 다 무너진 상태

조선의 군제(軍製)는 부병제(府兵制)라고 하여 일반 양인이 군역을 지는 시스템이다. 대신 이들에겐 관료가 될 수 있는 자격(기회)이 주어졌다. 그런데 조선의 정병은 경비를 자체 부담해야 했다. 게다가 기병의 경우는 말도 자신이 부담해야 했는데, 전쟁에 나갈 때는 이를 돕는 하인과 짐을 싣는 말이 추가로 더해졌다. 그러니 경제적으로 여유가 있는 계층만 이를 감당할 수 있었다. 흔히 사족(士族)이라고 불리는 계층이다.

순변사로 임명된 이일은 한양에서 군사를 모집해 대구로 갈 계획이었는데, 여기서부터 일이 꼬였다. 유성룡이 쓴 《징비록》에 따르면, 이일은 지금의 국방부인 병조에 등록된 정병 300명을 데려가려 했다. 그런데 백도(白徒, 훈련을 받지 않은 장정들)·서리·유생 등이 절반이나 됐고, 그마저도 전쟁터에 따라나서지 않으려 했다고 한다. 이 때문에 이일은 임명된 4월 17일부터 나흘 동안 도성을 떠나지 못했다. 시간이 지체되자 그는 모집을 다른 이에게 맡기고 경상도로 향했고 4월 23일에야 상주에 도착했다. 그곳에서 그는 대구로 갔다가 퇴각하는 상주의 병사들을 만났다. 나중에 한양에서 상주로 내려간 중앙군은 60명에 불과했다.

한편 부산진과 동래성이 함락됐지만 경상도 내륙의 군현은 계획대로 움직였다. 각 군현의 군사들은 예정된 집결지인 울산, 창원, 대구로 이동했다. 그런데 이일의 도착이 늦어지면서 실타래가 다시 엉키기 시작했다.

대구는 한양에서 오는 순변사가 지휘를 맡아야 했다. 하지만 순변사가 오지 않자 대구에 모인 각 군현의 병력이 술렁이기 시작했다. 하루하루가 급박한 때였다. 때마침 장마로 폭우가 쏟아졌고 비축했던 군량도 떨어지기 시작했다. 위화도 회군에서도 봤듯이 군사들의 사기가 떨어질 수밖에 없는 환경이었다. 일본군의 예상을 뛰어넘는 빠른 진격과 가공할 전력이 전해진 것도 분위기를 더욱 흉흉하게 만들었을 것이다. 제2방어선인 울산과 창원은 각각 가토 기요마사가 이끄는 2군과 구로다 나가마사가 이끄는 3군에 의해 무너졌고, 고니시 유키나가의 1군은 순식간에 대구로 진격하고 있었다.

결국 대구에서 지휘관을 기다리던 군현의 병사들은 이탈하기 시작했다. 이를 막아야 할 지방관들도 함께 달아났다. 적과 제대로 싸우기도 전에 대구 방어선이 스스로 무너진 것이다.

순변사 이일이 상주에 도착한 4월 23일엔 이미 제1~3방어선이 다 붕괴된 상태였다. 그는 사기가 극도로 낮아진 채로 귀환한 수백 명을 통솔해 계획에 없었던 상주에서 방어선을 치고 고니시 유키나가의 정예군과 싸워야 했다. 말 그대로 맨손으로 전쟁터에 나선 이일은 어찌 보면 매우 불운했다. 그에겐 전략을 짤 시간도, 명령대로 움직일 수 있는 병력도 아무것도 주어지지 않았다.

사흘 뒤 충주에서 일본군과 대적할 신립은 이일에 비하면 사정이 나았다. 물론 신립 또한 가혹한 운명이 기다리고 있었지만 말이다.

제승방략의 허점이 극단적으로 드러난 사례는 울산에서 벌어졌다. 울산은 경상좌도 병력의 집결지였다. 동래가 점령되면서 도주했던 좌병사 이각은 하양에서 울산으로 온 병사들을 의흥(군위)으로 이동시켰다. 한양에서 올 방어사에게 병력을 배분하려 한 조치였다. 그런데 의흥으로 북상하던 이들은 반대로 울산으로 내려가던 용궁현의 군대와 마주쳤다. 용궁현령 우복룡은 하양 병력을 명령에 불복종하는 패잔병으로 간주하고 그 자리에서 몰살했다. 임진왜란에서 벌어진 최악의 아군 살상 사례였다.

지금도 경북 경산시 하양읍에는 당시 우복룡에게 죽은 사람들의 영혼을 위로하는 '하양 의군 위령비'가 세워져 있어 당시의 참극을 전하고 있다.

그런데 이 사건에 대해서는 견해가 엇갈린다. 우복룡의 살상은 유성룡의 《징비록》에 기록되어 있을 뿐, 《조선왕조실록》 등에는 나오지 않는다. 《실록》에서는 오히려 우복룡을 능력과 책임감을 겸비한 인사로 평가한다. 그래서 그에 대한 판단은 유보해야 한다는 주장도 있다.

여진족을 토벌한 맹장 신립의 군대도 일본군의 조총에 전멸

임진왜란이 일어나자 신립을 삼도도순변사(三道都巡邊使)로 임명한 건 당연했다. 신립은 여진족 토벌에서 맹활약한 당대 최고의 엘리트 무관이었다.

"첨사 신상절이 밤낮으로 항거하며 싸웠으나 화살이 떨어지고 힘이 다하여 성이 장차 함락될 지경이었다. 그때 온성부사 신립이 유원첨사 이박과 포위를 뚫고 들어가 한 개의 화살로 적의 추장을 쏘아 죽였다. 이에 신립의 얼굴을 알아보는 호인(胡人)들이 서로 놀라며 말하기를 '온성의 영공이다'라면서 활을 휘두르며 물러갔다.… 경원·종성·회령 등 진(鎭)의 번호(藩胡)가 모두 배반하였으나 온성의 번호만은 배반하지 않았는데, 그것은 신립의 무용(武勇)에 승복했기 때문이었다."

《선조수정실록》 16년 2월 1일

이 기록은 신립이 무장으로 어떤 영향력을 갖고 있었는지를 잘 보여준다. 당시엔 누가 보더라도 선택지는 그밖에 없었다.

앞서 언급했듯이 신립은 상주에서 악전고투한 순변사 이일보다는 사정이 좋았다. 서울에서 충주까지는 거리도 가까웠기에 상대적으로 일본군에 대비할 여유가 있었다. 또 그는 왕의 신변 경호를 맡는 내시위(內侍衛) 장교 80명, 무관 2,000명과 함께 내려갔고, 병력 손실이 없는 충청도 군사까지 더해 1만 명이 넘는 군사를 확보했다. 고니시 유키나가가 이끄는 일본군(1만 8,000명)이 원정군이라는 점을 감안하면 해볼 만한 병력 규모였다.

그런데 이일과 신립은 모두 북방 여진족과의 싸움에서 탁월한 전공으로 성공한 장수들이었다. 평지에서 벌이는 기병전에 익숙했고 한양에서 데려간 군사도 대부분 궁기병(弓騎兵)이었다.

해전에서 맹활약한 이순신도 여진족과의 전투에서 보여준 능력

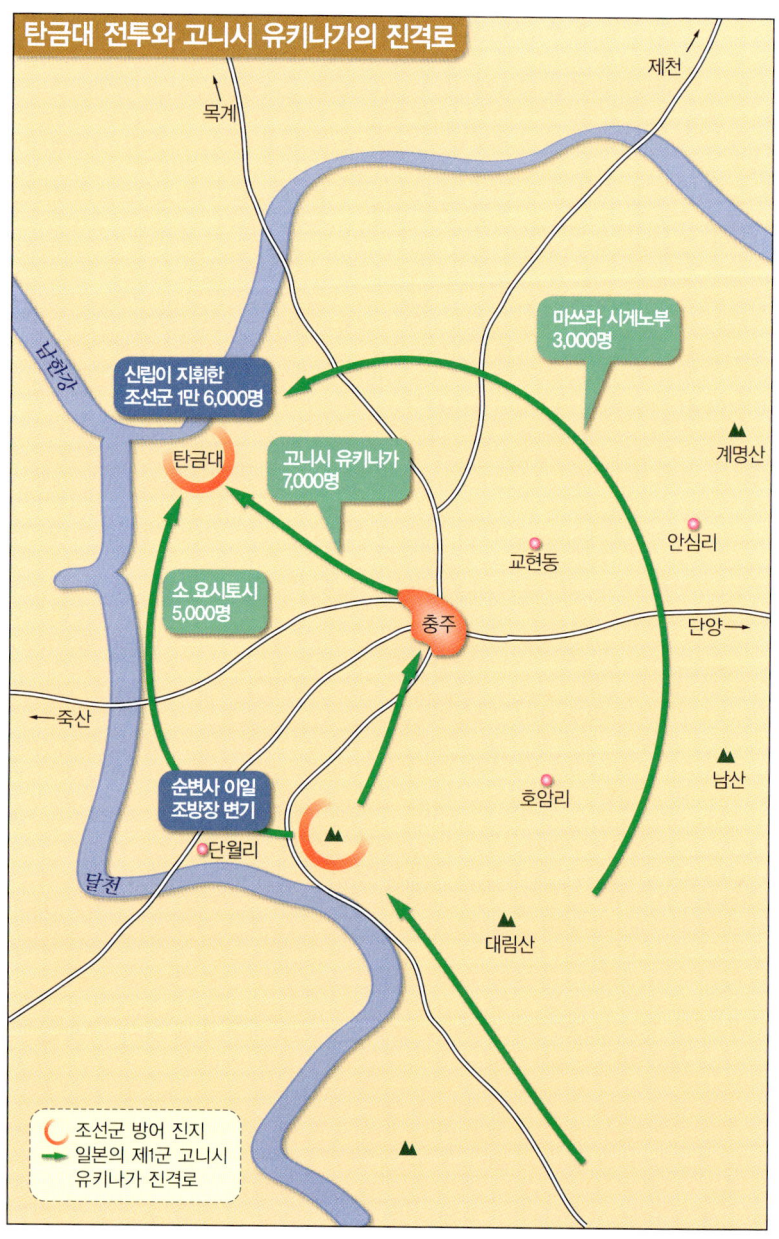

으로 발탁됐지만, 그가 전라좌수사로 부임한 것은 임진왜란이 일어나기 1년 전이었다. 일본이나 해전에 맞춰 전략을 가다듬을 시간이 있었다. 반면 이일과 신립은 부임과 동시에 전쟁을 치러야 했다. 이럴 경우엔 자신이 가장 익숙하고 자신 있는 방식으로 전투를 지휘하기 마련이다.

이후 많은 비판이 나왔듯이 조령(鳥嶺)은 병사 하나로 1,000명을 무찌를 수 있다는 천혜의 요새였다. 그런데 신립은 이곳이 아니라 기병을 활용하기 좋은 탄금대 앞 평지를 택했다. 배수진(背水陣)을 감수하고서도 이곳을 택한 데는 그만큼 평지에서의 기병전에 자신 있었기 때문이다.

《조선왕조실록》은 그에 대해 "신립은 평소에 철기(鐵騎) 5백여 명을 훈련시켜 사냥을 하며 전술을 익히게 하고, 연안에서 치돌(馳突)하는 연습을 시켰는데 그 빠르기가 귀신같다"라고 평했다.

연이은 진격으로 지친 일본 보병을 평지로 이끌어내 기병으로 돌격한다는 신립의 구상은 나름 타당한 측면도 있었다. 만약 임진왜란이 20년 전 일어났다면 전황은 달라졌을지도 모른다.

그런데 1592년 조선에 쳐들어온 일본군은 조총 활용에 숙달된 군대였다. 오다 노부나가는 1575년 나가시노 전투에서 조총 전술로 일본 최강이라 불리던 다케다 가문의 기마군을 섬멸한 전례가 있었다. 즉, 기병을 상대로 어떻게 싸워야 하는지 알고 있었다.

일본군은 곳곳에 은폐물을 만들어 돌진하는 조선 기병들의 움직임을 방해하는 한편, 조준 사격으로 이들을 무력화했다. 게다가 하

▶ 「나가시노 전투」, 18세기, 일본 나고야 도쿠가와 미술관 소장. 오다 노부나가가 다케다 가문의 기마대를 궤멸했다.

필 탄금대 일대는 농경지로 개간되어 말이 움직이기에 좋지 못했다. 질퍽거리는 땅에서 조총 사격까지 이어지자 신립이 자랑하던 기병들은 일본군의 근처에 가기도 전에 쓰러졌다. 반나절 후 조선의 정예군은 전멸했고, 선조는 통한의 피난길에 올랐다.

　이처럼 조선은 전쟁 초기 극도의 혼란에 빠진 채 속수무책으로 무너졌다. 조선이 여진족을 상대하며 가다듬은 제승방략 체제는 일본의 속도전에 허무하게 무너졌다. 상대에 대한 무지와 오만의 대가는 가혹했다. 한양에서 파견된 지휘관들은 일본군이 코앞에 진격했다는 보고를 믿지 않았고, 심지어 분위기를 흐트러뜨렸다며 처형하기도 했다. 큰소리치던 중앙 정부가 무능함을 드러내는 동안 각 지역은 의병을 규합해 각자도생의 길에 나설 수밖에 없었다.

호남을 지켜낸 경상우도의 북인 의병장들

약무호남시무국(若無湖南是無國).

호남이 없었다면 조선도 없었을 것이다. 이순신 장군이 1593년 사헌부에 보낸 편지에 쓴 문구로 널리 알려져 있다. 사실 그랬다. 임진왜란으로 일본군에 의해 온 국토가 초토화되는 동안 호남은 온전하게 지켜졌다. 덕분에 조선은 최대의 곡창 지대를 사수했고, 바닷길을 봉쇄해 평양에 주둔한 일본군과 본진의 연결을 막았다. 이것은 장기전으로 치러진 임진왜란에서 전쟁의 흐름을 좌우한 결정적 변수였다.

그런데 여기서 한 가지 의문이 생긴다. 호남은 어떻게 지켜졌을까. 물론 이순신이 지휘한 전라도 수군이 맹활약한 것은 맞다. 하지만 수군이 내륙 지역까지 보호할 수 있었을까. 예를 들어 여수, 목포 같은 해안가에 자리 잡은 고을은 보호하더라도 전주와 남원 같은 내륙 지역까지 지키는 것이 가능했겠느냐는 이야기다. 이순

신이 제아무리 신출귀몰한 장수라도 내륙까지 군사를 보내 작전을 펼칠 수는 없었을 것이다. 그렇다면 호남은 어떻게 온전하게 보전됐을까.

의병을 일으킨 곽재우, 정인홍 등은 북인 조식의 문하생

대구가 함락되던 1592년 4월 21일, 의령의 곽재우는 가산을 처분해 가족과 집안 노비 60명을 무장시켰다. 보름 뒤인 5월 8일엔 훗날 광해군 정권에서 대북파의 리더가 될 정인홍이 자신의 고향인 합천에서 거병했다. 이어 합천(손인갑), 고령(김면), 진주(허국주)에서 연쇄적으로 의병의 깃발이 올려졌다. 일본군에 완패해 뿔뿔이 흩어졌던 관군들이 속속 의병에 합류하면서 이들은 금세 수천 명의 군대로 조직됐다. 곽재우 의병군은 4,000명, 김면과 정인홍의 군대도 2,000~3,000명에 달했다.

그런데 이들이 거병한 지역은 경상우도, 즉 경상도 서쪽이다. 국왕이 사는 도성에서 바라보는 기준이기 때문에 서쪽이 우(右)도가 된다. 경상우도는 조선에서 가장 선진적인 농법이 시작된 지역이었다. '영남 농법'이라고 불린 모내기가 본격적으로 실시되면서 경상도의 농업 생산량은 급증했다. 여기에 더해 낙동강 하류의 고령, 의령, 함안, 합천 등은 수운(水運)을 통해 상업이 발달했다. 물자와 돈이 모여들었다는 이야기다. 경상우도 남쪽에서 대규모 의병이 조직될 수 있었던 배경이다.

또 하나 주목할 것은 북인이라는 당파다. 경상좌도가 퇴계 이황을 종주로 하는 남인의 세력권이라면, 경상우도는 남명 조식을 종주로 삼는 북인의 근거지였다. 의병을 일으킨 곽재우, 정인홍 등은 모두 조식의 문하생이었다.

북인은 성리학뿐 아니라 노장 사상, 풍수, 병법 등에도 관심이 많다. 또 이들은 탐구보다 실천을 중시했고 문무 겸비를 강조했다. 앞에서도 소개했듯이 조식은 죽을 때 제자 정인홍에게 책 대신 경의검이라는 칼을 남겼을 정도다.

그러니까 북인은 붓으로 일본을 성토하기보다는 칼을 들고 전쟁터로 나가는 게 더 맞았고, 이들이 조직한 의병들은 경상도 주요 전선에서 관군을 대신해 일본군과 싸웠다. 임진왜란 후 북인이 집권당이 될 수 있었던 것은 이런 활약이 뒷받침됐기 때문이다.

낙동강 수로를 장악한 의병들이 일본군의 보급로를 차단

의병이 거둔 첫 승리는 5월 24일, 의령군의 남강 정암진(鼎巖津)에서 있었다. 이곳에 매복한 곽재우 의병은 낙동강을 건너려던 일본군 2,000명을 물리쳤다. 이를 시작으로 경상우도 의병은 6월 한 달 동안 고령, 무계, 마진, 거창, 합천에서 승리를 거두며 낙동강 서쪽을 지켜냈다. 뒤에 설명하겠지만 이것은 임진왜란의 판도에 큰 영향을 끼치게 된다. 그래서 조정에서도 훗날 이렇게 평가했다.

"가장 먼저 의병을 일으킨 사람은 실제로는 재우이며 왜적들이 감히 정암진을 건너 호남으로 가지 못하게 한 것도 바로 재우의 공이다."

《선조실록》 25년 6월 28일

7월이 되자 이들의 활동 범위는 낙동강 동쪽까지 넓어졌다. 곽재우 의병은 현풍, 창녕에 이어 영산까지 탈환했는데, 모두 낙동강 동쪽에 있는 주요 거점이었다. 낙동강을 따라 발달한 이 지역은 부산에서 대구까지 이어지는 낙동강 보급로의 축이었다. 이곳을 놓친 일본군은 보급에 어려움을 겪을 수밖에 없었다. 이순신에 의해 서해 뱃길이 막힌 데 이어 낙동강 수운까지 막히자 일본군의 한양–평양과 부산–일본 축을 잇는 보급선이 차단됐다. 이것이 임진왜란 기간 동안 두고두고 일본군의 발목을 잡았다.

경상우도를 통한 호남 진격이 좌절되자 일본군은 충청도를 우회해 전라도로 진격하는 방법을 썼다.

7월 금산에 주둔하던 일본군 별동대 1,500명은 전라도 장수로 진출하기 위해 지례(김천) 인근 우척현으로 이동했다. 하지만 이곳에 매복한 김면의 의병 부대에게 기습당해 패퇴했다. 일본군은 재차 우척현으로 진출했고, 김면은 진주판관 김시민의 군사와 연합해 사랑암에서 일본군을 격퇴했다. 이처럼 전라도로 가려던 일본군의 진로는 경상우도 의병들에 의해 번번이 막혔다.

1592년 6월, 평양성을 함락했을 때만 해도 일본은 전쟁에서 승리했다고 여겼다. 그래서 각 부대를 조선 8도에 분산 배치하면서 조세 할당량까지 지시했다. 이에 따르면 경상도(280만 7,790석)와 전라도(260만 9,397석)가 가장 많았다. 그런데 실제로는 경상우도가 통제에서 벗어난 데다 전라도는 진입조차 어려운 지경이었다. 또 낙동강 수로가 의병들에 의해 막히면서 한양–평양과 부산–일본 사이의 보급 라인이 막혔다. 이는 한양 이북에 주둔한 일본군의 고립을 의미했다. 비축한 군량은 점점 바닥을 드러내고 있었다.

이런 사정은 조선봉행(朝鮮奉行) 이시다 미쓰나리(石田三成)가 1593년 초 도요토미 히데요시에게 보낸 보고에 잘 드러난다. 그는 "한양과 부산포 사이의 일본군 성들은 조선군에 포위되어 서로 연락이 두절됐다"라고 토로하면서 "한양에 비축한 병량미는 1만 4,000석인데, 이는 한양에 주둔한 일본군의 2개월 식량에 불과하기 때문에 병량 보급을 위해서는 충청도와 전라도를 평정하는 것이 시급하다"라고 적고 있다. 결국 전황을 돌리기 위해선 전라도를 쳐야 했고, 이를 위해선 경상우도를 지나야 했다. 일본군이 전열을 가다듬어 진주성으로 향한 것은 당연한 선택이었다.

진주에서 일본군을 격퇴한 난세의 영웅 김시민

이때 진주목사는 충청도 목천 출신의 김시민이라는 청년 무관이었다. 본래 진주판관이었던 그는 얼마 전 병사한 전임 목사 이경을 대리하고 있었다.

24세에 무과에 급제한 그는 이탕개의 난 때 회령에서 활약해 훈련원 판관(종5품)에 올랐지만, 병조에 군제 개혁을 건의했다가 받아들여지지 않자 미련 없이 사직했다. 당시 그는 불같이 화를 냈다는 기록도 있는데, 다혈질에 타협이 없는 성격이었던 것 같다. 이후 진주성 전투에서도 그런 면모가 드러난다.

그래도 임진왜란 발발 1년 전 진주판관(종5품)으로 임명된 것을 보면 군사적 재능만큼은 확실히 인정받았던 것 같다. 이 시기는 이순신, 원균 등 북방에서 활약상을 보인 장수들이 일본의 침공에 대비해 남부 전선에 재배치되던 때였다. 이후 김시민은 전임자의 사망으로 갑작스레 목사직까지 떠맡게 됐지만 기대에 완벽하게 부응했다. 성채를 보수하고 병사들을 훈련하는 데 그치지 않고 군사를 이끌고 나가, 이전에 맥없이 쓰러지던 조선 관군과 전혀 다른 모습을 선보였다.

그는 5월 말 진주로 진격하는 일본군을 곽재우 의병과 합세해 격퇴하더니 7월까지 고성, 사천, 김해 등 진주 일대 고을을 모두 수복했다. 덕분에 경상우도 남부 지역이 조선군 관할로 들어왔고, 그는 이 공로를 인정받아 종5품 판관에서 정3품 진주목사로 파격 승진했다. 정식으로 진주목사에 부임한 것이다.

활약은 계속됐다. 9월엔 의병장 김면의 요청을 받아 거창으로 진격해 사랑암에서 일본군을 격퇴했고, 진해에서는 적장을 생포해 의주로 몽진(蒙塵, 임금의 도주) 중이던 선조에게 보냈다. 절망 속에 의주로 향하던 선조에게 이 소식이 얼마나 반가웠을지는 상상하기 어렵지 않다. 또 한편으로는 경상도에 주둔한 일본군에게 그가 얼

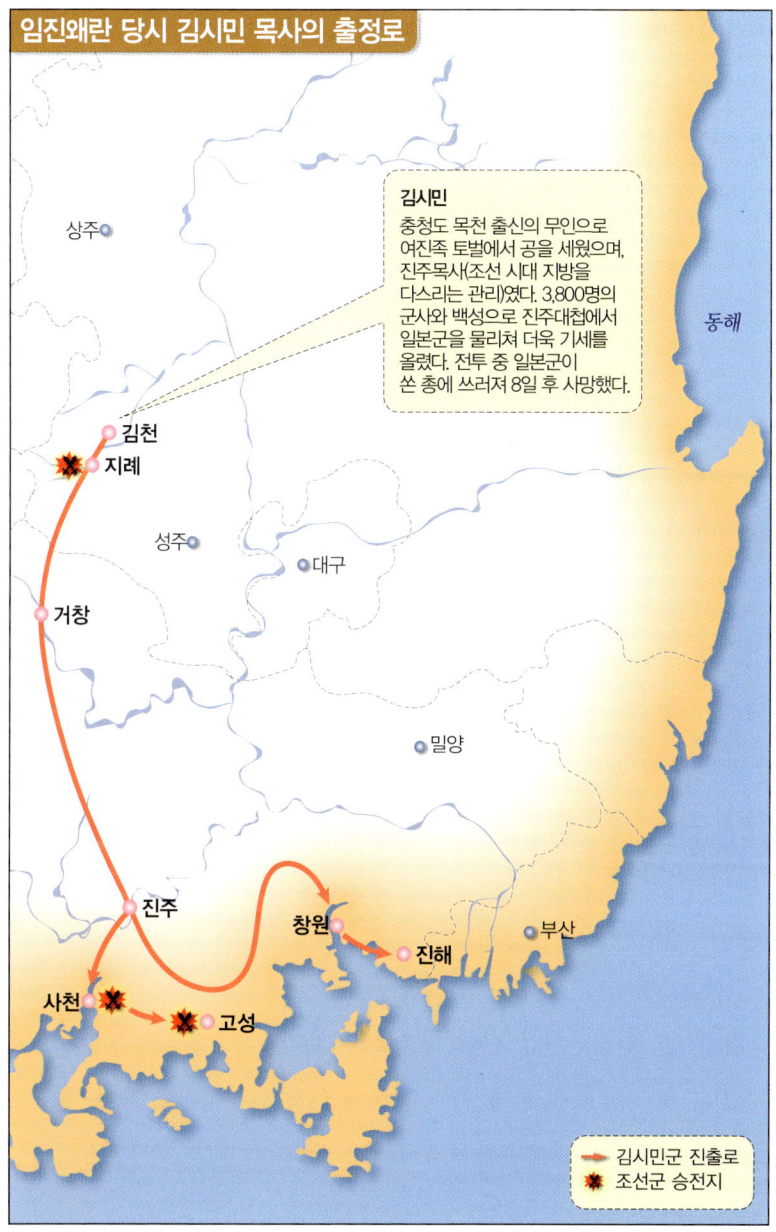

마나 눈엣가시 같았을지 상상하는 것도 어렵지 않다.

도요토미 히데요시의 일대기를 그린《회본 태합기(繪本太閤記)》에는 진주성 공격 지시가 이렇게 등장한다. "모쿠소(木曾) 판관의 나라(김시민 목사의 나라)에서 반란이 일어나 부산포와 수도 사이의 통로를 방해했으므로 호소카와 엣추노카미 3,000명, 하세가와 도고로 3,000명, 기무라 히타치노스케 2,000명, 오노키 누오도노스케 등 5,000명, 도합 1만 3,000명으로 하여금 모쿠소 판관의 진주성을 평정하라는 뜻을 명령했다." '모쿠소'는 김시민의 관직인 목사의 일본식 발음이다. 김시민이라는 인물이 얼마나 존재감을 드러냈는지 알 수 있는 대목이다.

"진주성이 무너지면 반드시 호남을 침범할 것입니다"

일본군이 대대적으로 진주성으로 진격한 것은 1592년 10월 5일이다. 이때 일본 병력에 대해선 정확한 기록이 남아 있지 않다. 김성일은《학봉집》에서 3만 명이라고 남긴 반면, 일부 학자들은 1만 3,000~2만 명으로 추정한다. 어느 쪽이든 진주성의 병력(3,800명)보다는 많았다.

위에서도 언급했지만 진주는 경상도에서 전라도로 통하는 요충지였다. 또 의병들의 본거지인 경상우도의 중심부이기도 했다. 당시 사람들의 생각도 일치했다.

"신(김성일)이 보건대 진주는 남쪽 지방의 거진(巨鎭)으로 양도(兩道, 전라도와 경상도)의 요충지에 위치하였으니, 이곳을 지키지 못한다면 이 일대에 보존된 여러 고을이 와해되어 조석(朝夕)을 보존할 수 없을 뿐만 아니라 적이 반드시 호남을 침범할 것입니다." 《선조실록》 25년 6월 28일

이 무렵 전라도에서는 근왕군을 조직해 많은 병력이 한양으로 이동한 터였다. 진주성이 무너지면 호남의 안전도 보장할 수 없었다.

일본군의 침공을 내다보고 김시민도 일찌감치 대비했다. 《학봉집》에 따르면 그는 화기(火機)인 현자총통 170대와 비격진천뢰를 마련하는 한편 염초 150근을 준비했다. 하지만 진주성을 돕기 위해 찾아온 의병(약 3,000명)은 성안으로 들이지 않았다. 대신 외곽에서 지원해달라고 부탁했다. 자신이 훈련하고 여러 전투에서 손발을 맞춘 정예병으로 싸우는 것이 효과적이라고 생각한 것이다.

김시민은 심지어 직속상관인 경상우도병마절도사 유숭인의 입성도 거절했다. 명령 계통이 동일하지 않으면 혼란이 일어난다는 이유였다. 자신의 계획에 대한 자신감과 더불어 타협이 없는 김시민의 면모가 잘 드러난다. 《선조수정실록》에 따르면 이를 들은 곽재우는 "(김시민의) 계책이 성을 온전하게 하기에 충분하니 진주 사람들의 복이다"라고 감탄했다. 곽재우의 예측이 맞았다.

전투가 시작되자 김시민은 현자총통과 비격진천뢰 등으로 일본군의 공성 시도를 막게 했고, 일본군의 공세가 없을 땐 화살 하나도 허투루 쏘지 않게 했다. 또 노약자와 여자들에겐 남자 옷을 입

혀 병력이 많아 보이도록 했고, 성안 사람들을 자극하는 일본군의 심리전에 대꾸하지 않도록 했다. 또 김시민은 전투 시에는 몸소 물과 식량을 가지고 다니며 군사들의 갈증과 허기를 해소해 방어선을 지키게 했다. 심지어 밤에는 심리전의 일환으로 악공에게 피리를 불게 했다고 하니 일본 지휘부로서는 당황했을 법하다.

10월 10일 새벽, 일본군의 마지막 공세가 벌어졌다. 일본군은 후퇴하는 척하다가 총공세로 전환했다. 상황이 급박해지자 진주성의 여자와 노인도 나와 돌을 던지며 막았고, 이때 성안을 순찰하던 김시민은 적이 쏜 총에 왼쪽 이마를 맞고 쓰러졌다. 일본군은 이날 오전 9시에 철수했다. 일본군의 퇴각을 확인한 김시민은 8일 뒤 조용히 눈을 감았다. 그의 나이 38세였다.

진주성 전투는 임진왜란에서 처음으로 준비된 조선 관군이 일본군을 상대한 일전이었다. 김시민의 지휘 아래 물샐틈없는 방어전을 펼친 진주성은 6일 만에 일본군 수만 명을 격퇴하는 데 성공했다. 관군이 일본군을 상대로 제대로 싸워 이길 수 있다는 것을 보여준 사례였다. 진주성 승전에 고무된 조정은 김시민을 경상우도 병마절도사에 임명했다. 그 소식은 김시민의 상여가 장지로 이동하는 도중에 도착했다.

한편 이 전투는 일본에도 큰 인상을 남겼다. 이전에 일본군에게 패배를 안긴 것은 대부분 의병들의 게릴라 전술이었다. 반면 진주성 전투는 양측의 정예군이 정면으로 맞붙은 승부였다. 적은 수의 조선군 병력을 이기지 못한 일본군이 받은 충격은 컸다. 부산에 종군했던 야마자키 히사나가(山崎尚長)는 《양국임진실기(兩國壬辰實記)》에서 진주성을 "조선 제일의 명성(名城)"이라고 기록했으며, 김시민은 전후 일본의 문학 작품에서 초자연적인 힘을 가진 존재로 등장했다.

앞서 고니시 유키나가는 의주로 달아난 선조에게 편지를 보내 "이제 우리 군사 10만 명이 서해를 통해 올 텐데 그때는 어디로 가시렵니까?"라고 조롱 섞인 협박을 했다. 빈말이 아니었다. 일본은 전라도를 장악한 뒤 서해를 통해 평양의 주둔군에게 병사와 물자를 보급하려고 했다. 당시 규슈의 나고야에는 조선에 넘어오지 않은 예비 병력 10만 명이 대기하고 있었다. 만약 보급이 제때 이뤄졌다면 전황은 달라졌을 것이다.

이 구상을 무너뜨린 건 진주성 전투였다. 전라도는 보전됐고, 내륙에서 안정적으로 보급을 받은 전라도 수군 또한 계속해서 서해 바닷길을 끊었다. 고립된 일본군은 명나라 원군이 오자 평양에서 물러날 수밖에 없었다. 고군분투하며 지켜낸 경상우도 방어선이 조선을 망국의 위기에서 구해낸 것이다.

조선, 임진왜란 와중에
하이테크에 눈을 뜨다

얼마 전 큰 인기를 끌었던 tvN 드라마 「미스터 션샤인」에 나온 대한제국 군대는 눈 뜨고 보기 어려운 오합지졸로 그려졌다. 조선인 출신 미국 해병대 장교 유진 초이가 교관으로 부임했을 때, 이들은 기본적인 제식 훈련부터 총기를 다루는 기술까지 모든 게 걸음마 수준이다.

청나라와 러시아를 격파한 일본군을 이런 군대로 상대한다고? 일본군과 제대로 전투 한 번 못 하고 나라를 넘겨준 것도 이상한 일이 아니겠다는 생각마저 들었다. 그래서인지 이 드라마는 대한제국의 정규군보다는 포수들이 대거 가담한 의병들의 실력을 더 빼어나게 그렸고, 드라마의 초점도 의병들의 활약에 맞춰졌다.

하지만 이것이 조선 시대 군사력의 실체라고까지 한다면 안타까운 점도 있다. 왜냐하면 한때 조선군의 사격술은 동아시아뿐 아니라 세계적으로도 수준급으로 인정받던 시절이 있었기 때문이다.

다만 시작은 매우 초라했고, 첫 만남도 아름답지는 않았다. 굳이 따지면 악몽에서 출발했다.

조총병을 앞세운 일본군은 부산 상륙 20일 만에 한양 점령

"왜노가 비록 전투에 익숙하고 날래게 진군했으나 그들이 승리를 얻은 것은 실로 이 조총 때문이다." 　　　　　　　　　　이수광 《지봉유설》

날아가는 새도 잡는다고 해서 이름 붙여진 조총(鳥銃)은 임진왜란 당시 조선군에겐 공포의 대상이었다. 화살과 달리 맞으면 즉사하는 경우가 많은 데다 소리도 요란했기 때문에 수백 명이 연달아 조총을 쏘면 말 그대로 '혼비백산'하는 경우가 허다했다. 조선 지도부로서는 보통 곤혹스러운 게 아니었다.

임진왜란 당시 외교에서 맹활약했던 이덕형(한음)은 일본군이 "가장 먼 곳에서 철환을 쏘고, 다음은 창으로 찌르고, 가장 가까운 곳에서 벤다"라고 서술했다. 일본 조총병이 선제 사격을 하고 2선으로 물러나면, 궁병이 활을 쏘아 적의 접근을 막고 조총병이 장전할 시간을 벌어준다. 이어 조총병이 재차 사격을 가해 전열을 흐트러뜨리면 기마병이 돌격해 전열을 붕괴시키고 창병이 백병전을 벌이는 식이다. 이런 일본군의 전법에 당한 조선군은 속수무책으로 패퇴했다. 조총병은 일본군이 가진 '비대칭 전력'이었던 셈이다.

조총병을 앞세운 일본군은 파죽지세로 밀고 올라왔다. 1592년

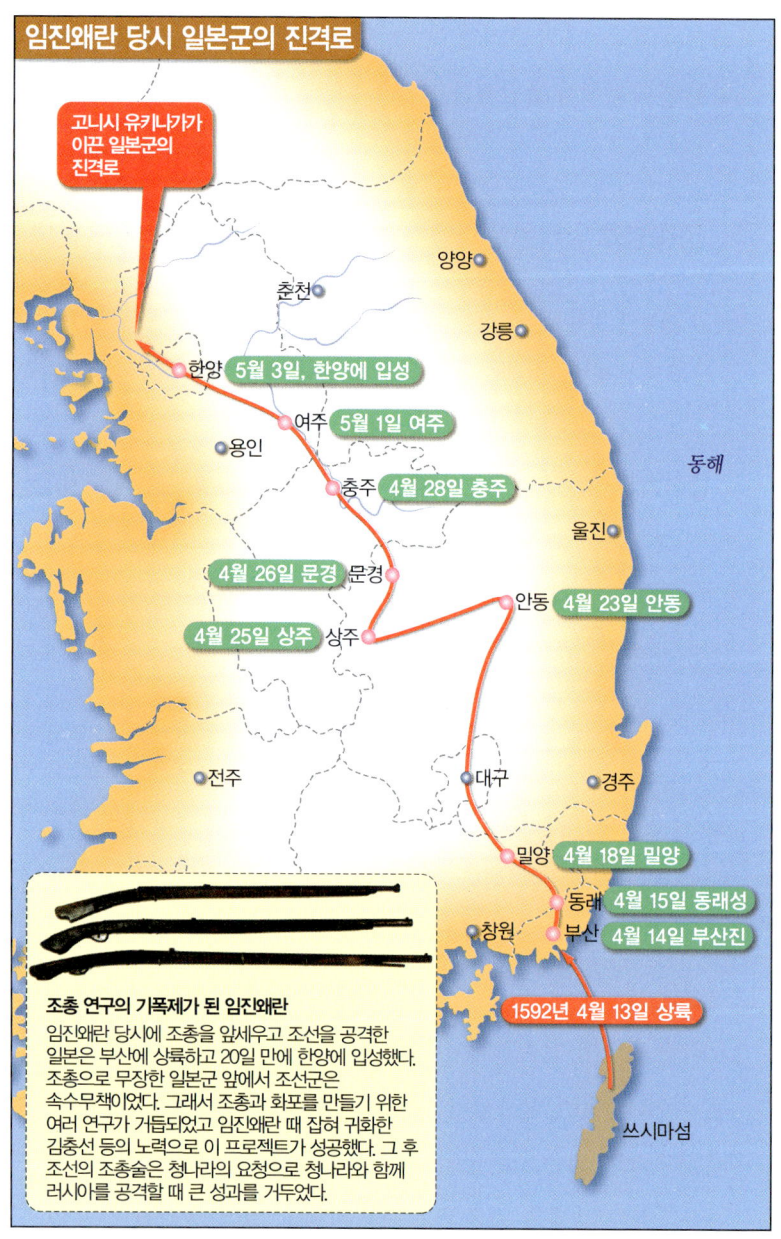

4월 13일, 고니시 유키나가가 이끄는 제1군 1만 8,000명이 부산포에 상륙해 다음 날 3시간 만에 부산진성을 점령했고, 이튿날엔 2시간 만에 동래성을 함락했다. 이어 충주 탄금대에서 신립이 이끄는 조선 최정예 부대를 전멸시키고 5월 3일에 한양에 입성했는데, 이 모든 것이 부산에 상륙한 지 20일 만에 벌어진 일이었다.

조선 지도층에서는 전쟁에서 패배하지 않으려면 반드시 조총을 확보해야 한다는 공감대가 형성됐다. 전쟁 이듬해인 1593년 2월, 조선은 훈련도감과 군기사에서 조총을 개발하기 시작했다. 전쟁 초기 선조가 국경 인근까지 피난을 갈 정도로 큰 혼란에 빠져 있었던 점을 감안하면 비교적 발 빠른 대처였다.

개발에만 그친 게 아니라 조총 쏘는 법도 가르치고 무과 과목에 조총 분야를 신설했다. 1593년 7월엔 무과 기준을 수정해, 점수가 부족한 자에겐 조총 세 자루를 쏘게 해서 한 번 이상 (목표물을) 맞힌 자는 모두 선발했을 정도로 인력 확보에 노력을 기울였다.

총기에 대한 인식은 당대 유력 인사인 유성룡을 정1품인 도제조(都提調)에 임명해 조총과 화약 제조를 책임지게 한 것에서도 드러난다. 유성룡은 전쟁 전부터 조총의 중요성을 인식하고 많은 관심을 기울였던 인물이다. 그는 저서 《서애집》에서 조총의 가치를 여러 차례 강조했다.

"《기효신서》(명나라 군사 서적)에서 말하기를 조총은 명중하는 묘가 활이나 화살보다 다섯 배나 되고 쾌창보다 열 배나 된다. … 조총은 한 달 동안 뚫어야 상품이 되며, 이 조총 한 자루는 한 사람이 한 달의 힘을 쓴 뒤라야 사용할 만하니 만들기 어려워서 귀한 것이 이와 같다."

이순신도 임진왜란 이듬해 자체적으로 조총 개발을 시도

이순신도 한때 조총을 자체적으로 연구한 적이 있다. 그는 무기 개발에 관심이 많았던 것 같다. 휘하 군관 정사준, 수군 이필종, 사노(寺奴) 안성 등에게 조총을 연구하도록 해, 1593년 8월엔 일본 조총과 비슷한 정철총통(正鐵銃筒)을 만들어 조정에 진상했다. 성능이 어느 정도였는지는 정확히 기술되어 있지 않지만, 일본 조총의 수준에는 미치지 못했던 게 확실하다. 왜냐하면 넉 달 후 선조는 "우리나라에서 만든 조총은 모두 거칠어서 쓸 수가 없다. 이제는 이렇게 하지 말고 왜인의 정밀한 조총을 기준으로 삼아 일체 그대로 제조하게 해야 한다"라고 말했기 때문이다.

또 조정 대신들도 "지금부터 전장에서 얻은 조총은 함부로 사용하지 말고 모두 거두어 각 진의 군사들로 하여금 이를 학습하게 해야 합니다. 그리하여 그 이치를 터득한 사람들이 다른 사람들을 성의 있게 가르치도록 하소서"라는 건의를 올린 것으로 확인된다. 그러나 1년 가까이 국가 역량을 총동원하다시피 했지만 조총 연구는 좀처럼 진척을 보이지 않았다.

사실 일본도 조총 개발에 손쉽게 성공한 것은 아니었다. 1543년 다네가시마에 표류한 포르투갈인에게서 조총을 처음 얻었을 때 일본인들이 남긴 기록을 보면 그들도 총기에 대한 이해가 없었다는 걸 알 수 있다.

> "길이가 2~3척이고, 몸체는 안이 뚫려 있고 바깥으로 쭉 뻗어 있다. 한 개의 구멍은 불이 지나가는 길이다. 그 형상은 비유할 물건이 없다. … 그것이 나갈 때에는 전광을 만들어내는 것 같고 울림은 우레와도 같아서 … 한 번 쏘면 은산도 깨뜨리고 철벽도 뚫을 수가 있다."
>
> 하야시야 다쓰자부로 《일본의 역사》,
> 노성환 《조총을 통해서 본 한일 관계》에서 재인용

신무기로서의 가능성을 알아챈 다네가시마 사람들은 영락전(永樂錢) 2,000필을 지불하고 조총 2정을 양도받았다. 당시 지불한 영락전의 가치는 지금의 물가로 10억 원 정도라고 하니, 1정당 5억 원이나 준 셈이다. 그런 일본도 조총을 만들어내기까지는 수년에 걸쳐 많은 실패와 좌절이 있었고, 전국 시대의 실전 투입 경험을 통해 최적화 전술을 개발할 수 있었다. 따라서 전쟁 와중에 조선이 이를 자체 개발해 전력화한다는 것은 아이폰을 처음 접한 개발도상국에서 스마트폰을 개발한다는 거나 다름이 없었다.

결국 조선 조정은 발상을 전환하게 된다. 자체 개발이 안 되면 기술 인력을 스카우트하는 수밖에 없다. 그런데 때는 전쟁 중이었다.

선조는 왜군 포로를 죽이지 말고 조총 개발에 투입하라고 지시

"조총과 철환과 철통은 하나도 만들지 않고, 다만 먹같이 까만 화약을 소반 위에 쌓아놓고 칼자루로 부수고 다듬잇돌에 찧는 것을 날마다 일삼는데 이것이 무슨 일인지 모릅니다." 《선조실록》 26년 2월 21일

1593년 2월, 일본군에 협조한 김덕회라는 인물이 체포되자, 선조는 "염초(焰硝)와 조총의 제작법을 속히 낱낱이 추문하라"라고 지시를 내렸다. 하지만 조총 제조라는 것이 어깨너머로 배울 수 있는 기술은 아니지 않던가. 김덕회에게서 아무것도 얻을 수 없다는 걸 알아채는 데는 시간이 오래 걸리지 않았다.

하지만 선조는 한번 꽂히면 집착이 강하고 목적을 위해선 수단과 방법을 가리지 않는 스타일의 군주였다. 이런 선조의 성향에 대해 훗날 평가에선 호불호가 갈리지만, 적어도 조총 개발에서만큼은 긍정적으로 작용했다. 선조는 더 적극적인 조치를 취했다. 투항한 왜인들로부터 조총과 화약의 제조법을 적극 수용해 기술 개발에 박차를 가한 것이다.

"이번에 생포한 왜인이 염초 굽는 법을 안다고 하는데, 이 왜인은 죽여보았자 이익이 없을 것이니 그의 목숨을 살려주어 속히 오응림, 소충한을 시켜 장인을 데리고 그 방법을 다 알아내도록 병조판서 이항복에게 은밀히 전하라." 《선조실록》 26년 3월 11일

지금으로 치면 국방부 장관인 이항복에게 밀명을 내려, 적군 포로를 처형하지 말고 조총에 필요한 기술을 빼내도록 지시한 것이다. 국왕이기 때문에 가능한 대담한 조치였다. 석 달 뒤에도 비슷한 명령을 내리면서 특히 이들의 처우를 각별하게 신경 쓰라고 신신당부했다.

> "생포한 왜인 2명 가운데 한 명은 염초를 구울 줄 알고 한 명은 조총을 만들 줄 안다고 하니, 염초를 굽는 자는 영변으로 보내 가을부터 시작하면 많은 염초를 구워낼 것이고, 조총 만드는 자는 철이 생산되는 고을에 보내면 많은 조총을 만들어낼 수 있을 것이다. 그 왜인들에게 아직도 족쇄를 채웠다고 하는데, 죽이지 않기로 작정하였다면 이와 같이 할 필요가 없으니 족쇄를 풀어주는 것이 어떻겠는가."
>
> 《선조실록》 26년 6월 16일

> "이 왜인은 포수로서 쏘는 법이 귀신처럼 빨라 견줄 데가 없으며, 도창(刀槍) 등의 법을 꽤나 잘 이해하니, 훈련도감에 소속시켜 급료를 주어 전습하게 하되 부득이한 연후에 후속 조치를 취하는 것이 옳다. 지나치게 의심할 필요가 없다. 영웅의 수단이 어찌 이와 같은가."
>
> 《선조실록》 27년 2월 29일

> "왜인이 투항해 왔으니 후하게 보살피지 않을 수 없다. 묘술을 터득할 수 있다면 적국의 기술은 곧 우리의 기술이다. 왜적이라 하여 그 기술

을 싫어하고 익히는 일을 게을리하지 말고 착실히 할 것을 비변사에 이르라."
《선조실록》 27년 7월 29일

행여나 이들에 대한 보복이나 나쁜 처우가 있을까 봐 노심초사하는 선조의 심경이 고스란히 느껴지는 것 같아 흥미롭다. 또 '묘술을 터득할 수 있다면 적국의 기술은 곧 우리의 기술'이라고 말하는 대목에서는 사고의 유연성이 자못 놀랍기까지 하다. 일반 사대부라면 감히 언급하기 어려운 발언들이다.

이때 활약한 일본인 중 대표적인 인물이 김충선이다. 본래 가토 기요마사의 휘하 장수 사야가(沙也可)였던 그는 조선으로 귀화해 김충선이라는 이름을 받고 조선군에 투신했다. 그의 업적을 기려 만들어진 《모하당문집(慕夏堂文集)》에는 김충선이 조총 개발에도 기여했다는 기록이 있다.

"조총과 화포는 일본군이 가진 특수한 무기로서 우리나라가 처음에 패전을 거듭한 것은 우리가 아직 이 총포를 가지지 못했기 때문이다. 공(김충선)이 이에 총포 만드는 법을 가르쳤으니 이 사실은 당시 여러 진중에 오고 간 글월로써 넉넉히 증거할 수 있다. 이로 인해 일본이 가진 특수 무기를 우리도 가지게 된 것이니 결국 수복한 공은 실제로 공의 힘이 컸다."

김충선의 아들 김경원은 "아버지(김충선)가 투항한 후 1593년 조정은 훈련청을 설치하고, 항왜(항복한 왜군) 300명을 모집해 화약을 만들고 화포를 만들었다"라고 한다. 이처럼 조선의 조총 개발 성공 이면엔 많은 일본인들의 노하우 전수가 있었다.

그리고 이런 노력은 결실을 맺었다. 임진왜란이 막바지로 접어든 1597년 1월의 일이다. 판중추부사 윤두수가 조총을 제조할 줄 아는 투항 왜인을 서울로 불러 조총을 만들게 하자고 건의하자, 선조는 "우리 장인들도 잘 만든다"라며 거절했다.

청나라의 요청으로 러시아군을 격파한 조선의 조총 부대

조선에서 조총에 대한 관심은 임진왜란이 끝난 후에도 이어졌다.

1656년(효종 7년) 《효종실록》엔 "새로운 체제의 조총을 만들었다. 이보다 먼저 만인(蠻人)이 표류하여 와 그들에게서 조총을 얻었는데, 그 체제가 매우 정교하므로 모방해서 만들도록 한 것이다"라는 기록이 나오는데, 1653년 네덜란드 사람 헨드릭 하멜 일행이 제주도에 표류한 것을 가리키는 것으로 추정된다.

또 17세기 충청도 병적기록부인 《속오군적(束伍軍籍)》을 보면 병사들의 개인 무기 중 조총이 76.5%를 차지해 활(17.2%)보다 많았다. 심지어 《현종실록》에는 조총 생산이 너무 많아지자 지방에 강제로 떠넘겼음을 보여주는 기록도 볼 수 있다.

"훈련도감에서 조총(鳥銃)을 만들어 각 읍에 나누어 보내고 그 값을 강제로 정하여 월과미(月課米)를 올려 보내게 합니다. 조총을 이미 갖춘 고을이라 하더라도 감히 도감의 명령을 어기지 못하여 … 조총을 강제로 판매하는 일도 중지시키소서." 《현종실록》 9년 8월 10일

조선의 조총 기술이 꽃을 피운 건 임진왜란으로부터 반세기가량 지난 뒤 있었던 나선(羅禪, 러시아) 정벌이다. 청나라는 아무르강 일대까지 진출한 러시아 군대와 충돌했는데, 열세에 놓이자 조선에 조총 부대 파병을 요청했다. 조·청 연합군은 러시아군에 승리를 거뒀는데, 청나라 측은 조선 조총 부대의 실력에 크게 놀랐다.

1차 나선 정벌(1654년)의 성과에 고무된 청나라는 2차 나선 정벌(1658년)에서도 조총 부대 파병을 요구했다. 이때 조선의 베테랑 사수 200명이 투입됐는데, 이들은 청나라 조총 부대의 요청으로 시범 사격을 보일 정도로 압도적인 실력을 인정받은 상황이었다. 2차 나선 정벌에서도 조·청 연합군은 대승을 거뒀다. 러시아군은 전사자 220명을 낸 반면, 조선군의 희생은 7명에 불과했다. (※ 이 수치를 기억하시라.) 이 전쟁에서 패한 러시아의 남하는 중단됐고, 청과 러시아는 네르친스크 조약을 맺어 현재 영유권을 인정하는 선에서 마무리했다.

당시 유럽에선 일정 대형을 갖추고 일제 사격을 하는 방식이 일반적이었지만, 조선 조총수들은 조준 사격으로 명중률이 높았다. 전통적으로 궁술이 발달한 조선군의 특징이 반영된 것이라는 의견도 있다.

하지만 조총에 대한 조선 조정의 관심은 차츰 시들해진다. 조선은 이후 200여 년간 전란이 없기도 했고, 지배층은 외적에 대한 방비보다는 조선 내부의 성리학적 질서 확립에 더욱 골몰했다. 또 전정(田政)·군정(軍政)·환정(還政) 등 삼정의 문란으로 대표되는 조세 질서가 무너지면서, 조총 부대를 유지할 국방비조차 확보하기가 어려운 상황이 됐다. 이는 《순조실록》에 기록된 다음과 같은 주장에서도 드러난다.

> "재물을 생산하는 것보다는 소비를 줄이는 것이 낫습니다. … 달마다 지불하는 임금의 숫자가 적지 않고 아닌 게 아니라 한정이 없습니다. 조총·화약 양색(兩色)의 낭청(郎廳) 및 각소(各所)의 감관(監官) 4인은 모두 쓸데없는 직제이니, 궐원(闕員)이 생기더라도 사람을 보충하지 말게 하소서."   《순조실록》 15년 2월 30일

 임금 부담을 줄이기 위해 조총과 화약 담당관은 결원이 있어도 더 이상 충원하지 말라는 주장이다. 순조는 그대로 따랐다.
 이런 분위기는 선조 이후 《조선왕조실록》에 등장하는 조총의 빈도에서도 어느 정도 추정해볼 수 있다. 선조 때 가장 많은 83회가 언급되고, 차츰 줄어들다가 정조 대를 기점으로 거의 찾아보기 어려워진다. 특히 헌종(재위 1834~1849년)·철종(재위 1849~1863년) 대에 언급이 0회였다는 점은 얼마나 세계의 정세에 어두웠는가를 상징적으로 보여준다고 할 수 있다. 이때 바로 옆 중국에선 제1·2차 아

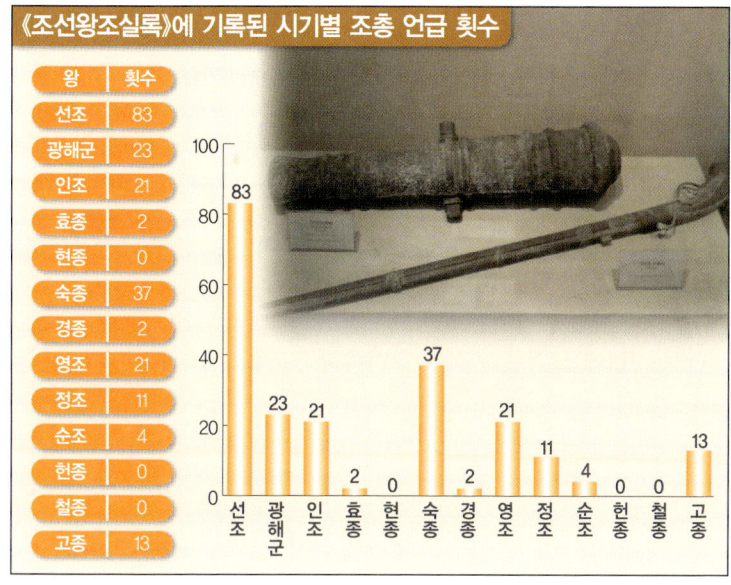

편 전쟁(1840~1842년, 1856~1860년)이 벌어져 서양의 앞선 화기에 청나라가 무기력하게 무너진 사건이 벌어졌다.

반세기가량 지난 뒤 병인양요와 신미양요에서도 조선 조총 부대의 활약상은 찾아보기 어렵다. 신미양요 때 조정에 올라온 보고 중 "이양선에서 쏘아대는 대포알은 비 오듯 날아왔고, 육지의 적들이 쏘아대는 조총알은 우박 쏟아지듯 마구 떨어졌습니다. 좌우로 적들이 달려드는 바람에 우리 군사들은 막아내지 못하여 선두 부대가 곧 패하게 되었고, 뒤의 부대도 이어 패하였습니다"라는 대목에서는 같은 조총이지만 양측 무기의 수준이 현격하게 차이가 났다는 점이 드러난다.

학교에서 승전이라고 가르치는 이 전투에서 조선군은 343명이 전사했지만, 퇴각한 미군의 전사자는 3명에 그쳤다. 200여 년 전 나선 정벌에서 러시아군과 싸웠을 때의 결과와 비교해보면 어떤가. 당시 조총으로 러시아군의 발길을 멈추게 한 것과 달리, 19세기 이후엔 열강의 침략을 막는 데 아무런 역할도 하지 못한 차이를 우리는 어떻게 받아들여야 할까?

나선 정벌에 참전했던 신류가 기록한 《북정일기(北征日記)》에 나오는 일화다. 신류는 쑹화강 일대에서 나나이족에게 이런 말을 들었다.

> "지난번 전투(제1차 나선 정벌)에서 적군(러시아군)이 조선군으로 인해 많은 사상자를 냈다. 그 일 이후로 러시아인들은 말끝마다 '머리가 큰 사람(벙거지를 쓴 조선군)'이 두렵다고 했다."

조선군이 열강을 떨게 하는 일은 다시 일어나지 않았다.

선조는 임진왜란 승전의
주인공이 되려 했다!

> "왜란을 평정한 것은 오로지 명나라 군대의 힘이다!"

"임진년 서행(西行)할 당시에 호종했던 사람들에게 녹훈(錄勳)할 것을 전교하였는데, 이제 왜적도 몰아내고 명나라 군대도 철수했으니 (녹훈을) 할 수가 있게 되었다. 그리고 우리나라 장사(將士)도 비록 적을 초멸하지는 못하였지만 그중에는 힘껏 싸워 공을 세운 사람도 있을 것이니, 역시 자세히 살펴서 함께 녹훈하도록 하라." 《선조실록》 34년 3월 10일

1601년, 임진왜란이 종결되고 3년이 지나자 어느 정도 한숨을 돌린 조정은 비로소 공신에 대한 조사에 착수했다. 선조의 지시에 따라 공신도감이 만들어지고 3년 7개월이 지난 선조 37년 10월에 선별 작업이 마무리됐다. 기간을 감안해보면 졸속으로 진행한 건 아니었다. 그렇게 추려진 공신은 3개 그룹으로 분류됐다.

① 호성공신(扈聖功臣): 의주까지 시종하고 거가(車駕)를 따른 사람들
② 선무공신(宣武功臣): 왜적을 친 제장(諸將)과, 명나라에 지원을 요청한 사신
③ 청난공신(淸難功臣): 이몽학(李夢鶴)을 토벌하여 평정한 사람

　호성공신은 선조의 피난길에 함께한 그룹이다. 선무공신은 주로 왜적과 맞서 싸운 장수와, 명나라에 원군 등을 요청한 사신이다. 청난공신은 임진왜란 중 벌어진 이몽학의 난을 평정한 신하들로 큰 의미는 없었다. 문제는 선무공신이었다. 선조는 자신과 의주까지 피난을 따라간 신하들은 대우했지만, 왜적과 싸운 무장들의 공적을 평가하는 데는 인색했다. 왜 그랬을까.

임진왜란의 공신들

	호성공신(扈聖功臣) 임진왜란 때 선조를 모시고 의주까지 가는 데 공을 세운 사람에게 준 칭호	선무공신(宣武功臣) 임진왜란 때 무공을 세우거나 명나라의 장수들과 함께 공을 세운 사람에게 준 칭호	청난공신(淸難功臣) 선조 때 이몽학의 난을 평정하는 데 공을 세운 사람에게 준 칭호
1등	이항복 등 2인	이순신 등 3인	홍가신
2등	유성룡 등 31인	김시민 등 5인	박명현 등 2인
3등	정탁 등 53인	유충원 등 10인	신경행 등 2인
합계	86명	18명	5명

선조 36년 4월 공신도감에서 이순신, 권율, 원균, 김시민, 곽재우 등 26인의 무장을 선무공신으로 추천했다. 하지만 선조는 이순신, 원균, 권율, 고언백 등 4인 외엔 인정하기 어렵다며 거부했다. 선조는 "이순신과 원균 두 장수가 바다에서 적군을 섬멸한 것과 권율이 행주에서 승첩을 거둔 것이 약간 두드러진다"라는 입장을 내세웠다. 결국 18인의 무장을 선무공신에 포함하는 절충안이 마련됐다.

이 명단에는 "싸워서 죽기는 쉬워도 길을 내주기는 어렵다"라며 일본군에 맞서다 순절한 동래부사 송상현과 '홍의장군'으로 불린 의병장 곽재우 등 일본군과 전투에서 맹활약한 장수들이 상당수 제외됐다.

반면 선조와 피난을 갔던 호성공신에는 86명이 선정됐다. 선무공신보다 6배가 많은 규모다. 이 중에는 심지어 내시와 이마(理馬, 임금의 말 관리사) 30명도 포함됐다.

어느 정도는 예견된 결과였다. 공신 조사를 지시하고 나흘 뒤, 선조는 이렇게 '가이드라인'을 내밀었기 때문이다.

> "이번 왜란의 적을 평정한 것은 오로지 명나라 군대의 힘이었고, 우리나라 장사는 명나라 군대의 뒤를 따르거나 혹은 요행히 잔적(殘賊)의 머리를 얻었을 뿐으로 일찍이 제 힘으로는 한 명의 적병을 베거나 하나의 적진을 함락하지 못하였다."   《선조실록》 34년 3월 14일

"우리나라 장졸은 실제로 적을 물리친 공로가 없다"

7년간의 전쟁에는 이순신·권율 등의 관군뿐 아니라 고경명·조헌 등이 이끌던 의병, 사명대사·서산대사 등의 승병, 심지어 적장을 껴안고 촉석루에서 뛰어내린 논개 같은 기생까지 참으로 다양한 계층이 나섰다. 열악한 환경에서 고군분투하며 희생했던 이들에게 격려와 위로가 있어야 할 행사였으나 국왕이 나서 4명의 무장만 공을 인정할 수 있다고 하니 뜻밖의 상황 전개였다.

사실 "우리나라 장사도 비록 적을 초멸하지는 못하였지만, 그중에는 힘껏 싸워 공을 세운 사람도 있을 것이니…"라는 선조의 말부터 무언가 마뜩지 않은 분위기가 담겨 있었다. 임진왜란에서 조선의 무장들이 한 건 별로 없다는 의미로 읽혔다.

당연히 뒷말이 나올 수밖에 없었다. 신료들은 이에 대해 일제히 우려를 나타냈지만, 선조는 뜻을 굽히지 않았다. 《선조실록》에는 선조와 신료들의 이 같은 인식 차이가 곳곳에서 발견된다.

① 《선조실록》 35년 7월 23일

"전장에서 뛰어나게 힘을 발휘한 자들에 대해서는 상께서 이미 통촉하고 계실 테니 몇 명 정도 뽑아내 융통성 있게 마련한다면 … 정왜(선무)공신이 호성공신에 비해 지나치게 적으면 뒷날 장사들이 실망하지 않을 수 없을 것이니, 염려됩니다." 비변사

"힘껏 싸운 장사들에 대해서는 그 공을 기록하지 않을 수 없겠으나, 우

리나라 장졸은 실제로 적을 물리친 공로가 없다."   선조

② 《선조실록》 36년 2월 12일

"녹훈을 마련할 때에 호종(扈從)에 대해서는 많게 하고, 이들에게는 너무 소략하게 하였으므로 사람들이 실망할 뿐만 아니라 공로에 보답하고 뒷사람들을 권장함에 있어서도 미안한 듯하기에 감히 여쭙니다."   공신도감

"우리나라의 장사들이 왜적을 막는 것은 양(羊)을 몰다가 호랑이와 싸우는 것과 같았다. 이순신과 원균의 해상전이 수공(首功)이고, 그 이외에는 권율의 행주 싸움과 권응수의 영천 수복이 조금 사람들의 뜻에 차며 그 나머지는 듣지 못하였다. 간혹 그 가운데에 잘하였다고 하는 자도 겨우 한 성을 지킨 것에 불과할 뿐이다."   선조

③ 《선조실록》 37년 6월 21일

"싸움터에서 자신을 잊은 채 힘써 싸운 사람이 한둘이 아닌데도 이순신·원균 이외에는 고언백 1명만 넣었을 뿐이고, 그 이외는 현저하게 녹훈할 만한 공이 있는데도 모두 참여하지 못하였습니다. 녹훈한다면서 이처럼 매몰스럽게 했으니, 어떻게 전사(戰士)들의 마음을 격려 권면하여 분발시킬 수 있겠습니까."   이항복, 유영경, 기하헌 등

"(선정된) 이외의 장사들은 진실로 적을 무찌르면서 역전(力戰)한 공이 없다. 설혹 성(城)을 지킨 노고와 어느 한 곳에서 역전한 일이 있다 하더라도 옛 사례와 비교해보면 단서철권(丹書鐵券, 공신들에게 수여하던 상훈 문서와 쇠로 만든 표지)에까지 이르지는 않았다."   선조

선조 자신을 임진왜란 승리의 주연으로 삼은 정치적 술수

선조가 이같이 선무공신보다 호성공신을 우대한 데엔 나름의 정치적 이유가 있었다. 다음 발언에서 그 속내가 노골적으로 드러난다.

> "이번 적변(賊變, 임진왜란을 가리킴)은 전에 없던 변고로서 변변찮은 나로 말미암은 소치다. 그런데 명나라 조정에서 군사를 동원하여 적을 몰아내고 강토를 회복했으니 이 또한 옛날에 없던 공적이다."
>
> 《선조실록》 35년 7월 23일

> "명나라 군대가 나오게 된 연유를 논하자면 여러 신하들이 어려운 길에 위험을 무릅쓰고 나를 따라 의주까지 가서 명나라 조정에 호소했기 때문이며, 그리하여 왜적을 토벌하고 강토를 회복하게 된 것이다."
>
> 《선조실록》 34년 3월 14일

선조 자신이 비록 변변히 맞서지도 못하고 의주로 도망갔지만, 명나라 군대를 데려와 전쟁을 끝냈으니 "옛날에 없던 공적을 세웠다"라는 자화자찬이다. 이를 위해 만들어진 정치적 어젠다가 바로 명나라를 향한 '재조지은(再造之恩, 나라를 다시 만들어준 은혜)'이다.

다시 말해 조선 관군과 의병들의 활약을 한사코 깎아내린 데는 선조 자신을 임진왜란 승리의 주연(主演)으로 띄우려는 정치적 계산이 깔려 있었다. 아우성치는 백성을 뿌리치고 한양 도성을 빠져나

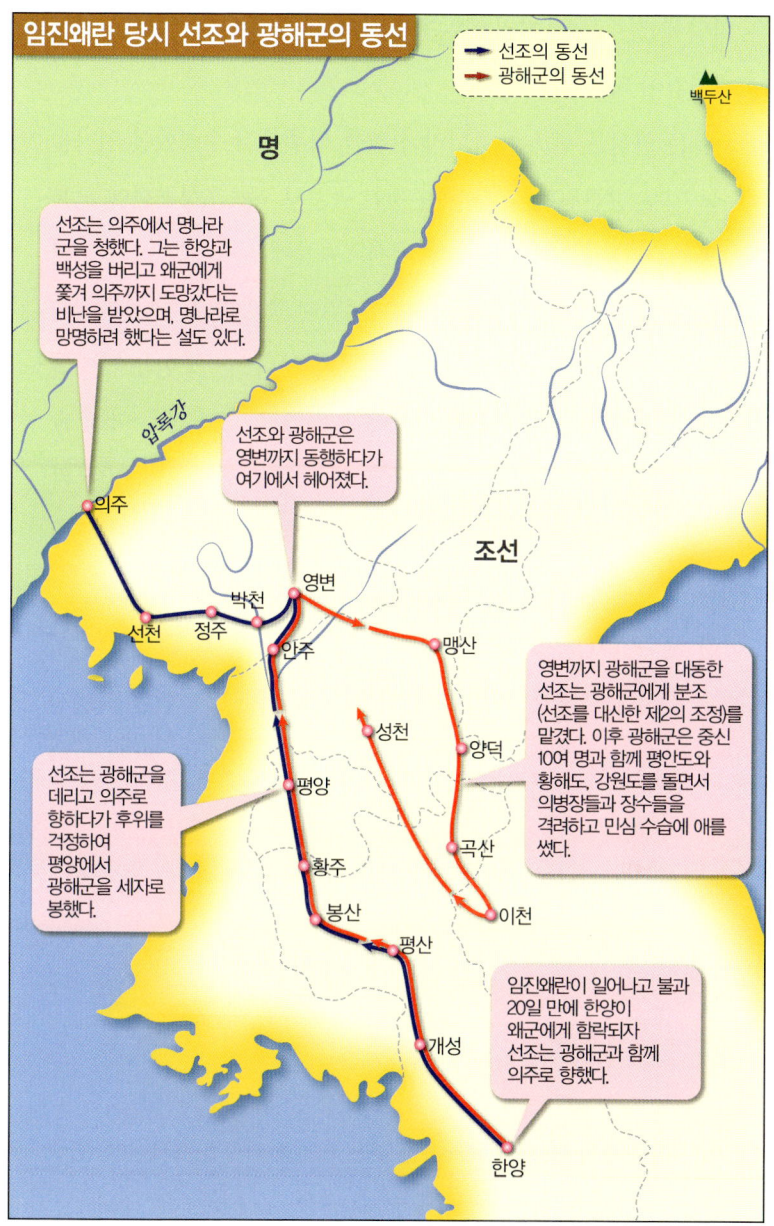

온 마당에 장수들을 치켜세우면 자신은 무대 밖으로 밀려날 거라는 위기감이 작동한 것이다.

이 같은 인식은 선조뿐 아니라 선조를 의주까지 수행했던 인사들에서도 일부 발견된다. 선조를 수행한 공로로 1등 호성공신에 오른 이항복은 자신의 저서 《백사집》에서 "세상에서 조헌과 고경명의 죽음을 절의라고 하는데, 만일 임금을 위해 죽었다고 한다면 괜찮겠지만 절의라고까지 칭하는 것은 안 될 말이다. … 조헌은 자기들끼리 서로 짓밟는 와중에 난병(亂兵)에게 죽었고, 고경명은 마침 술에 취해 말고삐를 잡을 수 없게 되어 그 또한 군중에서 죽었다"라고 남겼다. 의병의 군사 활동에 대한 부정적 인식이 녹아 있는 대목이다.

이런 분위기에 실망하고 신변의 위협까지 느낀 곽재우 같은 의병장은 아예 산속으로 은거해버렸다. 호남에서 맹활약했던 의병장 김덕령은 역모를 꾀한다는 누명을 뒤집어쓰고 죽기도 했다. 그만큼 선조 정권은 의병 활동에 큰 모욕과 상처를 안겼다. 한 세대가 지난 뒤 일어난 정묘·병자호란에서 이전 같은 의병들의 활약상이 나타나지 않았던 것은 단순히 우연의 일치일까.

선조가 자신의 군대를 깎아내리자 이를 받아 적던 사관은 말미에 이렇게 글을 남겼다.

"사신은 논한다. 공로에 보답하는 것은 국가의 막중한 행사이다. 막중한 행사인데도 사람들에게 가볍게 시행하였으니 어찌 매우 애석한 일

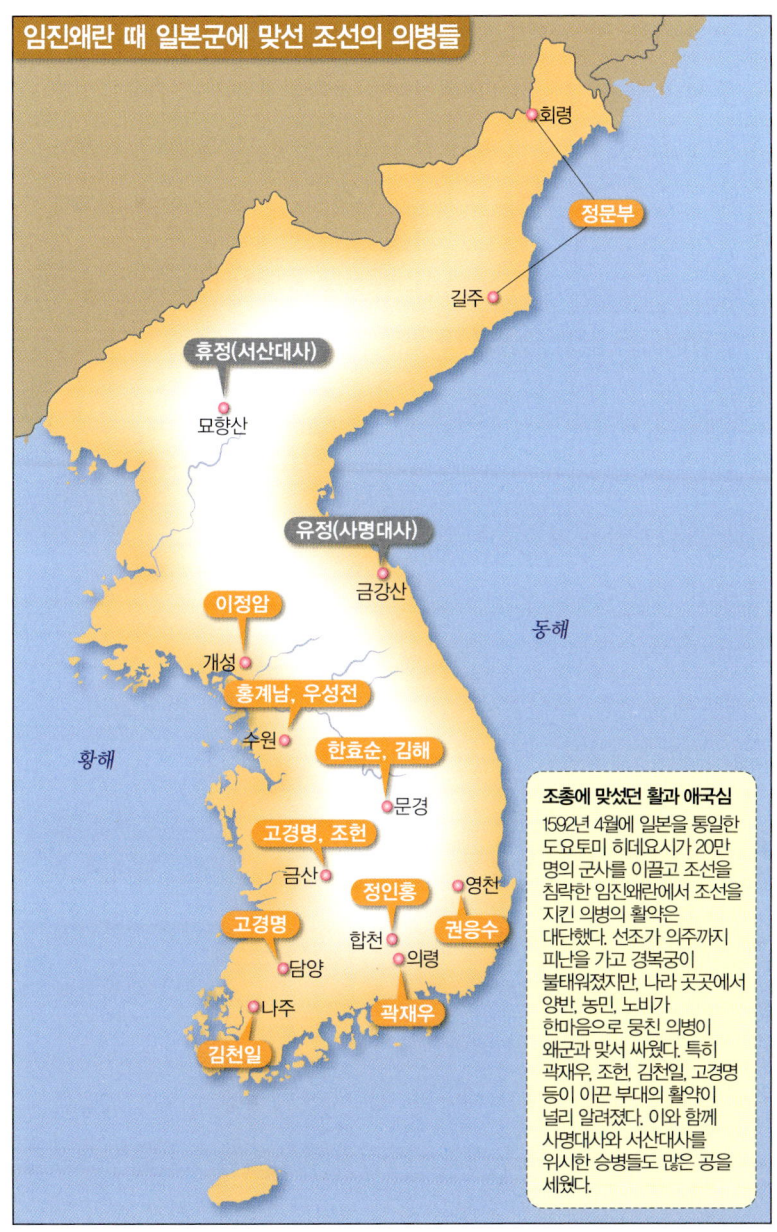

이 아니겠는가. 정왜(征倭, 왜군 토벌)가 비록 중국 장사들의 공이라고는 하나, (조선 장사들도) 맞서 싸워 승전한 공이 없지 않았다. 싸움에 임한 장사들을 소략하게 하였으니, 공에 보답하는 방도를 잃었다고 할 만하다."

《선조실록》 36년 2월 12일

광해군은 각지 의병과 관군의 분전을 적극적으로 발굴

 의병들의 행적은 훗날 광해군 대에 이르러서야 빛을 보게 됐다. 분조(分朝)를 이끌었던 광해군은 의병들을 적극적으로 지원하고 관군과 공동 작전을 펴도록 이끌었던 경험이 있었다. 광해군은 각지에 묻힌 의병 활동을 적극적으로 발굴했고, 이 중 일부는 《동국신속삼강행실도》라는 책에 수록하도록 했다. 또 이런 과정을 통해서 동래부사 송상현, 부산첨사 정발 등 선조가 외면했던 전쟁 초기 관군의 분전도 재조명되었다.

 이것은 의주에서 명나라의 원군을 기다린 선조와, 분조를 이끌고 군사 활동을 지휘한 광해군의 경험과 정치적 입장의 차이가 반영된 결과로도 볼 수 있을 것이다. 특히 광해군을 옹립했던 북인(대북파) 세력이 정인홍, 곽재우 등 경상우도를 지켜낸 유명 의병장을 다수 배출한 것도 영향을 줬다.

 이 글을 정리하는 동안 때마침 코로나19 사태에서 서로 긴밀히 협조해야 할 정부와 대구 지역 의료진의 갈등이 불거져 많은 생각이 들게 했다. 일부 검진 판정을 놓고 시비가 일었고, 환자 관리 문제를 두고 병원과 의료 시설에 대한 정부의 질책도 있었다. 또 이 때문에 일부 의료 단체들이 정부에 항의하는 성명을 발표하기도 했다.

코로나19 사태에서 대한민국이 전 세계로부터 호평을 들었던 데는 의료진의 헌신이 무엇보다 큰 역할을 했다. 대구 지역 의료진의 헌신적인 진료와, 전국 곳곳에서 의사와 간호사들이 대구로 향하는 모습은 말 그대로 의병을 보는 듯했다.

잘못된 것을 바로잡는 것이 정부의 역할이지만 한편으로는 헌신적으로 대처한 의료진과 공개 갈등까지 벌여야 하는지 아쉬움도 들었다. 설령 잘못이 있었다고 해도 보다 능숙하고 완곡하게 처리할 수는 없었을까 하는 안타까움이다. 헌신과 수고에 대한 격려보다는 폄하와 질책을 당연시하면 의병은 자취를 감춘다. 역사가 그랬다.

임진왜란 이후에도
조선이 망하지 않은 이유

임진왜란 이후 50년 만에 사치 풍조를 우려하는 상소문 등장

"도성 안은 위로 경대부(卿大夫)로부터 아래로는 시정의 천인까지 모두가 지극히 사치하여, 벽에 바르는 것은 외국의 능화지(菱花紙)가 아니면 쓰지 않고, 입는 옷은 능단(綾段)·금수(錦繡)가 아니면 쓰지 않고, 타는 말은 모두가 상승(上乘)이고, 먹는 음식은 모두가 맛나고 기름진 것이니 … 혼인과 음식의 화려하고 사치한 것을 금단하는 일을 전하께서 궁중부터 먼저 다스리시면 뭇 신하가 어찌 감히 분수를 넘어서 함부로 행하겠습니까."

《효종실록》 3년 11월 13일

이조판서를 지냈던 조경이 효종에게 올린 상소문의 일부다. 능단과 금수는 화려한 고급 비단이고, 능화지는 궁궐 침전 등에서 쓰는 색과 무늬가 있는 고급 종이를 일컫는다. 세간의 사치 풍조를 염려하며 국왕부터 근검절약의 모범을 보일 것을 권고하는 내용이다.

그런데 이 상소가 올라온 시기를 생각해보면 다소 의외라는 생각이 든다. 효종 3년은 1653년, 그러니까 임진왜란이 끝나고 반세기가량 지난 때다. 물론 50년이 짧은 시간은 아니지만, 7년간의 전쟁으로 온 국토가 황폐해졌던 조선인지라 그 후유증으로 오랫동안 신음했던 것으로 알려져 있다. 그런데 경대부부터 시정의 천인까지 지극히 사치하다니, 고개를 갸웃하게 만드는 대목이다.

▶ 「야금모행(夜禁冒行)」, 신윤복, 간송미술문화재단 소장. 야간 통행금지 시간에 외출한 양반과 기생, 순라군의 차림새와 털모자를 통해 당시의 호사스러움을 엿볼 수 있다.

상소문을 올린 조경은 일흔을 바라보는 퇴직 관료였다. 혹시 젊은 세대를 바라보는 '꼰대'의 못마땅한 시각으로 상황을 과장한 것은 아닐까. 그런데 그건 아닌 것 같다. 왜냐하면 비슷한 시기에 《승정원일기》에도 "가난한 사람들조차 남보다 의복이 뒤처질까 우려하고, 음식이 남만 못한 것을 부끄러워한다"(현종 5년 11월 4일)라는 내용이 있기 때문이다. 그러니까 이 시기의 사치 풍조는 조경뿐 아니라 누가 봐도 우려하고 지적할 만한 수준이었던 것 같다.

그렇다면 조선은 어떻게 이토록 빨리 전후 복구에 성공한 것일까. 외부의 조력도 없이 반세기 만에 스스로 경제를 일으킨다는 게 가능했을까.

임진왜란 후 재건 프로젝트인 '여민휴식'을 국정 어젠다로 실천

긴 전쟁이 끝나고 2년이 지난 1600년 9월, 국정의 최고 기구였던 비변사는 전후 복구 계획을 제출했다. 비변사는 당초 지금의 국가안전보장회의(NSC)처럼 고위 지도층이 안보 문제를 다루는 기구였지만, 임진왜란부터는 국정 전반을 관장하도록 기능이 확대됐다.

12개 조로 구성된 이 계획은 이후 '여민휴식(與民休息)'이라고 불린 국정 어젠다로 이후 60여 년간 지켜졌다. '백성들과 더불어 휴식하면서 안정 속에 힘을 길러야 한다'라는 뜻을 지닌 '여민휴식' 네 글자엔 임진왜란 이전 국정 운영에 대한 쓰라린 반성이 담겨 있었다.

7년간의 전쟁 중 조선의 지배층이 목도한 것은 전국 각지에서 나타난 민심의 이반이었다. 반란(이몽학의 난)은 그렇다 치더라도 백성들이 일본군을 '해방군'으로 환영하면서 일본군의 길잡이인 '순왜(順倭)'가 되는가 하면, 심지어 조선 관군을 공격하기도 했다. 급기야 순왜 무리가 선조의 장자인 임해군을 사로잡아 일본군에 넘기는 일까지 벌어졌다. 처절한 국난을 겪은 조정으로선 어떻게든 이 반한 민심을 잡아야 했다.

그에 따라 '여민휴식'의 큰 틀은 토지 복구, 국가 재정 감축, 세금 감면이라는 세 가지 축을 중심으로 추진됐다. 민간의 부담을 최소화하는 한편 중앙 정부 차원에서 개입하기보다는 민간 경제를 활성화하는 쪽으로 방향을 잡은 것이다. ('여민휴식'은 진나라의 폭정과 초한대전이 끝난 뒤 천하를 통일한 한나라가 내걸었던 국정 기조이기도 하다.)

황무지 개발 위해 국가 소유의 토지를 민간에 불하

농업이 주산업이었던 조선에선 생산성이 높은 하삼도(충청·전라·경상도)의 농업력에 국가 경제가 좌우됐다. 오늘날로 치면 IT 서비스업에 제조업을 합친 정도라고 해도 과언이 아닐 정도로 국가 경제에서 차지하는 비중이 높았다. 임진왜란 전 조선의 총 농경지 면적은 151만 5,500결이었는데, 하삼도가 차지한 비중이 무려 66.2%(100만 9,720결)나 됐기 때문이다.

그런데 임진왜란 직후 보고된 하삼도의 토지 면적은 29만 결에 불과했다. 전쟁 전의 3분의 1 수준도 안 될 정도로 급감했으니 조정으로선 충격적인 수치였다. 이때 토지 측량을 양전(量田)이라고 하며 작성된 토지대장을 양안(量案)이라고 하는데, 양안에는 개인별 토지 소유 현황과 크기, 등급 등의 정보를 담았다.

농토 확보가 시급했던 정부는 진황전(陳荒田)이라고 불린 황무지 개발을 적극적으로 독려했다. 그런데 악화된 민심을 감안할 때, 개간을 지시한다고 해서 성과가 나올 것이라는 보장을 할 수가 없었다.

그래서 정부는 당근책을 제시했다. 토지를 개간하면 관청이나 개인 소유의 전답으로 전환할 수 있도록 한 것이다. 이 정책은 큰 반향을 일으켰다. 국가 소유였던 토지를 사실상 민간에게 불하하는 셈이었기 때문에 지방의 생산 잠재력을 크게 자극했다.

일단 지방관의 입장에선 진황전을 개간해 관청의 수입으로 사용할 수 있으니 가용 예산이 늘어나는 데다, 개간 성과가 좋으면 근무 평점도 높게 받을 수 있으니 1석 2조나 다름없었.

민간 입장에서도 구미가 당길 만했다. 국가의 용인 아래 재산을 불릴 수 있는 흔치 않은 기회였기 때문이다. 조선의 산업은 사실상 농업이 전부라는 점을 참작하면, 황무지 개발은 수익이 보장된 벤처 창업이나 마찬가지였다.

이 개간 산업에 가장 적극적으로 달려든 건 '사족(土族)'이라고 불린 지방의 유력 세력이다. 이들은 노비를 다수 확보하고 있었기 때문에 개간에 투입할 노동력이 풍부한 편에 속했다. 지방 관청 역시 종자와 농우를 지급하며 초기 자본을 대주는 등 이들이 개간에 참여하도록 독려했다.

분위기가 무르익자 자신감이 생긴 정부는 당근책을 더 내밀었다. 개간된 토지를 최저 등급인 6등급으로 분류할 수 있도록 조치한 것이다. 토지의 비옥도와 수확량에 따라 매겨지는 등급이 낮으면 그만큼 세금도 줄어든다. 요즘으로 치면 매출 규모에 관계없이 법인세를 최저 등급으로 동결한 셈이다.

일반적으로 전쟁 후 복구 사업은 대규모 국가 예산을 투입해 경기를 활성화한다. 하지만 이 무렵 조선에는 적자 재정 운용이라는 개념이 없었다. 당장 국고가 텅 빈 입장에서 경기 활성화에 투입할 여력도 없었다. 그랬기 때문에 지역의 가용 자본을 자발적으로 끌어당기는 고육지책을 쓴 것이다. 이것은 기대 이상의 성공을 거둬 전국 각지에서 황무지 개간 열풍이 불었다.

17세기 후반 편찬된 경북 성주 지역의 지방지 《경산지(京山志)》를 보면 이곳의 농경지들은 대부분 1600년대 중반에 개간 사업이 완료된 것으로 나온다. '여민휴식'이 한창 진행 중이던 기간과 일치한다. 당시 분위기가 어찌나 과열됐는지, 그동안 지역에서 보존해온 산림과 저수지까지 농토로 만들어버렸다고 우려하는 목소리가 나올 정도였다.

중앙 정부의 재정 규모 축소, 개간 사업 위해 세금도 경감

정부는 개간 사업을 장려하면서 세금 경감도 착수했다. 한 연구는 이 시기에 부과된 세금이 토지 1결당 생산량의 12.1%~15.4% 정도였다고 한다. 1결당 통상 20%가량을 납부한 것과 비교하면 확실히 줄어든 셈이다. 이때 세금이 10% 이하였다는 주장도 있다.

조선 시대에 세금을 줄인다는 것은 정부의 씀씀이를 줄이겠다는 선언이나 다름없다. 위에서도 언급했듯이 이 무렵엔 국채를 발행한다든가 적자 재정이라는 개념이 없었기 때문이다.

하지만 태생부터 근검절약을 강조했던 조선이다. 연산군처럼 극소수의 사례를 제외하면 유럽의 절대 왕정처럼 허투루 쓰는 돈이 거의 없었다. 그 때문에 조선 정부는 몇 년간의 고민을 거쳐 긴축 예산안을 내놓았다. 1605년 발표된 '을사공안(乙巳貢案)'이다. 공안은

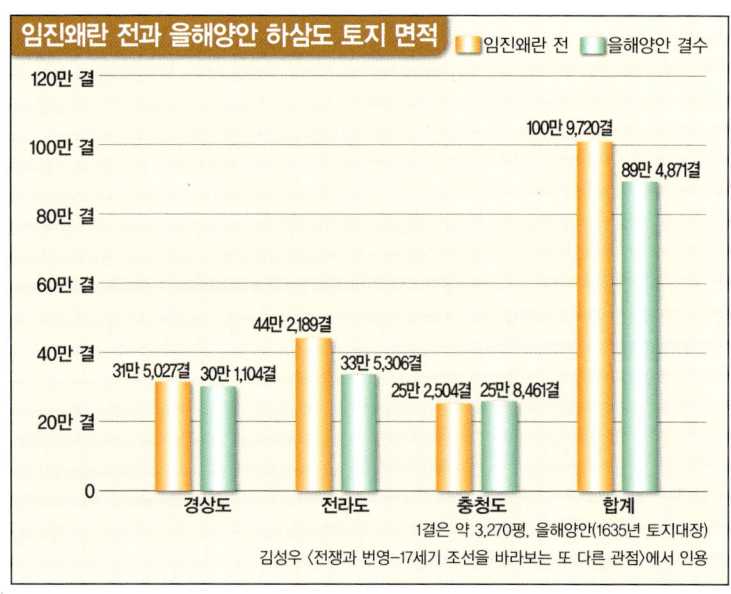

세입을 바탕으로 왕실과 중앙 관청이 필요로 하는 자금과 물품을 공급해주는 예산 지침서다. 을사공안에 따르면, 연간 국가 재정의 총규모는 쌀 10만 석 미만으로 정해졌는데, 이것은 임진왜란 이전 시기의 예산(20만 석)과 비교하면 절반 수준에 불과했다.

대신 조정은 관료들의 봉급 같은 경상비 외엔 대부분 삭감하는 뼈를 깎는 자구책을 마련했다. 그 외에 국가 주도의 대규모 사업이나 반드시 필요하다고 여겨진 예산 외에는 모두 폐지 혹은 축소했다. 정부가 재정 규모 축소를 위해 얼마나 고심했는지 알 수 있다.

정부의 노력에 보조를 맞춰 민간도 성과로 응답했다. 조선 후기 실학자 유형원의 《반계수록(磻溪隧錄)》에 따르면, 1632년에 시행한 토지 조사 사업에서 하삼도 지역의 토지 면적은 89만 4,871결로 나온다. 30년 만에 임진왜란 이전의 89% 수준까지 복구한 것이다.

흥미로운 건 이때 하삼도 토지의 42.4%에 달하는 37만 9,438결을 '진황잡탈전(陳荒雜頃田)'으로 분류해 세금을 거두지 않은 것으로 나온다는 점이다. 42.4%나 되는 토지에 세금을 거두지 않은 것은 왜일까.

이유는 간단하다. 이 무렵 국가 연간 재정이 이미 20만 석을 회복한 상태였기 때문이다. 조선 정부는 재정을 확보한 만큼 추가로 세금을 거둘 필요는 없다고 판단했던 것 같다. 당시의 재건 프로젝트가 얼마나 확실한 결과를 얻었는지 보여주는 사례라고 할 수 있다.

물론 이런 결과를 이끌어내기까지는 토지 개간과 세금 인하뿐 아니라 다양한 노력이 뒷받침됐다. 전쟁이 끝난 데다 농토가 확장되

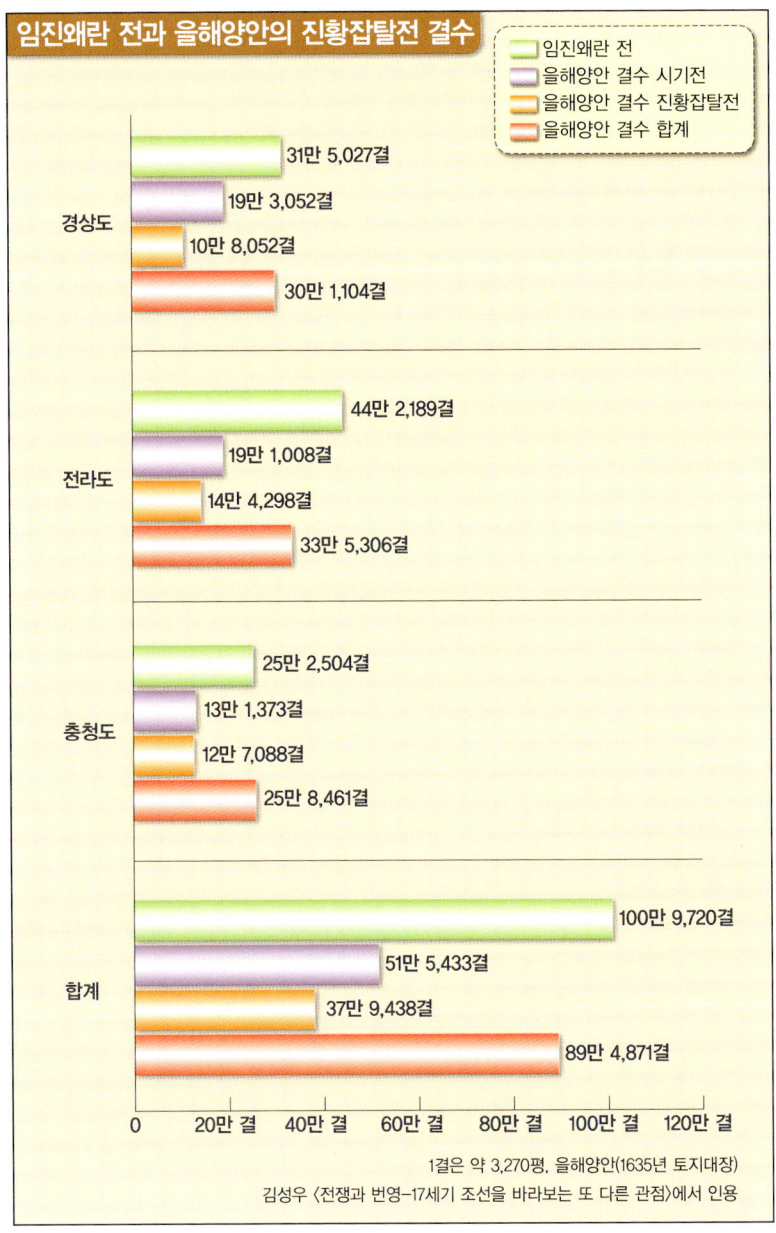

고 세금은 줄다 보니 인구가 늘어났다. 하지만 토지는 한정됐기 때문에 개간을 무한정 할 수는 없었다. 결국 생산력을 증대하려면 농업 기술을 확보하는 것이 관건이었다.

이런 분위기 속에 이앙법(모내기)이 전국 규모로 퍼졌다. 수전 농업의 대표적 기술인 이앙법은 단위 면적당 생산력을 몇 배 늘릴 수 있지만, 상시적인 물 공급이 필수이기 때문에 가뭄에는 취약하다는 약점을 갖고 있다. 그래서 정부에선 이앙법을 막아왔다.

그런데 인구 증가와 느슨해진 중앙 정부의 통제력 등이 복합적으로 작용하면서 분위기가 달라졌다. 17세기 초반만 해도 경상도 일부 지역에서만 쓴 이앙법이 18세기 초엔 평안도까지 퍼졌을 정도로 전국 각지로 확산됐다. 농민들은 보와 저수지를 적극적으로 활용해 가뭄에 대처하는 방법을 발전시키면서 과감하게 이앙법을 도입했다.

조선 정부도 농업 위주 경제를 벗어나 상업과 유통 경제에 눈을 돌렸고 염전과 은광 개발, 동전 주조 등의 정책을 적극적으로 추진하면서 임진왜란의 충격에서 서서히 회복되었다.

조선이 임진왜란 뒤에 망하지 않은 것은 역사의 오랜 물음표

조선이 임진왜란을 거치면서도 망하지 않았다는 것은 역사의 오랜 물음표였다. 심지어 일본과 명나라는 임진왜란을 거치며 모두 정권이 무너졌는데 가장 약하고 무능한 지배층이 어떻게 300년을 더 이어나갈 수 있었느냐는 것이다.

과거엔 조선 양반층이 성리학적 질서를 강화해 사회 불만을 억눌렀다고 보기도 했다. 무능함을 들킨 그들이 선제적으로 조치했다는 것이다. 하지만 최근 연구들은 그보다 지도층의 각성에 더 주목하고 있다.

임진왜란의 상처는 컸다. 조선의 인구는 3분의 1가량 감소했고 토지의 70~80% 가까이 황폐해졌다. 말 그대로 손가락만 까딱해도 나라가 넘어갈 판이었다.

이런 현실 앞에서 조선의 국정 운영자들은 과감하면서도 유연한 개혁을 시작했다. 세금을 줄이고, 민간의 참여를 늘리고, 국가 예산을 긴축하면서 사회 구성원의 국정 동참을 이끌었다. 또 100년의 시간을 들여 대동법이라는 세제 개혁을 완성하기도 했다. 취지가 좋다고 전국에 성급하게 실시하지 않았다. 경기도 등 일부 지역에서 시범 적용해본 뒤 그 성과를 바탕으로 전국에 확대했다.

정부의 이런 노력에 민간은 기꺼이 응답했고, 조선은 불과 50년 만에 전쟁 전 수준을 회복하는 저력을 보였다. 조선 역사에서 민관이 함께 전진했던, 몇 안 되는 장면이다.

조선과의 국교 위한
쓰시마섬의 위험한 도박

조선은 1606년 도쿠가와 막부의 가짜 국서를 받고 국교 재개

"저는 쓰시마섬(대마도) 번주 종의지(宗義智, 소 요시토시)에게 소속된 포수인데, 도주가 매 사냥을 나갔을 때 명령을 어긴 잘못이 있어 감옥에 갇혔습니다. 결박돼 배에 실어 보냈기 때문에 오긴 했습니다만 조선 땅은 이번이 처음으로, 왕릉을 범한 것은 전연 모르는 일입니다."

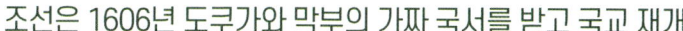

마다화지(麻多化之, 27세)

1606년(선조 39년) 11월 17일, 쓰시마섬에서 보낸 두 일본인을 국문하던 조선 조정은 큰 고민에 빠졌다. 사연은 이렇다. 정유재란이 끝난 직후부터 쓰시마섬에서는 조선에 관계 정상화를 요청했고, 이에 소극적이던 조선은 1606년 8월에 쓰시마섬에 사신을 보내 다음과 같은 요구 사항을 내걸었다.

① 일본 국왕(도쿠가와 막부)의 명의로 공식 서한을 보낼 것

② 임진왜란 중 한양에서 왕릉을 훼손한 범인을 붙잡아 보낼 것

　조선에서는 쓰시마섬이 일본 정부에 요청하더라도 처리 과정에 오랜 시일이 걸릴 것으로 예상했다. 그런데 석 달 후 부산에 돌아온 사신은 의외의 답변을 전했다. 쓰시마섬 번주가 "그대로 따르겠다"라고 승낙한 것이다. 더 놀라운 것은 이로부터 불과 20일도 채 지나지 않은 11월 8일, 쓰시마섬 번주 측이 왕릉을 훼손한 두 범인, 마고사구(麻古沙九, 37세)와 마다화지를 데리고 조선에 들어온 것이다. 일본 국왕의 인(印)이 찍힌 도쿠가와 이에야스(德川家康)의 국서도 지참하고 있었다.

　그런데 막상 범인을 심문해보니 "나는 진범이 아닙니다"라고 발뺌하는 터라 다시 고민에 빠진 것이다. 조선 측에서 봐도 수상하긴 했다. 마다화지는 겨우 27세여서, 10년 전 벌어진 왕릉 훼손의 주범이라고 보긴 어려울 것 같았기 때문이다.

　훗날 드러났지만 이는 쓰시마섬의 위험천만한 도박이었다. 연구자들 사이에선 왕릉 훼손범뿐 아니라 일본 국왕의 서신도 '가짜'라는 의견이 많다. 즉, 조선 조정의 요구에 맞추기 위해 급조했다는 것이다.

　여기엔 몇 가지 근거가 있다. 일단 당시 쓰시마섬과 에도(江戶, 도쿄)의 왕복 시간을 고려해볼 때 조선에 국서를 가져온 시간이 지나치게 빨랐다. 앞서 말했듯이 이들이 온 것은 쓰시마섬에 갔던 조선 사신이 돌아오고 불과 20일이 지난 뒤였다. 쓰시마섬과 에도를 왕복하는 시간과 쓰시마섬에서 한양까지 들어오는 데 걸리는 시간을

▶ 「동래부사접왜사도(東萊府使接倭使圖)」, 조선 후기, 국립중앙박물관 소장. 동래부에 도착한 일본 사신을 맞이하는 행사를 파노라마식으로 그렸다.

감안하면 이는 물리적으로 불가능했다. 국서에 찍힌 인장도 훗날 도쿠가와 막부 측이 보낸 '진짜' 국서의 양식과 달랐다.

당시 조선은 일본 국왕이 국교 재개를 공식 요청하면 비로소 사신을 보낸다는 원칙을 갖고 있었다. 전쟁의 피해자인 조선이 먼저 국교를 요청할 이유가 없다고 본 것이다. 또 명나라는 임진왜란 때부터 조선이 일본과 손잡을 수 있다고 의심해왔기 때문에 조선 측에서 먼저 일본에 국교 재개를 요청할 수는 없었다. 그래서 관계 정상화를 요청하는 쓰시마섬 측에 일본 국왕의 국서를 갖고 오라고 한 것이다. 쓰시마섬이 모든 요구 조건을 맞췄기 때문에 조선도 1606년 도쿠가와 막부의 국서를 확인한 뒤 국교 재개를 진행했다. 그런데 이 모든 것이 쓰시마섬의 조작이었으니, 그야말로 간 큰 도박을 한 것이다.

도박은 이뿐만이 아니었다. 1613년엔 도쿠가와 이에야스의 아들 도쿠가와 히데타다(德川秀忠)가 천황가와 혼인한다는 이유로, 1614년엔 도쿠가와 이에야스가 조선의 필묵을 구한다는 이유로 일본은 조선에 사신 파견을 요청했는데, 이 또한 모두 쓰시마섬 번주의 독단적 '작품'인 것으로 드러났다. 심지어 이들은 조선을 움직이기 위해, 일본 규슈 지역에 임진왜란 때 피랍된 조선인 3만 명이 귀국을 기다리고 있다는 소문을 퍼뜨리기도 했다.

훗날 이런 조작은 모두 들통이 나서 쓰시마섬은 조선과의 외교 교섭권을 박탈당하고, 번주의 가신 일부가 처형되는 등 큰 대가를 치르게 된다.

쓰시마섬은 왜 조선과 국교 회복에 적극적이었을까?

쓰시마섬이 이렇게 위험천만한 일을 벌인 것은 그만큼 조선과의 관계 개선이 간절했기 때문이다. 임진왜란 전부터 쓰시마섬 측은 전쟁에 부정적이었고, 실제로 전쟁으로 인해 큰 피해를 봤다.

도요토미 히데요시는 쓰시마섬에 군사 5,000명을 동원하라는 명령을 내렸는데, 일본 내에서 군소 번에 속하는 쓰시마섬으로서는 무리한 숫자였다. 그래서 농민을 고용하거나 심지어 죄인들도 써야 했다. 또 이들이 전쟁에서 대거 돌아오지 않아 쓰시마섬은 전후 심각한 노동력 부족에 시달렸다.

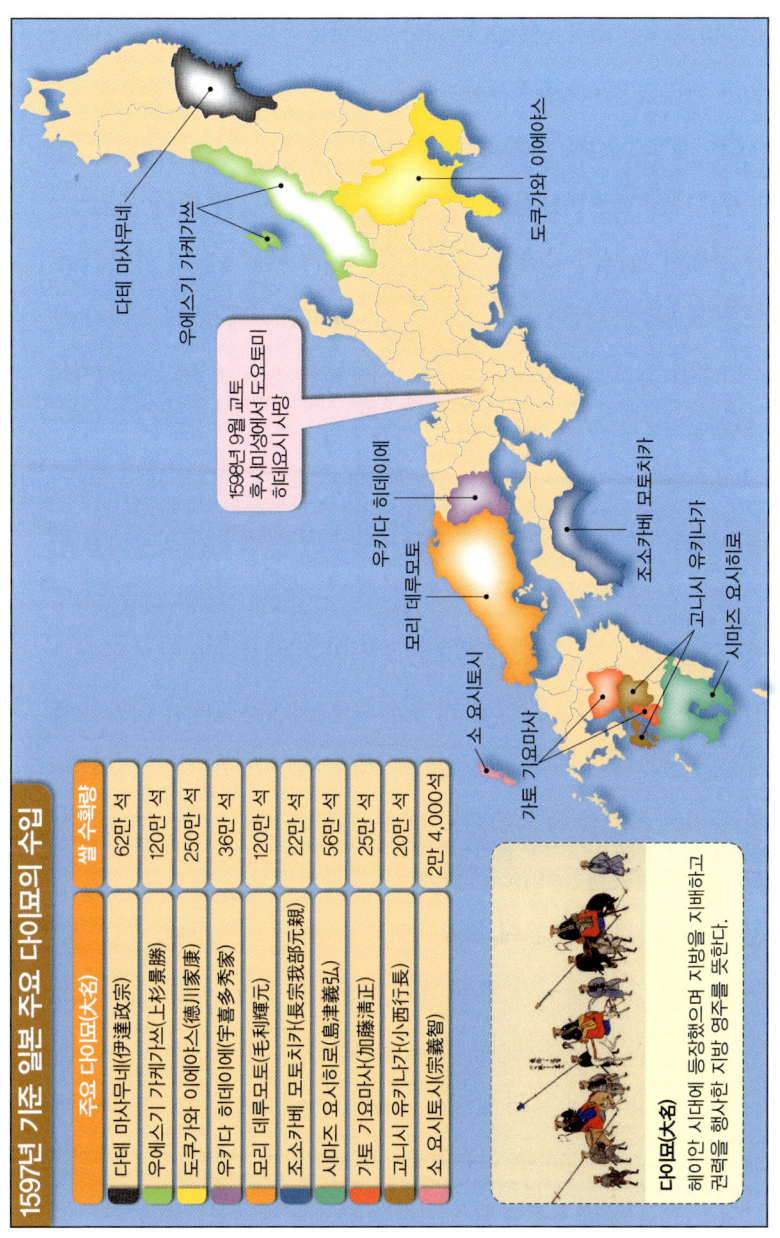

5장 임진왜란의 역사정치

게다가 조선에서 가까운 최전방 기지라는 이유로 임진왜란 당시 30만 대군의 숙식을 제공하고 군량 보급도 책임졌다. 이 기간이 길어지면서 그야말로 쓰시마섬의 경제가 초토화되는 바람에 괴팍한 도요토미 히데요시조차 조선의 거제도를 주겠다며 쓰시마섬 번주를 달래야 할 지경이었다. 그런데 전쟁에서 패퇴하면서 이는 '부도어음'이 되고 말았다. 결국 전쟁 직후인 1599년엔 중앙 정부가 쓰시마섬에 쌀 1만 석을 긴급히 보내줘야 할 정도의 곤궁한 처지에 몰렸다.

그렇지만 쓰시마섬을 가장 힘들게 했던 문제는 조선과의 무역 단절이었다. 섬 대부분이 척박한 산지인 쓰시마섬의 쌀 산출량은 연간 2만 4,000석 정도였다. 당시 번주(다이묘)들의 세력은 쌀 생산량으로 가늠했는데, 거대 다이묘는 수십만 석에서 100만 석에 달했기 때문에 쓰시마섬은 정말 미미한 수준이었다. 그래서 이들의 경제는 조선과의 무역에 달려 있다고 해도 과언이 아니었고, 조선과의 무역이 끊기면 예산 집행도 불가능할 정도였다. 이런 이유로 쓰시마섬은 정유재란이 끝난 1598년 말부터 도쿄에 알리지 않고 독자적인 사자를 보내 무역 재개를 요청한 것이다. 1606년 조선 사신이 왔을 땐 호의를 얻기 위해 이웃 지방까지 찾아다니며 피랍 조선인 1,390명을 모아 인계하는 성의를 보였다.

이런 쓰시마섬의 노력 등이 작용해 1609년(광해군 1년) 약 20년 만에 국교 재개를 알리는 기유약조(己酉約條)가 체결됐다. 쓰시마섬은 그토록 원했던 조선 무역을 독점하는 특권도 다시 인정받았다.

- 쓰시마섬이 매년 파견하는 배는 20척, 그중 특송선(정보 전달 목적의 특별 선박)은 3척으로 한다.
- 매년 조선 조정은 쓰시마섬 번주에게 쌀과 콩 100석을 내린다.
- 조선 체류비로 쓰시마섬 번주 특송선에는 10일분을, 그 외엔 5일분을 지급한다.

무역 재개로 쓰시마섬의 번영과 조선의 은 유입량 확대

이후 결과를 지켜보면 쓰시마섬이 왜 그토록 위험천만한 도박까지 벌였는지 고개가 끄덕여진다. 쓰시마섬은 조선과의 교역을 통해 동남아-일본-조선-중국의 중계무역 기지로 큰 번영을 누렸다. 쓰시마섬은 국제 무역항이 있던 나가사키에서 후추와 단목 같은 동남아시아의 특산품을 사들인 뒤 조선에 팔았고, 반대로 조선에서는 인삼과 중국산 비단과 백사(白絲, 명주실)를 구매해 일본에 팔았다.

한 연구에 따르면 양측의 교역이 한창이던 1684~1717년 쓰시마섬은 민간 무역만으로도 은 4만 6,500관(174.4톤)의 이익을 거둔 것으로 확인되는데, 이는 연평균 1,367관(5.1톤)에 해당한다. 양국 무역이 절정에 달한 17세기 말에는 1684년 은 1,065관, 1690년 2,539관, 1691년 3,577관으로 규모가 점점 증가했다. 참고로 이 무렵 일본 나가사키에서 통상을 허가받은 네덜란드의 무역 규모가 은 3,000관이었다는 것을 고려하면, 조선-쓰시마섬의 무역 규모가 얼

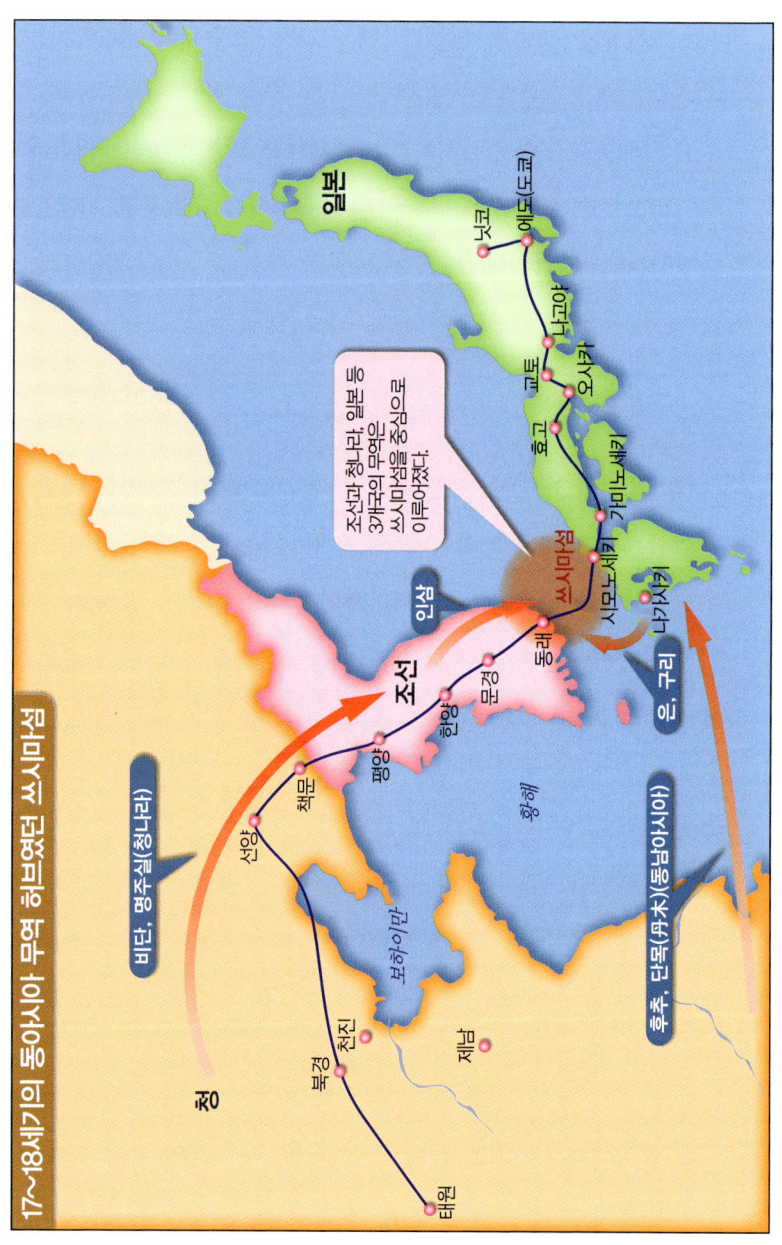

마나 컸는지 짐작할 수 있다.

쓰시마섬의 번영은 무역을 재개시킨 소 요시토모의 손자 소 요시자네(宗義眞) 시대가 전성기였는데, 당시 기록에 따르면 쓰시마섬의 연 수입은 10만 석으로 종래의 쌀 2만 4,000석에서 4배가량 늘어났다. 이런 경제적 호황에 힘입어 쓰시마섬 번주인 소씨 가문은 중앙의 유명 귀족들과 혼인하는 등 세력도 키워나갔다.

무역으로 이득을 본 것은 쓰시마섬뿐이 아니었다. 조선 역시 일본에 인삼을 수출해 벌어들인 은으로 중국에서 비단과 백사를 수입한 뒤 이를 일본 상인에게 되파는 중계무역으로 짭짤한 수익을 올렸다. 특히 중국이 17세기 후반 해금(海禁) 정책을 쓰면서 일본은 중국 제품을 구하려면 조선을 통할 수밖에 없었고, 조선의 무역 수익은 극대화됐다. 1670년 중국에서 백사 100근의 수입가는 은 60냥인데, 왜관에서 일본 상인에게 판매한 수출가는 160냥이었다. 약 2.7배의 이익을 본 것이다.

조선 정부는 이 무렵 매년 일본에서 들어오는 은의 총액을 30~40만 냥(11.3~15톤) 정도로 파악했는데, 당시 경제 규모를 감안하면 대단히 많은 양이었다. 대부분이 중국과의 무역에 다시 투자됐지만 그래도 적지 않은 양의 은이 조선에서 유통됐다. 그래서 심지어는 지방 관청들도 비축한 은을 무역 상인들에게 대출해주고 이자를 받아 재정을 확충했다는 기록이 《숙종실록》 등에서 발견되기도 한다.

당시 조선에 은화 유통량이 크게 증대했다는 것은 숙종 4년(1678년

1월 24일) 《비변사등록(備邊司謄錄)》에서도 짐작할 수 있다.

"포(布, 옷감)의 유통이 두절돼 물건의 매매가 오로지 은화에 의존하여, 연료, 채소와 같은 보잘것없는 물건까지도 반드시 은화가 있은 연후에 교역할 수 있었다."

그래서 일부 학자들은 쓰시마섬-부산-의주-만주로 이어지던 은의 유통로를 '실크로드(Silk road)'에 빗대 '은의 길(Silver road)'이라고 명명한다.

18세기부터 쓰시마섬과 조선 상업 자본이 함께 내리막길

그러나 이러한 영화도 18세기 들어 차츰 쇠퇴하기 시작했다. 여기엔 몇 가지 요인이 겹쳤다.

첫째, 무역 거래의 자본 역할을 했던 일본의 은 생산량이 급감했다. 당시 일본은 남미에 이어 세계 제2위의 은 생산 국가였는데, 17세기 후반부터 생산량이 감소해 곤란을 겪게 된 것이다.

둘째, 조선과 쓰시마섬 사이에 중요한 사업이었던 인삼 무역의 쇠퇴다. 인삼은 쓰시마섬이 조선에서 수입하는 물품의 20%가량을 차지했다. 그런데 일본의 제8대 쇼군인 도쿠가와 요시무네는 자국 경제를 살린다는 명목으로 수입품의 국내 자급률을 높이기로 했다. 당연히 인삼도 예외일 수는 없었다.

요시무네는 인삼을 국산화하기 위해 부산 왜관에 '약재질정관(藥材質正紀官)'이라는 관직을 마련해 인삼의 종자와 재배 방법을 입수했고, 수년간의 시행착오를 거쳐 결국 인삼 재배에 성공했다. 일본 경제와 의학계엔 큰 도움이 됐겠지만, 양국 무역엔 쇠퇴를 가져오면서 쓰시마섬에도 큰 타격을 입혔다.

한때 연간 20만 냥을 상회하던 일본의 은 수출은 1707년부터는 10만 냥 아래로 떨어질 정도로 무역은 가라앉았고, 17세기 말부터는 쓰시마섬에서 "무역 쇠퇴로 인해 조선통신사의 숙식을 제공하는 비용도 마련하기 어렵다"라고 호소할 정도가 됐다. 그래서 도쿄의 중앙 정부는 보조금을 주며 달래기도 하는데, 이런 쓰시마섬의 경제난은 훗날 조선통신사가 끊어지는 한 원인으로 작용하게 된다.

조선 역시 17~18세기 초반까지 누리던 일본 특수가 사라졌다. 그 여파로 중국과의 외교와 무역 경비 확보에 곤란을 겪었을 뿐만 아니라 한때 상인들에게 은을 빌려줄 정도였던 지방 관청들도 곤궁해져 지방 재정 축소로 이어졌다. 또 일본에서 들어온 은을 자본으로 삼아 무역을 꾸리던 의주 상인들도 크게 위축되는 등 조선 경제 전반에 영향을 끼쳤다. 이후로 '은화가 시중에 넘쳐난다'라는 표현은 더 이상 기록에 등장하지 않는다.

지정학적 요인으로 한일 관계의 파고가 가장 먼저 닥치는 쓰시마섬의 상황은 지금도 비슷하다. 한일 관계가 악화하면서 쓰시마섬은 한국 관광객의 감소로 가장 큰 타격을 입었다. 쓰시마섬뿐 아니라 일본 주요 지방 도시들이 어려움을 호소하고 있다.

한편으론 국내에서도 일본 관광 호조를 기반으로 급성장했던 여행사와 저가 항공사(LCC)들이 직격탄을 맞았다. 일부 항공사들은 코로나19 사태 전부터 구조 조정에 나서기도 했다.

조선 조정은 왕릉 훼손과 가짜 국서의 '진실'을 묻기로 결정

다시 1606년 조선의 이야기다. 왕릉을 훼손한 범인이 가짜라는 걸 눈치챈 조선 조정은 어떻게 했을까. 진위를 캘지 말지를 놓고 논의를 벌이다가 그냥 묻어두기로 결정한다. 두 사람이 진범이 아니더라도 이들을 처형하고 종묘에 보고함으로써 일본 측의 사죄 의사를 알리는 것으로 매듭지었다. 나중에 벌어진 가짜 국서 파문 때도 마찬가지로 적당히 넘어갔다. 어렵게 찾아온 기회를 날려버리지 말자는 공감대가 작용한 것이다.

또 국경의 북쪽에서 여진족(후금)의 동태가 불온해지면서 남쪽을 안정시켜야 한다는 명분도 있었다. 그래서 1606년 일본에 간 사신단에게 맡겨진 임무 중 하나는 오사카에서 조총 500자루를 구매하는 일이었다. 후금과의 충돌에 대비하기 위한 무기 구매였다.

이 무렵 정권을 잡은 세력이 명분과 이념보다 실리와 무력(武力)을 중시한 북인이기도 했지만, 한 시기에 두 개의 외교 전선을 만들면 안 된다는 것이 삼국 시대 이래 한반도 왕조 국가들이 터득한 지혜이기도 했다.

일본에 끌려간 포로들은
조선 귀환을 거부했다

1659년 4월 17일, 구마모토(熊本)의 유서 깊은 사찰 혼묘지(本妙寺)의 승려 니치요 쇼닌(日遙上人)이 입적했다. 당시 나이 79세, 1609년 29세 나이로 주지승이 된 지 50년 만이었다. 그가 남긴 물품 중에 4통의 편지가 있었다. 2통은 부친에게 받은 편지, 다른 2통은 자신이 보낸 답장의 초고였다.

"네가 계사년(1593년) 7월, 하동의 쌍계사 보현암에 숨어 있다가 잡힌 후로 너의 생사를 몰라 네 어미와 더불어 밤낮으로 부르며 울어왔단다. … 몇 년 전 가을 네 친구 하종남이 비로소 조선으로 귀환해 와서는 나에게 말하길, 너는 일본으로 잡혀가 중이 되어 교토에 있다가 지금은 규슈 히고국 구마모토 혼묘지에 가 있으며 … 네가 잘 있다는 소식을 듣고 네 어미와 뛸 듯이 기뻐했단다." 1620년 5월 27일

"이 나라에선 마음을 통하는 친구가 없습니다. 다만 (조선에서 온) 대여섯 명이 있어 아침저녁으로 고국의 사정이나 자신의 일에 대해 이야기하고들 합니다. … 이 나라에선 조선의 매를 소중히 여기므로 만약 일본으로 파견되는 사절이 있으면 좋은 매 두 마리를 보내주십시오. 이를 대마도주와 히고 지방 영주에게 선물한다면 저의 송환에 도움이 될 것으로 여겨집니다."
1620년 10월 3일

그의 바람은 실현되지 않았다. 그는 1625년 1월 답신에서 "(귀국을) 계속 간청했지만 허락되지 않고 있습니다. 오히려 감시가 심해져서 마치 새장 속에 갇힌 듯이 지내고 있습니다. 이 편지도 몰래 보내는 것입니다"라고 탄식했다. 그러면서 "고국에선 어떤 분이 임금이 되셨고 누가 정승인지 등등 조국의 사정이 이것저것 궁금합니다. 서울은 지금도 변함없이 한양인지, 금년은 만력(萬曆) 몇 년인지요?"라며 고국의 사정을 묻고 있다. 이것은 그가 아버지에게 부친 마지막 편지가 됐다.

니치요 쇼닌의 조선 이름은 서대남(徐大男)이다. 그는 1593년 경남 하동군 쌍계사 인근에서 가토 기요마사의 부하에게 잡혀 일본으로 끌려갔다. 13세 소년은 우연한 기회에 한시를 지어 보여 가토 기요마사의 총애를 얻었다. 그가 29세의 젊은 나이에, 그것도 전쟁에서 잡혀 온 외국인 출신으로 주지가 된 것은 가토 가문의 후원이 뒷받침되어 가능했을 것이다. 하지만 재능이 오히려 독이 됐을까. 그의 귀국은 허락되지 않았고, 평생을 서대남이 아닌 니치요 쇼닌으로

▶ 구마모토 혼묘지. 구마모토의 신으로 추앙받는 가토 기요마사가 아버지를 위해 지은 사찰로, 구마모토에는 조선에서 끌려간 포로들이 많이 살았다.

살다가 혼묘지에서 일생을 마쳤다.

임진왜란과 정유재란 때 끌려간 조선 피로인은 약 10만 명

임진왜란이 끝난 후 조선과 일본의 최대 외교 현안은 포로 반환 문제였다. 임진왜란과 정유재란 때 끌려간 피로인(被擄人)은 약 10만 명(일본 측에서는 2~3만 명으로 추산), 이들에 대한 송환 작업이 시작된 것은 전쟁이 끝나고 7년 뒤였다. 1605년 사명대사가 피로인 1,391명을 데려온 것을 시작으로 1643년까지 6차례에 걸쳐 송환 작업이 이어졌다. 이 과정에서 사신과 피로인이 남긴 다양한 기록들은 당대 분위기를 엿볼 수 있게 해준다.

"아파(阿波, 아와)성 아래 기다란 강이 있고 강 위에 홍예 다리(虹橋, 니지노하시)가 있는데, 다리 위에서는 매양 열 사람을 만나면 8~9명은 우리나라 사람이다. 우리나라 사람들은 달밤이면 다리 위에 모여, 혹 노래도 부르고 휘파람도 불며, 혹은 회포도 말하고 한숨지어 울부짖기도 하다가 밤이 깊어서야 헤어진다. 이 다리 위에는 백여 인이 앉을 만하다."

이역만리 땅에 끌려갔던 조선인들의 심경이 잘 녹아 있는 이 글은 전라도 영광에서 끌려간 정희득이 남긴 《해상록(海上錄)》의 일부다. 그가 끌려간 곳은 시코쿠 도쿠시마(德島)로, 하치스카 무라시게(蜂須賀村重)에게 잡혀 온 조선 포로가 많았다. 그래도 정희득은 종전 후 1년 뒤인 1599년 조선에 돌아왔으니 운이 좋은 편이었다. 다음 기록을 보자.

"잡혀 와 있는 두 여인이 양반의 딸이라 칭하며 사절의 군관 처소를 찾아와 고향 소식을 묻는데, 잡혀 온 지 오래라 그런지 우리나라 말을 모두 잊어 말이 통하지 못하고 다만 부모의 생사 여부를 물은 다음 눈물만 줄줄 흘릴 뿐이다. 귀국 여부를 물으니 어린아이를 가리킬 뿐이다. 자식이 있으니 돌아가기 어렵다는 뜻이다."

1624년 피로인 쇄환사로 갔던 강홍중이 《동사록(東槎錄)》에 적은 기록이다. 전쟁이 끝난 지도 어느덧 30년 가까이 지났다. 이미 일본에서 가정을 꾸린 두 여인은 차마 자식을 두고 갈 수는 없었으리

일본군 포로였던 정희득의 이동 경로

1597년 9월 27일	전남 영광 칠산 앞바다에서 왜군에게 사로잡힘
1597년 9월 29일	전남 무안 다경포에서 부친과 헤어짐
1597년 10월 17일	창원 도착
1597년 10월 29일	쓰시마섬에 도착
1597년 2월 30일	시코쿠 아와주 도쿠시마성에 도착
1598년 12월 22일	쓰시마섬에 도착
1599년 6월 17일	쓰시마섬 출발
1599년 6월 29일	부산 도착
1599년 7월 20일	함평(고향) 도착

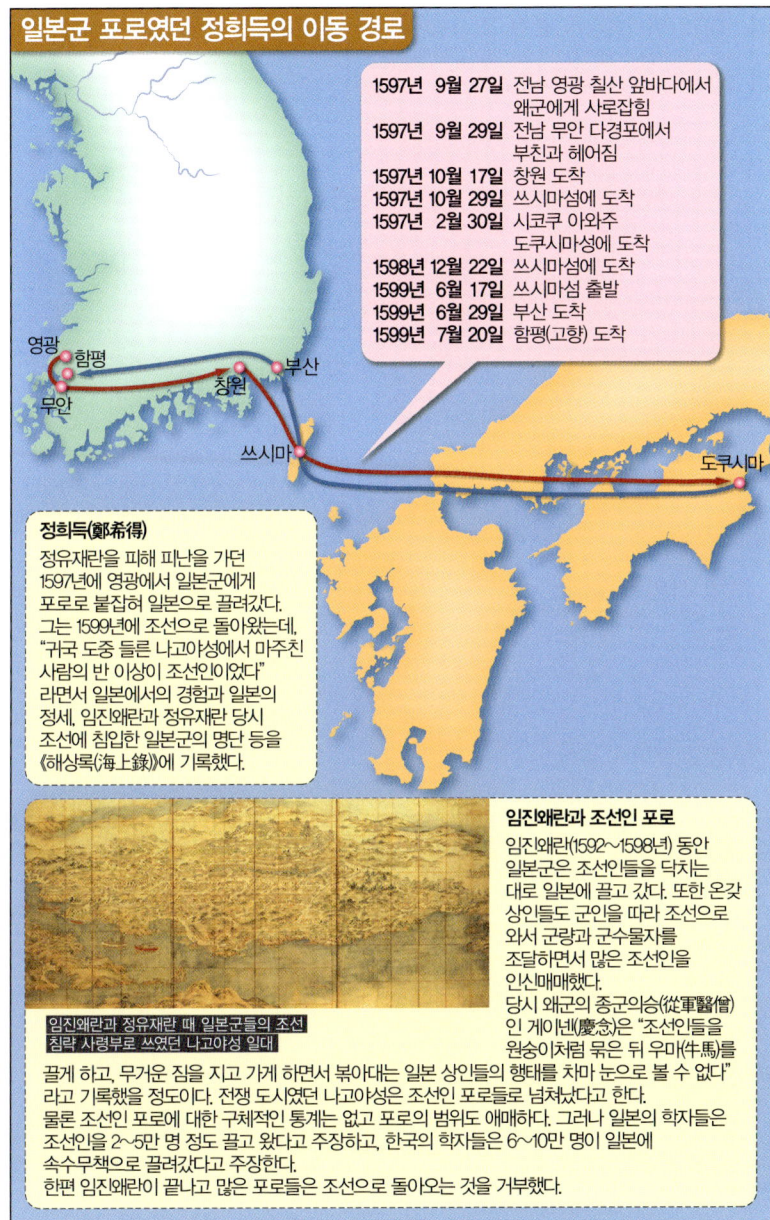

정희득(鄭希得)

정유재란을 피해 피난을 가던 1597년에 영광에서 일본군에게 포로로 붙잡혀 일본으로 끌려갔다. 그는 1599년에 조선으로 돌아왔는데, "귀국 도중 들른 나고야성에서 마주친 사람의 반 이상이 조선인이었다"라면서 일본에서의 경험과 일본의 정세, 임진왜란과 정유재란 당시 조선에 침입한 일본군의 명단 등을 《해상록(海上錄)》에 기록했다.

임진왜란과 정유재란 때 일본군들의 조선 침략 사령부로 쓰였던 나고야성 일대

임진왜란과 조선인 포로

임진왜란(1592~1598년) 동안 일본군은 조선인들을 닥치는 대로 일본에 끌고 갔다. 또한 온갖 상인들도 군인을 따라 조선으로 와서 군량과 군수물자를 조달하면서 많은 조선인을 인신매매했다.

당시 왜군의 종군의승(從軍醫僧)인 게이넨(慶念)은 "조선인들을 원숭이처럼 묶은 뒤 우마(牛馬)를 끌게 하고, 무거운 짐을 지고 가게 하면서 북아대는 일본 상인들의 행태를 차마 눈으로 볼 수 없다"라고 기록했을 정도이다. 전쟁 도시였던 나고야성은 조선인 포로들로 넘쳐났다고 한다.

물론 조선인 포로에 대한 구체적인 통계는 없고 포로의 범위도 애매하다. 그러나 일본의 학자들은 조선인을 2~5만 명 정도 끌고 왔다고 주장하고, 한국의 학자들은 6~10만 명이 일본에 속수무책으로 끌려갔다고 주장한다.

한편 임진왜란이 끝나고 많은 포로들은 조선으로 돌아오는 것을 거부했다.

라. 12년 뒤 일본에 갔던 조선통신사가 교토의 거리에서 봤다는 인파 속에는 두 여인이 있었을지도 모른다.

"도로에는 (우리 일행을) 구경하는 사람들이 담처럼 둘렸는데 … 그 수효는 몇백 몇만이나 되는지 알 수가 없었다. 그중에는 남녀를 막론하고 왕왕 손을 모아 축원하는 자가 있는가 하면, 몸을 굽혀 경례를 하는 자도 있었으며, 혹은 자꾸 눈물을 닦으며 번거로이 절을 하는 자도 있었는데, 그들은 다 우리나라에서 잡혀 온 사람들이었다."

임광 《병자일본일기(丙子日本日記)》 1636년 11월 16일조

이런 사연도 있다.

"우리나라에서 포로 되어 온 사람이 밖에 있어 보기를 청한다는 말을 듣고 불러서 물어보니, 전라도 태인 사람으로서 성명은 최가외(崔加外)라 한다. 나이가 지금 74세인데, 정유재란 때 남원에서 포로가 되었는데, 그 부모는 다 죽고 처와 네 누이동생이 모두 포로가 되었다. 일본에 온 뒤에 아들과 손자를 낳고 남의 종이 되어 신발(履)을 팔아 생활을 한다 하고, 아직도 우리나라 말을 잊어버리지 아니하였다. 우리나라의 일에 말이 미치자 슬퍼서 눈물을 흘리면서 고국 땅에 뼈를 묻기를 원한다 하였다. 보기에 불쌍하여 술과 과실과 양미(糧米)를 주니 감사하다고 절하고 갔다."

남용익 《부상록(扶桑錄)》 1655년 9월 9일조

피로인 쇄환 활동은 1643년을 마지막으로 종료된 상황이었다. 더구나 남용익은 제4대 쇼군인 도쿠가와 이에쓰나의 즉위를 축하하러 간 사절이었기 때문에 쇄환을 위해 할 수 있는 일이 없었다. 최가외가 돌아간 뒤 다른 사신과 조그만 술상을 차린 남용익은 "마음이 좋지 못함을 견딜 수 없어 쓸쓸하게 한 잔씩을 마시고 그만두었다"라고 적었다.

조선 땅을 밟은 사람은 7,000명, 9만 명은 일본 땅에 남았다

하지만 모두가 돌아오고 싶어 한 것은 아니다. 피로인 쇄환을 통해 조선 땅을 밟은 것은 7,000명. 9만 명가량은 일본 땅에 남았다. 이해관계가 얽힌 일본인들의 방해 공작도 있었지만 스스로 일본을 선택한 경우도 있었다. 이들은 왜 귀환하지 않았을까. 1617년 일본에 쇄환사로 갔던 이경직이 남긴 《부상록》에는 당시 일본에 남은 조선인들의 심리를 엿볼 수 있는 기록들이 풍부한 편이다.

일단 피로인들의 연령대를 생각해볼 수 있다. 피로인 중 어린 나이에 잡혀 온 경우엔 조국이라는 개념이 흐릿했던 것 같다.

"15세 이상의 나이로 잡혀 온 자는 조금은 고향을 알고 조선어도 할 줄 알므로 귀국하고 싶어 하는 마음이 있다. 그럼에도 언제나 고국의 살기가 어떠한가를 물으며 양다리를 걸치고 거취를 못 정하는 눈치였으므로 귀환을 잘 설득하나 그래도 주저한다. 그런데 10세가 되기 전에 잡혀 온 자는 언어와 동작도 일본인과 똑같다. 다만 스스로 조선인이란 것을 알고 있어 사절의 행차를 듣고 우연히 찾아오긴 하나 고국을 그리는 마음은 전혀 없다."
1617년 8월 22일조

"창원 출신의 김개금이 찾아왔다. 12~13세에 잡혀 왔다는데 조금도 조선어를 하지 못한다. 연거푸 귀국을 권하였으나 그는 '주왜(主倭)가 지금에도 있으므로 그가 돌아오길 기다려 상의하여 결정하겠다. 20여 년이나 은혜를 입은 사람을 배반할 수 없다'라고 한다. 이에 설득하길 '너는 주왜에게 은혜를 입었다 하나 너의 부모의 은혜와 비교하여 어느 쪽이 크다고 여기는가? 네가 만약 돌아간다면 부모 형제를 볼 수가 있다. 짐승도 무지한 존재이지만 새들마저도 옛 둥지로 돌아가고 우마(牛馬)라도 자기의 집을 알고 있다'라고 말하자, 곁의 왜인도 이를 듣고 혀를 찼지만 이 남자는 전혀 움직이지 않는다. 죽이고 싶을 정도로 밉다."
1617년 9월 20일조

일본에서의 처지도 영향을 끼쳤다. 생계가 안정된 경우엔 조선으로 돌아가는 것이 일본에 남는 것만 못하다고 여겼던 것 같다.

"돌아가고 싶어 하면서도 마음을 정하지 못하고 주저하는 자는 품팔이꾼으로 고생하는 사람이다. 생계가 조금이라도 넉넉하여 이미 안정된 자는 더욱 귀국할 마음이 없으니 그 태도를 보면 밉기 그지없다. … 처자가 있거나 재산이 있어서 이미 정착하고 있는 자들은 거의 귀국할 뜻

이 없다. 가증스러운 일이다." 　　　　　　　　　1617년 9월 20일조

"남원 사인(士人) 김용협의 아들 길생(吉生)이 와서 뵙는데, 13살 적 정유년에 포로가 되었다 하였다. … 부유한 상인의 집 사위가 되었는데 돌아가고 싶은 마음이 많으나 뜻을 쉽사리 결단하지 못하므로, 간곡하게 타일러서 보냈다." 　　　　　　　　　1617년 8월 27일조

조선에서도 일본에서도 환영받지 못한 피로인의 처지

이경직은 "죽이고 싶을 만큼 밉다"라고 했지만 이들을 탓하기만은 어려운 분위기도 분명 있었다. 당시 일본에는 조선으로 돌아간 이들이 홀대받는다는 소문이 파다했다.

"사로잡혀 온 사람으로 이성립·김춘복이란 자가 있는데, 일찍이 강(康)·박(朴) 두 역관과 친분이 있으므로 술을 가지고 찾아왔다. 이어서 말하기를 '조선이 사로잡혀 온 사람을 비록 쇄환하기는 하나 대우를 너무 박하게 한다 하는데, 사로잡혀 온 것이 본디 제 뜻이 아닌데 이미 쇄환했으면 어째서 이같이 박대하오'." 　강홍중 《동사록》 1624년 11월 23일

이런 내용의 기록들은 어느 정도는 사실이었다.

"유정(사명대사)은 송환된 사람들을 이경준에게 넘기고 형편대로 나누어

보내도록 하라고 하니, 경준은 여러 선박에 분부하여 그들이 가자는 대로 가라 하였다. 그런데 선장들은 남자와 여자들을 맡게 되자 서로 뒤질세라 앞을 다투어 얽어매기를 약탈하고 포로하는 것보다 심하고, 혹 연고 관계를 물어서 대답을 못 하면 (어려서 잡혀간 사람들은 다만 조선이라는 것만 알 뿐, 자기의 계보나 부모의 이름을 모르는 사람이 많았다) 모두 자기의 종이라 칭하고, 아름다운 여자면 그 남편을 묶어 바다에 던지고 멋대로 자기의 것으로 만드는 자들이 한둘이 아니었다."

조경남 《난중잡록(亂中雜錄)》 1605년 4월

《선조실록》에도 비슷한 내용이 나오는 것을 볼 때 꾸며낸 말은 아닌 듯하다. 조선 정부는 피로인들을 귀환시키는 데만 관심이 있을 뿐, 수십 년 만에 돌아온 이들을 어떻게 다룰지에 대해선 큰 관심이 없었던 것 같다. 그래서 이듬해인 1625년 일본에서 귀국한 강홍중도 인조를 만났을 때 이 같은 우려를 전했지만 바뀌는 건 없었다.

"내가 또 나아가 아뢰기를, '쇄환한 사람을 감언이설로써 이리저리 달래어 겨우 데리고 왔는데, 부산에 와서는 의뢰할 곳이 없어서 신 등이 길을 떠나 상경하던 날 따라오며 말 앞에서 울며 호소하였습니다. … 현재 일본에 있는 사람들이 만약 이들이 본토에 돌아와서 낭패한 정상을 듣는다면, 이 뒤에는 비록 쇄환하려 하더라도 반드시 용이하지 않을 것입니다. 또 쇄환인 가운데 수십 명은 포 쏘는 데에 능숙하니, 서울로 데려와 요포(料布)를 넉넉히 주고 별대(別隊)로 삼아, 훈련도감 포수를 가르치면 좋을 듯하옵니다' 하니, 상은 다만 포수 한 가지 일에 대하여 답하기를, '그러하다면 매우 좋은 일이다' 하고, 곧 훈련도감을 시켜 상경하게 하여 별대로 삼게 하였다." 강홍중《동사록》1625년 3월 25일

인조는 피로인들의 대책에 대해선 묵묵부답이고 이들을 군에 배속시키는 것에만 관심을 보였다는 강홍중의 마지막 문장이 여운을 남긴다. 무력한 국가 때문에 이역만리 끌려간 뒤 천신만고 끝에 고국을 찾아왔지만 이들을 기다린 것은 냉대와 무관심이었다. 세금을 거두고 노동력을 징발할 수 있는 '자산'을 복구하는 것에만 골몰했다고 비판받아도 변명을 찾기 어려운 실정이다.

귀국 후 어려움을 겪은 것은 사족이라고 해서 예외는 아니었다. 이들은 절의를 지키지 못했다는 주변의 따가운 시선과 자괴감에 시달려야 했다. 일본에 끌려갔던 강항이 일본에서의 경험을 담은 《간양록(看羊錄)》의 처음 제목은 '건차록(巾車錄)'이다. 건차는 죄지은 사람이 타는 수레를 의미한다. 이것을 후세에 '간양록'으로 제목을 바꿔 달았다. 중국 한나라에서 흉노에 끌려가 양을 치며 절개를 인정받았던 소무(蘇武)에 빗댄 것이다. 하지만 사관의 평은 냉담했다.

"그(강항)를 일러 왜적에게 항복하였다고 하는 것은 지나치나, 그에게 무슨 칭할 만한 절의가 있겠는가. 그런데도 이단하는 당론에 병들어서 감

히 추증하기를 청하였으니, 참으로《논어》에서 말한 '내가 누구를 속이 겠는가. 하늘을 속이겠는가' 하는 것이다."   《현종실록》9년 4월 13일

위에서 언급한 정희득의《해상록》도 원제는 '만사록(萬死錄)'이다. 만 번을 죽으려다가 살아남은 자의 기록이다. 역시 자신을 극히 낮추고 있다. 강항 또한《간양록》에서 자신이 몇 차례 죽으려 시도했다는 점을 강조했다.

박수영이라는 서리 출신의 피로인은 사명대사를 따라 돌아왔다가 왜적이 철수할 때 제 발로 따라 쓰시마섬에 갔다는 등의 이유로 고문 끝에 처형됐다. 그는 정희득의 귀국을 도운 인물이다.

피로인들을 둘러싼 이 같은 상황 전개는 병자호란 당시 청나라에 잡혀갔다가 천신만고 끝에 돌아온 여성들을 '화냥년'이라며 멸시했던 분위기를 연상케 한다. 누구의 잘못도 아니었지만 이들은 죽지 못했다는 것이 평생의 꼬리표로 붙어 다녔다. 그래서일까. 피로인들의 귀환 과정을 더듬어가다 보면 오히려 평범한 일본인들이 내민 도움의 손길에서 박애를 느끼게 될 때가 있다.

"다음 날 다시 바다를 건너 이요주(伊豫州)의 나가사키(長崎, 나가하마(長浜)의 오기)에 도착하여 육지에 올랐다. 허기와 피로가 심해 열 걸음 걷다 아홉 번 넘어질 정도였다. 여섯 살 먹은 딸은 혼자 걸을 수 없어 처와 조모가 번갈아 업고 냇물을 건너다 물에 자빠졌는데, 힘이 없어 일어나질 못했다. 강가에 있던 왜인이 눈물을 흘리며 부축해 일으키며 말했다.

'아, 심하구나. 태합(太合, 도요토미 히데요시)께서는 이런 사람들을 잡아다가 어디에 쓰려는 것인가? 어찌 하늘이 무섭지 않으랴?' 급히 집에 가서 기장밥과 마실 것을 가져다가 우리 집 식구를 먹여주니 그제야 겨우 눈과 귀가 열리는 듯했다."

강항 《간양록》

일본 도자기를 꽃피운
조선 도공의 파란만장한 삶

규슈 아리타에서 도조로 받드는 조선인 도공 이삼평

규슈 중부의 아리타(有田)는 일본을 대표하는 도자기 명산지다. 인구는 2만 1,000명(2017년 기준) 정도의 작고 한적한 고장이지만, 도자기 축제가 열리는 4월에는 무려 100만 명가량이 이곳을 찾는다. 아리타 도자기 축제는 2020년에 117회를 맞이했을 정도로 유서가 깊다.

한국에서 아리타를 가는 가장 쉬운 방법은 사가 공항으로 입국해 렌터카로 35호 국도를 타고 서쪽으로 가는 길이다. 1시간 남짓이면 도착한다. 이 국도를 타고 가다 보면 아리타에 도착하기에 앞서 도잔신사(陶山神社)를 지나치게 된다. 도잔신사라는 명칭에서 유추할 수 있듯이 도자기와 연관이 깊은 신사다. 한마디로 모든 게 도자기로 만들어져 있다. 신사에 들어가면 맞이해주는 대형 도리이(鳥居)

부터 신사에 놓인 각종 수호신, 신사의 현판까지 모두 도자기로 꾸며져 있다. 물론 재료도 도자기다. 그래서 이곳을 둘러보면 '아리타가 정말 도자기의 마을이구나'라는 생각이 절로 든다.

도잔신사는 아리타에서 도조(陶祖)으로 받드는 조선인 도공 이삼평(李參平)을 모시고 있다. 임진왜란 때 끌려온 이삼평은 1616년 아리타의 이즈미야마(泉山)에서 백자를 만들 수 있는 흙을 발견해 가마 '덴구다니요(天狗谷窯)'를 만들고 일본 최초의 백자를 제작했다. 이것이 일본 도자기 산업의 효시가 됐다.

때마침 운이 따랐다. 이 무렵 도자기는 고가의 무역 상품이었다.

▶ 도잔신사. 일본 후쿠오카 아리타정에 위치하며 조선에서 끌려간 도공 이삼평을 모시는 신사로, 아리타 도자기 마을은 세계적인 관광지다. 사진 ⓒ 유성운.

유럽 상류층에 도자기 열풍이 불면서 포르투갈과 네덜란드 상인들은 동양의 도자기를 찾아다녔다. 원래 이들이 구입한 건 명나라 도자기였다. 그런데 17세기 중반 명나라가 청나라로 교체되면서 극심한 전란이 중국 대륙을 휩쓸었다. 최상품 도자기를 생산하던 경덕요(景德窯)도 무사하지 못했다.

대체재가 필요했던 유럽 상인들이 눈독을 들인 것이 일본이었다. 1650년 네덜란드 동인도회사의 주문을 받아 아리타 도자기 145점이 수출됐다. 이후 1682년까지 아리타에서 네덜란드 동인도회사를 통해 수출된 자기는 총 19만 점이 넘었다.

그런데 규슈에 남겨진 조선 도공의 흔적은 아리타의 이삼평만이 아니다. 심당길, 이우경, 홍호연, 박평의 등 조선인 도공들이 사쓰마(薩摩)·가라쓰(唐津)·아가노(上野)·다카도리(高取) 등 규슈 곳곳에 자리 잡았다. 이곳들은 모두 각각의 브랜드로 발전해 일본의 도자기 발전을 이끌었다.

그런데 왜 규슈였을까. 왜 조선인 도공들은 자본이 모여든 오사카나 에도가 아니라 규슈의 곳곳에서 도자기를 빚어야 했을까.

임진왜란 때 조선 도공들은 왜 대부분 규슈로 끌려갔을까?

"신이 지난 신해년 봄에 (일본에) 포로로 잡혀간 전이생(全以生) 등의 편지를 얻어 보았는데, 그 가운데 중대한 내용이 있었습니다. … 전이생과 같은 처지의 사람들로서 살마주(薩摩州)에 잡혀 있는 자가 3만 700여 명이나 되는데, 별도로 한 구역에 모여 산 지 24년이 되어갑니다."

《광해군일기》 9년 4월 19일

경상도에서 겸사복(兼司僕) 정신도라는 사람이 조정에 상소한 내용의 일부다. 살마주는 사쓰마번, 지금의 가고시마를 중심으로 한 규슈 남부다. 그런데 임진왜란 당시 조선에 출병한 사쓰마군이 1만 5,000명 정도라는 점을 감안하면 3만 700명이라는 숫자는 액면 그대로 믿긴 어렵다. 다만 매우 많은 규모의 조선인이 끌려왔다는 점은 추정해볼 수 있다. 사실 임진왜란에 출전한 주요 무장에는 1군 선봉장이던 고니시 유키나가(小西行長), 2군 선봉장이던 가토 기요마사(加藤清正) 등 규슈의 유력 다이묘들이 많았다.

당시 일본에선 다도 애호가였던 도요토미 히데요시의 영향으로 도자기 수요가 급증했다. 하지만 제작 수준은 낮았다. 일본의 도자기 제작 기술은 1,000℃ 정도에서 만드는 도기(陶器) 수준이었다. 반면 조선은 1,200℃ 이상에서 자기(磁器)를 구울 줄 알았다. 이 차이는 컸다.

그 때문에 임진왜란 당시 조선 도공들은 좋은 전리품이 됐다. 특히 사쓰마번의 영주 시마즈 요시히로(島津義弘)와 히젠번(肥前藩)의 영주 나베시마 나오시게(鍋島直茂)는 경쟁하듯 조선인 도공을 납치해 왔다. 사쓰마번과 히젠번 모두 규슈에 있다.

당시 나베시마가 잡아온 조선인 도공은 이삼평을 비롯해 155명, 시마즈가 붙잡은 도공은 70명가량으로 알려져 있다. 특수직인 도공만 해도 이 정도였으니, 규슈로 끌려온 조선인 숫자는 훨씬 많았음을 짐작해볼 수 있다.

다만 이삼평의 집안이 남긴 《金ケ江三兵衛由緒之事》라는 문서에 따르면, 정유재란 때 나베시마 나오시게가 길을 잃었을 때 이삼평이 길잡이 역할을 했다가 복수를 염려해 나베시마를 따라 일본으로 왔다고 한다. 자신의 고향인 충남 공주의 금강을 본관으로 해서 가나가에(金ケ江)라는 성을 정하고 이름은 산베에(三兵衛)로 붙였다는 것이다.

나베시마냐 시마즈냐, 엇갈린 조선인 도공들의 운명

조선 출신의 도공들은 고급 기술자지만 어쨌든 전쟁 포로의 신분이다. 언제 어떻게 다뤄져도 하소연할 데도 없는 신세였다.

그래도 굳이 따지자면 나베시마 가문에 잡힌 도공들의 형편이 나았다. 히젠번에는 조선 도공들이 오기 전부터 도자기를 굽는 가마가 있었다. 나베시마 가문은 도자기가 돈이 된다는 걸 알았다. 그래서 이삼평을 비롯한 도공들을 각별히 챙겼다. 초창기에 아리타, 가라쓰 등 히젠번의 도자기가 널리 수출된 이유이기도 하다.

이삼평이 죽기 1년 전(1654년) 작성한 것으로 추정되는 문서에 따르면, 그의 밑에서 120명의 도공이 일했다. 한 기록에는 1672년 아리타에서 자기 산업에 종사하는 노동자만 4,000명에 달했다고 한다. 이들은 도자기 수십만 점을 네덜란드 동인도회사에 팔아 짭짤

5장 임진왜란의 역사정치

한 수익을 거뒀다.

이들에 비해 시마즈 요시히로에게 끌려온 도공들의 생활은 비참했다. 시마즈 가문은 전국 시대부터 용맹한 무장 집안으로 유명했다. 임진왜란 때도 사천, 순천에서의 육상 전투뿐 아니라 노량해전 등에서도 활약했다. 조선 중기 문신 강홍중은《동사록》에 "사쓰마인은 성질이 모질고 독해서 가장 전투에 능하고 홍색으로 머리띠를 두른다고 한다. 일찍이 들으니 임진왜란에서 홍두왜(紅頭倭)가 가장 포악한데 분명 사쓰마인이다"라고 남겼을 정도였다.

시마즈 가문에 끌려간 도공들은 가고시마 인근 구시키노(串木野)라는 곳에 내려졌다. 나베시마 가문이 보여준 것 같은 배려는 없었다. 이들은 황무지를 개간해야 했고, 생계를 위해 도자기를 구워 인근에 사는 일본인과 물물교환해 간신히 연명했다. 안전이 보장되지 않아 일본인과의 충돌이 잦았고 대규모 집단 보복전도 횡행해 많은 희생이 뒤따랐다.

이렇게 양측의 대우가 달랐던 데는 나베시마 가문과 시마즈 가문의 정치적 입장 차이도 있었다. 1600년 일본의 다이묘들이 두 패로 나뉘어 벌인 세키가하라 전투에서 나베시마 가문은 승자인 동군(도쿠가와 이에야스)에 붙은 반면, 시마즈 가문은 패자인 서군(도요토미 히데요리) 측에 속해 있었다. 당장 전쟁에서 패한 자신들의 살길을 도모해야 하는 시마즈 가문은 조선인 도공을 돌볼 처지가 아니었다.

사쓰마번에서 활약한 조선 도공 심당길의 12대 후손이 심수관

세키가하라 전투가 끝난 뒤 다행히 상황이 나아졌다. 전쟁에 적극 개입하지는 않았던 시마즈 요시히로는 가문을 보전했고 조선인 도공을 보호하기 시작했다. 특히 시마즈 요시히로의 아들 시마즈 미쓰히사는 나에시로가와(苗代川)에 조선인 도공들을 집단 이주시켜 도자기 생산에 전념할 수 있게 했다.

그는 조선인 도공들이 조선 문화와 언어를 보존할 수 있도록 애썼다. 그래야 도기를 생산하는 기술이 제대로 전수될 것이라 봤기 때문이다. 그래서 이곳에 일본인의 출입을 통제하고 일본인과의 결혼도 금지했을 뿐 아니라 일본식 성을 사용하는 것도 금지했다. 나에시로가와에 사는 사람들은 조선말을 사용하고 조선 옷을 입고 상투도 틀었다. 일본 안의 작은 조선이었던 것이다.

이로부터 180년가량 지난 1787년 이곳을 방문한 후루카와 고쇼켄은 《서유잡기(西遊雜記)》에, 조선인 자손 1,500명이 사는데 상투를 틀고 있고 키도 크고 얼굴도 갸름하다, 아버지를 '마우', 어머니를 '아바'라고 부른다고 남겼다. 또 마을 북서쪽 언덕에 수호신인 단군을 제사하는 '옥산신궁(玉山神宮)'이 있어, 음력 8월 15일(추석)에 술과 고기, 떡과 쌀을 올리고 음악과 가무를 곁들인 의식을 행한다고 덧붙였다.

사쓰마의 조선 도공들의 집단 거주지가 나에시로가와에 마련됐을 때 조선인 지도자는 박평의였다. 그는 마을 장로에 해당하는 쇼야(庄屋)에 임명됐다. 박평의는 아들 박정용과 함께 사쓰마 각지에서 백자토를 찾는 데 성공했고 이를 바탕으로 사쓰마 도자기를 발전시켰다. 박평의와 함께 사쓰마번에서 활약한 조선 도공은 심당길이다. 그의 12대 후손 심수관은 1873년 오스트리아에서 열린 만국박람회에 대형 항아리를 출품해 호평을 받았다. 이후 가업을 이은 후계자에겐 심수관이라는 이름이 대물림됐다.

박평의 가문을 비롯해 나에시로가와 주민들은 사실상 사족(士族)으로서 대우받았다. 인구가 늘어나면서 1704~1705년엔 35가구 162명을 분촌하기도 했다. 만약 이들이 차별적이고 가혹한 대우를 받았다면 나에시로가와 도공 마을이 수백 년간 보존되고 인구가 증가하긴 어려웠을 것이다. 그만큼 사쓰마번과 나에시로가와는 도자기를 매개로 윈-윈 관계를 맺었다.

조선 도공에서 일본 외무대신까지, 박평의 가문의 굴곡된 여정

상황이 달라진 것은 1866년 메이지 유신과 함께 신정부가 들어서면서다. 메이지 정부는 구 질서를 해체하기 위해 폐번치현(廢藩置縣)을 단행했다. 이에 따라 사쓰마번이 폐지되면서 나에시로가와 마을에 제공하던 특권과 편의도 사라졌다. 그래서였을까. 사쓰마번 출신 정치가 사이고 다카모리가 사무라이들과 함께 1만 4,000명의 병력으로 메이지 정부에 반기를 든 세이난(西南) 전쟁(1877년)을 벌이자 나에시로가와에서도 96명이 반군에 참여했다. 전쟁은 6개월 만에 메이지 정부군의 승리로 마무리됐다.

메이지 정부는 나에시로가와 주민을 화족(和族), 사족, 평민의 세 계급 중 평민으로 분류했다. 나에시로가와 주민들은 자신들을 사족에 편입해달라는 운동을 벌였지만 성공하지 못했다. 일본의 무사 계급이 그랬듯이 나에시로가와 사람들도 대부분 새로운 질서에 순응하는 길을 택했다. 이 중 박평의의 후손 박수승은 사족 편입을 포기하는 대신 그동안 모은 재산으로 도고(東鄕)라는 사족 가문의 족보를 샀다. 세이난 전쟁이 끝나고 10년 뒤의 일이다.

박수승의 아들 박무덕은 지역에서 영특한 수재라고 소문이 자자했다. 그런 아들에게 평민 도공의 삶을 물려주고 싶지 않았던 것이 박수승의 결심을 확고하게 만들었을지도 모른다. 그는 아들의 이름을 박무덕에서 도고 시게노리(東鄕茂德)로 바꿨다. 도고 시게노리는 부친의 기대를 저버리지 않았다. 도쿄제국대학 문학부를 졸업한 뒤 1913년 외교관 시험에 합격한 그는 1941년 일본의 외무대신이 됐다.

화려한 경력이지만 인생은 순탄치 못했다. 1937년 독일 대사로 근무했지만 나치를 싫어했다. 독일과의 동맹에 소극적인 태도를 보이자 경질됐다. 외무대신 시절에도 패전의 조짐이 짙어진 1944년부터 군부에 맞서 항복론을 주장했다가 내각에서 고립됐다. 이런저런 이유로 그는 일본 우익의 공적이 됐다.

하지만 전쟁의 책임에서 자유로울 순 없었다. 전후 재판에서 그는 A급 전범으로 분류됐다. 사형은 피했지만 20년 금고형을 받았

다. 그리고 형무소에서 《시대의 일면(時代の一面)》이라는 회고록을 집필하던 중 1950년 옥사했다.

반면 박평의 집안과 함께 나에시로가와의 조선인 집단을 이끌었던 심당길(심수관) 집안은 조선식 이름을 유지하며 도공의 가업을 이어갔다. 13대 심수관은 교토대 법학부, 14대 심수관은 와세다대 정경학부를 졸업한 엘리트지만 다시 규슈로 돌아와 묵묵히 도자기 가업을 이었다. 도고 시게노리가 전범으로 재판을 받을 무렵 14대 심수관은 도쿄에서 와세다대를 다니고 있었다. 그는 규슈에서 도자기를 굽는 아버지의 부탁으로 아홉 차례나 도고 시게노리를 면회하러 다녔다고 훗날 회고했다. 나에시로가와를 대표하는 두 가문이 선택한 길은 달랐지만 서로에 대한 동병상련의 마음만은 끊어지지 않았던 것 같다.

조선에 남았다면 이삼평이나 심수관이라는 이름이 남겨졌을까?

조선 도공들이 일본에 가게 된 것은 자의가 아니라 전쟁이 만든 강제적 조치였다. 그럼에도 불구하고 이들이 일본에 남은 것이 비극이었다고 자신 있게 말하기는 어렵다. 이들이 조선에서 도자기를 굽고 있었다면 이삼평이나 심수관이라는 이름이 남겨졌을까. 우리는 교과서에서 조선이 뛰어난 도자기 제조 기술을 가졌다는 것은 알지만, 그런 세계 수준의 도자기를 구운 도공 중 누구도 기억하지 못한다.

임진왜란이 끝난 뒤 조선은 6차례에 걸쳐 포로 쇄환에 나섰다. 하지만 조선에서 이들을 특별히 챙겼다거나, 이들이 스스로 쇄환 요청을 했던 것 같지는 않다. 물론 조선에서 요청했어도 일본에서 도공을 내줬을지는 의문이다.

다만 일본에 사신으로 왔던 이들이 남긴 기록에는 "일본은 물자가 풍부하고 백성이 편안하여 생리가 매우 넉넉하므로 잡혀 온 사람도 빈손으로 와서 수년 사이에 재산이 혹 수백 금이 되니 이 때문에 사람들이 그 생업을 즐겨 하여 본국으로 돌아갈 뜻이 없었다"라고 적혀 있다.

《문견총록(聞見摠錄)》에 따르면, 포로 일부는 조선 귀환을 거부했다. 사신들은 이들에 대해 "죽이고 싶을 정도로 얄밉다"라며 분개했을 뿐, 조선에서 기술이나 기술자를 우대해야 한다는 생각까진 다다르진 못했던 것이다. 이들은 조선이라는 나라가 문을 닫을 때까지 문제의 본질을 깨닫지 못했다.

THE
HISTORY
OF
KOREA

6장
조선 사회의 역사정치

중종의 지진 정치가
조광조 운명을 갈랐다!

2016년 경주에 큰 지진이 발생해 특별재난 지역으로 선포되었다. 기상청이 지진 관측을 시작한 이래 가장 큰 규모(규모 5.8)의 지진이었다고 한다. 막대한 재산 피해는 물론이고 불국사 대웅전 지붕 일부가 파손되고 첨성대의 꼭대기 돌이 심하게 기울었다.

그런데 영남 지역의 지진 현상은 역사가 깊다. 《삼국사기》에서 신라를 다룬 〈신라본기〉만 해도 48회의 지진 기록이 등장하는 걸 보면 경주 지진은 이미 신라 시대부터 큰 고민거리였던 셈이다.

"봄 3월에 서울(경주)에 지진이 일어나, 백성들의 집이 무너지고 죽은 사람이 100여 명이었다." 《삼국사기》〈신라본기〉 혜공왕 15년

"망덕사(望德寺) 탑이 흔들렸다. 높이는 13층이다. 갑자기 심하게 흔들리

며 떨어졌다 붙었다 하며 곧 넘어질 듯하기를 며칠 동안 그러하였다."

《삼국사기》-〈신라본기〉 경덕왕 14년

기상청은 혜공왕 15년(779년)의 지진은 진도 8~9에 해당할 거라고 분석했다(기상청 《한반도 역사지진 기록(AD 2년~1904년)》 참고). 그렇다면 아마 경주 일대가 초토화되었을 것이다. 그래서였을까. 이듬해(780년) 경주에서 김지정의 난이 일어나 혜공왕은 난리 통에 살해당했다.

"927년 3월 황룡사탑이 요동하여 북쪽으로 기울었다"

경주 일대가 지진으로 골치를 앓았다는 것을 상징적으로 보여주는 것이 황룡사 9층 목탑이다. 고려 시대 몽골이 쳐들어왔을 때 전소해버려 아쉬움을 남기는 바로 그 탑이다.

황룡사탑은 신라 선덕여왕이 백제의 기술자 아비지(阿非知)를 초빙해 만들었다. 《삼국유사》에 '백제의 대장(大匠)'이라고 소개된 만큼 아비지는 백제에서도 최고 수준의 기술자였으리라 추정된다. 황룡사탑은 완성된 후 황룡사 장육존상, 진평왕의 천사옥대와 함께 신라의 3대 보물로 꼽혔다. 그러나 '보물'에서 '애물단지'로 바뀌는 데는 그리 오래 걸리지 않았다.

"(탑을 세운 지가) 오래되어 동북쪽으로 기울어졌다. 나라에서 쓰러질까 염려하여 고쳐 세우고자 여러 재목을 모은 지 30여 년이 되었으나, 아직 고쳐 세우지 못하였다. … 신묘년(871년)에 탑이 기울어진 것을 애석하게 여겨 … 승려와 관인들이 그해 8월 12일 새것으로 만들도록 했다."

《경주 황룡사 구층목탑 금동찰주본기(慶州皇龍寺九層木塔金銅刹柱本記)》

"(927년) 3월 황룡사탑이 요동하여 북쪽으로 기울었다."

《삼국사기》-〈신라본기〉 경애왕 4년

《경주 황룡사 구층목탑 금동찰주본기》는 871년에 탑을 헐고 중수한 뒤 기록한 일종의 보고서다. 이에 따르면 황룡사탑은 718~720년(성덕왕 17~19년)에 중수했는데, 문성왕(재위 839~857년) 때 또 기울어졌다. 어지러운 국내 사정 탓인지 한동안 손을 못 대다가, 경문왕 11년인 871년에 다시 대대적인 보강에 나선 것이다.

927년의 기록은 민심이 고려(신라의 북쪽)로 기울었다는 것을 보여주는 상징으로 해석될 수도 있지만, 설령 그렇다 하더라도 황룡사탑이 지진 때문에 기울어졌던 전례가 인용됐음을 알 수 있다.

심지어 조선 시대에도 세종은 이렇게 말했다.

"지진은 천재지변 중의 큰 것이다. 그런 까닭에 경전(經傳)에 지진을 번번이 기록하였으나 우레나 번개의 이변은 쓰지 않았다. … 우리나라에는 지진이 없는 해가 없고, 경상도에 더욱 많다."

《세종실록》 14년 5월 5일

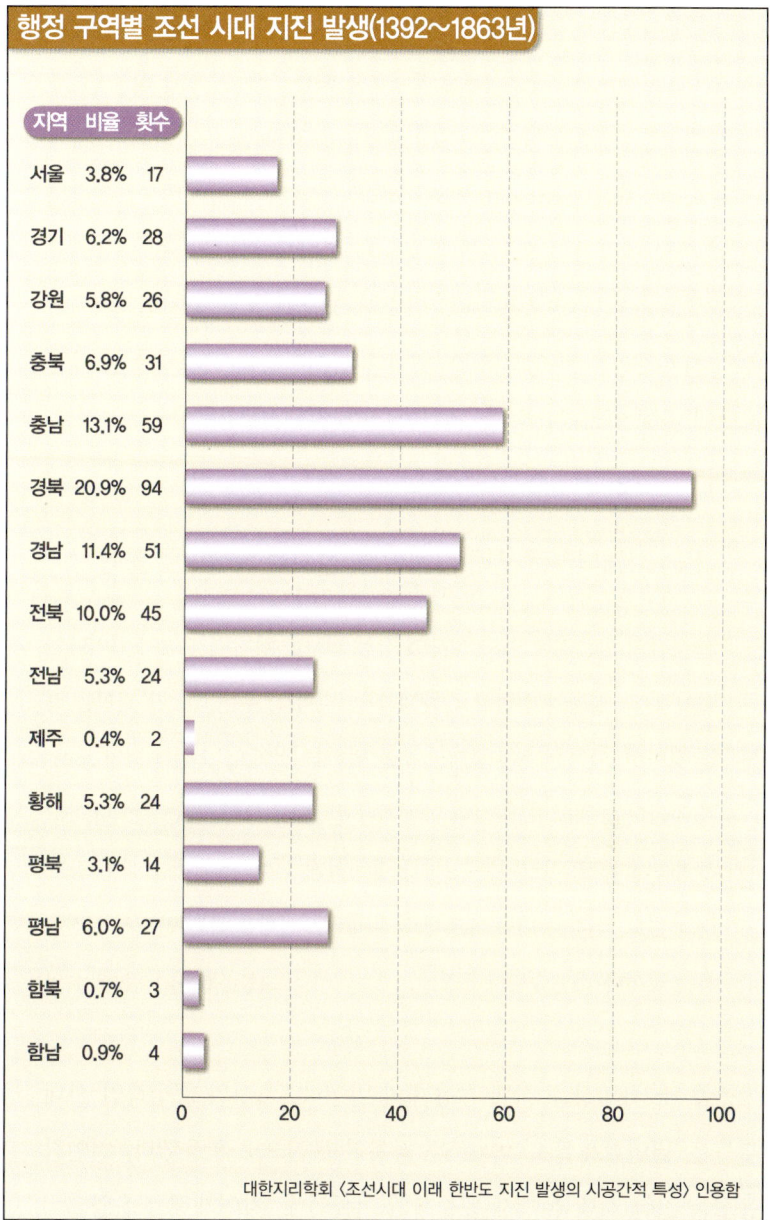

그런가 하면 지진 때문에 국가 단위로 제사를 지낸 첫 기록도 1405년(태종 5년) 경북 경주와 안동 지진 때다. 한 연구에 따르면 조선 시대(1392~1863년) 일어난 전체 지진 중 경북에서만 94회가 일어났다. 전국 지진 발생의 20.9%나 된다. 경남까지 합치면 이 수치는 32.2%까지 올라가니 조선 시대 보고된 한반도 지진은 3회 중 1번꼴로 경상도에서 일어난 셈이다. 이렇게 영남에 유독 지진이 많은 이유로 전문가들은 경북 지역을 둘러싼 양산단층과 울산단층이 다른 지역에 비해 약하다는 것을 들지만, 뚜렷하게 밝혀내지는 못했다.

조선 사대부들은 '천인감응설'을 정치적 목적으로 활용

"옛사람이 이르기를 '음이 성하여 정상 질서를 해치면 지진이 일어나는 것이니, 그 징조는 신하가 강하게 되는 것이요, 후비(后妃)가 전횡을 하는 것이며, 이적(夷狄)이 중화(中華)를 범하는 것이요, 소인(小人)의 도(道)가 자라나는 것이며, 도적이 닥치거나 반신(反臣)이 생기는 것이다'라고 하였습니다. 또 이르기를 '신하가 강성하게 되어 장차 해를 끼칠 징조'라 하였고, '신하가 비록 바르게 섬길지라도 전횡을 하면 반드시 지진을 하는 것이다' 하였습니다." 《중종실록》13년 5월 17일

중종 대 좌의정을 지낸 신용개의 말이다. 조선의 중심축인 사대부들은 '천인감응설(天人感應說)'을 정치적 목적으로 활용했다. 천인감응설은 전한 시대 유학자 동중서의 이론인데, 자연재해를 음양(陰陽)

조화와 연결해 해석한 것이다. 이에 따르면 재해가 일어난 건 사회에서 벌어진 비정상적 일 때문에 음기와 양기가 엉켰기 때문이다.

그러다 보니 이에 대한 해결책은 필연적으로 정치적 행위가 될 수밖에 없었다. 특히 세종도 언급했듯이 지진은 다른 자연 재난에 비해 비중 있게 다뤄졌기 때문에 그런 의미가 더욱 컸고, 따라서 정계 개편이나 사정정국의 신호탄이 되기도 했다.

조선에서 지진을 정치적으로 이용한 최초의 사례는 태종이다. 그는 외척 세력인 처남 민무구(閔無咎)·민무질(閔無疾) 형제를 제거할 때 지진을 꺼내 들었다.

> "대사헌 김한로가 행재소에 나아가 소(疏)를 올렸다. … '수악(首惡) 민무구·민무질은 세월을 도적질하여 생명을 연장하고 있으니, 이것은 온 나라 신자(臣子)가 잠을 편안하게 자지 못하고, 먹은 것이 제대로 내려가지 못하는 것입니다. … 지금 천변(天變)·지진이 서로 잇달아 끊이지 않으니, 대개 그 일이 없으면 변이 헛되이 생기지 않는 것입니다.'"
>
> 《태종실록》 10년 3월 16일

1408년(태종 8년) 서울에서 지진이 일어나자, 태종은 사간원에서 민씨 형제의 부덕함을 지적한 상소를 들어 이들을 제주도로 귀양 보냈고, 이듬해 지진이 발생했을 때는 자결을 명령했다.

다방면에 재주를 보였던 수양대군은 관상이나 풍수에 관심이 많았다. 왕위를 넘본 그는 계유정난을 일으켜 김종서, 황보인 등 정적을 제거한 뒤 경연서운관사(經筵書雲觀事)라는 직책을 꿰찼다. 서운관(書雲觀)은 조선 시대 천문과 날씨를 담당하는 관청이다. 비상한 시국인 만큼 천재지변이 일어날 경우를 대비한 포석이었을 것이다. 때마침 계유정난 이듬해(1454년) 경상도와 전라도에서 큰 지진이 일어났다. 서운관을 장악한 수양대군에게 지진은 마음대로 요리가 가능한 좋은 재료였다. 그는 몇 달 후 단종을 왕위에서 쫓아내면서 정변을 마무리 지었다.

지진 핑계로 훈구파 제거한 조광조가 지진에 발목 잡혔다

"유시(酉時, 오후 5~7시)에 세 차례 크게 지진이 있었다. 그 소리가 마치 성난 우레 소리처럼 커서 인마(人馬)가 모두 피하고, 담장과 성첩(城堞)이 무너지고 떨어져서, 도성 안 사람들이 모두 놀라 당황하여 어쩔 줄을 모르고, 밤새도록 노숙하며 제집으로 들어가지 못하니, 고로(故老)들이 모두 옛날에는 없던 일이라 하였다. 팔도(八道)가 다 마찬가지였다."

《중종실록》 13년 5월 13일

"얼마 있다가 또 처음과 같이 지진이 크게 일어나 전우(殿宇)가 흔들렸다. 상(上)이 앉아 있는 용상은 마치 사람의 손으로 밀고 당기는 것처럼 흔들렸다. 첫 번부터 이때까지 무릇 세 차례 지진이 있었는데, 그 여세가 그대로 남아 있다가 한참 만에야 가라앉았다."

《중종실록》 13년 5월 15일

중종은 주요 대신들을 불러 지진에 대한 대책을 논의했는데 이 자리는 정국의 주도권을 놓고 치열하게 다투던 구세력과 신진 세력의 선전장이 됐다.

"요사이 재변 가운데 놀라운 것이 실로 많이 있었는데, 어저께 있은 지진의 변괴는 놀라운 것 중에도 더욱 놀라운 것입니다. 상교(上敎)에 이르시기를 '음이 성하고 양이 쇠하여서 그런 것이다' 하셨으니 소인(小人)이 있는 것이 아니겠습니까? 그러나 소인이 있다 해도 실로 알아내기 어려운 것이니, 겉으로는 군자와 같지만 속은 실상 소인인 것입니다."

조원기

"여기에 들어와 있는 재상이 아뢰기를 '소인은 알아내기가 어려운 것이니, 겉으로는 그럴듯하지만 사실은 다른 것이다' 하였습니다. 그러나 아랫사람이 성심을 다하여 선(善)으로써 임금을 인도하려 하는데, 그를 보고서 '겉으로는 그럴듯하지만 사실은 다른 것이다' 한다면 이는 매우 불가할 일입니다."

유인숙

조원기가 겨냥한 '군자와 같지만 속은 실상 소인'이라는 것은 도학 정치를 내세우며 사림의 지지를 얻던 조광조를 겨냥한 말이었다. 그러자 사림파인 유인숙이 발끈한 것이다.

이 논쟁은 결국 누가 소인인지를 놓고 물러설 수 없는 '외나무다리'가 됐다. 사림파의 리더 조광조가 움직인 것은 보름 후다. 홍문관 부제학 조광조는 6월 2일 상소를 올려, "지진이 마치 우레같이 일어나서 산천이 흔들려 뒤집히고 인축(人畜)이 놀라 자빠지며, 땅은 터지기도 하고 밀리기도 하여 구덩이를 만들어놓았습니다. 그래서 인심이 흉흉하고 와언(訛言)이 비등하여 어쩔 줄을 몰라 한 것이 하루에도 5~6차례였습니다"라고 운을 뗀 뒤 이렇게 강변했다.

"군자를 제거하느냐 소인을 억제하느냐 하는 것에 국가의 안위가 달려 있으니, 군자·소인을 가려서 진퇴(進退)시키는 것보다 더 급한 것이 없습니다. 전하께서 군자를 들어 쓰지 않으시는 것은 아니지만, 그 군자를 쓰는 데 순정(純正)하지 못한 까닭에, 조정 안에 사(邪)와 정(正)이 섞여 있고, 충(忠)과 참(讒)이 함께 들어와 논의가 분분하고, 흑백이 도치(倒置)되어 있습니다."

그러면서 조광조는 공신들의 작위 삭탈과 재산 귀속, 현량과 실시 등 급진적 개혁 드라이브를 요구했다. 중종이 민심 수습을 위해 조광조의 손을 들어주면서 정국은 사림파가 장악했다. 주요 대신 인사까지 사림파의 뜻대로 기용됐다.

하지만 이것이 조광조의 발목을 잡았다. 조광조의 개혁에도 불구하고 지진은 또 일어났고 우박과 수해까지 이어졌다. 사실 반정으로 왕위에 오른 중종 입장에서는 반정공신들을 부정하는 조광조가 부담스러울 수밖에 없었다. 그래도 조광조의 말을 들어준 것은 그가 사림을 움직여 여론을 형성하는 힘이 있었기 때문이다.

그런데도 자연재해가 계속되자 민심은 악화했고 조광조가 되레 위기에 직면했다. 이쯤 되면 중종 입장에선 짐짓 '과연 누가 소인인 것이냐?'라며 조광조 측을 압박할 수도 있었다. 실제로 그랬다. 이 틈을 노린 훈구파는 대지진은 조광조 세력이 하늘의 뜻을 거스르기 때문이라면서 역공을 취했고, 조광조는 주도권을 잃었다.

얼마 후 사림파가 대거 숙청되는 기묘사화가 일어났다. 천인감응설로 반대 세력을 눌렀던 조광조가 오히려 천인감응설로 되치기를 당한 셈이 됐다.

훗날 율곡 이이는 《석담일기(石潭日記)》에서 조광조에 대해 이렇게 안타까움을 전했다.

"그는 어질고 밝은 자질과 나라 다스릴 재주를 타고났음에도 불구하고 학문이 채 이루어지기 전에 정치 일선에 나간 결과, 위로는 왕의 잘못을 시정하지 못하고 아래로는 구세력의 비방도 막지 못하고 말았다. 그가 도학을 실천하고자 왕에게 왕도의 철학을 이행하도록 간청하기는 했지만, 그를 비방하는 입이 너무 많아 비방의 입이 한번 열리자 결국 몸이 죽고 나라를 어지럽게 했으니 후세 사람들에게 그의 행적이 경계가 되었다."

한반도 덮친 우역으로
조선 경제는 만신창이

"6월 1일, 아랫마을에 소 역병이 생겼는데 말로 다할 수 없다."
"6월 8일, 역병이 크게 기승을 부려 소를 가진 사람들이 모두 피하여 나가서 사람이 밭을 갈았다. 열 사람이 소 한 마리의 힘을 감당할 수 없었다."
"7월 22일, 소 역병이 번져 온 나라가 모두 그러한데, 원근(遠近)에 있는 소들은 이미 다 역병에 걸렸다고 한다. 다행히 역병에 걸리지 않은 소들은 먼저 농가에서 스스로 도살하여 최근에 소를 죽이는 일이 성행했다. 이 또한 변고다. (경상)하도와 (경상)우도에는 소 한 마리도 남은 것이 없고 영천과 안동 역시 그러하니, 내년에 농사지을 일이 몹시 염려된다."

1637년 여름, 경북 안동 선비 김령은 영남 일대에 퍼진 우역(牛疫)의 참상을 《계암일록(溪巖日錄)》에 꼼꼼히 기록했다. 1년 전 평안도에서 시작된 우역이 소백산맥을 넘어 남쪽까지 퍼지자 민심은 크게 동요했다. 병자호란(1636년 12월~1637년 1월)에서 막 벗어난 인조와 서인 정권으로서는 어떻게 해서든 수습해야만 하는 국가적 위기였다.

16세기 후반~17세기 전반의 동북아시아 국제전으로 우역 확산

제러미 다이아몬드는 《총, 균, 쇠》에서 역사의 향방을 결정짓는 요소 중 하나로 균(菌)을 꼽았다. 그러면서 1521년 코르테스가 수백 명에 불과한 전투병을 이끌고 아스테카 제국을 정복할 수 있었던 요인으로 천연두를 들었다. 코르테스가 의도했던 것은 아니었지만 수천 년간 격리된 두 세력이 접촉하는 과정에서 천연두가 퍼지고, 면역력을 갖지 않은 아스테카를 파국으로 몰고 갔다는 것이다.

비록 구세계와 신세계의 만남처럼 극적이진 않았지만, 16세기 후반~17세기 전반의 동북아시아도 비슷한 상황이 전개됐다. 반세기 동안 벌어진 임진왜란(1592~1598년), 정묘호란(1627년), 병자호란(1636~1637년)을 통해 한반도를 중심으로 조선·명(중원)·후금(만주)·일본이 뒤엉켜 유례없는 국제전을 치렀다. 대규모의 군사와 가축이 이동했고 길게 형성된 전선(戰線)을 따라 전염병 병원체들도 함께 이동했다. 임진왜란이 끝난 후엔 '당홍역(唐紅疫)'이라고 불린 새로운 질병이 유행하기도 했다. 워낙 치명적이어서 당시 사람들은 임진왜란 때 살육당한 혼령들 때문에 일어난 것이라고 믿었다고 한다.

17세기 초중반 만주 일대는 전염병이 확산할 조건이 갖춰져 있었다.

첫째, 후금의 군사 활동 방식이다. 후금의 군대는 사냥을 통해 식량을 확보하고 훈련을 겸했다. 또 대규모 가축도 함께 이동했다. 그래서 후금 군대의 이동에는 가축과 야생동물의 접촉이 빈번했다. 이에 대해 한 연구자는 "(후금의 군사 활동은) 전염병 발생의 필요충분조건인 병원체, 숙주, 환경의 3요소를 충족할 수 있는 빈도를 높이는 데 이바지했다"라고 설명했다.

둘째, 후금이 세력을 키우면서 만주에서 실시한 대규모 개간이다. 개간 농장엔 명, 몽골, 조선에서 노획한 포로와 가축이 집단으로 거주했다. 다양한 병원체들이 접촉하면서 전염병이 생겨나기에 좋은 여건이었다.

셋째, 후금(청)이 수차례 벌인 몽골 원정이다. 이 과정에서 중앙아시아와 활발히 접촉하던 몽골을 통해 다양한 병원체가 만주로 들어왔다. 병자호란 때 끌려간 소현세자도 《심양일기(瀋陽日記)》에 이런 정황을 남겼다. 그는 1637년 후금의 수도였던 심양에 7년간 있었는데, 이 기간 중 전염병이 16차례 발생했다고 적었다. 또 홍타이지(청 태종으로 국호를 후금에서 청으로 바꿈)는 전염병을 피하기 위해 밤에 귀환하거나 먼 촌락으로 피신을 갔다고도 기록했다.

17세기 조선을 뒤덮은 우역이 처음 보고된 건 1627년 10월이다. 정묘호란이 일어난 지 5개월이 지난 때였다. 정황상 압록강을 넘어온 후금 군대와 가축에 의해 퍼졌을 가능성이 높았다.

안동 선비 김령이 기록을 남긴 1637년의 우역도 병자호란 전후

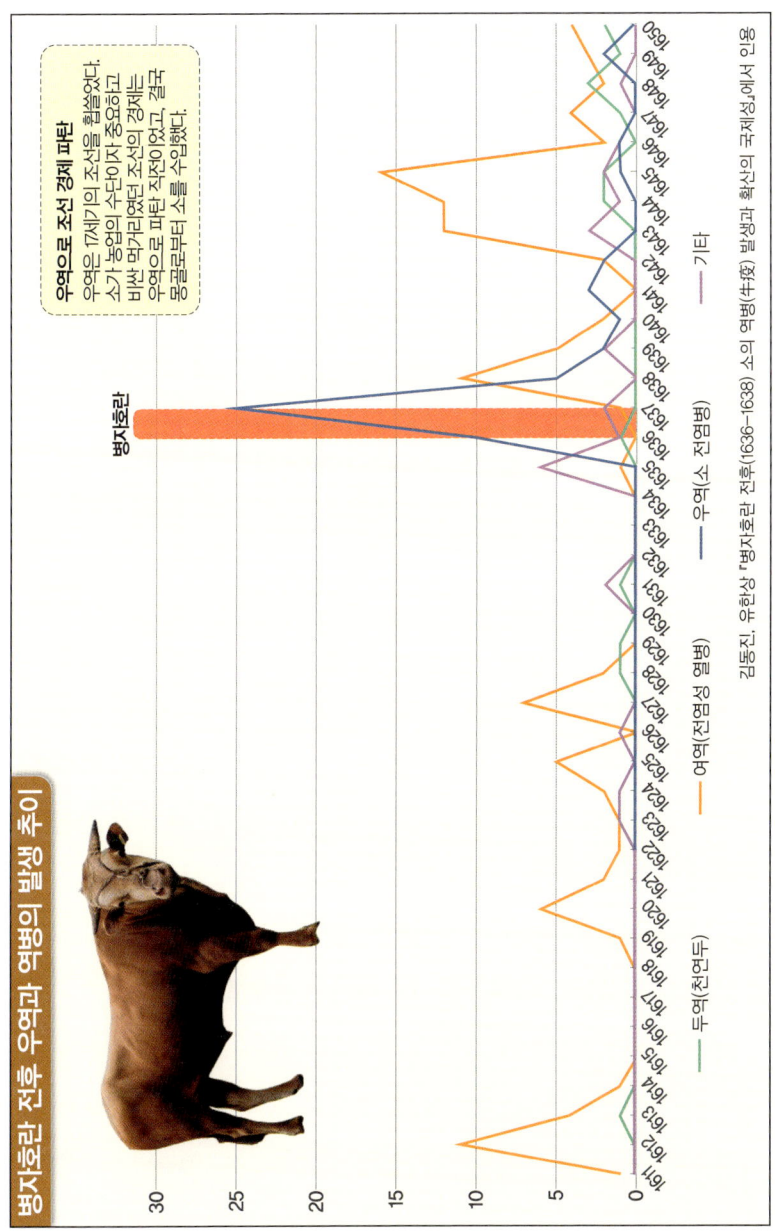

에 발생했다. 조선에서는 1636년 8월 평안도에서 처음 발생한 것으로 보고됐는데, 이로부터 3개월 전 청(후금)의 본거지인 심양 일대에서 이미 우역이 시작된 상태였다. 당시 만주 일대엔 40여 일간 비가 내려 곡식이 익지 않았다고 한다. 전염병이 돌기 좋은 환경이었다.

당시에도 청나라 군대와 우역의 관계를 주목한 사람이 있었다. 조선 중기 무인 조경남은 《속잡록(續雜錄)》이라는 책에서, 병자호란 당시 청나라 군대의 이동 경로와 우역의 확산 경로가 일치한다고 주장했다.

"우역이 크게 번져 살아남은 소가 한 마리도 없다"

지금은 서울에서 부산으로 이어지는 경부고속도로가 가장 중요한 도로로 꼽히지만 조선 시대만 해도 한양 – 평양(황해도)–의주(평안북도)로 이어지는 서로(西路)가 가장 중요한 도로였다. 이 도로를 통해 개성과 의주 상인들이 중국과 무역을 했고 외교 사절들이 오갔다. 한편으로는 대륙에서 쳐들어오는 군용도로가 되기도 했다. 그런 만큼 이 길목은 만주에서 들어온 우역의 유통로가 됐다.

1636년 8월에 시작된 우역은 급속도로 남하했다. 평안도에서 "우역이 크게 번져 살아남은 소가 한 마리도 없다"(《인조실록》 14년 8월 15일)라는 보고가 당도한 지 한 달 만에 한양에서도 "우역이 서쪽에서 남쪽으로 번지고 한양에도 죽는 소가 줄을 이었다"(《인조실록》 14년

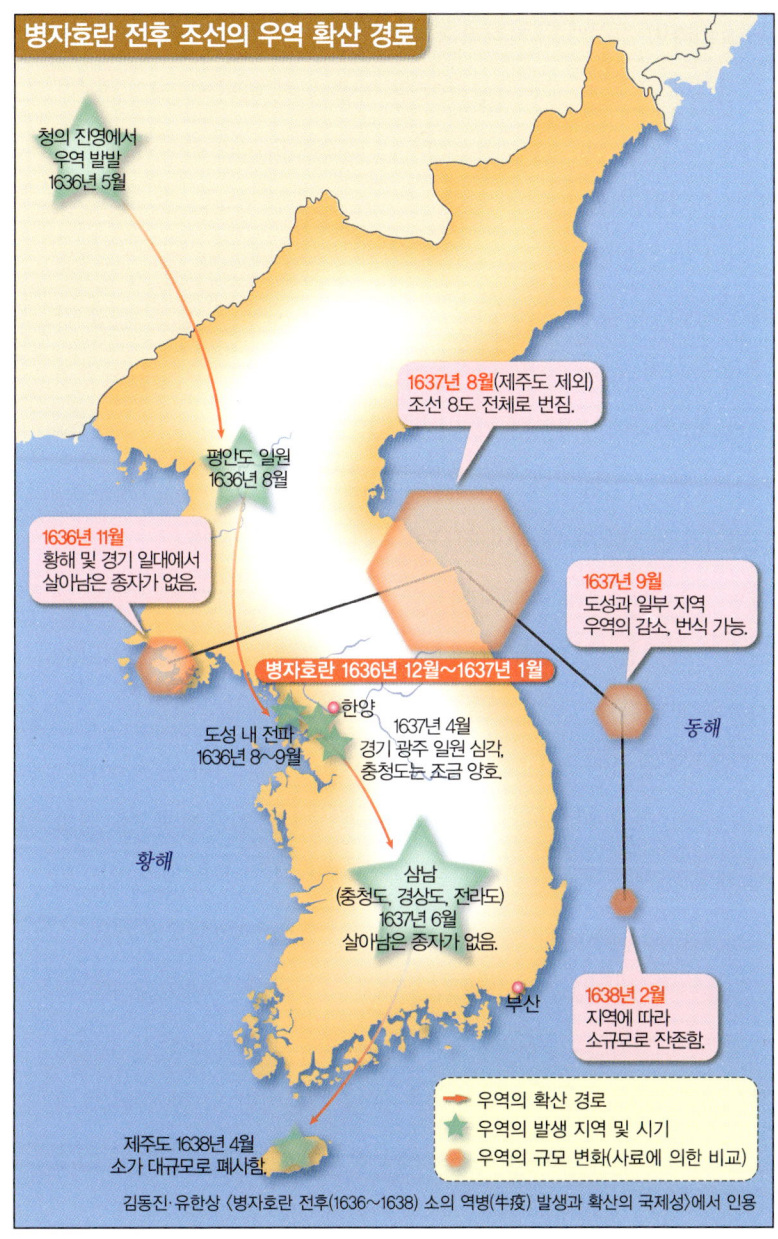

9월 21일)라며 걱정하는 처지가 됐다.

"서로에 우역이 크게 치성하여 열 마을에 한 마리의 소도 없었다(十村無一牛)"(《인조실록》 14년 10월 12일)라는 보고는 당시의 참혹한 광경을 짧게 요약하고 있다.

이런 와중에 병자호란이 12월에 일어나 이듬해(1637년, 인조 15년) 1월에 끝났다. 병자호란 당시 청군은 거의 저항을 받지 않고 한 달 만에 한양까지 왔다. 그럴 수밖에 없었다. 여러 가지 요인이 있었겠지만, 압록강에서 한양까지 이어지는 서로 일대는 우역으로 인해 사실상 텅 빈 상태였다.

병자호란 이후엔 우역이 청군이 머무른 경기도 광주를 기점으로 삼남(충청·전라·경상)까지 확산했다. 지방에서 올라와 청군과의 교전에서 패퇴한 근왕군을 따라 우역의 병원체가 곳곳으로 퍼져나간 것으로 보인다.

"삼남에 우역이 크게 번져 남은 종자가 거의 없어질 정도"(《야언기략(野言記略)》)라는 야사의 기록이 있고, 최명길은 인조에게 "소 역병의 재앙이 매우 혹독하니, 하늘의 뜻이 백성의 목숨을 끊으려는 듯합니다"(《인조실록》 15년 8월 29일)라고 호소할 지경이 됐다.

"(임진왜란·병자호란 같은) 병란의 피해보다 심하다", "만고(萬古)에 없었던 우역"이라는 《승정원일기》의 기록은 당시 패닉에 빠진 조정의 분위기를 그대로 보여준다. 베 10~20필 수준이던 소 한 마리의 가격은 이해 11월 말 40~50필까지 폭등했고, 그마저도 구하기가 쉽지 않았다. 국가 제사에도 소고기를 올리기가 어려운 상황이었다.

"양사가 제향(祭享)에 말린 꿩으로 중포(中脯, 제사에 쓰는 포)를 대신하자고 계청하여 상(왕)이 대신에게 의논하도록 명하였는데, 최명길이 아뢰기를 '꿩으로 소를 대신하는 것은 미안한 일이 될 듯하니 노루·사슴·돼지 세 가지를 그때그때 있는 대로 취하여 중포를 만들어 쓰자'라고 청하자, 상께서 '돼지 포를 쓰기는 미안하다' 하여 노루와 사슴만을 쓰게 하였습니다."
《인조실록》16년 5월 7일

왕실이 이랬으니 민간은 말할 것도 없었다. 혼례에도 소고기 대신 닭고기나 꿩고기, 아니면 생선 등이 등장했다.

우역으로 소가 떼죽음을 당하자 농업에 차질이 생겼다

전통 농업 사회에서 소가 사라지는 것은 단순히 먹거리의 문제가 아니다. 소는 식량으로서 최고급 단백질 공급원이면서 농업 사회에서 가장 중요한 농기구이자 비료의 역할까지 도맡아 했다. 농민들은 소를 이용해 밭을 갈았고, 소의 똥은 농사에 유용한 거름이 됐다. 우역으로 소가 떼죽음을 당하자 당장 농업에 차질이 생겼다. 선조 때도 우역이 들어 "농가에서는 사람이 소를 대신하였는데, 아홉 사람의 힘으로 소 두 마리 몫을 하였다"라고 했는데, 이해의 우역은 역대 최악이었던 만큼 국가 산업의 동력이 멈출 위기였다.

"(우부승지) 이경증이 말하기를 '우역이 크게 번져 한 마을에 (소가) 한두 마리도 없습니다. 이것은 매우 상서롭지 않은 것이니 사람의 힘으로 그것을 갈면 앞에서 대여섯 사람이 끌고 뒤에서 한 사람이 밀어 소의 힘을 대신할 수야 있지만 다만 먹을 것만 없어질 것이 걱정입니다.' 국왕이 말하기를 '사람이 모두 땅을 디뎌 어찌 깊이 갈 수 있겠는가.' 이경증이 말하기를 '충청도는 봄보리를 심은 곳이 많다고 하지만 경기도는 한 마을에서 한두 곳도 갈지 못했다고 합니다. 우역의 재앙은 8도가 다 같아서 가을갈이를 못 하였으니 봄 농사를 알 만합니다. 혹 사람이 대신 갈더라도 남은 힘이 이미 다하였고 철이 이미 늦었으니 논밭을 갈아 일군 것이 얼마나 되겠습니까. 올해는 여물더라도 앞으로 이어갈 수는 없을 것입니다.'"

《승정원일기》 인조 15년 4월 27일

조정은 전국 각지에 소의 도살을 엄금하는 명령을 내렸다. 아프리카돼지열병과 구제역이 발생하면 피해 지역의 소와 돼지를 몰살하는 지금의 방법과는 반대다. 현재의 병리학 개념으로 보면 이해하기 어렵지만, 당시 조선은 도살을 허가할 경우 소의 종자 자체가 끊어질 것을 우려했다. 우역에 쓰러지기 전에 먼저 잡아먹는 게 낫다는 생각에 전국 각지에서 도살이 횡행했기 때문이다. 그래서 우역이 발생하면 일시적으로 소값이 폭락했다가 다시 치솟곤 했다.

조정은 우역에 감염되지 않은 제주도에서 소를 가져오기로 했다. 당시 제주도엔 2만 1,000마리가량의 소를 키우고 있었다. 조선 조정은 1637년 하반기에 제주도에서 소를 가져와 경기도의 각 군현에 100마리씩 나눠주었다. 제주도가 우역 청정 지대였던 것은 바다로 격리되어 있기 때문이다.

하지만 1637년 겨울을 지나면서 이마저도 어려워졌다. 우역이 제주도까지 확산했기 때문이다. 제주목사의 보고에 따르면 키우던 2만 1,000마리의 절반가량이 폐사했다.

청나라의 허가를 받아 조선은 몽골로 소 매매 교섭단을 파견

임진왜란 후 조선 조정은 일본과 교역하는 것을 매우 꺼렸다. 다만 쓰시마섬이 줄기차게 요청하고 성의를 보이자 못 이기는 척하고 부산에 왜관을 열어 제한적인 교역을 허가했다.

그렇지만 우역은 국가적 재난 상황이었다. 조선이 일본을 향해 먼저 손을 내밀었다. 체면이나 명분을 따질 겨를이 아니었다. 국왕은 비변사의 건의를 받아들여 쓰시마섬을 통해 일본소를 도입하기로 결정했다.

> "대마도(쓰시마섬)에는 소가 매우 많다고 합니다. 그래서 그 값이 은자 몇 냥에 불과하다고 합니다. 본국의 사정을 알려 거듭 소를 무역하겠다고 하면 대마도주는 반드시 마음을 다할 것입니다. 대마도의 소가 부족하면 널리 이웃 섬에서 무역하여 부응할 것입니다."
>
> 《왜인구청등록(倭人求請謄錄)》 인조 15년 8월 10일

그런데 이듬해 5월부터 일본 나가토국(지금의 야마구치현)에서 우역이 발생하면서 이마저도 힘들어졌다. 이때 일본에서 발생한 우역은 관서 지역 전체에 퍼지면서 막대한 피해를 입혔는데, 연구자들은 부산-쓰시마섬-일본의 무역 루트를 통해 우역이 전달된 것으로 보고 있다. 시기는 제주도가 우역에 감염된 1637년 겨울일 가능성이 높다.

결국 조선은 당시 우역 '청정 지대'였던 몽골로 눈을 돌리게 된다. 최명길이 사은사로 떠나 청나라의 허가를 받자마자 조선은 몽골로 소 매매 교섭단을 보냈다. 우역 발생 전 한양에서 소 한 마리의 가격은 면포 10필(은 10냥) 전후였고, 우역 때는 30~40냥을 웃돌았다. 역시 우역으로 큰 피해를 입은 만주도 은 30냥 정도였는데, 몽골은 20냥 이하였다. 당시 조선은 사절단에게 1,900냥가량을 주었다고 하니, 소 90~95마리 정도의 구매를 기대했다고 보인다.

성익을 대표로 하는 사절단은 1638년 2월 11일 떠나 5월 24일 한양에 당도했다. 그들이 데리고 온 소는 185마리였다. 기대치의 두 배였다. 여기엔 성익 일행의 필사적인 노력이 있었다. 그들은 최대한 많은 소를 구하기 위해 우역의 피해에서 멀리 떨어진 몽골에서도 가장 깊숙한 내륙 지대까지 들어가 은 10냥 전후로 거래했다고 한다.

이후 어떻게 됐을까. 성익이 소를 가져오고 20년 뒤의 기록이다.

"정축년 난리가 있은 뒤로 … 소가 많이 번식하고 나서 지금은 오히려 민간에 큰 폐단이 되고 있습니다."

《현종개수실록(顯宗改修實錄)》1년 8월 17일

조선은 정축년 우역의 충격을 완전히 극복한 것으로 보인다. 역사책에서 크게 다뤄지지 않은 1638년 '소 사절단'의 활약은 조선 역사에서 단연 손에 꼽힐 만한 무역 거래이자 외교였다. 그래서 훗날 영의정 정태화는 이렇게 회고했다.

"병자년부터 정축년까지 죽은 소가 수도 없어 남아 있는 종자가 거의 없었으므로 국가에서 성익을 시켜 몽골 땅에서 사 왔습니다. 지금 있는 소들은 모두 그 종자입니다." 《현종개수실록》4년 8월 13일

17세기 소빙기 한파로 100만 명 죽은 경신대기근

17세기는 북반구에서 일어난 소빙기 현상이 극에 달했던 시기

1611년 5월, 유몽인은 지리산에 올랐다가 얼음이 녹지 않고 있는 것을 목격했다. 이 광경은 그에게 인상적으로 남았던 게 분명하다. 그는 저서 《어우집(於于集)》에 "저 풍악산(금강산)은 북쪽에 가까운데도 4월이면 눈이 녹는데, 두류산(지리산)은 남쪽 끝인데도 5월이 되어도 얼음이 단단하니, 그 땅의 높낮이를 이로 말미암아 짐작할 수 있다"라고 남겼다. 음력 5월이면 지금으로는 6월에 해당하는 초여름이다.

30년이 지나 1640년에 지리산을 찾은 허목도 비슷한 경험을 했다. 그는 "매우 추워서 산의 나무들이 자라지 못했고, 8월에도 삼동설한(三冬雪寒)이었다"라고 적었다. 허목이 말한 '삼동설한'은 과장이 아니었다. 1643년 8월, 박장원은 지리산의 정상인 천왕봉에서 싸락눈을 맞았다.

　유몽인과 허목이 초여름 찾아간 한반도 남녘 끝자락에서 얼음과 싸락눈을 만난 건 우연이 아니었다. 17세기는 북반구에서 전 세계적으로 일어난 소빙기(小氷期) 현상이 극에 달했던 시기다.

　영국 런던의 템스강이 결빙됐고, 알프스의 빙하가 마을 턱밑까지 내려와 위협했다. 또 연이은 냉해와 흉작 속에 사람들은 흑사병을 비롯한 각종 질병에 시달렸다. 이 시기의 유골을 조사한 결과에 따르면 평균 체격이 지난 2,000년 기간 중 가장 왜소했다.

　중국도 명과 청의 교체기에 해당하는 이때가 유사 이래 가장 기온이 낮은 시기로 꼽힌다. 중국의 유명한 기후학자 주커전(竺可楨)에 따르면, 이 시기는 제5차 소빙기(1600~1720년)에 속하는데, 기후가 한랭해지면서 여름에 눈이 내렸고 큰 비와 해충 등의 피해가 극심했다. 기온은 지금보다 1.5~2℃가량 낮았는데, 이에 따라 농업 생산량이 급감하면서 농민 반란이 수시로 일어났고, 명나라는 결국 이자성의 난으로 무너졌다.

　여름 기온이 평균 1℃만 낮아져도 식물 성장기는 한 달가량 지연되며 곡물을 경작할 수 있는 고도가 150미터가량 낮아진다고 한다. 기록에 따르면 1654~1676년 사이 중국 남부에선 감귤 농사를 접었고, 각종 과일의 개화 시기도 7~10일 늦어졌다.

　일본 역시 예외는 아니어서 이 시기에 냉해와 병충해가 겹치며 대흉작으로 이어졌고, 농작물 가격이 폭등하면서 1641~1643년에는 대규모 기근이 발생했다. 앞서 1637년에는 규슈 서북부 시마하라(島原)에서 농민 반란이 일어나기도 했다.

하지만 당대 사람들이 100년 가까이 지속한 소빙기를 이상 기후라고 인식했을 리는 만무하다. 유몽인은 초여름 지리산에서 얼음을 보았을 때, 금강산보다 높은 지리산의 고도 때문이라고 여겼다. 그것이 조선을 강타할 소빙기의 전조였다는 것을 그때는 알지 못했다.

근래 환경에 대한 인식이 강화하면서 기후 변화에 대한 관심도 높아졌다. 특히 지구 온난화에 대해선 많은 사람들이 인류 역사상 없었던 새로운 위기라고 인식하는 것 같다. 하지만 결론부터 말하면 기후는 안정적인 적이 한 번도 없었다. 지구 온난화도 마찬가지다.

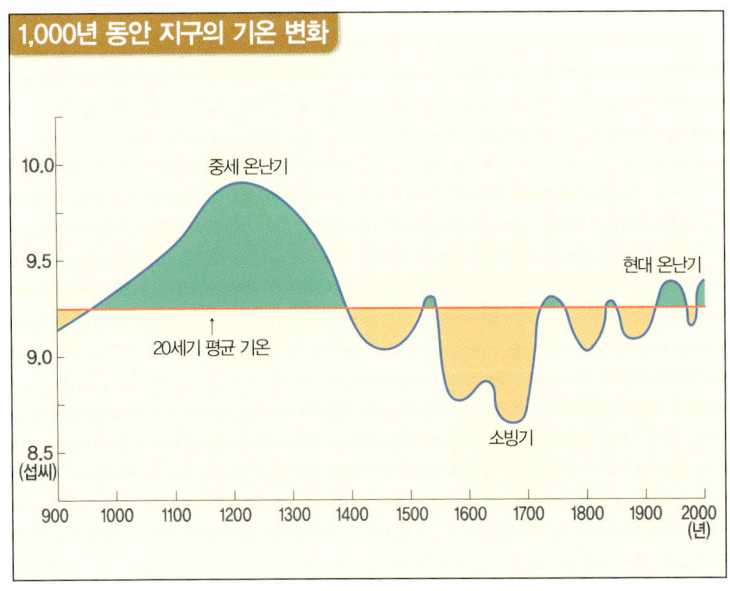

오히려 중세 온난기에는 노르웨이 남부에서도 포도를 재배할 정도로 지구가 따뜻했다. 바이킹들은 아주 짧은 시간이었지만 그린란드로 이주해 농사를 짓기도 했다. 이러한 기후 변화가 왜 일어나는지는 아직까지 명확히 드러나지 않았다. 태양의 흑점 활동이나 해류 변화 등 여러 가지 요인이 거론되고 있을 뿐이다.

어쨌든 당시엔 누구도 온난화를 걱정하진 않았다. 전기와 난방 시설이 없던 당시엔 온난화보다 소빙기 같은 한랭화가 더 큰 문제였다. 가장 큰 산업인 농업에 치명타를 안기기 때문이다. 외국과의 교역이 활발하지 않고 각국이 지금보다 고립된 경제 시스템이다 보니 이는 국가적 재앙으로 연결됐다. 조선은 말할 것도 없었다.

이상 기후인 소빙기의 한파로 조선의 경제도 꽁꽁 얼었다

"예조의 말로 아뢰기를,《월령천신등록(月令薦新謄錄)》안의 생 석수어(石首魚, 조기)를 경기도, 황해도에서 봉해 올려야 하는데, 황해감사는 바닷물이 아직 차서 고기가 나지 않는다며 대죄하고 있습니다."

《승정원일기》인조 8년 3월 22일

조선 시대 기후 변화의 피해를 드러내는 대표적 사례는 공물이다. 조선의 각 군현은 중앙에 매년 정해진 시기에 특산물을 보내야 했다. 이를 공납제(貢納制)라고 한다. 월령천신(月令薦新)은 종묘에 바치는 지방의 월별 특산물이다. 1630년(인조 8년)에 황해감사가 바닷물이 차서 석수어(조기)를 구할 수 없다는 것은, 난류성 어족인 조기가 차가운 수온에 막혀 황해도까지 올라오지 못했음을 의미한다.

병자호란이 일어난 1630년대는 이상 저온으로 어려움을 겪었다. 병자호란이 끝난 해(1637년)에도 "이번 (청나라) 칙사의 행차가 추운 계절을 당하였으므로 생선 따위의 물종을 구해 올 길이 없습니다"《승정원일기》인조 15년 8월 28일)라고 보고할 정도였다.

해산물은 기후 변화에 비교적 피해가 적을 것 같았지만 예외는 없었다. 수온이 떨어지고 결빙 시기가 길어지면서 예전의 경험에 의지한 수산업은 큰 위기를 맞았다. 숙종 28년(1702년) 부제학 김진규는 "동해의 수세(水勢)가 바뀌어 어족이 옮겨 가므로 위험한 기미와 이상한 징조는 지혜로운 자가 아니라 하더라도 대개 말할 수 있다"라고 말했다. 숙종 31년(1705년)에도 등장하는데, "동해의 어산(魚産)이 모두 서해로 옮겨지고…"라는 언급을 보더라도 이는 수온이 낮아지면서 동해에서 서식했던 물고기들이 서해까지 이동했음을 보여준다.

임산물도 마찬가지였다. 남쪽 지방에서 보내는 대표적 공물인 대나무도 남아나질 않았다.

> "경상도가 진상한 8월분 청죽(靑竹)은 크기가 유난히 작고 짧아 공경하고 삼가는 뜻이라고는 조금도 없었습니다."
>
> 《승정원일기》 인조 7년 8월 4일

"근래 양남(兩南)에서 공물로 바치는 청죽이 해가 갈수록 품질이 떨어지고 있지만 … 전라도 담양에서 봉진한 이번 정월령(正月令)의 청죽은 더욱 가늘고 작았습니다. 매우 놀라운 일이니…"

《승정원일기》 인조 13년 1월 3일

청죽은 약으로 쓰는 죽력(竹瀝)을 얻기 위해서 지방에 요구했던 공물이다. 그런데 《승정원일기》를 보면 인조 때는 제대로 자라지 않은 청죽을 보냈다는 내의원의 불만이 수차례 등장한다. 이때마다 조정에서는 해당 지방 수령을 추궁했지만 이 같은 상황은 개선되지 못했다. 이상 저온으로 대나무가 자라지 못하다 보니 지방 수령들도 어찌할 도리가 없었다.

한 연구에서는 《신증동국여지승람》(1531년)과 《동국여지지》(1660년 무렵)를 비교한 결과 대나무 산지가 102곳에서 93곳으로 감소했다는 기록으로 볼 때, 이는 소빙기의 영향일 것으로 추정했다.

소빙기가 기승을 부리던 1655년(효종 6년) 3월과 5월 사이 등장하는 날씨 관련 기사들이다.

"강원도 강릉·양양·삼척에서 바닷물이 사흘 동안 얼어, 도신(道臣, 도관찰사)이 계문(啓門, 제사의 절차)하였다."(3월 3일)

"제주에서 크게 눈이 내려 국마 9백여 필이 얼어 죽었다."(5월 3일)

"황해도에서 우박이 내렸는데 큰 것은 달걀만 하였다."(5월 4일)

"전남도(全南道)에 지진이 있었다. 충청도에 서리가 내리고 한재(旱災)·황재(蝗災)가 있었다. 함경도에서 큰 바람이 불어 모래를 날리고 돌을 굴렸으며 전염병이 크게 성하여 죽은 자가 2백여 인이었다."(5월 6일)

"강원도·전남도·평안도에서 우박이 내렸다."(5월 30일)

경신대기근의 대재난을 겪는 처참함이 실록에 가득했다

조선 역사에서 최악의 기근으로 꼽히는 경신대기근(1670~1671년, 현종 11~12년)도 이 무렵 일어났다. 현종 즉위 때부터 조짐이 좋지 않았다. 늦봄에 경상도와 충청도에 한파와 눈 피해가 나타나는가 하면, 가을엔 냉해가 이어져 농작물에 심각한 타격을 입히면서 각종 전염병이 일어나기 시작했다.

현종 11년 2월 하순에 추위가 시작돼 7월까지 서리와 우박, 눈을 동반한 냉해가 반복되다가 비와 홍수, 예년보다 이른 한파가 몰아닥쳐 곳곳에서 동사자가 나타났다. 때마침 일어난 대규모 우역도 이 같은 상황을 더욱 악화했다.

그해 농사는 기록적 흉년이었다. 농사가 제대로 지어질 리가 만무했다. 흉작이 이어지면서 전국에 전염병도 창궐했다. 일종의 순환 고리 같았다. 자연재해로 농작물이 죽고 기근이 발생하면 농민들은 영양 상태가 악화되면서 면역 기능이 저하됐다. 그러면 평소 걸리지 않던 전염병에도 취약한 상태에 놓인다. 질병으로 노동력을 잃었으니 농사를 또 망쳤다.

경신대기근이 절정에 달했던 현종 12년 여름(6월)의 기록은 읽기만 해도 숨이 넘어가는 듯한 느낌이다. 그야말로 대재난을 겪는 처참함이 실록에 가득 차 있다.

"서울의 기근이 심하여 은 8냥으로 겨우 한 섬의 쌀을 바꾸었다. 사대부의 집에서 앞다투어 비단 옷가지를 가지고 저자에 가서 팔려고 해도 사람들이 돌아보지 않았고, 여느 해에는 서너 냥 정도의 값이 나가는 완구품으로 두어 되의 쌀을 바꾸려 하여도 되지 않았으므로, 모두들 어쩔 줄을 모르고 얼마 안 가서 죽기만 기다릴 뿐이었다. … 사대부로서 벼슬이 낮아 봉록이 박한 자는 태반이나 굶주렸고, 각사(各司)의 원역(員役)들도 거의 다 굶어서 낯빛이 누렇게 떠서 장차 임무를 수행하지 못하게 되었다." 《현종실록》 12년 6월 14일

"(전라감사가 보고하길) 쓰러진 주검이 길에 즐비하고 낯빛이 누렇게 뜬 백성이 수없이 떼를 지어 문을 메우고 거리를 메워 살려달라고 울부짖고 있으며, 맨발에다 얼굴을 가리고 살려달라고 애걸하는 사족의 부녀가 날마다 관아 뜰에 가득합니다. 곡물이 떨어지고 나면 이어서 소금과 간장을 주었고, 소금과 간장이 떨어지고 나면 또 해초류를 주는 등 관아에 저축된 것으로서 입에 풀칠할 만한 것이면 모두 긁어 썼지만 마침내 속수무책인 채 죽는 것만 보고 말게 되었습니다. 역로(驛路)가 모두 비어서 장차 명령을 전달하지 못하게 되었고, 관속(官屬)이 흩어져서 거의 모양을 이루지 못하고 있습니다. 이전에 죽은 자는 다 떠돌며 빌어먹는 자들이었는데, 근일 길에 쓰러진 주검은 모두 본토박이 양민

입니다." 《현종실록》 12년 6월 15일

"(경기감사가 보고하길) 도내 각 고을에서 여역(癘疫, 돌림 열병)으로 죽은 자 이외에 굶어서 도로에 쓰러져 죽은 주검을 묻도록 신칙(申飭, 경계함)하지 않은 것은 아니었으나 굶어서 지친 백성이 실로 거두어 묻기 어려웠으므로 길에서 썩게 되었습니다. 또 흙을 덮더라도 소나기가 한번 지나가면 곧 드러나고 있으니 보기에 참혹한 정상을 이루 다 아뢸 수 없습니다."

《현종실록》 12년 6월 18일

"이달에 도성 안에서 굶고 병을 앓아 죽은 자는 1,460여 인이었고, 각도에서 죽은 수는 1만 7,490여 인이었다. 그 밖에 불에 타고 물에 빠지고 범에게 물렸다는 보고가 잇따랐으며, 도둑이 살해하고 약탈하는 우환이 없는 곳이 없었는데, 호남·영남이 가장 심하였고 두 도에서 돌림병으로 죽은 소도 이루 헤아릴 수 없었다." 《현종실록》 12년 6월 30일

"왕(현종)은 근심하고 노고하며 백성의 생명을 보존하였다"

《증보문헌비고(增補文獻備考)》에 따르면 경신대기근이 시작되고 종료된 현종 10년(1669년)과 현종 13년(1672년)의 호적 기록은 큰 차이가 있다. 현종 10년 가호는 134만 2,274호, 인구는 516만 4,524명이다. 그런데 경신대기근이 종료된 직후엔 117만 6,917호, 469만 5,611명으로 나온다. 가호는 16만 5,357호(12.3%), 인구는 46만 8,913명

현종 10년과 현종 13년 호구 변화의 추이

연대	가호(호)			인구(구)		
	원 수치	가감 수치	가감 비율	원 수치	가감 수치	가감 비율
현종 10년(1669)	1,342,274			5,164,524		
현종 13년(1672)	1,176,917	−165,357	−12.32%	4,695,611	−468,913	−9.08%

(9.1%)이 각각 감소한 것으로 나타난다.

학계에선 실제 호구(戶口, 집과 식구)의 감소 규모는 더 클 것으로 본다. 왜냐하면 이 시기 조선 시대 인구는 1,000~1,300만 명 정도로 추산되는데, 이 시기 호적엔 이의 40~50%만 기록되어 있기 때문이다. 아마도 성인 이하의 연령대나 여성, 노비 등이 통계에서 누락됐을 것이다. 그렇다면 경신대기근 때는 전 인구의 10%인 100~130만 명 가까이가 기아와 전염병에 쓰러졌다고 보는 편이 타당하다. 조선은 소빙기에서 벗어난 18세기 중반에 접어들어서야 이 같은 참상에서 회복하기 시작했다.

어찌 보면 현종은 불행한 군주였다. 당시 재난은 말 그대로 자연재해였다. 당시 수준의 국가 시스템으론 어찌할 도리가 없었다. 현종은 종실에 바치는 각종 공물을 탕감하고, 조정을 독려해 진휼에 나서고, 조세를 감면하는 등 나름 최선을 다했지만 전례 없는 대위기 속에서 역부족이었다. 자연재해를 군주의 몸가짐이나 정치적 올바름과 연결해 해석하던 조선 사회에서 이 같은 미증유의 재난이 현종을 얼마나 괴롭혔을지는 상상하기 어렵지 않다.

같은 시기 유럽도 페스트로 대규모 희생자가 나왔고, 중국과 일본도 비슷한 소빙기의 위기를 겪었지만 (당연히) 현종은 이를 알지 못했다. 결국 그는 "아, 국가가 불행하여 이런 망극한 재변을 당하여 백성이 장차 죄다 죽게 되어 나라가 나라답지 못하니, 두려워서 어쩔 줄을 모르겠다. 차라리 내 몸이 그 재앙을 대신 받고 말지언정 백성이 그 화를 당하는 것을 차마 못 보겠다"라고 토로했을 정도다.

스스로 감당할 수 없는 자연재해를 해결하느라 모든 에너지를 쏟았던 것일까. 현종은 경신대기근이 종식되고 3년 후 사망했다. 그가 붕어했을 때 기록된 《실록》의 행장은 그의 생애를 이렇게 반추하며 위로했다.

"비록 좋지 못한 운과 어려운 때를 만나 수재·한재·풍재(風災)·상재(霜災)가 없는 해가 없었으며 백성들이 병들고 외세가 핍박하였으나, 왕은 근심하고 노고하며 가다듬음으로써 하늘의 마음을 감동시키고, 걱정하고 충애(忠愛)함으로써 백성의 생명을 보전하였다."

백성 위한 호랑이 사냥이 결국 백성만 잡았다

일제 강점기에 한반도에서 호랑이의 씨가 말랐다?

영화 「대호」는 조선의 마지막 호랑이에 대한 향수가 겹쳐지면서 많은 주목을 받았다. 영화를 본 뒤 일본의 무분별한 사냥이 한반도에서 호랑이의 씨를 말렸다며 비판하는 반응이 적지 않았던 것으로 기억된다. 사실 영화 개봉 전에도 일본은 호랑이 씨를 말린 주범으로 지목되어왔다.

예부터 일본은 호랑이에 집착했다. 일본 열도에 없는 호랑이는 신비한 영물이었다. 《조선왕조실록》엔 일본 측이 호피(虎皮)를 요청했다는 기사를 어렵지 않게 찾아볼 수 있다.

"일본국 비전(肥前, 사가현)의 승려 길견창청(吉見昌淸)이 사람을 보내어 칼 6자루를 바치고 베(布)와 호피 등의 물건을 요구하므로, 모시와 삼베 각

각 5필과 호피 5장을 하사하였다." 《세종실록》 즉위년 10월 29일

"중국에 진헌(進獻)하는 표피(豹皮)·수달피(水獺皮)와 일본에 내려보내는 호피라면 반드시 머리와 꼬리와 네 발이 완전하게 갖추어진 것만 바치는 것이 가(可)하고…"라는 《문종실록》의 기록에 비추어 볼 때, 조선은 통상적으로 명나라엔 표피(표범 가죽)를, 일본엔 호피를 보냈던 것 같다.

임진왜란 때 2군 선봉장을 맡았던 가토 기요마사가 자신의 무용을 선전하는 수단으로 호랑이 사냥을 이용했던 것도 유명한 사례다.

일제 강점기에는 사업가 야마모토 다다사부로(山本唯三郎)가 30여 명의 포수로 구성된 정호군(征虎軍)을 만들어 화제가 됐다. 그는 1917년 11월 12일부터 동년 12월 3일까지 한반도를 누비며 호랑이 사냥을 다녔다. 한반도에서 호랑이를 사냥해 잡았다는 마지막 기록은 1924년이다. 20세기 초반 일본의 대대적인 사냥이 한반도에서 호랑이의 멸종에 결정타가 된 것은 분명해 보인다.

그렇지만 일제 강점기 전에 한반도엔 호랑이가 많았느냐고 되묻는다면 그건 다른 문제다. 국가적인 지원을 받은 야마모토 정호군이 수많은 화제 속에서도 호랑이를 2마리밖에 잡지 못했다는 것은 당시 호랑이가 이미 희귀한 존재였다는 사실을 방증하기 때문이다. 실제로 일제 강점기에 잡힌 호랑이는 141마리라는 기록도 있다. 물론 이것이 적다고 할 수는 없지만, 반대로 이것 때문에 호랑이가 멸종했다고 단정하기도 애매한 측면이 있다. 일제에 앞선 조

선이 호랑이에게 매우 가혹한 국가였기 때문이다.

참고로 호랑이는 범(虎)과 이리(狼)의 합성어이고 조선 시대엔 이를 분리해 사용했지만 오늘날엔 호랑이가 범을 지칭하기 때문에 이 글에서는 호랑이로 표기했다.

조선 초기 대규모 농지 개간으로 호랑이 생태 환경 위협

"범을 잡으소서. … 만일 동왜(東倭)와 북적(北狄)이 우리 경계를 침범하여 노약(老弱) 2, 3구(口)를 노략질하여도 군사를 일으켜 토벌하여 국위를 보이는데, 하물며 이러한 악한 범이 인물을 상해하여 그침이 없는 것이겠습니까? 옛적에 주공(周公)이 호표서상(虎豹犀象, 호랑이, 표범, 물소, 코끼리)을 몰아낸 것은 백성의 해로움을 제거한 것입니다."

《성종실록》 5년 윤6월 25일

성종 때 김인민이라는 관리가 올린 상소 중 일부다. 성리학을 국시로 삼은 조선의 건국 세력은 상업을 억누르고 농업을 장려했다. 고려 말 토지개혁을 추진했던 이들에게 농지 확보는 가장 시급하고도 중요한 과제였다. 그래서 조선 초기부터 고려 시대에 방치했던 진황지나 구릉, 또는 수택(水澤, 물이 질퍽하게 괸 넓은 땅) 등에 대한 개간을 장려했다.

일본 도다이지(東大寺) 쇼소인(正倉院, 정창원)에 보관된 신라 민정 문서에 따르면, 촌역에서 경작지의 비율은 4% 남짓이었다. 90% 가까이 되는 구역이 미개간지로 남아 있었다는 이야기다. 물론 고려 시대엔 이보다 많이 개발되었겠지만 고려 말~조선 초까지 획기적인 차이는 없었을 것으로 추정된다.

조선 건국 직전인 1389년 실시한 양전(量田, 토지 조사)에 따르면 전국의 경작지는 79만 8,000결이었다. 그런데 《세종실록》 지리지를 보면 토지 면적이 171만여 결까지 확대됐다. 당시 개간 작업이 얼마나 치열했는지를 보여주는 단면이다. 특히 이 시기엔 조선 초 새로 확보한 평안·함경도 일대에 사민 정책을 벌이면서 농지 개척에 박차를 가했다. 호랑이들이 많이 활동했을 평안도만 해도 태종 때 경작 면적은 6,648결에 불과했지만, 17세기가 되면 15만 결로 무려 20배 이상 확장했다.

이런 과정은 필연적으로 야생동물들의 생활 공간을 침범했다. 특히 호랑이가 모여 사는, 초목이 무성하고 물가가 가까운 낮은 구릉 지대는 개간하기 좋은 공간이었다. 또 호랑이의 먹이인 사슴, 노루 등의 거주지이기도 했다.

그러다 보니 사회 곳곳에 호환이 잦을 수밖에 없었다. 궁궐에도 침범해 왕(태종)을 위협하는 일도 있었는데, 일반인은 말할 것도 없었다. 김인민이 성리학에서 이상적 지도자로 떠받드는 주공의 예를 들면서 맹수 사냥을 강조하고 나선 것도 무리는 아니었다. 조선이 전국 군현에 매년 호랑이와 표범을 잡도록 지시한 것은 이런 이유였다.

인조 11년(1633년) 전라도 무안현감이던 신즙은 《하음집(河陰集)》을 통해 "(본현은) 매년 겨울 석 달 동안 잡은 게 겨우 1~2령입니다. …

광주와 나주와 같은 큰 고을은 땅이 넓어 궁노와 함정을 설치하지 않은 곳이 없으므로 석 달에 3령을 어렵지 않게 잡을 수 있습니다"라는 기록을 남겼다. 김동진 전 한국교원대 교수는 이를 통해 전국 330여 개 군현에서 매년 1,000여 마리의 호랑이와 표범을 잡아 진상했다며, 이 중 호랑이는 440~743마리일 것으로 추정했다.

지방 수령들에게만 맡긴 것이 아니라 중앙 정부 차원에서도 적극적으로 나섰다. 조선이 개국 초부터 운영한 착호갑사(捉虎甲士)는 호랑이 사냥을 전문으로 했다. 이들은 조선의 정예 병력인 갑사 중에서도 최정예였다. 정확한 창설 시점은 알 수 없지만 '착호갑사'라는 명칭이 《태종실록》에 등장하는 것을 감안하면, 아무리 늦어도 태종 시기엔 창설됐음을 알 수 있다.

▶ 「수렵도(狩獵圖)」, 이인문, 국립중앙박물관 소장.

"경상도 도관찰사 이은(李殷)과 경력 은여림(殷汝霖)을 파직하였다. 처음에 주인기·공계손 등이 경상도에 가서 착호갑사라고 거짓으로 칭하니, 이은이 임의로 군마(軍馬)를 조발하여주어서 성주(星州)에서 호랑이를 잡았다." 《태종실록》 16년 10월 27일

《경국대전》에 따르면 착호갑사는 440명이며, 성종 때부터는 각 주(州)와 부(府)에 50인, 군(郡)은 30인, 현(縣)은 20인을 정액으로 착호인(捉虎人)을 선발해 운영했다. 호랑이 사냥꾼은 전국적으로 1만여 명에 달했다.

고려의 불교에서 조선의 성리학으로 넘어간 사상적 전환도 뒷받침이 됐다. 성리학은 철저하게 인간을 위한 사상이다. 생명 살상을 반대하고 만물의 본성을 인정하는 불교와는 시각이 달랐다. 백성의 안정을 위해 맹수를 축출하는 것은 민본주의에 따라 군주의 의무로 칭송받았다.

"우리 고을에 무슨 호랑이가 있다고 호랑이 값을 거두는가?"

아무리 좋은 제도라도 시간이 지나면서 당초의 취지가 변질되고 허점이 드러나기 마련이다. 조선의 포호 정책도 마찬가지였다.

조선의 재정은 토지에서 거두는 전세(田稅), 지방에서 토산품을 현물로 보내는 공납, 노동력에 해당하는 역(役)으로 꾸려졌다. 이 중에서 백성들을 가장 괴롭힌 건 공납이었다. 앞서 언급한 대로 조선

은 전국에 호랑이와 표범 가죽을 바치게 했지만, 이는 얼마 지나지 않아 한계에 직면했다.

일단 호랑이는 쉽사리 잡히는 동물이 아니고, 활동 반경이 넓어 서식지 파악조차 힘들었다. 특히 한강 이남은 개발이 집중되면서 호랑이가 살 수 있는 공간도 대부분 사라졌다. 이미 《문종실록》에는 "하삼도의 인구가 날로 번창하여 백성들이 조밀하게 거주하니, 산마루의 땅을 더하여 아울러 모두 경작하고 개간하였으므로, 금수(禽獸)가 번식할 수 없습니다"라는 보고가 기록될 정도였다.

당초 백성을 위한다며 시작된 호랑이 사냥이 도리어 백성을 괴롭히는 수단으로 변질되는 것은 필연적이었다.

조선 초부터 호랑이 가죽을 구하지 못한 고장에선 다른 고장에서 구입해 정부에 바치는 대납이 진행됐다. 수령들로서는 어처구니가 없는 일이지만 규정이니 어쩔 수 없었다. 호피 가격은 자연히 뛸 수밖에 없었다.

성종 때 무명 30여 필이던 호피 가격은 다음 왕인 연산군 초기엔 80필까지 치솟았고, 명종 때는 상태가 좋은 호피가 350~400필까지 호가하기도 했다.

더군다나 호랑이를 잡으면 지방 수령들에게 포상이 주어진 것도 일을 더 꼬이게 만들었다. 수령들은 호랑이 잡기에 혈안이 되었다.

"수령이 1년에 호랑이 10마리 이상을 잡으면 계급을 더하는데, 도둑을 잡는 것은 논상하는 법이 없습니다. 이제 남포현감이 수적 10여 인을

조선 전기의 호랑이 출현 수, 호피 사용량, 호피 가격 추이

김동진, 「조선전기 포호정책 연구에서 인용

조선 시대의 호랑이 사냥과 호피
호환(虎患)을 막기 위해 호랑이 사냥을 장려하고 호피(호랑이 가죽)를 국가에 바치게 했던 조선은 중국과 일본 사신에게도 호피를 선물할 정도로 호랑이가 많았다. 그러나 영조 즉위 후 호피를 바치는 제도는 영구 폐지되었다.

- 호랑이 출현(마리)
- 조정의 호피 사용량(장)
- 호피 가격(면포, 필)

기간	1392~1411	1412~1431	1432~1451	1452~1471	1472~1491	1492~1511	1512~1531	1532~1551	1552~1571	1572~1591
호랑이 출현(마리)	9	16	7	109	37	23	61	15	30	0
호피 사용량(장)	28	131	166	189	385	37	0	7	2	9
호피 가격(면포, 필)	0	0	20	0	25	80	0	0	375	400

잡았으니, 어찌 호랑이 10마리를 잡은 공만 못하겠습니까? 청컨대 도적을 잡으면 논상하는 법을 세워서 권면하게 하소서."

《성종실록》 20년 3월 15일

이 무렵 경상도 안동에 사는 생원(生員) 이포는 "요즘 수령들이 산행(山行)에서 잡은 것(호랑이)을 모두 제 소유로 만들고, 공물은 대신 시중에서 사서 바치는데 호피 한 장의 값이 쌀로는 30여 석이요, 무명으로는 7~8동(同)이나 됩니다. 이 쌀과 무명을 백성들에게 할당하고 기한을 정하여 독촉해서 며칠 안으로 거두어들입니다"라고 상소를 올릴 정도로 폐단이 심각했다.

호피는 고위층에 바치는 뇌물로 쓰였고, 시중에 내다 팔아도 정부가 책정한 가격보다 비싸게 거래됐기 때문에 여러모로 유용했다. 백성을 구하고 민폐를 제거하려는 정책이 오히려 착취 수단으로 변질되었던 것이다.

이런 가운데 17세기에는 안 그래도 감소하던 호랑이 생태계에 큰 충격이 강타했다. 병자호란이 일어난 1630년대와 경신대기근이 몰아닥친 1670년대에 우역이 만연하면서 사슴과 멧돼지들이 사라지기 시작한 것이다. 먹잇감이 없어진 호랑이는 인가로 밀어닥쳤고, 《실록》의 곳곳에는 호환이 기록으로 남았다.

여기에 때마침 전 세계적 소빙기 현상이 일어나 기온이 내려갔고, 땔감을 구하려는 인간의 노력은 벌목으로 이어져 어지간한 산은 민둥산으로 변하기 시작했다. 안 그래도 위축된 호랑이의 서식

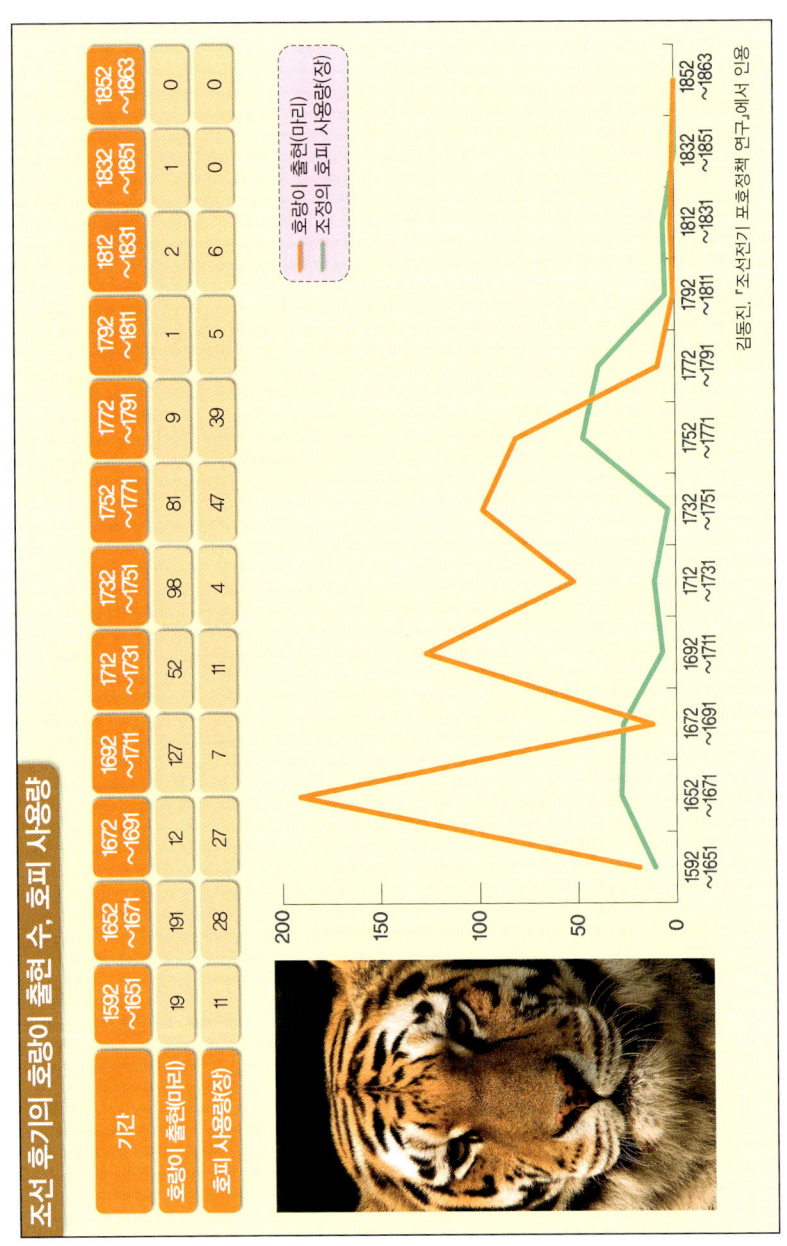

공간이 더욱 좁아진 셈이다.

　조선 후기가 되자 호랑이는 더 이상 쉽게 사냥할 수 있는 존재가 아니라는 점이 명확해졌다. 국가도 더 이상 호피를 가져오라고 독촉할 형편이 아니라는 것을 명확하게 인식했다. 그래서 호피를 구할 수 없는 현실을 반영해 쌀이나 무명으로 호랑이 가죽의 가격을 지불하는 호속목(虎贖木)이라는 제도가 생겼다. 하지만 이것은 일종의 벌금이었다. 호랑이 사냥을 책임지지 못한 지방 수령의 몫이었고, 이는 결국 해당 백성들에게 거둘 수밖에 없었.

　거듭 말하자면 당초 조선이 호랑이 사냥을 지시했던 목적을 떠올려보면 이 같은 조치는 본말이 전도되어도 한참 전도된 것이었다. 결국 호속목도 영조 때 철폐됐다. 한반도에 더 이상 호랑이가 충분하지 않다는 사실을 공식적으로 인정한 셈이다. 영조 즉위년《영조실록》의 내용이다.

"백성이 모두 말하기를 '우리 고을에 무슨 호랑이가 있다고 호랑이 값을 거두어들이는가?' 하고 있으니 … 만약 견감해주고자 한다면 호속목만 한 것이 없습니다."　　　　　　　　　　　　　　　　　영의정 이광좌

"비록 백성을 위해 해를 없애려는 데에서 나온 것이나 호랑이를 잡기가 쉽지 않고, 다만 쌀과 베만을 징수하고 있으니 그 해가 도리어 호랑이보다 더 심하다. 이미 그 해를 알았으면 없애는 것이 옳다."　　　　영조

딸의 부동산 투기에는 영조도 눈을 감았다

서울의 집값 문제는 조선 시대에도 큰 고민거리였다

"집값을 200냥 올린 것은 참으로 본디 헤아렸던 바가 아니지만 … 사람으로 하여금 속이 뒤집히게 한다." (1784년 7월 27일)

"집을 사는 일이 참 어렵다. 모두 이와 같다면 누가 집을 사려고 물어보겠는가?" (1784년 8월 6일)

조선 정조 때 한양에 거주했던 유만주(俞晩柱, 1755~1788년)라는 인물이 남긴 일기의 한 대목이다. 서울의 집값 문제는 조선 시대에도 큰 고민거리였다. 인구는 계속 늘어났지만 지금처럼 대규모 주택 공급이나 신도시 개발을 생각할 수 없는 시대였던 만큼, 어떤 면에선 지금보다 더욱 어려운 문제였을지도 모른다.

조선 태조 이성계는 한양에 도읍을 정한 뒤, 개경에 살던 사람들을 대거 이주시키면서 한양의 토지를 나눠줬다.

태조 4년, 땅을 나눠준 기준을 보면 정1품은 35부(負)를 받았다. 1부는 오늘날로 환산하면 140.83제곱미터 정도다. 그러니까 정1품에 오르면 4,929.05제곱미터(1,493평)를 받은 셈이다. 정2품은 30부(1,280평), 정3품은 25부(1,066평), 한 품에 5부씩 차등을 두었고, 7품 이하부터는 2부씩 내려 서민은 2부(85평)를 받았다. 지금 기준으로 보면 넓다고 생각할 수 있지만, 한 연구에 따르면 당시 건폐율(토지 면적에 대한 건물 면적의 비율)은 10% 초반에서 30% 정도였으니 실제 거주 면적은 이보다 훨씬 작았을 것이다.

한양을 수도로 삼았을 때, 전체 면적은 약 500결이었다. 10만 명 정도가 살기 적합한 크기였다. 지금은 인구 증가를 당연시하지만

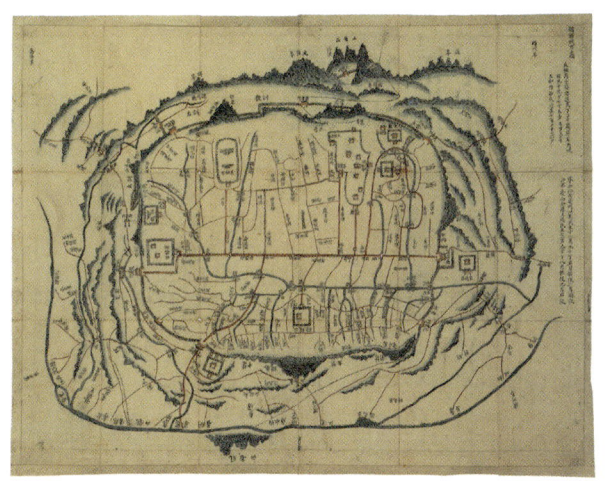

▶ 「조선성시도(朝鮮城市圖)」에서 한양도성, 서울역사박물관 소장.

전근대 사회에서 인구 증가율은 극히 낮았다. 특히 고려 시대까지만 해도 인구는 거의 늘어나지 않았기 때문에 조선의 지도층은 한양에 주택 부지를 충분히 마련해야 한다는 생각을 하지 못했다.

그런데 조선 시대는 논농사가 확대되면서 농업 생산력이 비약적으로 늘었고, 한양의 인구도 꾸준히 증가했다. 10만 명 규모로 계획된 한양은 이미 세종 때 주택이 부족하다는 우려가 나오기 시작했고, 건국한 지 100년가량이 지난 성종–연산군 대에 이르면 심각한 문제로 자리 잡게 된다.

18세기 100여 년 동안 서울 집값은 10배가량이 뛰었다

지금까지 전해지는 18~19세기 장통방(서울 남대문로와 서린동 일대)의 주택 매매 기록에는 당시 한양 집값의 변화가 고스란히 담겨 있다. 1719년 160냥에 거래된 집이 1764년엔 200냥, 1769년엔 300냥, 1783년엔 350냥으로 서서히 오르다가 1800년엔 900냥, 1830년 1,205냥, 1831년엔 1,500냥으로 급격히 상승했으니, 100여 년 동안 10배가량 뛴 셈이다.

당시 매매 기록을 보면 주택 거래는 활발한 편이었다. 평균 5~6년마다 집주인이 바뀌었는데, 3~4개월 만에 바뀌는 경우도 있었다. 앞에서 소개한 유만주는 이사를 가기 위해 부동산 중개업자의 소개로 후보지 6곳을 둘러보기도 했다.

또 리모델링과 재건축을 통해 집값을 높이는 것도 조선 역시 다르지 않았다. 위에서 언급한 장통방의 주택 매매 기록에도 이런 사실이 나온다. 1764년 이 집(기와집 19간·빈터 30간)을 200냥 주고 매입했다. 전만배(田萬培)는 5년 뒤 이 집을 부수고 기와집 16간·빈터 33간으로 새로 지어 김두규(金斗奎)에게 300냥을 받고 팔았다. 집 규모는 기와집 19간에서 16간으로 줄었지만 100냥 더 받은 것이다. 새로 지은 집이기 때문으로 보인다. 1783년엔 김경서(金景瑞)라는 사람이 300냥에 산 뒤 1년 만에 3간을 더 늘려 350냥에 판 기록도 있다.

비슷한 기록이 정선방(종로구 낙원동, 익선동 일대)의 가옥 매매 기록에도 나온다. 18간짜리 기와집을 750냥에 사서 21간짜리로 확장한

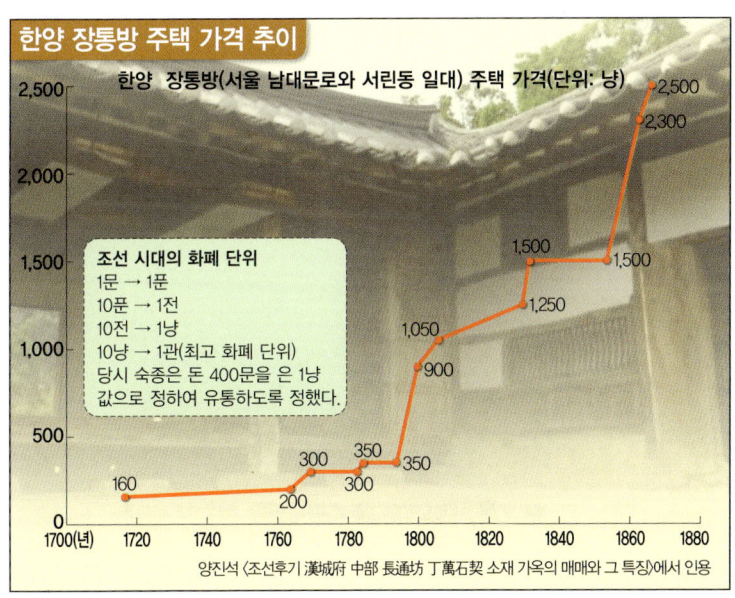

양진석 〈조선후기 漢城府 中部 長通坊 丁萬石契 소재 가옥의 매매와 그 특징〉에서 인용

뒤 1년 만에 1,000냥에 판 기록이 있다. 재건축을 해서 집값을 30% 가량 높여 되판 셈이다.

아래는 18~19세기 쌀값의 변화 추이를 기록한 그래프이다. 이 그래프를 보면 18세기만 해도 쌀값은 비교적 안정되어 있는 반면, 집값의 상승 폭은 매우 크다는 것을 알 수 있다.

또한 노른자 땅에는 프리미엄을 붙이는 관행도 있었다. 세조 때는 원각사를 짓기 위해 시전, 그러니까 조선 시대 상가가 밀집해 있던 종로 일대 민가를 철거했는데, 이때는 시세의 3배를 더 얹어 줬다는 기록이 《조선왕조실록》에 나온다. 그 이유를 당시 신숙주는 이렇게 설명했다.

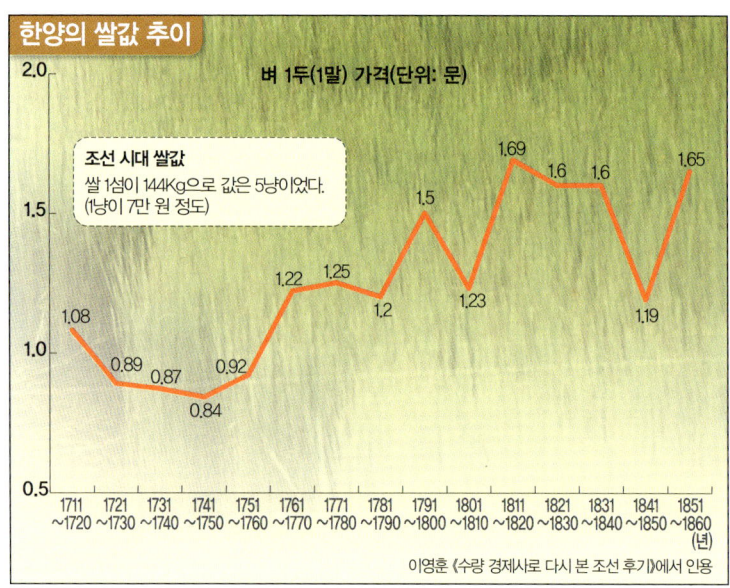

"저자 사람들이 아침저녁으로 이권(利權)을 노리는 땅이니, 세 갑절로 하여 주는 것이 편하겠습니다." 《세조실록》 10년 6월 15일

18세기, '금수저' 자녀도 한숨 쉰 서울 집 구매

이런 형편이니 한양에서 좋은 집을 구매한다는 것은 갈수록 어려워졌다. 18세기가 되면 대출이나 집안 찬스를 쓰지 않고서는 양질의 주택을 구입하기가 만만치 않았던 것 같다.

앞서 소개한 유만주는 과거에서 번번이 낙방한, 변변한 직업이 없는 사대부 집안의 자제였다. 그러나 그의 일기에는 1,000냥에서 2,000냥가량 되는 주택을 몇 차례 사들인 일이 나온다. 그가 집을 매매하던 1780년대 장통방과 정선방 일대 기와 14간 주택이 300냥 정도에 거래됐으니, 퍽 고가의 주택이었다.

그가 서울에서 비싼 집을 구입할 수 있었던 것은 아버지와 넉넉한 친척들의 도움 덕분이었다. 그는 아버지나 친척에게 수백 냥을 빌리고 사채업자에게 1,000냥 정도 대출을 받아 주택을 매입하곤 했다. 또 돈을 빌릴 때는 사채업자에게 편지를 보내 매매하는 집 주소를 상세히 알려주기도 하고, 부동산 업자는 집의 도면을 그려줘 주택의 가치를 알렸다는 내용도 있다. 사실상 오늘날의 주택담보대출 방식과 비슷하다는 것을 알 수 있다.

이때 주택 매매를 알선하고 도와주던 이들을 '집주름'이라고 불렀다. 지금의 부동산 중개업자였다. '금수저'에 백면서생인 유만주

는 집주름의 농간에 휘둘려 마음을 상하곤 했다. 1784년 4월 18일 일기엔 1,200냥이었던 집 가격을 당일 1,300냥을 요구받아 당황하는 대목도 나온다.

고위 공직자들도 한양의 주택시장을 교란하는 데 한몫했다

> "그리고 들건대 '소격서(昭格署) 앞에 정효상의 집이 두 채나 있으며, 재상들이 서로 다투어 두 채씩 짓기 때문에 소민(小民)들이 성중(城中)에 거접(居接)할 수 없다' 하니, 그 폐단이 작지 않다."
>
> 《성종실록》 12년 1월 27일

한양의 주택시장을 교란한 것은 공직자들도 한몫했다. 이미 성종 때는 고위 공직자의 2주택 문제가 불거졌다. 그래서 영조는 공직자가 일반인의 집을 사들이는 것을 막았고, 그래도 해결되지 않자 도성 안 집 매매와 전세를 모두 금지하는 극단적인 조치를 취하기도 했다. 이를 어기면 관리는 벼슬길을 2년 동안 막고, 유생들은 6년간 과거 시험 응시 자격을 박탈했다. 또 일반인의 집을 사들인 공직자에겐 1년 안에 모두 집을 내놓도록 했다.

> "어영대장 홍봉한이 임금에게 아뢰기를 '이번에 (주택을) 팔고 사는 것을 모두 금지하신 하교는 성의(聖意)를 우러러 알 수 있습니다마는, 이보다 앞서 매입한 것을 하루 이틀 안에 모두 도로 물리게 하면 매우 소요스

러울 것이며 … 사대부도 전하의 백성이니 마땅히 진념(軫念)하는 방도가 있어야 할 것입니다' 하니, 임금이 말하기를 '적간(摘奸, 부정한 일에 대한 조사)에 들지 않은 자는 탕척(蕩滌, 사면)하고, 그 나머지는 올해 안으로 도로 물리게 하라'." 《영조실록》 30년 7월 16일

당시 이 법안은 큰 혼란을 가져왔다. 왕의 외척인 홍봉한의 발언에서도 당혹과 우려가 느껴진다. 실제로 이 법안은 집이 없거나, 생계를 위해 어쩔 수 없이 이사해야 하는 사람들이 관리에게 뇌물을 바쳐 몰래 이사를 가는 부작용을 낳기도 했다. 하지만 무엇보다 곤란했던 것은 왕의 측근들조차 지키지 않다가 적발됐다는 점이다.

"좌의정 김상로가 차자를 올렸는데, 대략 이르기를, '신과 중신(重臣) 원경하가 장통교(長通橋) 남쪽에 여염집을 사서 이웃이 되어 차례로 들어가 산 것은 모두 10여 년 전의 일인데, 신이 개천(청개천) 북쪽으로 옮겨 산 지는 겨우 3년이 되었고, 중신은 아직 그대로 살고 있습니다. 그런데 이제 중신은 그대로 살다가 죄를 받았고, 신은 옮겨 살았기 때문에 요행히 면하였습니다. 청컨대 신이 일찍이 법금(法禁)을 범한 죄를 살펴 바루소서'." 《영조실록》 30년 7월 1일

원경하는 부제학 등을 역임한 영조의 측근이다. 원경하와 김상로는 법을 어기고 장통교 인근 일반인의 집을 사들여 살았는데, 원경하만 적발됐고 좌의정 김상로는 3년 전 다른 곳으로 이사한 덕분

에 적발을 면했다. 하지만 김상로는 자수했다. 조사가 진행되면 자신도 걸려드는 것이 시간문제라고 생각했는지도 모른다.

주택 매매 통제한 영조도 자녀 문제에선 자유롭지 못했다

그렇다면 국왕은 한양 집값 문제에 떳떳했을까. 주택 가격을 흔든 것은 왕실도 마찬가지였다. 왕자나 공주가 결혼해 독립하면 집을 지어줬는데, 풍수상 좋은 땅에 적지 않은 규모의 집을 지으려다 보니 문제가 생겼다. 그런 곳은 이미 집이 들어서 있는 경우가 많았던 것이다. 그래서 부득이하게(?) 일반 서민들의 가옥을 수십 채 철거하고 집을 짓곤 했다. 세종 때는 영응대군의 집을 짓기 위해 안국동 일대 가옥 60채가 철거됐고, 문종 때도 경혜공주의 집을 짓기 위해 가옥 40채가 철거됐다.

이때 조정은 잡음이 나오지 않게 하려고, 철거하는 집들을 시세보다 비싸게 사들이곤 했다. 이것은 집값을 상승시키는 요인이 됐다. 생각해보자. 자금이 풍부한 왕실에서 프리미엄을 얹어 구입한다는 '기대심리'가 지속되는데 집값이 뛸 수밖에 없지 않을까. 궁에서 가까운 안국동 같은 북촌이 주 대상이었다.

그래서 신료들은 이미 가옥이 들어선 곳 외에 빈 땅에 지어야 한다고 몇 차례 건의하기도 했다. 그러나 이때마다 국왕은 "마땅한 빈 땅을 구하는 것은 어려우니 집값을 넉넉히 주어 사들이라"라고 일축했다. 국왕 스스로도 '내 자식은 노른자 지역이 아니면 안 된다'라고 하는데 집값이 통제될 리가 없었다.

주택 매매 통제라는 강력한 규제까지 들고 나왔던 영조도 자녀 문제에선 자유롭지 못했다. 영조 10년, 부제학 이종성의 상소 중 일부다.

> "옹주가 사여(賜與)받은 저택 옆에 있는 여염집을 많이 사서 장차 개척(開拓)하여 집을 지으려 한다고 합니다. 모르긴 하지만 전하께서 과연 이런 일이 있으십니까, 없으십니까?" 《영조실록》 10년 8월 15일

이렇듯 영조의 강력한 주택 규제안은 자녀와 측근들에 의해 안에서부터 무너지고 있었다. 한양의 집값은 계속 올랐고, 이를 올리는 다양한 방법이 이어졌다. 장통방에 살던 전만배가 리모델링으로 집값을 50%나 높여 되판 것은 영조 45년의 일이다. 영조의 주택 매매 금지 법안이 나오고 15년 뒤였다.

조선 이래 지금까지 서울 집값 문제는 복마전이다. 해법도 엇갈린다. 일부에선 서울 도심이나 역세권에 고밀도 개발을 통해 공급을 늘려야 집값을 안정시킬 수 있다고 하지만, 다른 편에선 이런 개발이 서울 집값을 더 올린다며 강한 규제와 신도시 분산으로 해결해야 한다고 주장한다. 입장이 팽팽하다 보니 정권마다 접근 방식도 달라지곤 했다. 다만 어떤 방법을 쓰든 그것을 입안하고 추진하는 공직자와 권력자의 주변부터 살펴야 한다는 것이 조선 시대 역사가 주는 교훈이다.

강진에 귀양 간 정약용,
자녀에게 '인 서울' 당부

앞 장에서 집을 구매하느라 애를 먹었던 유만주는 18세기 후반 서울에 거주한 사대부 집안(기계 유씨)의 자제다. 과거에 번번이 떨어져 벼슬에 오르지 못했고 서른넷이라는 젊은 나이에 요절했으니, 아마도 당시 조선에선 그를 주목하지 않았을 것이다.

그런데 그는 훗날 조명될 특별한 기록을 남겼다. 스무 살이 된 1775년부터 사망하기 1년 전인 1787년까지 거의 매일 일기를 쓴 것이다. 그는 죽기 전 이를 불태우라고 유언했지만 부친은 차마 그러지 못하고 '흠영(欽英)'이라는 제목으로 묶어냈다. 12년간 서울에서의 일상을 담은 이 기록은 무려 24권이나 된다. 덕분에 우리는 유만주의 눈을 통해 18세기 서울 양반의 삶을 엿볼 수 있게 됐다.

딱히 직업도 없던 유만주는 중국 서화와 서적, 서양 지도를 수집하는 것이 취미였다. 넉넉한 가세 덕분에 흠고당(欽古堂)과 흠영각(欽

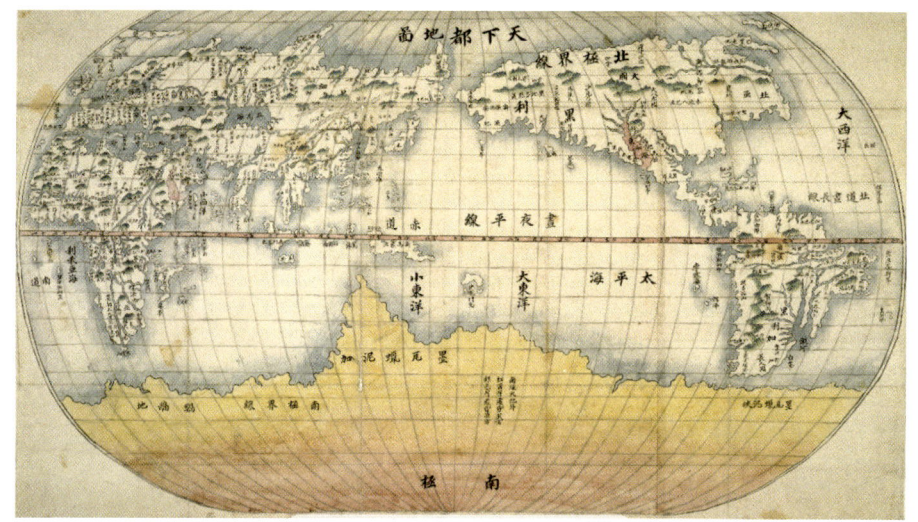

▶ 18세기 후반에 제작된 《여지도첩》에 포함된 지도로, 여지도에는 조선 시대 군·현별 지도와 조선 전도, 중국 지도가 포함되어 있다. 서울대학교 규장각 소장.

英閣)이라는 공간을 만들어 수장품을 보관했고, 당대 대표적 실학자였던 박지원 등과 교류했다. 1783년 11월 15일 자 일기를 보면 수장품 114점을 꺼내 감상했다고 하는데, 이 중에는 「천하여지도」라는 세계지도가 등장한다. 일본, 대만, 동남아시아는 물론 아메리카까지 비교적 자세히 묘사된 「천하도지도」와 비슷했으리라 추정된다. 서양 학문에 대한 관심도 자주 엿보인다. 예를 들어 1775년 1월 3일엔 청나라에 서양 문물을 전수한 마테오 리치에 대한 기록과 함께 그가 쓴 《기하학 원본》 등에 대해 적었고, 1779년 8월 11일엔 서양화를 감상한 경험을 썼다. 18세기 후반 서울 양반 자제들은 이렇게 살았다.

경화사족들은 출신 당파를 초월해 서울 안에서 기득권 확대

18세기는 전 지구적으로 과학, 이성, 문화 발달을 이루며 진보한 시기로 평가받는다. 그래서 '18세기'를 조망하는 연구가 일찍부터 활발하게 진행됐다. 조선도 여기서 예외일 수는 없어서 영·정조 시대였던 이 시기를 '조선의 르네상스'라고 부르며 많은 평가를 해왔다.

하지만 빛이 있으면 그림자도 있는 법. 조선의 18세기는 서울을 향한 집중화가 심화해 경향(京鄕)의 균형이 붕괴된 시기이기도 했다.

이황이 살던 16세기만 해도 지방에서 열심히 공부하면 입신양명이 가능했다. 그렇게 가문을 일으킨 경우도 많았다. 경북 선산, 예안, 안동 등의 지방 학벌은 위세가 서울 못지않았다. 지방에서 학문을 열심히 닦으면 명망이 전국에 알려지고 조정에서 관직을 받을 수 있었다. 숙종 시대 영남 남인의 지도자였던 이현일이 대표적이다. 그는 벼슬에 뜻이 없어 과거 시험을 단념했지만, 학문에 대한 명성으로 천거된 뒤 이조판서와 대사헌까지 올랐다.

그런데 18세기 들어서 상황이 달라졌다. 노론의 대분열을 일으킨 호락논쟁에서 낙론계를 형성한 서울·경기 노론이 세력을 확장하면서다. 이들은 청나라와의 교역과 상공업 진흥에 긍정적이고, 북경에서 넘어온 최신 문물에 관심이 많았다. 국제 무역으로 상업이 번성하고 대도시로 성장해가던 서울의 활기찬 분위기 속에서 이들은 화초 관리법에 대한 책을 내고, 패관소품이라 불리던 감정과 욕망을 긍정하는 소설류를 탐독했다. 또 양악기를 연주하고 중국과 서양 지도를 수집하는가 하면, 중국 은·주 시대의 청동기 유물을 들여와 감상할 정도로 이전 사대부들과는 다른 삶을 살았다. 이들을 경화사족(京華士族)이라고 불렀다.

이런 경향은 영·정조 시대 힘을 키운 노론 시파와 소론을 중심으로 확산했다. 북학파를 이뤘던 홍대용, 유득공, 박지원 등이 시파 출신의 대표적 경화사족 인사들이다.

그런데 엄밀히 따지면 이런 경향에 당파보다는 서울에 거주하느냐 아니냐가 가장 중요했다. 예를 들어 경화사족의 전형적 인물인 추사 김정희도 노론 벽파 집안이었고, 정조 시대 벽파의 거두 심환지 역시 서화 수장가로 명성이 높았다. 호암미술관이 자랑하는 정선의 「인왕제색도(仁王霽色圖)」가 바로 심환지의 수장품 중 하나였다.

남인도 숙종 대 갑술환국으로 권력에서 소외된 뒤 지역별로 다른 길을 걸었다. 영남 남인들이 전통 주자학에 더욱 집착한 반면, 서울·경기 지역에서 활동한 근기(近畿) 남인들은 허목-이익-권철신-정약용 등으로 이어지며 주자(朱子) 중심주의에서 탈피하는 동시에 서양 학문에 관심을 가졌고 일부는 서학(천주교)에 귀의했다.

경화사족들은 출신 당파를 초월해 서울 안에서 서로 교류하며 학문을 주고받는 경향이 점차 강해졌다. 그래서 이들을 아예 '경화학파'라고도 부른다. 노론 산림의 거두인 김장생의 후손 김상현이 남인 정약용에게 배우기도 했고, 노론 벽파인 김정희는 시파와 어울린 박제가에게 수학했다.

그래서 이 시기를 들여다보면 지방 명문고 학맥이 쇠락하고 서울 강남과 외고 출신들이 새로운 파워 엘리트로 등장한 작금의 대한민국 사회를 보는 듯하다.

서울에 거주한 세도 집안에서 문과 급제자가 다수 배출

서울 집중화를 보여주는 자료 중 하나는 문과 급제자의 지역별 비율이다. 조선 시대 과거는 권력과 재력, 그리고 사회적 권위를 획득하는 거의 유일한 통로였다. 다시 요즘과 비교하자면 고시 합격자나 서울대 입학생을 지역별로 따져보는 것과 비슷하다.

이원명 서울여대 교수는 문과 급제자를 다수 배출한 주요 가문을 추린 뒤 다시 지역별 분포를 조사했다. 급제자를 100명 이상 낸 가문은 1그룹(15개), 40~99명 낸 가문은 2그룹(26개), 1~39명 낸 가문은 3그룹(117개)이다. 이 조사를 보면 흥미로운 수치가 발견된다.

급제자를 100명 이상 낸 1그룹 가문에서 서울 출신은 16세기 후반과 17세기 전반만 해도 60% 정도였는데, 17세기 후반엔 74%로 증가했고, 19세기에 이르면 80%를 넘어섰다.

1789년(정조 13년) 문과 급제자 현황 역시 서울 집중화의 면모를 보여준다. 당시 서울의 인구(18만 9,153명)는 전국 인구(740만 3,606명)의 2.6%에 불과했는데, 문과 급제자는 45.9%를 차지했다.

우리가 흔히 안동 김씨라고 부르는 19세기 세도 정치 가문도 정확히 구분하면 장동 김씨 집안이다. 병자호란 당시 척화파의 선두

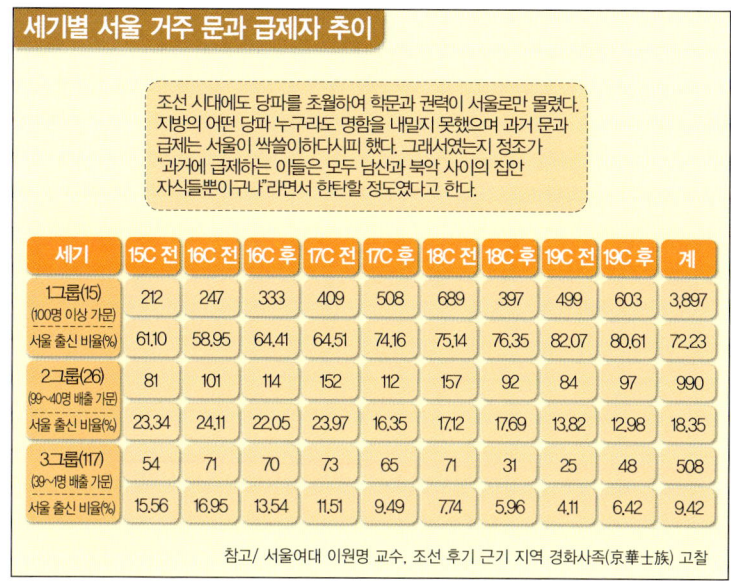

였던 김상헌의 후예들로 장동(오늘날 서울 종로구 효자동) 일대 모여 살았다. 이들은 중앙 정부의 권력까지 장악해 경화거족(京華巨族)으로 불렸다. 안동(장동) 김씨 외에도 달성 서씨, 풍산 홍씨, 파평 윤씨, 전주 이씨, 반남 박씨, 청송 심씨, 경주 김씨 등이 대표적인 경화거족으로 꼽힌다. 이들 가문 중 서울에 거주한 집안에서 문과 급제자가 다수 배출됐음은 물론이다.

조선 시대엔 3년마다 치르는 정규 문과 외에도 별시, 증광시 등 비정기적으로 치르는 과거 시험도 있었다. 서울과 경기 지역은 거리적 이점 때문에 지방에 비해 이런 비정기적 과거를 보기에 여건이 좋았다. 영남과 호남에선 이런 비정기적 과거에 탄력적으로 응시하기가 상대적으로 어려웠기 때문이다.

 이런 상황이다 보니 서울 거주의 중요성은 점점 두드러졌다. 서울 거주 여부가 출세의 관건이 됐기 때문이다. 비단 이것은 교육에만 국한되지 않았다. 서울이 지닌 문화의 힘, 요즘 말로 하면 '소프트파워'라고 부를 사회 기반 역시 무시할 수 없었다.

 당시 서울에서는 구리개(현재 을지로) 일대에 서점과 골동품 상점들이 밀집했고, 광통교에는 서화 판매점들이 있었다. 서울 양반들은 이곳을 통해 중국에서 들어온 서화와 골동품 등을 수집했다. 그래서 이 무렵 경화사족들 사이에서는 유만주가 그러했듯이 자신들이 보유한 서화나 서적을 보관하는 장서루나 수장처를 만드는 것이 유행했다. 그래서 경화사족이던 서유구가 19세기 초 남긴 《임원경제지(林園經濟志)》는 도자기, 청동기, 또는 명화와 고서를 수집하고 감상하는 방법과 보관 및 감식법을 자세히 다뤘다.

 조선 후기 대표적 만물박사로 일컬어지는 실학자 최한기의 삶은 '왜 서울인가'에 대한 해답이 어느 정도 담겨 있다.

 최한기는 조부가 무과에 급제해 지방 수령을 지내는 등 경제적으로도 윤택한 평양 지역 유지 출신이었다. 그런데 그는 변변한 벼슬도 없이 굳이 서울 남산에 터를 잡고 살았다. 서울에 거주하며 누릴 수 있는 문화적 혜택 때문이었다.

 덕분에 최한기는 당대 유명 인사들과 어울리며 북경에서 들어온 선진 문물을 흡수했다. 중국에서 들어온 많은 서적을 보유하고, 김정호와 함께 지도를 제작하기도 했다. 그가 1857년 만든 《지구전요

《地球전요(地球典要)》에는 지구와 천체의 움직임을 비롯해 유럽, 아프리카, 아메리카에 대한 풍토와 정치, 풍속 등 세세한 정보를 담았다. 분량은 무려 13권이나 된다.

비록 출신 때문에 경화사족에 밀려 그럴듯한 출세는 못 했지만 '인 서울'이 주는 혜택은 그것을 감수하고도 남았다. 그 노력은 자식 대에 빛을 봤다. 서울에서 자란 최한기의 맏아들은 1862년 문과에 급제해 고종의 시종을 지냈다.

자녀 문제에선 장래와 성공을 고민하는 '아버지' 정약용

다소 의외일 수도 있지만 '인 서울'의 중요성을 누구보다 강조한 사람이 바로 실학자 정약용이다. 그가 속한 남인은 정조가 사망한 뒤 노론 벽파의 공격을 받아 정계에서 영원히 퇴출됐다. 1806년 노론 시파와 소론의 연합 세력이 벽파 정권을 무너뜨렸지만 정약용은 귀양지에서 돌아오지 못했다.

그는 전남 강진에서 18년간 귀양살이를 하면서 《경세유표

▶ 정약용 초상화

《經世遺表》,《목민심서(牧民心書)》 등을 남기며 많은 사회, 경제적 개혁을 주창하고 지방의 피폐함을 가슴 아파했지만 경화거족이 장악한 서울 집중화를 타파하는 데는 소극적이었다. 서울 인근에 거주한 근기남인(近畿南人) 출신인 그는 '인 서울'의 중요성을 누구보다 잘 알고 있었고, 자식들도 이 같은 흐름에서 이탈하지 않기를 바랐다.

정약용이 귀양살이를 하며 아들에게 보낸 많은 편지 속엔 이 같은 아버지의 마음이 잘 반영되어 있다. 그는 자식들에게 변변히 물려줄 재산이 딱히 없다는 점을 미안하게 여기는 한편 학문에 정진할 것을 주문했다.

그러면서 강조하는 것이 '인 서울'이다. 폐족이 된 가문의 형편 때문에 당분간 과거를 볼 수 없지만 어렵더라도 서울 생활을 고수해야 하며, 만약 서울이 어렵다면 적어도 서울에서 10리 밖으로 벗어나선 안 된다고 신신당부했다.

> "혹여 벼슬에서 물러나더라도 한양 근처에서 살며 안목을 떨어뜨리지 않아야 한다. 이것이 사대부 집안의 법도이다. … 내가 지금은 죄인이 되어 너희를 시골에 숨어 살게 했지만, 앞으로 반드시 한양의 십 리 안에서 지내게 하겠다… 분노와 고통을 참지 못하고 먼 시골로 가버린다면 어리석고 천한 백성으로 일생을 끝마칠 뿐이다."

그도 자녀 문제에선 장래와 성공을 고민하는 '아버지'였던 것이다.

조선통신사는 왜 19세기에 막을 내렸나?

19세기 초는 조선과 일본 사이에 힘의 균형이 무너진 시기

임진왜란 이후 1706년에 재개된 조선통신사는 1811년을 끝으로 단절되었다. 200년간 이어진 조선통신사가 하필이면 이때 막을 내린 것은 우연이 아니었다. 19세기 초는 조선과 일본 사이에 힘의 균형이 무너진 시기였다.

조선만 이를 몰랐다. 조짐은 18세기 말부터 있었다. 1788년 10월, 일본의 에도 막부는 쓰시마섬을 통해 통신사 파견을 연기해달라고 요청했다. 1607년부터 일본의 요청으로 통신사를 보낸 이래 처음 있는 일이었다.

도쿠가와 이에나리(德川家齊)의 막부 취임에 맞춰 통신사 파견을 준비했던 조선 조정은 당황했다. 새로운 쇼군이 취임하면 조선에서는 통신사를 파견하는 것이 관례였다. 일방적인 통보에 가까운 연기 요청을, 조선에서는 당연히 전례가 없는 일이라며 거부했다.

그도 그럴 것이 1년 전 쓰시마섬으로부터 이에나리의 취임 소식을 공식적으로 전달받은 조선 조정은 '3년 내 통신사가 파견될 테니 인삼 200근을 준비하라'는 구체적인 지시까지 내린 상태였다. 인삼은 통신사가 가지고 가는 물건 중에서 일본이 가장 선호하는 예단품인데 200근이나 준비하려면 수년이 걸리기 때문이다.

그런데 일본도 국내 사정을 들며 물러서지 않았다.

"본국은 요사이 흉년이 들어 곡식이 여물지 않아 백성은 곤궁에 빠져 있습니다. … 귀국의 대사가 근엄히 오신다면 백성들은 황망히 동요할 것이고, 그 노고의 형상은 초목이 꺾이고 뽑히는 것과 같습니다."

《통신사초등록(通信使草謄錄)》 1789년 3월 7일,
손승철 《조선 시대 한일 관계사연구》에서 재인용

당시 일본의 사정이 어려웠던 건 사실이었다. 기근과 대화재가 겹치며 쌀값이 폭등했고 도시와 농촌에선 봉기와 폭동이 일어났다. 충격을 받은 막부 측은 국정을 지휘하는 로주(老中)에 마쓰다이라 사다노부(松平定信)를 전격 기용했다. 30대의 혈기왕성한 사다노부는 재정 건전화를 위해 칼을 휘둘렀다. 그 타깃에 오른 것이 바로 조선통신사였다. '고비용 저효율'이라는 판정을 받은 것이다. 일본은 조선통신사에 얼마나 돈을 썼기에 이랬던 것일까.

일본 전역에서 45개 접대 지역의 체류 비용은 일본 부담

제임스 루이스 영국 옥스퍼드대 교수는 〈문명의 가격?-17~19세기 조선의 일본으로의 사절의 역할과 비용〉이라는 재미있는 제목의 논문에서, 일본이 통신사 맞이에 들인 비용을 추산했다. 그에 따르면 1년 쌀 생산량의 3% 정도였다. 근대 이전의 일본은 연간 쌀 생산량인 '고쿠다카(石高)'로 각 번의 세력을 가늠했다. 그랬으니 통신사가 올 때마다 일본 국가 예산의 3% 가까이 소비했다고 봐도 무리는 아닐 것이다.

통신사를 맞이하는 데 이렇게 막대한 돈이 들어간 데는 이유가 있다. 통신사의 여정은 길었다. 쓰시마섬에서 시작해 이키-지쿠젠-부젠-나가토-스오-비젠-오미-오와리-스루가 등의 지역을 지나 에도에 도착했다. 현재 일본의 도도부현(都道府縣)으로도 나가사키, 후쿠오카, 야마구치, 히로시마, 오사카, 교토, 효고, 기후, 시즈오카, 도쿄 등 14곳이나 지나는 긴 여정이었다.

당시 일본에서 발전이 뒤처진 도호쿠(東北)와 시코쿠를 제외한 전국이라고 해도 과언이 아니었다. 통신사가 왕복하는 데 대략 6개월이 걸렸다. 일본 전역에서 45개 접대 지역이 지정됐는데 체류 비용은 모두 일본의 몫이었다. 500여 명에 달하는 통신사 일행의 체류를 책임진다는 건 만만치 않았다.

예를 들어 1682년 후쿠오카번의 기록에 따르면 통신사는 에도에 갈 때 1일, 귀국할 때 2일을 머물렀는데, 이때 이들을 대접하

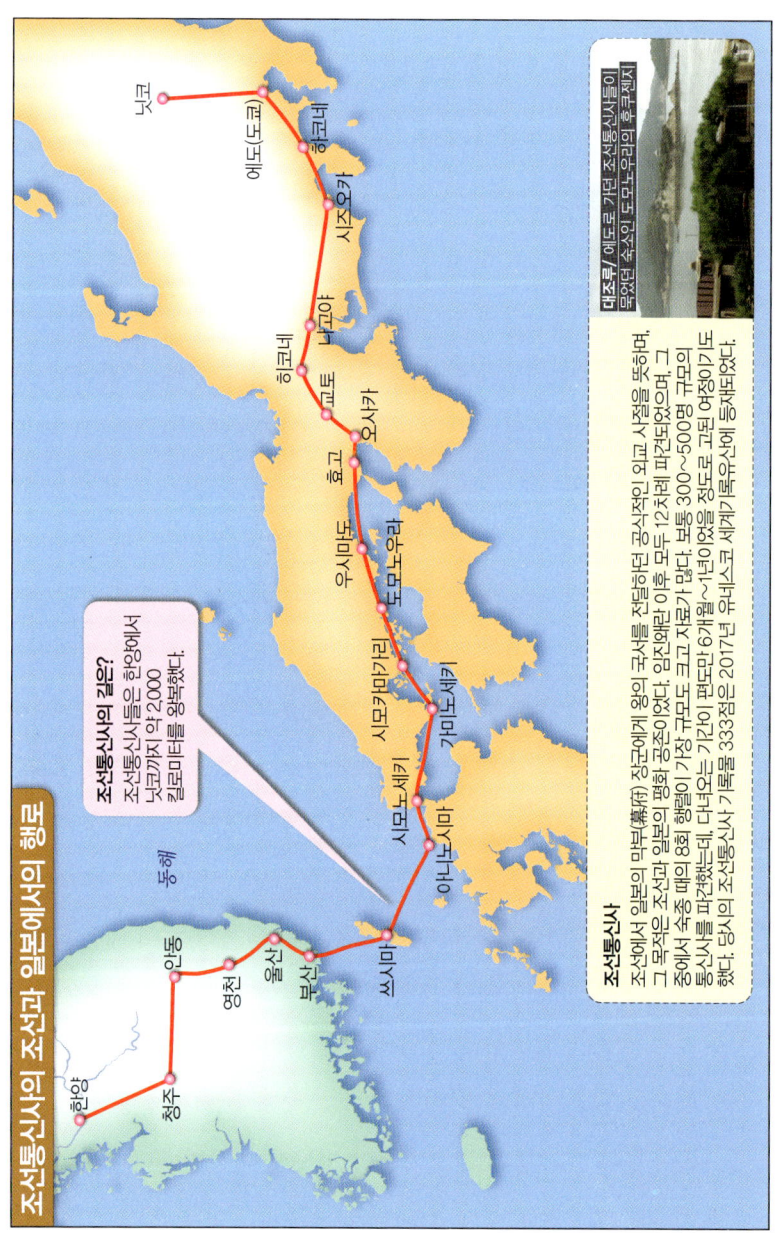

기 위해 일본 각지에서 물품을 들여왔다. 목록을 보면 교토에서 금박 1만 장, 최고급 차와 대추 등, 오사카에서 연초 담뱃대 260자루, 잎담배, 구리로 만든 목욕 가마, 은박 1만 장, 가다랑어포, 밀랍초 2,300정, 나가사키에선 집돼지 10마리, 얼음설탕 50근, 당지(唐紙) 100장, 상어 토막 등을 들여왔는데 일본에서도 비싼 지역 특산품이었다. 이에 소요된 비용은 구리 284관 746돈 2분, 현대의 시가로 계산하면 4억 6,594만 엔(한화 약 51억 5,500만 원)에 달했다고 한다. (나카오 히로시《조선통신사-에도 일본의 성신 외교》에서 인용)

그뿐만 아니라 통신사를 위해 숙박 시설을 새로 짓기도 하고 사원이나 민가를 비우기도 했다. 오사카부터 에도까지 이어지는 육로에 사용되는 말은 8,100~9,700필에 달했으며, 수행하는 하인은 1만~1만 2,000명에 달했다. 여기에 소요되는 비용은 실로 어마어마할 수밖에 없었다.

조선통신사는 막부의 취임이나 경사를 기념하는 사절단

그런데 막부는 통신사가 지나는 동안 투입되는 비용을 고쿠다카 10만 석 이하의 번은 인근에서 나누어 부담하게 했지만, 10만 석 이상의 번은 스스로 부담하게 했다. 여기엔 고도의 정치적 계산이 있었다.

첫째, 일본의 시각에서 볼 때 조선통신사는 막부의 취임이나 경사를 기념하러 온 사절단이었다. 수백 명 규모의 통신사 일행이 각

▶ 조선통신사의 행렬도, 런던 영국 국립박물관 소장. ⓒ PHGCOM, W-C.

번을 지나고, 이를 맞이하는 성대한 준비를 통해 막부는 자신의 권위와 위상을 국내에 재확인시킬 수 있었다. 에도 막부는 전국이 둘로 나뉘어 벌인 세키가하라 전투를 통해 집권한 만큼 이런 상징성이 절실했다.

둘째, 지방 다이묘에서 성장한 에도 막부는 자신들과 같은 사례가 나오는 것을 막기 위해 각 번의 재정을 약화하는 방식을 도입했다. 대표적인 것이 참근교대제(參勤交代制)인데, 다이묘들은 2년마다 1년씩 에도에서 가족들과 머무는 동안의 막대한 경비도 감당해야 했다. 조선에서 온 통신사의 경비는 여기에 또 다른 재정 부담이 됐다.

우리는 흔히 통신사가 조선의 앞선 문물을 받고자 하는 일본의 요청에 의한 문화 사절단이었다는 정도로 생각하지만, 그렇게만 보면 통신사에 막대한 비용을 치른 일본의 진의를 파악할 수 없다.

그런데 18세기가 되자 에도 막부는 더 이상 통신사 효과가 필요 없을 정도로 정권이 탄탄해졌다. 1711년 아라이 하쿠세키(新井白石)의 주도로 통신사의 접대 절차를 간소화하는 '빙례개혁'이 추진된 것도 이런 이유가 있었다. 하쿠세키 실각 후 접대 절차는 복원됐지만 통신사의 정치적 가치에 대한 의문은 지속됐다. 오히려 막부의 대외적 관심사는 시베리아를 넘어 홋카이도까지 출몰하는 러시아로 넘어가고 있었다. 이미 1787년엔 하야시 시헤이(林子平) 같은 학자가 러시아의 위협에 대비한 해안 방어를 강조했다.

1788년 조선에 도착한 통신사의 연기 요청은 이런 배경이 있었다. 기근과 재해를 이유로 들었지만 이전에도 대기근이나 자연재해가 없었던 것은 아니다. 가치가 낮아진 조선통신사에 들이는 비용을 줄이고 싶은 것이 일본의 진짜 속내였다. 또 여기엔 '더 이상 조선에서 배울 것은 없다'라는 문화적 자신감도 작용했다.

"귀국에는 「만국전도」가 없습니까?"

조선통신사에는 학자를 비롯해 화가, 서예가 등 다양한 계층이 참여했고, 양국의 문화를 경험하고 교류하는 계기가 됐던 것은 분명하다. 이 중 일본에서 가장 기다렸던 것은 조선의 유학자 그룹이었다.

일본이 임진왜란 이후 이황의 학문을 수용해 성리학을 꽃피웠다는 것은 잘 알려진 이야기다. 그래서 이들은 조선에서 온 사신들과 성리학에 대해 논하고, 자신의 학문에 대해 언급받는 것을 영광으로 생각했다. 자신이 정리한 성리학 저서를 이황의 도산서원에 전달해달라고 부탁하기도 했다.

 그런데 한편에선 다른 움직임이 싹트고 있었다. 18세기에 들어서자 일본도 성리학에 대한 이해도가 높아지면서 자신감이 싹트기 시작했을 뿐 아니라 양명학을 수용하면서 성리학과 주자에 대한 비판까지 나아갔다. 그러면서 조선의 학문을 우러러보지 않거나 심지어 낮추어 보는 흐름까지 나타났다. 조선의 시에 대해 "망연자실했다. 송(宋)과 원(元)의 구습을 답습했다"라고 비판하기도 하고, 신공 황후(神功皇后)의 삼한정벌론을 꺼내 들기도 했다.

 1711년 빙례개혁을 주도한 아라이 하쿠세키가 통신사 일행을 만

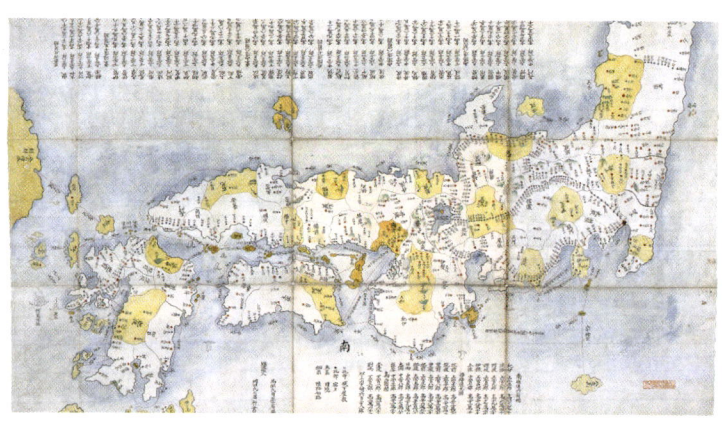

▶ 계미 통신사가 일본에서 가져온 일본 지도. 국립중앙도서관 소장.

났을 때도 그런 분위기는 드러났다. 하쿠세키는 "유럽(歐邏巴) 지방의 이탈리아(意多禮亞) 사람과 네덜란드(和蘭) 사람과 유구(琉球) 사람들을 보았다"라며 은근히 자랑하던 중, 통신사 일행으로부터 "유럽·이탈리아·네덜란드 등은 어느 곳에 있습니까?"라는 질문을 받자 "귀국에는「만국전도」가 없습니까? 저에게 지도 한 장이 있으니 필요하다면 드릴 수 있습니다"라고 과시하기도 했다.

일본 역사에선 이런 흐름을 고학파(古學派) 혹은 국학파(國學派)라고 부른다. 오규 소라이(荻生徂徠), 다키 가쿠다이(瀧鶴臺), 가메이 난메이(龜井南冥) 등이 대표적인데, 이들은 옛 경서를 직접 탐구하면서 주자와 성리학은 유학의 한 갈래 정도로 상대화했다. 주자의 가르침을 절대시했던 조선에서는 상상도 못 할 그 조짐을 본 것은 1763년 통신사였다.

조선 유학자와 일본 국학파인 20대 가메이 난메이의 만남

"그 가운데 축전주(築前州)의 의원인 구정로(龜井魯)라는 자는 나이가 21세였는데, 총명하고 슬기롭기가 남보다 월등히 뛰어났고, 붓을 놀리기가 마치 나는 듯하였다."   원중거《승사록(乘槎錄)》

1763년 파견된 11번째 통신사가 구정로, 즉 가메이 난메이를 만난 건 1763년 12월, 지쿠젠(筑前, 현재의 후쿠오카)에 머문 약 20일간이었다. 계미년(癸未年)에 갔다고 하여 계미 통신사라고도 불리는 이들은 정사(正使) 조엄을 필두로 남옥, 성대중, 원중거, 김인겸 등 하나같이 글재주가 뛰어났다.

통신사 일행이 도착하면 해당 고을의 일본 학자들이 찾아와 필담을 나누는 것이 관례였는데, 이때 통신사의 눈에 들어온 것은 난메이였다. 자신을 유학자이자 의사라고 소개한 21세 청년이었다. 조선과 달리 일본에선 유학자가 의사를 겸하는 경우가 흔했다. 성리학을 단순한 학문이 아니라 삶 자체인 철학으로 받아들인 조선과, 직업을 구하기 위한 하나의 도구로서 받아들인 일본의 차이였다.

난메이는 번뜩이는 재기와 열의로 통신사들을 사로잡았다. 원중거는 지쿠젠에서 만난 유학자들이 잠깐의 필담 후 이런저런 핑계로 자리를 비웠는데, "구정로만이 홀로 붓을 나부끼듯 다루며 왼쪽에 응수하고 오른쪽에 응답하며 하루 종일 피곤해하지도 않았다. 그는 필담한 것들은 묻고 답한 것을 막론하고 모두 그 자리에서 거두어 품 안에 집어넣었고 조금도 남기는 것이 없었다"라고 회고했다.

통신사들은 오랜 시간 난메이와 필담을 나누며 일본에서 유행하는 국학파의 분위기를 접할 수 있었다. 예컨대 이런 식이었다.

그는 "신체발부는 부모에게 받은 것인데, 비록 의업에 종사한다지만 머리를 기를 수는 없는가요?"라는 질문에 "공자께서 송에 계시면 송나라가 되고 월(越)에 계시면 월(越)이 되는 것입니다. 우리나라의 풍속이 그러합니다"라고 답했다. 공자라도 송나라에 있을 땐 송의 법도를 따르고 월나라에 있으면 월의 문화를 따르며 산다는 이야기다. 즉, 진리의 기준은 절대적인 것이 아니라 상대적인 것이라는 항변이었다. 그는 "100여 년 동안 누구의 문집이 가장 훌륭합니까?"라는 질문엔 "오규 소라이"라고 거침없이 답하기도 했다.

통신사가 나가토(長門, 현재 시모노세키)에서 만난 다키 가쿠다이는 더 과격했다. 그는 오규 소라이에 대해 "정주(程朱, 성리학을 연 정호·정이 형제와 주희)를 배척하는 데 옛 경전을 근본으로 하면서 주자의 주해에 근거하지 않는다"라고 치켜세웠다. 원중거가 "정주의 도는 하늘의 해와 같으니 이를 배반하고 달아나는 사람은 모두 도깨비나 요괴"라고 질타하자, 가쿠다이는 "동의할 수 없다"라며 물러서지 않았다.

통신사 일행은 일본의 풍요로움에 놀라기도 했고, 자신들이 쓴 시가 귀국길에 이미 출판되어 유통되는 것을 목격하는 등 조선보다 부강해지는 일본의 현실을 목도했다. 하지만 이들의 눈에 더 크게 들어온 것은 이단 학풍의 만연이었다. 이들은 난메이와 가쿠다이의 재주를 평가하면서도 오규 소라이가 연 새 학풍이 이제 막 참된 도리에 눈뜬 일본을 병들게 한다며 안타깝게 생각했다. 그러면서 오직 성리학의 바른 도를 지키는 것은 조선뿐이라는 자긍심을 안고 귀국했다.

그래도 통신사 일행은 20대의 간메이를 진심으로 아꼈다. 그들은 간메이에게 오규 소라이의 학문에 깊이 빠져들지 말라고 권고하며 조광조의 기묘사림들이 애독했던 《소학(小學)》을 건네기도 했다. 또 그를 멸시하고 따돌리는 지쿠젠의 성리학자들에게 "그는 재능이 많으니 용납하고, 배척하지 마시오"라고 부탁하기도 했다. 아직 고학파의 세가 확산하지 못한 지쿠젠에서는 여전히 성리학의 세력이 컸다. 간메이는 소수파이자 이단아에 불과했다.

그런 통신사의 진심을 난메이도 알았다. 통신사 일행이 지쿠젠을 떠나 에도로 가던 날, 난메이는 언덕에 올라 '평안(平安)'이라고 쓴 글자를 들고는 한참 동안 통신사 일행을 바라보고 서 있다가 돛이 안 보이자 그제야 돌아섰다고 한다. 남옥은 "마음이 짠했다"라고 회고했다.

10여 년 뒤 난메이는 일본을 대표하는 지식인이 됐다. 1778년 후쿠오카 번주 구로다 하루유키(黑田治之)에 의해 유의(儒醫)로 채용됐고, 1784년엔 후쿠오카번의 교육 기관인 간토칸(甘棠館)의 관장에 취임했다. 그의 말년은 성리학파에 눌려 불우했지만, 그가 죽은 뒤 국학파는 일본의 주류가 됐다. 메이지유신으로 국학파가 부상하면서 그도 재평가를 받았다.

한편 통신사 일행 중 난메이에 대한 감정이 남달랐던 남옥은 서얼 출신이었다. 신분의 한계를 딛고 통신사의 서기로 참여할 정도로 글재주가 좋았다. 그가 남긴 《일관록(日觀錄)》은 이전 사신들이 남긴 기록보다 내용이 풍부하고 객관적인 서술이 돋보인다는 평가를 받는다. 하지만 간메이의 바람과 달리 그는 '평안'하지 못했다. 일생을 궁핍에 시달린 남옥은 1746년 26세 때 글을 파는 행위인 매문(賣文)으로 유배되기도 했고, 일본에 다녀온 지 7년 뒤인 1770년엔 사도세자를 비호하고 그의 장인 홍봉한을 공격한 최익남의 옥사에 휘말려 국문 도중 사망했다. 그의 나이 48세였다.

계미 통신사 행차 100년 후 강화도 불평등 조약 체결

1811년, 일본은 쓰시마섬에서 간소화된 절차로 조선통신사를 맞이했다. 일본 측 요구를 조선이 수용한 것이다.

사실 에도까지 가는 데 들이는 조선의 비용도 만만치는 않았다. 쓰시마섬을 비롯해 에도에 이르기까지 주요 인사들에게 '예단'이라고 부르는 선물 보따리를 안겨야 했다. 1763년 계미 통신사 때 공사 예단 목록에 따르면 호피, 표피를 비롯해 인삼, 청심환, 종이, 먹, 붓, 벼루, 매, 술(법주), 비단 등 45종을 가져갔는데, 당시 비용으로 환산하면 동전(銅錢) 3만 6,412냥이 들었다. 하지만 쓰시마섬으로 장소를 바꾸면서 3명이던 사신은 2명으로 줄었고 예단도 절반으로 줄었다. 양국의 부담은 훨씬 가벼워졌다.

하지만 규슈보다 더욱 변방인 이곳에서 일본이 어떻게 변해가는지 알기는 어려웠다. 이전 통신사들은 에도까지 다녀오며 보고 듣고 느낀 것을 기록으로 남겼다. 하지만 1811년의 통신사들은 본토와 괴리된 쓰시마섬의 환대 속에 소중화(小中華)의 질서가 여전히 작동한다고 느꼈다. 1763년 당시 일본의 변화를 미세하게나마 감지했던 눈마저 흐려진 상태였다.

1811년 이후 통신사는 다시 일본 땅을 밟지 못했다. 1840년과 1864년의 통신사 일정은 모두 일본의 사정으로 취소됐다. 조선과 일본은 1867년 사신을 통해 1877년 통신사를 보내기로 합의했다. 하지만 바로 그 직후에 에도 막부가 조슈(長州) · 사쓰마(薩摩) 등 지방 웅번(雄藩)에 밀려 천황에게 정권을 이양한 대정봉환(大政奉還)이 일어나면서 모두 무효가 됐다.

그리고 약 10년 뒤인 1876년 조선은 일본의 무력에 눌려 불평등한 강화도 조약을 맺었다. 가메이 난메이와 계미 통신사가 만나고 100년 후, 두 나라는 그렇게 달라져 있었다.

참고문헌

사료
《삼국사기(三國史記)》
《삼국유사(三國遺事)》
《고려사(高麗史)》
《고려사절요(高麗史節要)》
《조선왕조실록(朝鮮王朝實錄)》
《부상록(扶桑錄)》
《동사록(東槎錄)》
《간양록(看羊錄)》
《난중잡록(亂中雜錄)》
《병자일본일기(丙子日本日記)》

논문
강인구, 〈昔脫解와 吐含山, 그리고 石窟庵, 정신문화연구〉, 한국학중앙연구원, 24, 2001

구난혜, 〈8세기 중엽 발해·신라·일본의 관계-일본의 신라침공계획을 중심으로〉, 《한일관계사연구》 10, 한일관계사학회, 1999

구도영, 〈16세기 조선의 對明貿易을 이해하기 위한 몇 가지 국면〉, 《역사학보》 226, 역사학회, 2015

권내현, 〈17세기 후반~18세기 전반 조선의 은 유통〉, 《역사학보》 221, 역사학회, 2014

계승범, 〈같은 전쟁 다른 기록 병자호란(1637) 중 오간 국서 기록의 상이함과 그 동아시아적 의미〉, 《동양사학회 학술대회 발표 논문집》, 동양사학회, 2019

계승범, 〈17세기 중반 나선정벌의 추이와 그 동아시아적 의미〉, 《사학연구》 110, 한국사학회, 2013

김건태, 〈李滉의 家産經營과 治産理財〉, 《퇴계학보》 130, 퇴계학연구원, 2011

김기섭, 〈발해의 멸망과정과 원인〉, 《한국고대사학회》 50, 2008

김남중, 〈《魏略》 韓傳의 특징과 《三國志》·《三國史記》와의 관계-박씨왕 초기 신라의 대외 관계 이해를 위한 사료 검토〉, 《한국고대사탐구》 28, 한국고대사탐구학회, 2018

김대중, 〈유만주의 가옥구매〉, 《한국실학연구》 27, 한국실학학회, 2014

김동진, 〈병자호란 전후 우역 발생과 농우 재분배 정책〉, 《역사와담론》 65, 호서사학회, 2013

김동진·유한상, 〈병자호란 전후(1636-1638) 소의 역병(牛疫) 발생과 확산의 국제성〉, 《의사학》 22, 대한의사학회, 2013

김동진·유한상·이항, 〈17세기 후반 우역의 주기적 유행이 기근·전염병·호환에 미친 영향〉, 《의사학》 23, 2014

김문경, 〈가와이문고(河合文庫) 소장 古文書에 보이는 조선후기 서울 종로의 주택과 미나리 논(水芹田)〉, 《민족문화연구》 84, 고려대민족문화연구원, 2019

김범, 〈조광조, 성공적 소통과 급격한 단절의 명암〉, 《역사비평》, 역사비평사, 2009

김범, 〈조선전기 '훈구·사림'세력 연구의 재검토〉, 《한국사학보》 15, 고려사학회, 2003

김병곤, 〈신라 박씨왕 시대의 왕실 세력과 신분 편성〉, 《한국고대사탐구》 28, 한국고대사탐구학회, 2018

김병곤, 〈왜 개신 정권의 출현과 김춘추의 사행〉, 《신라사학보》 25, 신라사학회, 2012

김병인·김도영, 〈고려 태조의 訓要 8조에 대한 재검토〉, 《도서문화》 52, 국립목포대 도서문화연구원, 2018

김성우 〈전쟁과 번영-17세기 조선을 바라보는 또 다른 관점〉, 《역사비평》 107, 역사문제연구소, 2014

김성우, 〈임진왜란 시기 관군은 왜 약했는가?〉, 《역사와현실》 87, 한국역사연구회, 2013

김성우, 〈16세기의 사림파, 진보세력이었던가?〉, 《한국사시민강좌》 33, 일조각, 2003

김성우, 〈16세기 國家財政 수요의 증대와 國役體制의 해체〉, 《한국사연구》 97, 한국사연구회, 1997

김성우, 〈良賤制說의 대두와 조선 초기 사회구조에 대한 새로운 이해〉,《한국사연구》 146, 한국사연구회, 2009

김성우, 〈임진왜란 초기 制勝方略戰法의 작동 방식과 상주 북천전투〉,《한국사연구》 163, 한국사연구회, 2013

김수태, 〈고려시대 지배세력의 지역적 기반과 훈요 제8조 충청남도와 관련된 논의를 중심으로〉,《지방사와지방문화》 21, 역사문화학회, 2018

김성한, 〈《三國史記》百濟本紀의 溫祚傳承과 沸流傳承〉,《역사와담론》 73, 호서사학회, 2015

김은국, 〈南北國時代論과 渤海 Diaspora〉,《고구려발해연구》 40, 2011

김윤주, 〈조선 초 공신 책봉과 개국·정사·좌명공신의 정치적 동향〉,《한국사학보》 35, 고려사학회, 2009

김용만, 〈고구려 후기 고구려, 수·당, 북방 제국의 대립관계〉,《고구려발해연구》 29, 고구려발해학회, 2007

김용흠, 〈19세기 전반 勢道政治의 형성과 政治運營〉,《한국사연구》 132, 한국사연구회 2006

김종복, 〈8세기 초 발해·당의 긴장관계에 대한 신라의 외교전략-나당간의 국서를 중심으로〉,《대구사학》 126, 2017

김종수, 〈임진왜란 초기 방어실태와 성주(星州) 전투〉,《군사》 111, 국방부 군사편찬연구소 2019

김창석, 〈8~10세기 이슬람 제종족의 신라 來往과 그 배경〉,《한국고대사연구》 44, 한국고대사학회, 2006

김현영, 〈16세기 한 양반의 일상과 재지사족-묵재일기를 중심으로〉,《조선시대사학보》 18, 조선시대사학회, 2001

김현우, 〈고려 문종의 의사파견 요청과 여일관계〉,《일본역사연구》 41, 일본사학회, 2015

김호, 〈1763년 癸未 通信使와 日本 古學派 儒醫 龜井南冥의 만남〉,《조선시대사학보》 47, 조선시대사학회, 2008

김화경, 〈석탈해 신화의 연구〉,《어문학》, 한국어문학회, 2000

김흥순, 〈조선 개국 초 한양 천도 논쟁〉,《국토계획》 44, 대한국토·도시계획학회, 2009

나종우, 〈10세기 동아시아의 국제정세 속에서 고려와의 관계〉,《군사》 46, 국방부 군사편찬연구소, 2002

남기학, 〈고려와 일본의 상호인식〉,《일본역사연구》 11, 일본사학회, 2000

노대환, 〈19세기 정조의 잔영과 그에 대한 기억〉, 《역사비평》, 역사비평사, 2016
노성환, 〈조총을 통해서 본 한일관계〉, 《동북아문화연구》 20, 동북아시아문화학회, 2009
노영구, 〈[기획: 한국사상 전쟁기억과 기억전쟁] 공신선정과 전쟁평가를 통한 임진왜란 기억의 형성〉, 《역사와현실》 51, 한국역사연구회, 2004
문숙자, 〈退溪學派의 經濟的 基盤-財産 形成과 所有 規模를 중심으로〉, 《정신문화연구》 24, 정신문화연구원, 2001
문창로, 〈삼국지 한전의 '삼한' 인식〉, 《동북아역사논총》 55, 동북아역사재단, 2017
박상현, 〈전략적 사고의 관점에서 본 서희의 강동6주 협상〉, 《한국정치학회보》 44, 한국정치학회, 2010
박성순, 〈正祖의 士大夫 認識과 그 特徵〉, 《동양고전연구》 32, 동양고전학회, 2008
박소은, 〈17·18세기 호조의 銀 수세정책〉, 《한국사연구》 121, 한국사연구회, 2003
박진, 〈朝鮮時代 禁酒令과 減膳의 정치적 활용〉, 《역사민속학》 53, 한국역사민속학회, 2017
박진훈, 〈조선 兩班의 객관적 실체에 대한 종합적 이해〉, 《한국사연구》 146, 한국사연구회, 2009
박평식, 〈16世紀 對中貿易의 盛況과 國內商業〉, 《역사교육》 146, 역사교육연구회, 2018
박평식, 〈16世紀 對日貿易의 展開와 葛藤〉, 《역사학보》 238, 역사학회, 2018
박현모, 〈서희의 협상리더십 연구, 993년 안융진 담판을 중심으로〉, 《국제정치논총》 49, 한국국제정치학회, 2009
박현숙, 〈백제 建國神話의 형성과정과 그 의미〉, 《한국고대사연구》 39, 한국고대사학회, 2005
방병선, 〈임란 전후 피랍 도공 연구-가고시마 나에시로가와 지역을 중심으로〉, 《한국학연구》 67, 고려대 한국학연구소, 2018
서영교, 〈연개소문의 對설연타 공작과 당태종의 안시성 撤軍-《資治通鑑》 권198, 貞觀 19년 8·12월조 《考異》의 〈實錄〉 자료와 관련하여〉, 《동북아역사논총》 44, 동북아역사재단, 2014
서영교, 〈주필산전투와 안시성〉, 《동국사학》 58집, 동국역사문화연구소, 2015
서철원, 〈시조신화의 대비를 통해 본 관념의 형성 단서〉, 《신라문화》 40, 동국대 신라문화연구소, 2012
서철원, 〈水路와 處容, 그리고 新羅, 설화의 바다〉, 《한국고전연구》 26, 한국고전연구학회, 2012

성해준, 〈고대신라의 국내상황과 倭로의 해적행위〉, 동북아시아문화학회 국제학술대회, 2017
신명호, 〈임진왜란 중 선조 직계가족의 피난과 항전〉, 《군사》 81, 국방부 군사편찬연구소, 2011
신석열, 〈삼국사기 신라본기에 보이는 왜의 실체〉, 《인문학논총》 13, 경성대 인문과학연구소, 2008
신석열, 〈신라 상고의 왕위계승 원리와 삼성왕통의 실재성〉, 《역사와세계》 33, 효원사학회, 2008
신병주, [공동연구17세기 전반 조선 사상계의 동향과 그 성격] 17세기 전반 북인 관료의 사상-김신국. 남이공, 김세렴을 중심으로-〉, 《역사와현실》 8, 한국역사연구회, 1992
신병주, 〈남명학파와 화담학파의 학풍 계승에 관한 연구〉, 《역사와현실》 53, 한국역사연구회, 2004
신병주, 〈北人 학파의 연원과 사상 그리고 현실인식〉, 《한국철학논집》 32, 한국철학사연구회, 2011
신병주, 〈화담학과 근기사림의 사상〉, 《국학연구》 7, 한국국학진흥원, 2005
신병주, 〈北人의 영수 鄭仁弘의 사상과 현실 대응〉, 《동양집》 42, 단국대 동양학연구소, 2007
신은제, 〈고려말 '私田' 담론의 정치적 구성〉, 《한국중세사연구》 40, 한국중세사학회, 2014
신종원, 〈삼국사기 신라 上代 기사에 보이는 倭-김부식의 對外觀과 저술의 실제〉, 《한국사학사학보》 32, 한국사학사학회, 2015
신호철, 〈고려 태조의 후백제 유민정책과 '훈요 제8조'〉, 《이화사학연구》 30, 이화사학연구소, 2003
신호철, 〈건국기 지방세력의 동향-호족의 활동을 중심으로〉, 《역사와담론》 58, 호서사학회, 2014
양진석, 〈조선후기 漢城府 中部 長通坊 丁萬石契 소재 가옥의 매매와 그 특징〉, 《규장각》 32, 서울대 규장각한국학연구원, 2008
연민수, 〈古代 韓日 外交史-三國과 倭를 中心으로-〉, 《한국고대연구》 27, 한국고대사학회, 2002
에드워드 와그너·이훈상, 〈1519년 현량과-조선 전기 역사에서의 위상〉, 《역사와경계》 42, 부산경남사학회, 2002
오수창, 〈병자호란에 대한 기억의 왜곡과 그 현재적 의미〉, 《역사와현실》 104, 한국

역사연구회, 2017
오수창, 〈최명길과 김상헌〉, 《역사비평》, 역사비평사, 1998
우인수, 〈조선 선조대 남북 분당과 내암 정인홍〉, 《역사와경계》 81, 부산경남사학회, 2011
원창애, 〈문과방목에 담긴 양반사회의 구조와 변화〉, 《한국사시민강좌》 46, 일조각, 2010
유영철, 〈《高麗牒狀不審條條》의 재검토〉, 《한국중세사연구》 1, 한국중세사학회, 1994
유봉학, 〈19세기 京華士族의 生活과 思想- 惠岡 崔漢綺를 중심으로〉, 《서울학연구》 2, 서울시립대 서울학연구소, 1994
유승희, 〈15~16세기 漢城府의 주택 문제와 정부의 대응〉, 《사학연구》, 한국사학회, 2009
유승희, 〈조선전기 한성부 가옥 철거와 정부의 보상실태〉, 《이화사학연구》 42, 이화사학연구소, 2011
유재춘, 〈麗末鮮初 朝·明간 女眞귀속 경쟁과 그 意義〉, 《한일관계사연구》 42, 한일관계사학회, 2012
윤순옥·전재범·황상일, 〈조선시대 이래 한반도 지진발생의 시·공간적 특성(Time-Spatial Characteristic of Earthquakes in Korean Peninsula since Choseon Dynasty)〉, 《대한지리학회지》 36, 대한지리학회, 2001
윤용출, 〈조선전기 지진 현상의 이해와 대응〉, 《지역과역사》 36, 부경역사연구소, 2015
윤용혁, 〈여원군의 일본침입을 둘러싼 몇 문제- 1274년 1차 침입을 중심으로〉, 《도서문화》 25, 국립목포대 도서문화연구원, 2005
안대회, 〈조선 후기 취미생활과 문화현상〉, 《한국문화》 60, 서울대 규장각 한국학연구원, 2012
이강한, 〈'친원'과 '반원'을 넘어서-13~14세기사에 대한 새로운 이해〉, 《역사와현실》 78, 한국역사연구회, 2010
이경구, 〈김창흡의 학풍과 호락논쟁〉, 《한국사론》 36, 서울대 국사학과, 1996
이규철, 〈조선 태종대 대명의식과 여진정벌〉, 《만주연구》 17, 2014
이근우, 〈고대의 낙동강 하구와 왜〉, 《역사와세계》 41, 효원사학회, 2012
이민우, 〈고려 말 私田 혁파와 과전법에 대한 재검토〉, 《규장각》 47, 서울대 규장각 한국학연구원, 2015
이수건, 〈退溪李滉家門의 財産由來와 그 所有形態〉, 《역사교육논집》 13, 1990
이성임, 〈조선중기 양반의 경제생활과 재부관〉, 《한국사시민강좌》 29, 일조각, 2001

岩方久彦, 〈1811年 對馬島 易地通信研究-기미책을 충심으로〉, 《한일관계사연구》 23, 한일관계사연구, 2005
이영, 〈여몽 연합군의 일본침공과 여일관계〉, 《일본역사연구》 9, 일본사학회, 1999
이원명, 〈조선 후기 근기지역 京華士族 고찰- 龍仁李氏 문과 급제자를 중심으로〉, 서울여자대학교 인문과학연구소, 2005
이정수·김희호, 〈조선후기 양반층의 토지소유규모 변화〉, 《지방사와 지방문화》 13, 역사문화학회, 2010
이정신, 〈원 간섭기 원종·충렬왕의 정치적 행적-김방경의 삼별초 정벌, 일본원정을 중심으로〉, 《한국인물사연구》 10, 한국인물사연구회, 2008
이정철, 〈기묘사화 전개과정과 중종의 역할〉, 《국학연구》 34, 한국국학진흥원, 2017
이정철, 〈조선시대 사림의 기원과 형성 과정〉, 《조선시대사학보》 73, 조선시대사학회, 2015
이재범, 〈고려 태조의 훈요 제8조에 대한 연구-차현이남 공주강외지역에 관한 해석〉, 《단군학연구》 26, 단군학회, 2012
李在範·趙仁成, 〈여요전쟁시 고려와 요의 군사력 비교〉, 《고구려연구회 학술총서》 2, 고구려발해학회, 1999
이희수, 〈고대 페르시아 서사시 쿠쉬나메(Kush-nameh)의 발굴과 신라 관련 내용〉, 《한국이슬람학회논총》 20, 한국이슬람학회, 2010
이헌창, 〈조선시대 銀 유통과 소비문화〉, 《명청사연구》 36, 명청사학회, 2011
이헌창, 〈조선시대를 바라보는 제3의 시각〉, 《한국사연구》 148, 한국사연구회, 2010
장창은, 〈新羅 朴氏王室의 分岐와 昔氏族의 집권과정〉, 《신라사학보》 1, 신라사학회, 2004
정다함, 〈조선 태종 5년 동맹가첩목아(童猛哥帖木兒)의 明 "入朝"를 둘러싼 朝鮮과 明과 동맹가첩목아 사이의 관계성에 대한 탈중심적/탈경계적 해석〉, 《민족문화연구》 72, 고려대 민족문화연구원, 2016
정두영, 〈최명길, 인조반정의 주역이 주화를 역설한 까닭은?〉, 《내일을여는역사》 60, 내일을여는역사재단, 2015
정성일, 〈조선과 일본의 유통 교섭(1697~1711)〉, 《한일관계사연구》 42, 한일관계사학회, 2012
정장식, 〈1811년 易地通信과 通信使〉, 《일본문화학보》 26, 한국일본문학회, 2005
정재훈, 〈조선 중기 사족의 위상〉, 《조선시대사학보》 73, 조선시대사학회, 2015
정진영, 〈16,17세기 재지사족의 향촌지배와 그 성격〉, 《민족문화논총》, 영남대 민족문화연구소, 1989

정진영, 〈사족과 농민 대립과 갈등, 그리고 상호 의존적 호혜관계〉, 《조선시대사학보》 73, 조선시대사학회, 2015

정해은, 〈조선초기 도성의 위상과 도성방어론〉, 《서울학연구》 49, 서울시립대 서울학연구소, 2012

James B. Lewis, 〈문명의 가격?—17~19세기 조선의 일본으로의 사절의 역할과 비용〉, 《大東文化硏究》 8, 대동문화연구원, 2009

조성산, 〈18세기 호락논쟁과 노론 사상계의 분화〉, 《한국사상사학》 8, 한국사상사학회, 1997

조성산, 〈조선 후기 낙론계 학풍에 대한 연구 현황과 전망〉, 《오늘의 동양사상》 14, 예문동양사상연구원, 2006

조인희, 〈17세기 초 小北 정권의 성립과정에 對하여〉, 《한일관계사연구》 62, 한일관계사학회, 2018

지승종, 〈朝鮮初期 身分槪念에 대하여〉, 《사회과학연구》 24, 경상대 사회과학연구원, 2006

최덕환, 〈993년 고려-거란 간 갈등 및 여진문제〉, 《역사와현실》 85, 한국역사연구회, 2012

최성환, 〈임오화변(壬午禍變) 관련당론서(黨論書)의 계통과 '정조의 임오의리'〉, 《역사와현실》 85, 한국역사연구회, 2012

최성환, 〈정조대의 정국 동향과 벽파(僻派)〉, 《조선시대사학보》 51, 조선시대사학회, 2009

최성환, 〈[특집: 영조 후반기 탕평정치의 변화와 정치 세력의 동향] 영조대 후반의 탕평정국과 노론 청론의 분화〉, 《역사와현실》 53, 한국역사연구회, 2004

최연식, 〈정암 조광조(1482-1519)의 도덕적 근본주의와 정치개혁〉, 《한국정치학회보》 37, 한국정치학회, 2003

최이돈, 〈조선 초기 향리의 지위와 신분〉, 《진단학보》 110, 진단학회, 2010

최혜영, 〈고대 아테네의 혈족 집단 신화와 외교술〉, 《서양고대사연구》 29, 한국서양고대사역사문화학회, 2011

한명기, 〈임진왜란 직전 동아시아 정세〉, 《한일관계사연구》 43, 한일관계사학회, 2012

한상권, 〈정조(正祖)의 군주관(君主觀)〉, 《조선시대사학보》 41, 조선시대사학회, 2007

하우봉, 〈18세기 초엽 일본 소라이문파와 조선 통신사의 교류-다자이다이(太宰春台)의 《한관창화고(韓館倡和稿)》를 중심으로〉, 《공존의인간학》 3, 전주대 한국고전학연구소, 2020

허인욱, 〈《三國遺事》皇龍寺九層塔條의 編年검토〉, 《사학연구》 113, 한국사학회, 2014
허지은, 〈오후레가키(御觸書)를 통해 본 일본의 通信使 접대〉, 《서강인문논총》 44, 서강대 인문과학연구소, 2015
허태구, 〈병자호란 강화 협상의 추이와 조선의 대응〉, 《조선시대사학보》 52, 조선시대사학회, 2010
허태구, 〈崔鳴吉의 主和論과 對明義理〉, 《한국사연구》 162, 한국사연구회, 2013
허태용, 〈호락논쟁은 어떻게 계승된 것인가-사상 계보 그리기의 어려움〉, 《내일을 여는 역사》 20, 내일을 여는 역사재단, 2005
허혜정, 〈쿠쉬나메와 삼국유사를 통해 본 처용설화의 생성공간〉, 《동서비교문학저널》 32, 한국동서비교문학학회, 2015
황만기, 〈牛疫에 대한 지식인의 인식과 고뇌양상〉, 《한문학논집》 45, 근역한문학회, 2016
황정연, 〈18세기 경화사족의 사화수장과 예술취향, 유만주의 흠영〉, 《내일을여는역사》 40, 내일을 여는 역사재단, 2010
황정연, 〈沈煥之의 서화취미와 수집-18세기 京華士族 收藏家의 재발견〉, 심환지 특별전 연계 학술심포지엄, 2018

도서

계승범, 《중종의 시대-조선의 유교화와 사림운동》, 역사비평사
김동진, 《조선전기 포호정책 연구》, 선인
김성우, 《조선시대 경상도의 권력 중심 이동》, 태학사
김성우, 《조선중기 국가와 사족》, 역사비평사
김현구, 《백제는 일본의 기원인가》, 창비
남옥(김보경 옮김), 《붓으로 부사산 바람을 가르다》, 소명출판
동북아역사재단 한국외교사편찬위원회, 《한국의 대외관계와 외교사》, 동북아역사재단
루이스 프로이스(정성화·양윤선 옮김), 《임진난의 기록-루이스 프로이스가 본 임진왜란》, 살림
마르티나 도이힐러(이훈상 옮김), 《한국의 유교화 과정》, 너머북스
문동석, 《백제 지배세력 연구》, 혜안
박용운, 《고려시대 사람들의 식음생활》, 경인문화사
박종기, 《새로 쓴 5백년 고려사》, 푸른역사

서긍(조동원·김대식·이경록·이상국·홍기표 공역), 《고려도경》, 황소자리
손승철, 《조선시대 한일관계사 연구—교린관계의 허와실》, 경인문화사
신류(계승범 옮김), 《북정록》, 서해문집
에드워드 와그너(이훈상·손숙경 옮김), 《조선왕조 사회의 성취와 귀속》, 일조각
역사비평 편집위원회, 《정조와 정조 이후》, 역사비평사
역사학회, 《정조와 18세기》, 푸른역사
원중거(김경숙 옮김), 《조선 후기 지식인 일본과 만나다》, 소명출판
유만주(김하라 편역), 《일기를 쓰다—흠영 선집》 1·2, 돌베개
유봉학, 《개혁과 갈등의 시대》, 신구문화사
윤인숙, 《조선전기의 사림과 《소학》》, 역사비평사
윤재운, 《한국 고대무역사 연구》, 경인문화사
이경구, 《조선, 철학의 왕국》, 푸른역사
이수건, 《영남학파의 형성과 전개》, 일조각
이중톈(김택규 옮김), 《이중톈 중국사》 3, 글항아리
이희근, 《고대, 한반도로 온 사람들》, 따비
이희수, 《이슬람과 한국문화》, 청아출판사
장인용, 《주나라와 조선》, 창해
장한식, 《오랑캐 홍타이지 천하를 얻다》, 산수야
정구복, 《삼국사기의 현대적 이해》, 서울대출판부
존 B. 던컨(김범 옮김), 《조선왕조의 기원》, 너머북스
최혜영, 《그리스 비극 깊이 읽기》, 푸른역사